Egon Cäsar Conte Corti wurde 1886 in Agram, Kroatien, geboren. Er entstammte einer lombardischen Adelsfamilie. Nach seiner Ausbildung an der Theresianischen Militärakademie in Wiener Neustadt diente er im Ersten Weltkrieg als Generalstabsoffizier. 1918 begann er sein Studium der Geschichte an der Universität Wien, wo er auch 1921 promovierte. Neben seinem bis heute an Spannung und Frische unübertroffenen klassischen Buch über die Vesuvstädte »Untergang und Auferstehung von Pompeji und Herculaneum« verfaßte Conte Corti zahlreiche historische Biographien und Anekdoten, die ihm weltweit einen großen Leserkreis verschafften. Conte Corti ist 1953 in Klagenfurt gestorben.

Von Egon Cäsar Conte Corti sind außerdem als Knaur-Taschenbücher erschienen:

»Ludwig I. von Bayern« (Band 2301)
»Maximilian von Mexiko« (Band 2306)
»Nelsons Kampf um Lady Hamilton« (Band 2310)
»Metternich und die Frauen« (Band 2334)
»Untergang und Auferstehung von Pompeji und Herculaneum« (Band 3661)

Vollständige Taschenbuchausgabe
Droemersche Verlagsanstalt Th. Knaur Nachf. München
Lizenzausgabe mit freundlicher Genehmigung des
Verlages Styria, Graz · Wien · Köln

Umschlaggestaltung Atelier Blaumeiser
unter Verwendung eines Gemäldes von Joszef Kiss,
Porträtsammlung der Österreichischen Nationalbibliothek, Wien
Druck und Bindung Ebner Ulm
Printed in Germany · 1 · 8 · 685
ISBN 3-426-02325-3

1. Auflage

Egon Cäsar Conte Corti
Hans Sokol:
Franz Joseph

Mit 32 Abbildungen

Knaur®

ABKÜRZUNGSVERZEICHNIS

Abg. (-abg.)	Abgeordneter
FM.	Feldmarschall
FMLt.	Feldmarschalleutnant
Frh.	Freiherr
FZMstr.	Feldzeugmeister
GdI.	General der Infanterie
GdK.	General der Kavallerie
Genstb.	Generalstab
GenAdj.	Generaladjutant
GFM.	Generalfeldmarschall
GMjr.	Generalmajor
GObst.	Generaloberst
Hptm.	Hauptmann
j.	jüngere
L.	Linie
Mjr.	Major
Obst.	Oberst
Obstl.	Oberstleutnant
St.A.	Staatsarchiv

ISBN 3-426-02325-3 1080

INHALTSVERZEICHNIS

V. JAHRE DER REIFE

VI. DER EINSAME KAISER

VII. HABSBURGISCHE TRAGÖDIE

VIII. DER ALTE KAISER

IX. DAS ENDE

I

FRANZI, DAS KIND

DIE ELTERN

1830

In den vier Ehen des Kaisers Franz von Österreich ist nur der zweiten Kindersegen beschieden. Marie Therese, die leibliche Cousine des Kaisers und Tochter des Königs Ferdinand von Neapel, hat ihrem Gatten vier Söhne geschenkt, von denen zwei als Kinder sterben, und acht Töchter. Aber im Erbe des königlichen Geschlechtes der Bourbonen liegt der Keim zu möglichem Siechtum, der sich bei manchen Mitgliedern dieses Hauses in epileptischen Anfällen äußert. So ist auch der Kronprinz, Franzens ältester Sohn Ferdinand, diesem Übel verfallen und in seiner geistigen wie körperlichen Entwicklung gehemmt. Der an seinen Schreibtisch gefesselte Kaiser hat nicht Zeit, die Erziehung seines Sohnes zu beobachten. Er überlastet Ferdinand mit übermäßig viel Schulstunden, erlaubt ihm nicht, sich kindlichen Vergnügungen hinzugeben oder sich mit Gleichaltrigen zu unterhalten, und will aus ihm einen Philosophen gestalten. So wächst der Thronerbe unwissend und nur mit den oberflächlichsten Kenntnissen versehen heran, ohne daß sein Herz oder sein Verstand geformt worden wären[1].
Und doch ist Ferdinand der Thronfolger.
Für den Augenblick hält allerdings der allmächtige Staatskanzler Fürst Clemens Metternich die Zügel der Regierung fest in seinen erfahrenen Händen. Er versucht auch gar nicht, dem Monarchen einen von dessen hochbegabten Brüdern oder den zweitgeborenen

[1] Maria Ludovika, die dritte Gemahlin Franz' I., an Marie Karoline von Neapel. Archiv des Herzogs von Calabrien.

Sohn des Kaisers, Franz Karl, als Erben der Krone vorzuschlagen. Denn Metternich hofft, in Ferdinand einst einen Herrscher vorzufinden, der seinem überragenden Einfluß auf alle Gebiete der Staatsführung nicht im Wege stehen werde.

Nach dem Tod der geistig bedeutsamen, aber lungenkranken Maria Ludovika heiratet Franz im Jahre 1816 Charlotte, die Tochter Maximilians von Bayern, die als Kaiserin den Namen Karoline Auguste annimmt. Dadurch werden die Beziehungen zwischen der kaiserlichen Familie in Wien und der königlichen Verwandtschaft in München besonders rege.

Der Ehe des bayrischen Königs mit seiner zweiten Gemahlin, der Prinzessin Karoline von Baden, sind fünf Töchter entsprossen, die, sorgfältig erzogen, mit der Zeit begehrte Bräute werden. Amélie wird Kronprinzessin von Sachsen, Elisabeth heiratet Friedrich Wilhelm von Preußen, den späteren vierten König dieses Namens. Auch für Sophie, die Drittgeborene, ein liebliches, kluges und seinen Eltern abgöttisch ergebenes Mädchen, wird ein im Range passender Bewerber gesucht, der womöglich begründete Aussicht auf einen Thron haben oder ihm zumindest sehr nahestehen soll.

Kaiser Franz weiß, daß nach ärztlichem Gutachten eine Verehelichung Ferdinands nicht in Betracht kommt, so daß von dieser Seite keine Nachkommenschaft zu erwarten ist. Um so wichtiger wird daher, was mit Franz Karl, dem jüngeren Sohne, geschehen soll. Franzens Gattin wäre nicht eine bayrische Prinzessin, wenn sie für diesen Prinzen nicht eine Angehörige ihrer Familie in Betracht nähme. Am geeignetsten erscheint ihr Sophie, ihre Stiefschwester. Diese ist, wenn auch nicht hübsch, doch kerngesund, hat Temperament, Geist und Willen, so daß sie nach menschlichem Ermessen alle Gewähr dafür bietet, einmal eine gute Frau und Familienmutter zu werden.

Der Monarch stimmt diesem Vorschlage zu. Prinzessin Sophie ist mit der Erscheinung des für sie Auserwählten wohl nicht einverstanden, von ihr aber auch nicht abgestoßen. Und da sie gewohnt ist, dem Willen ihrer Eltern bedingungslos zu folgen, wird am 29. Mai 1824 in Tegernsee die Verlobung gefeiert.

Im Herbst fährt Sophie zu ihrer kaiserlichen Stiefschwester nach Wien und ist vom Glanz und von der Prunkentfaltung der dortigen Hofhaltung geblendet, sieht aber auch deutlich deren Mängel.

Am 4. November wird Hochzeit gefeiert. Man fühlt allgemein, daß Sophie ihren Mann nicht wirklich liebt, aber das behutsame und zärtliche Verhalten ihres Gatten läßt die junge Frau diesen Gedanken leichter ertragen.
Die erste Zeit leidet die Jungvermählte sehr an Heimweh, aber Franz Karl ist so besorgt um sie und so aufmerksam, daß sie um so glücklicher ist, als sie, nach zwei Fehlgeburten und verschiedenen Bäderkuren, sich wieder Mutter fühlt.
Um acht Uhr früh des 17. August 1830 beginnen die Wehen und dauern bis in den nächsten Morgen. Das Schreien und Wehklagen der Wöchnerin hört man schier unausgesetzt. Endlich, eine Viertelstunde vor zehn Uhr, ist das Kind geboren. Es ist ein durchaus kräftiger, gesunder Sohn.
Draußen dröhnen Kanonenschüsse, um dem jubelnden Volke die Geburt des Erzherzogs anzuzeigen. Und während die Hofwache ins Gewehr tritt, erwidert Sophie überglücklich die Küsse ihrer Mutter.
Man schreibt den 18. August, und der Tag steht im Sternbilde des Löwen sowie im Zeitalter des Biedermeier.

FRANZ JOSEPH, DER ERSTGEBORENE

1830—1832

In der Taufe erhält der Kleine die Namen Franz Joseph Karl. Sie sollen an die großen Kaiser erinnern, die so hießen. Der Kaiser ist Taufpate. Der Neugeborene wird sogleich der Freiin Luise von Sturmfelder anvertraut, die fortan als »Aja« über seine ersten Lebensjahre wachen soll. Auch eine Kindskammer wird gebildet: sie besteht aus einer Kindsfrau, einem Kindermädchen, zwei Leiblakaien, einer Kindsköchin, einem Kammerweib für das Kind, einem Kammerweib für das Kammerweib und einer Küchenmagd.
Es gibt kaum verliebtere Eltern als das erzherzogliche Paar. Sie dürfen auf das Kind aber auch wirklich stolz sein, denn der Säug-

ling ist fast immer heiter und zeigt ein freundliches Lächeln um den Mund. Vor allem aber freut sich der Kaiser über seinen Enkel, der Monarch, der »an so viel Kummer und Sorgen und an so wenig Glück gewöhnt ist«, wie Sophie an ihre Mutter schreibt.
Um diese Zeit finden die Ärzte, daß Kronprinz Ferdinand nicht »apoplektisch, was einen raschen Schlagfluß bedeuten könnte, sondern lediglich epileptisch sei« und daß daher kein Hindernis gegen eine Verehelichung bestünde[1]. Franz I. denkt an eine Prinzessin von Sardinien, Marianna, und der sardische Hof stimmt über alle Bedenken hinweg dieser Verbindung zu. Sophie, die nun annehmen muß, daß bei einer Nachkommenschaft aus dieser Ehe für die Thronaussichten ihres Sohnes Gefahr erwüchse, wird von den Ärzten beruhigt. Ferdinand kann nicht auf leibliche Erben hoffen. Erzherzogin Sophie lebt ganz ihrem Franzi, den sie »le petit chou« nennt. Sie ist ganz außer sich vor Freude, als er am 27. Jänner 1831, ihrem Geburtstag, mit einem Blumenstrauß angerückt kommt, der größer ist als er und in dessen Mitte Vergißmeinnicht die Worte »Liebe Mutter« bilden.
Die Hochzeit des Kronprinzen Ferdinand ist eher eine Trauerfeier als ein Freudenfest. Selbst dem kaiserlichen Vater entschlüpfen die Worte: »Daß Gott erbarme!« Die Kronprinzessin überwindet aber den bestürzenden Eindruck, den ihr Gatte in der Öffentlichkeit hinterläßt, durch ihre bewunderungswürdige Haltung und durch ihren vollendeten Takt.
Wieviel freudenreicher ist die Ehe von Franzis Eltern! Nun beginnt sich das Gesicht des Kindes zu formen, und die Erzherzogin stellt fest, daß ihr Sohn keinen »Habsburgermund«, sondern den seines Großvaters mütterlicherseits geerbt habe und dazu die lichtblauen Augen seiner Tante Elise, Sophiens Schwester. Franzi hat auch schon einen »Freund«, den Herzog von Reichstadt, der als Sohn Napoleons und Marie Luisens, der Tochter des Kaisers, gleichfalls ein Enkel des österreichischen Herrschers, zu dieser Zeit aber schon zwanzig Jahre alt ist.
Bald erlebt Sophie eine der größten Freuden, die einer Mutter zuteil werden können, als der Kleine das köstliche Wort »Mama« zum ersten Male gebraucht. »Du hast keine Idee«, schreibt Sophie

[1] Wien, 20. Dezember 1830.

ihrer Mutter, »wie ausgezeichnet sich dieser liebe Kleine entwickelt, wie hübsch, lebhaft, intelligent, gut und zärtlich er ist . . .[2]«
Doch in diese Freuden mischt sich auch Angst, denn im Juli 1831 zeigen sich die ersten Fälle der von Rußland eingeschleppten Cholera in Wien. Der Hof sucht sich durch einen Militärkordon vor der Seuche zu schützen, die Erzherzogin aber begibt sich mit Franzi nach Ischl, dessen heilkräftiger Sole »le petit chou« ja wesentlich sein Dasein verdankt. Da sich aber die Absperrmaßnahmen in Schönbrunn als wirkungsvoll erweisen, kehrt Sophie mit dem Kleinen wieder nach Wien zurück.
Die Entwicklung des Kindes geht stetig vor sich, und schon zeigt Franzi auch individuelle Anlagen, vor allem einen ausgeprägten Ordnungssinn, Freude an der Musik und am militärischen Gehaben der Soldaten. Auch zieht ihn das Wild im Prater an, und die gute Baronin Sturmfelder, im vertrauten Kreise »Ilb« genannt, ist sehr erstaunt, als sie ihn am Futterplatz der Hirsche und Rehe ausrufen hört: »Papa, puff!« Dies ist Franzis erstes Jagderlebnis.
Immer deutlicher wird des Kindes Anteilnahme an allem Militärischen, was um so bemerkenswerter ist, als die biedermeierlich behagliche Umwelt des Knaben nichts Soldatisches an sich hat und auch der Zeitgeist eher dem häuslichen Glück als kriegerischen Hochzielen huldigt.
Um diese Zeit ist der Herzog von Reichstadt schon schwerstens lungenkrank. Dem Todgeweihten fehlt der Spielkamerad, oft spricht er von ihm und verlangt ihn zu sehen. Aber Franzi hat am 6. Juli 1832 einen neuen »Freund« bekommen, das Brüderchen Ferdinand Maximilian, in der Familie »Maxi« genannt. Der nun schon bald zwei Jahre alte Erstgeborene betrachtet den Neuankömmling in dieser Welt vorerst allerdings mit einer zurückhaltenden, etwas ängstlichen Scheu und mißbilligt sein Schreien sehr.
Siebzehn Tage später löscht der Tod das freudenarme Leben des Napoleonsohnes aus. Im gleichen Schönbrunner Schloß, in dem ein zu Großem Geborener auf der Bahre liegt, schreit ein winziges Wesen in den lachenden Sommer.

[2] 8. Mai 1831.

DIE FAMILIE WÄCHST

1832—1835

Da »L'Aiglon«, der junge Adler von Reichstadt, tot ist, wendet sich des Kaisers Liebe noch mehr als früher seinem Enkelkinde Franzi zu. Dieser wieder beschäftigt sich angelegentlich mit dem kleinen Bruder Maxi. Auch dabei zeigt sich schon des Kindes Vorliebe für alles Militärische, beispielsweise wenn er einmal, als man ihm das kleine Brüderchen auf die Knie legt, behauptet: »Ich bin der Soldat, das ist dem Soldat sein kleines Kind.« Maxi hat feinere Züge und eine weißere Haut als sein älterer Bruder; er ist auch ein liebes, freundliches Kerlchen, aber sehr ungeduldig und lebhaft, wogegen Franzi ausgeglichener, vielleicht auch herzlicher ist.

Am 30. Juli 1833 schenkt Sophie einem dritten Knaben, dem Erzherzog Karl Ludwig, das Leben. »Ich kann dem Himmel nicht genug danken«, berichtet sie nach Hause, »daß Er nicht aufhört, mich in meinen Kindern zu segnen, die mir bisher unberufen nur Freude und Genugtuung bereitet haben. Das ist alles, was ich brauche, um auch selbst zufrieden zu sein.«

Indessen wird Franzi ein richtiger kleiner Kavalier. Oft muß man über seine komischen Einfälle und Worte lachen, aber manchmal offenbart sich in ihm blitzartig der werdende Charakter. So etwa, als er zum Namenstag seines Onkels Ludwig mit einem großen Blumenstrauß erscheint und auf die Frage, ob dieser für ihn nicht zu schwer sei, antwortet: »Ich trag' gern, was schwer ist.« Fast könnte man aus diesem Satze den Leitspruch für ein ganzes Leben herauslesen. Seinen guten Eigenschaften steht ein Widerspruchsgeist entgegen, von dem die Ilb behauptet, daß er »unglaublich, ja angeboren« sei[1].

Nun darf der Vierjährige auf der Galerie den Hoffesten beiwohnen, wobei er allen gefällt und, wie seine Mutter behauptet, »ganz mondän« wird. Es ist schwer, ihm etwas abzuschlagen, weil er sehr empfindsam ist, was die Erzherzogin für die seelische Zukunft

[1] »Die Kindheit unseres Kaisers«, Briefe der Baronin Luise von Sturmfeder, Aja Seiner Majestät. Aus den Jahren 1830 bis 1840. S. 151.

ihres Sohnes mit Sorge erfüllt. Manchmal nennt ihn Sophie »le pauvre chou«, denn das »petit« will nicht mehr zu dem Jungen passen.
In das häusliche Glück der erzherzoglichen Familie greift das Schicksal plötzlich mit grausamer Hand ein und dies just in dem Augenblick, als Sophie, diese Frau mit weiblichem Gemüte, aber mit einem männlichen Pflichtbewußtsein, wieder ein Kind unter dem Herzen trägt. Am 25. Februar 1835 ist Kaiser Franz an einer Lungenentzündung erkrankt; am 2. März hört das gütige Herz des Monarchen für immer zu schlagen auf. »Ach, Mama«, klagt die Erzherzogin ihrer Mutter, »wir sind so unglücklich, nachdem wir während so vieler Jahre so glücklich waren, geschützt, geliebt und geleitet durch ihn, unseren vielgeliebten Herrn. Wir sind seit dieser schrecklichen Nacht, die ihn uns entführte, ganz verwaist. Er war unsere einzige Stütze, unser einziges Heil, es schien mir, als müßte die Welt zusammenstürzen, daß wir mit ihm alle zugrunde gehen müßten[2].«
Wird nun für die Familie, für den Hof und nicht zuletzt für das Kaiserreich eine neue Zeit anbrechen? Der legitime Thronfolger ist Ferdinand, und das Gesetz des Hauses Österreich ist stärker als die Menschen, die sich ihm beugen müssen.

DER KRANKE KAISER FERDINAND

1835—1841

Ferdinand, der Kaiser, wird, an Leib und Seele schwer krank, wenn auch herzensgut, immer nur ein willenloses Werkzeug in der Hand des Fürsten Metternich sein. Das Volk weiß es, jedermann ist in Sorge um die Zukunft des Völkerreiches. Vor allem aber Sophie, die Gattin des dem Throne zunächst stehenden Erzherzogs.

[2] Briefe der Erzherzogin Sophie an ihre Mutter vom 25. und 27. Februar, 1., 3., 9. und 21. März 1835.

Ihr Ehrgeiz geht keineswegs dahin, ihren Mann an der Spitze des Staates zu sehen, denn sie gibt sich über die Unzulänglichkeit ihres Gemahls keiner Täuschung hin. Daß einer ihrer Söhne dereinst die Kaiserkrone tragen wird, genügt ihr. Sie steht auch sonst mit ihren Gedanken durchaus in dieser Welt, was durch die Art bewiesen wird, in der sie ihre Mutter beruhigt: »Habe keine Sorge für unsere Zukunft, liebe Mutter«, schreibt sie ihr, »ich glaube, daß sich alles gut regeln wird. Wir werden wahrscheinlich eine fixe Geldsumme aus dem Familienfondsvermögen bekommen und Apanagen für unsere Kinder. Wir bleiben die Hausherren bei Hof, was anders geworden wäre in dem Augenblick, da der arme Kaiser Kinder bekommen hätte.«

Am 12. Oktober erfüllt sich wieder eine große Hoffnung der Erzherzogin, denn an diesem Tage erblickt ein Töchterchen, Maria Anna, das Licht der Welt.

Inzwischen ist Franzis Entwicklung mit Riesenschritten vorwärtsgestürmt. Besonders gerne hört er über Geschichte sprechen, beschäftigt sich aber auch sehr nachdenklich mit religiösen Fragen. Das Jahr 1836 bringt für den nun schon fast Sechsjährigen einen großen Wandel, da er der Obhut der »Aja« entzogen und männlicher Betreuung anvertraut wird. Metternich bestimmt für die Erziehung des Knaben den sechsundvierzigjährigen Grafen Bombelles, von dem er behauptet, er reihe ihn »in die geringe Zahl von Menschen ein, die infolge einer angeborenen Neigung das dachten, was ich dachte, und das wollten, was ich wollte[1].« Metternich bemüht sich aber auch selbst um die Ausbildung des kleinen Erzherzogs und macht dabei ob seines Geistes und seiner Belesenheit auf Sophie einen gewaltigen Eindruck. Sophie ist über das Sprachentalent ihres Sohnes, mit dem schon Kaiser Franz italienisch gesprochen hat, erstaunt. Da sie mit ihren Buben in allen Sprachen des Reiches plaudern will, beginnt sie selbst Tschechisch zu lernen, aber Franzi kennt schon mehr Vokabeln als sie.

Stellvertreter des Grafen Bombelles wird als Dienstkämmerer des Knaben Graf Johann Coronini-Cronberg. Er unterscheidet sich von Bombelles durch eine strengere, etwas kurz angebundene Art. Die für den jungen Erzherzog errichtete Kammer umfaßt jetzt

[1] Metternich-Memoiren, 8. Band Brief vom 8. April 1850, Nummer 1795.

außer den Erziehern einen Kammerdiener, einen Kammerjungen, zwei Leiblakaien, einen Zimmerputzer, einen Hausknecht und ein Kammerweib. Am stolzesten ist Franzi auf seinen Diener.
Zuerst werden in dreizehn Wochenstunden Religion, Deutsch, Französisch, Schreiben und Geographie unterrichtet. Beim Unterricht zeigt sich das ungewöhnliche Pflichtgefühl des Schülers; auf die Minute genau ist er immer zur Stelle, läßt seine Spielsachen nie in Unordnung zurück und gehorcht den Befehlen seiner Lehrer augenblicklich. Die Mutter aber ist der feste und unerschütterliche Mittelpunkt der Liebe und der Verehrung. Beim Vater fühlen es auch die Kinder, ebenso wie das ganze Haus, daß er, außer Jagd und Theater, keine festen Ziele verfolgt. Dies ist auch die Hauptsorge der Erzherzogin, weshalb sie, im Hinblick auf den Zustand des Kaisers, trachtet, ihren Gatten für ernstere Aufgaben empfänglicher zu machen. Sie erreicht es, daß Franz Karl zum ständigen Mitglied der Staatskonferenz ernannt wird, die unter dem nominellen Vorsitz des Monarchen aus den Erzherzogen Ludwig und Franz Karl sowie dem Fürsten Metternich und dem Grafen Kolowrat besteht. Vielleicht erhofft sich Sophie, auf diesem Wege einen größeren Einfluß auf die Staatsgeschäfte zu gewinnen.
Während sich Franzi seelisch und körperlich zur Zufriedenheit seiner Eltern entwickelt, bereiten die epileptischen Anfälle der kleinen Anna der Mutter große Sorgen. Um so mehr bedeutet die Beschäftigung mit der Erziehung des Ältesten der Erzherzogin eine willkommene Ablenkung. Zu den früheren Lehrgegenständen sind nach und nach Ungarisch, Tschechisch, Tanzen, Zeichnen, Turnen, Fechten, Schwimmen und Exerzieren getreten. Am liebsten sind dem Jungen die Zeichenstunden, für die er eine ausgesprochene Begabung mitbringt. In Franzis neuntem Lebensjahr erhöht sich die Anzahl der Wochenstunden auf siebenunddreißig, ohne daß dabei die körperlichen Übungen, wie das Reiten, eingerechnet sind. Der Knabe bewältigt alle an ihn gestellten Anforderungen klaglos. Er ist auch von den drei Brüdern am leichtesten zu erziehen, denn sein Charakter gibt fast keine Rätsel auf. Seine Gewissenhaftigkeit und Genauigkeit sind vorbildlich, ohne daß darunter seine Kindlichkeit litte. Hingegen kann Sophie mit ihrem Jüngsten nicht so schattenlos zufrieden sein wie mit Franzi. »Er macht den Eindruck eines dicken, kleinen Bauernbuben«, meint sie, »und wenn

der Hofpfarrer nach Aufbietung seiner ganzen Geduld glaubt, ihm etwas begreiflich gemacht zu haben, da sagt er ein einziges Wort, aus dem erhellt, daß er aber schon gar nichts verstanden hat.« Die Erzherzogin ist peinlichst darauf bedacht, daß darüber nichts in die Öffentlichkeit dringe.

Das bisher ungetrübte Glück der erzherzoglichen Familie wird plötzlich durch den unerwarteten Heimgang der nun vierjährigen Anna getrübt, die nach heftigen Krämpfen und Kopfschmerzen am 5. Februar 1840 in die Ewigkeit des Kinderparadieses eingeht.

Die schwergeprüfte Mutter hat zu viele Pflichten, um ihrem Schmerz freien Lauf lassen zu dürfen. Außerdem haben Franzi und Maxi Keuchhusten und müssen mit dem Grafen Bombelles in das Salzkammergut gesandt werden. In Aussee trifft Franzi bei einem Armbrustschießen in das Schwarze, was ihn beseligt. In Salzburg wiederholt er den gleichen Erfolg mit einem richtigen Gewehr. Wie sehr er in diesen Jahren schon gereift ist, bestätigt die Gattin des Herzogs Henry von Bordeaux, die, nachdem sie mit den drei Buben gespielt hat, urteilt: »Ich liebe Maxi sehr, Franzi dagegen imponiert mir.« »Und das verstehe ich«, meint die Erzherzogin dazu, »weil es mir selbst manchmal passiert, da sein Geist und sein Charakter so positiv sind und seine Haltung manchmal ernst, ja *würdig* ist.«

Nur zu bald hat Sophie wieder einen Heimgang im engsten Familienkreis zu beklagen: am 13. November 1841 stirbt ihre Mutter, und mit ihr ist der Erzherzogin engste Vertraute dahingegangen, die Frau, der sie ihr ganzes Herz erschlossen und der sie all ihren Kummer gebeichtet hat.

MIT VOLLEN SEGELN

1842—1846

Trost nach dem Ableben der geliebten Mutter findet Erzherzogin Sophie nur in ihren Kindern, um so mehr, als sie sich wieder in anderen Umständen befindet. Am 15. Mai 1842 kommt ein Knabe zur Welt, Ludwig Viktor, der im Familienkreis »Bubi« oder »Hetzi« genannt wird. Über der Fürsorge für den Neugeborenen muß Sophiens Beschäftigung mit ihrem Ältesten naturgemäß zurückstehen. Dessen Schulstunden haben mittlerweile das halbe Hundert in der Woche erreicht, da nun auch Italienisch hinzugetreten ist. Auch Musikstunden werden dem Knaben erteilt, doch sie zeitigen nur wenig Erfolg. Vor allem liebt Franzi das Zeichnen. Der Schüler entwickelt einen klaren, nüchternen Stil und eine gefällige Handschrift. Hingegen bereiten Rechtschreiben und die Mathematik Schwierigkeiten, während Geschichte und Geographie mit größtem Vergnügen gehört werden. Für die Mutter gelten die Religions- und die Geschichtsstunden als die wichtigsten, und deshalb ist sie bei ihnen auch immer anwesend.

Bisher hat der junge Prinz mit dem Exerzieren und allem Militärischen mehr oder weniger nur gespielt. Nun aber soll dem zukünftigen Obersten Kriegsherrn eine gründliche Soldatenerziehung zuteil werden. Diese wird dem wissenschaftlich hochgebildeten und außerordentlich sprachbegabten Major Franz von Hauslab übertragen. Franz wird von Hauslab vorerst als Rekrut betrachtet und in allen vier Waffengattungen, der Infanterie, der Kavallerie, der Artillerie und dem Geniewesen, ausgebildet. Da der Major kein »Kommißknopf« ist, bereitet dem Jungsoldaten die »Rekrutenzeit« Freude, und die Mutter sieht besonders gerne dem Reitunterricht zu, da ihr Ältester im Reiterrock so gut aussieht. Als dem Jüngling an seinem dreizehnten Geburtstag die Oberstinhaberschaft eines Dragonerregiments verliehen wird, wächst seine Liebe zum Soldatenberuf nur noch mehr.

Nun wird Franz von seinem Vater auch im edlen Weidwerk unterrichtet. Wenn auch das Schießen und die Jägersprache noch nicht seine Stärke sind, so hat ihn doch schon die Jagdleidenschaft erfaßt und wird fortan für sein Leben mitbestimmend sein.

Es ist aber auch schon Zeit, daß der Erzherzog sein Reiterregiment kennenlernt, dessen Oberst er seit einem Jahre ist. Die Truppe garnisoniert in Skalitz. Bei eiskaltem Sturmwind reiten die Offiziere dem Wagen des kaiserlichen Prinzen entgegen. Schon am Morgen des nächsten Tages wird das Regiment besichtigt, das schließlich alle Hindernisse im Galopp bewältigt. Alles läuft gut ab. Nach der Beendigung der Übung führt der junge Oberstinhaber mit gezogenem Säbel seine Reiter seinem Vetter Albrecht (dem Sohne des Siegers von Aspern), der kommandierender General ist, zuerst im Schritt, dann im Trab vor, bis er schließlich weithin schallend »Gaaalooop!« befiehlt und das Regiment in prachtvoller Ordnung defilieren läßt. Der Vierzehnjährige unterschreibt sich von diesem Tage an nur noch »Franz, Oberst«.

Um ihr großes Vaterland besser kennenzulernen, werden die drei jungen Erzherzoge auf die Reise gesandt. In Verona werden sie vom kommandierenden Feldmarschall Joseph Wenzel Grafen Radetzky von Radetz begrüßt. Über Venedig, Pola und Adelsberg, Laibach, Graz und Mariazell kehrt die kleine Reisegruppe wieder nach Wien zurück.

Mit dem Jahre 1846 treten bei Franz (Oberst!) zu seinen übrigen Lehrgegenständen nun Rechtslehre, diplomatische Lektüre, Astronomie, Technologie und Polnisch hinzu, während merkwürdigerweise Englisch im Lehrplan nicht enthalten ist. Auch dem Zeitunglesen wird eine begrenzte Zeitspanne gewidmet. Desgleichen wird dem Jüngling Gelegenheit geboten, mit Männern und Frauen des Kunstlebens und des Theaters in Fühlung zu treten. Franz Liszt spielt des öfteren am Hofe, Fanny Elßler tanzt im Ballett, Jenny Lind, die »schwedische Nachtigall«, singt in Wien und ist auch in der Hofburg zu Gast.

Am 18. Juli 1846, anläßlich der Enthüllung des Denkmals für Kaiser Franz, zeigt Franz sich im Gefolge des Monarchen zum ersten Male in der Öffentlichkeit. Kurz darauf muß er zur Inspizierung seines Regiments nach Olmütz. »Ich unterhalte mich hier trefflich«, meldete er seiner Mutter, »reite, kutschiere, und was die Hauptsache ist, bin den ganzen Tag in Uniform.« Trotzdem ist er noch immer ein rechtes Kind, denn auch als Oberst muß er der Erzherzogin noch immer sein Tagebuch und das Wirtschaftsbuch zeigen, das er seit dem Jahresbeginn 1846 zu führen hat. Peinlich sauber sind darin die Einnahmen und die Ausgaben verzeichnet. Monatlich erhält er ein Taschengeld von 160 Gulden, muß aber alle Auslagen für seine Zivil- und Militärgarderobe, für die Wäsche und Fußbekleidung selbst tragen. So ist auf der Ausgabenseite zu lesen, daß er sich ein Paar Hosenträger um 36 Kreuzer, 16 Paar Handschuhe um 10 Gulden 40 Kreuzer und einen Jagdhut um 5 Gulden 30 Kreuzer gekauft hat. Auch sind zahlreiche Almosen,

verschiedene Geschenke an Familienmitglieder, und Mandelseifen, zu 10 Kreuzer das Stück, vermerkt.
Aber das biedermeierische Familienidyll geht langsam zu Ende, denn über dem Himmel Europas ballen sich düstere Kriegswolken.

II

FRANZ JOSEPH, DER JÜNGLING

DIE LETZTEN JAHRE DER KINDHEIT

1846—1848

Noch immer scheint sich die Politik Österreichs nach außen wie nach innen in den altgewohnten Bahnen weiterzubewegen. Noch immer ist Fürst Metternich ihr unbestrittener Träger und Mittelpunkt. Kaiser und Hof haben zu ihm unbegrenztes Vertrauen, wenn auch Erzherzogin Sophie aus ihrem politischen Lesestoff zuweilen Zweifel schöpft, ob die Verwaltung des Staates auch wirklich zweckmäßig sei. Jedenfalls ist sie sich darüber klar, daß sich ihr ältester Sohn rasch dem Tag nähert, da die Last einer ungeheuren Verantwortung für das Reich und seine Völker auf seine Schultern gelegt werden wird. Sie sagt sich, daß es ihre Aufgabe sei, ihr Kind mit allem Rüstzeug zu versehen, das es dann notwendig brauchen wird. Darum widmet sie sich mit verdoppeltem Eifer der Aufsicht über Franzens Erziehung und ist fast immer beim Geschichtsunterricht wie bei den philosophischen Lehrstunden anwesend. Es wird auch dafür gesorgt, daß sich der junge Erzherzog möglichst oft in der Öffentlichkeit zeigt.

Die erste große Gelegenheit zu einem öffentlichen Auftreten in Ungarn bietet sich beim Ableben des Erzherzogs Joseph, der als Paladin das Verbindungsglied des Kaisers zwischen Österreich und Ungarn gewesen war. Die Magyaren betrachten den Sohn Sophiens mit größtem Interesse, weil man den Kaiser-König in Wien nicht sehr wohlwollend beurteilt und seinen voraussichtlichen Nachfolger deshalb um so aufmerksamer prüft.

Daß Franz Joseph in Ungarn gefalle, ist wegen der gespannten Lage und üblen Stimmung im Lande besonders wichtig. Für die mäßige Ernte im Vorjahr, für die ihr folgende erhebliche Verteuerung wie für die zunehmende soziale Kluft zwischen den niederen Ständen der Bevölkerung und dem Adel, für alles wird die Wiener Politik verantwortlich gemacht. Schon wird der Name »Rákóczy«, das Symbol des Aufruhrs, öfter genannt.

Kaiser Ferdinand ernennt »bis zu der am nächsten Reichstag erfolgenden Wahl« den Sohn des verstorbenen Paladins, den dreißigjährigen Erzherzog Stephan, zum Statthalter in Ungarn. Aber die Magyaren finden, daß sogar diese vorläufige Ernennung einen selbstherrlichen Eingriff in die Verfassungsrechte des Landes bedeute, weil ein solches Recht nur dem Reichstage zustehe. Das Nationalgefühl gerät in Siedehitze. Als in der Nacht vom 1. auf den 2. Februar 1847 das Pester Deutsche Theater brennt, das den Ultramagyaren seit jeher ein Dorn im Auge war, durchziehen die Fanatiker mit »Éljen!«-Rufen die Stadt. In Wien aber verschließt man den Blick vor dem, was diese Ereignisse für die Zukunft ankündigen.

Auch in den italienischen Provinzen Österreichs steht es nicht zum besten. Der Freiheitsbegriff der dort lebenden Italiener hat sich mit der nationalen Idee im Lande verbündet. Überall flackern Unruhen auf, überall herrscht ein fanatischer Haß gegen das Kaisertum. Im September 1847 richtet der nationale Italiener Mazzini ein Schreiben an den Heiligen Vater, das in den Worten gipfelt: »Einigen Sie Italien, Ihr Vaterland! Behandeln Sie Österreich als Usurpator!« Den Papst für die »Befreiung« der italienischen Provinzen Österreichs gewinnen zu wollen liegt nahe, da Pius IX. freiheitlich gesinnt ist und nicht gerade als Freund der Monarchie angesehen werden kann. Der Vatikan weiß, daß man in Piemont von einem Zusammenschluß aller italienischen Staaten gegen Österreich träumt. Das Haupt dieser Vereinigung soll der Papst, ihr Schwert König Albert von Sardinien sein. Metternich bleibt von all diesen Ereignissen unbewegt.

Während dieser Wochen bereist Franz Joseph gemeinsam mit seinem Bruder Max Böhmen und besucht zum ersten Male die sächsische Königsfamilie in Pillnitz. Er freundet sich dabei besonders mit dem Prinzen Albert, dem Neffen des sächsischen Monarchen, an und schreibt begeistert über ihn an seine Mutter: »Albert, mit dem ich mich sehr eng angefreundet habe, ist ein sehr vornehmer junger Mensch, besitzt viel Geist, hat im ganzen und besonders im Antiliberalen sehr richtige Ansichten und ist Soldat mit Leib und Seele.«

Kurz darauf soll der noch vorher zum Oberst des Regiments Kaiserhusaren Nr. 1 Ernannte bei der Einsetzung des Erzherzogs und Reichsstatthalters Stephan als Obergespan des Pester Komitates den Kaiser vertreten. Bei der am 13. Oktober 1847 stattfindenden Feier muß Franz Joseph nicht weniger als acht ungarische Reden halten, und er fürchtet sich davor, weil ihm das freie Sprechen Schwierigkeiten bereitet. Im Komitatshause ist zur Einführung Stephans alles versammelt, was im Königreich Rang und Namen hat. Mit verhaltener Spannung blickt alles zur Tür hin, in deren Rahmen nun der junge Herr in seiner schmucken Husarenuniform erscheint. Ein jeder fragt sich, in welcher Sprache er wohl die zu erwartenden Reden halten werde. Franz liest die Begrüßungsworte ungarisch vom Blatt. Bewegt dankt ihm der Erzherzog Stephan, daß er seiner Aufgabe »in der süßen Muttersprache« gerecht geworden sei. Der Reichsstatthalter bittet den Jüngling, er möge, einst zu dem hehren Amte berufen, Völker zu beglücken, dieses Augenblicks in Liebe gedenken und dem ungarischen Vaterlande seine Zuneigung und Huld bewahren.

Stürmischer Beifall und eine unbändige Begeisterung rauschen auf. Und wieder muß Franz Joseph eine ungarische Rede halten. Unter tausendfachem »Éljen!« der Zuhörer spricht Sophiens Sohn und trinkt auf das Wohl seines Vetters wie auf die Zukunft des ihm schon jetzt lieb gewordenen ungarischen Vaterlandes.

Nur um wenige Wochen später wird der einstige Rechtsanwalt Ludwig Kossuth zum Abgeordneten des Pester Komitats gewählt, ein Mann, der für den ungarischen Unabhängigkeitswillen fast zum Sinnbild geworden ist. Noch hat er nicht gänzlich die Maske abgeworfen und beteuert seine Treue zur Dynastie, aber insgeheim arbeitet er auf die völlige Lostrennung Ungarns von Österreich unter Liebäugeln mit republikanischen Formen hin.

Für den jungen Erzherzog sind die Tage in Preßburg eine »allerkolossalste Hetz«. »Alles ist so gut abgelaufen, als man es nur wünschen kann«, meldet er der Mutter.

Trotzdem werden die wahren Entwicklungen im Kaiserstaat, die sich einer Krise nähern, immer deutlicher erkennbar. Metternich betrachtet sie wohl mit wachsender Sorge, bleibt aber in seiner Regierungskunst noch immer starr und unbelehrbar, wenn er auch von Ermüdung, Aufregung und Entmutigung spricht. Der Hof vertraut ihm wie eh und je, und auch Sophie glaubt an ihn. Sie veranlaßt sogar, daß der Fürst ihren Ältesten regelmäßig am Sonntag in die Technik der Staatsführung einweiht. So endet das Jahr 1847.

Zum Beginn des Jänner 1848 treffen schlechte Nachrichten aus Italien ein. In Livorno sind Volksaufstände und Tumulte zu verzeichnen. Cavours neugegründete Zeitung »Il Risorgimento«, die Italiens Unabhängigkeit und Fortschritt jeder Art predigt, beginnt zu wirken. In Mailand kommt es zu Straßenkämpfen und in Pavia zu Ausschreitungen.

Die Erzherzogin ist von diesen düsteren Ereignissen und geheimen Verschwörungen tief beeindruckt und vertraut ihre Sorge dem Tagebuch an: »Welch traurige Zeiten sind die unsrigen. Die leidenschaftliche Erhitzung der Geister breitet sich immer mehr aus und insbesondere in diesem armen, schönen Italien, das so glücklich sein könnte, wenn es vernünftig wäre![1]«

Nun nehmen die Besorgnisse um die Zukunft in der kaiserlichen Familie rasch zu. Franz Joseph wird zwar von den Gesprächen über die Lage möglichst ferngehalten, aber verheimlichen läßt sich ihr Ernst vor ihm doch nicht völlig. Trotz der scharfen Gegenmaßnahmen des Feldmarschalls Radetzky steigt die Aufregung in den italienischen Provinzen und empfängt neuen Auftrieb aus der in Neapel und in Sizilien ausgebrochenen offenen Revolution. Die dortigen königlichen Truppen werden von den Aufständischen geschlagen, und in Kürze ist ganz Sizilien in der Hand der Revolutionäre. Der König muß schließlich eine Verfassung, die Mitverantwortung der Minister und Pressefreiheit zugestehen. Doch die kaiserliche Familie erfährt noch üblere Dinge: in Preßburg wird die aufrührerische Bewegung immer klarer und der Ruf nach einer Verfassung immer deutlicher.

In Italien greifen die Unruhen schon auf Piemont über. Wieder flüchtet sich die Erzherzogin zu ihrem Tagebuch: »In Neapel eine Verfassung! Palermo immer noch im Aufruhr und jetzt auch in

[1] Tagebuch der Erzherzogin Sophie, 10. Jänner 1848. Wien, St. A.

Piemont eine solche! Wie wird das enden?« Aber wie einst beim Wiener Kongreß, wird auch jetzt trotz aller Unruhe in den benachbarten Ländern in Österreich, und vor allem in Wien, fleißig getanzt, denn es ist Faschingszeit. Am 24. Februar nimmt Franz Joseph zum ersten Male an dem Ball bei Hof teil und tanzt in der Oberst-Uniform der Kaiserhusaren unermüdlich bis in den Morgen. Die festlich-frohe Stimmung wird auch durch die Nachricht nicht erschüttert, daß der Großherzog von Toskana, also ein Mitglied des Hauses Österreich, seinem Lande entgegen dem Ratschlag Metternichs eine freiheitliche Verfassung zugestanden hat. In ihren Folgen ungleich gewichtiger aber ist die in Paris ausgebrochene Revolution. Militär und Nationalgarde sind zum Volke übergegangen. Es ist eine proletarische und nicht, wie in früheren Zeiten, eine bürgerliche Revolution, was die Regierung in Wien besonders nachdenklich stimmen müßte. Erzherzog Franz Karl, der den Staatskanzler befragt, was unter diesen Umständen zu tun sei, findet den Fürsten zwar im Innersten bewegt, doch nicht gewillt, von seinen antiliberalen Grundsätzen abzugehen. Er will nicht nachgeben, weil, wie er meint, sonst alles verloren wäre. Polizei und Militär, Drohungen und Gefängnis werden das Ärgste verhindern, das ist seine Hoffnung.

Das Vertrauen Metternichs in die Meldungen, die vom Hauptquartier der kaiserlichen Armee in Italien einlangen, ist nicht sehr groß, obwohl Feldmarschall Radetzky schon im November 1847 fast auf den Tag genau den Ausbruch des Sturmes in Italien vorausgesagt hatte: »Im März — wenn es bis dahin hält!« Aber der Fürst hält den Warnenden für einen querulierenden Greis und spricht auch ganz offen aus, daß er »die furchtbare Angst des alten Herrn da drunten nicht begreife«.

Noch ist es auf italienischem Boden nicht zu ernsteren Feindseligkeiten gekommen. Auf dem Preßburger Reichstag hat Kossuth eine Brandrede gehalten, die zu schwerster Sorge Anlaß bietet. Zwar verbeugt er sich vor der Dynastie, indem er erklärt, daß »des hoffnungsreichen Sprosses aus dem Hause Habsburg, des Erzherzogs Franz Joseph, der schon bei seinem ersten Auftreten die Liebe der Nation zu erwecken wußte, die Erbschaft eines glänzenden Thrones warte«. Aber er müsse seine Kraft aus der Freiheit schöpfen. Die Dynastie habe zwischen ihrem eigenen Wohle und der Er-

haltung eines »verwesten« Regierungssystems zu wählen. Nicht einmal ein Spatz würde mehr für die Wiener Politik sterben wollen. Sollen die verschiedenen Völker der Monarchie zu einer Seele und einem Herzen verschmolzen werden, dann könne dies nur durch eine allgemeine Verfassung erfolgen.
Nach den Ereignissen in Frankreich und Italien wie nach dem Preßburger Reichstag ist der Glaube an Metternichs Unfehlbarkeit stark erschüttert. Man mißt ihm und dem Bruder des Kaisers, dem Erzherzog Ludwig, die Schuld bei, daß nur Polizeiwillkür und Unterdrückung herrschen, die kein freies Wort und keinen frischen Luftzug erlauben, und daß die Zensur Literatur und Presse knebelt. Niemand könne Vorschläge unterbreiten, die Landtage seien die Domäne der Hocharistokratie und der Geistlichkeit. Die kaiserliche Familie werde geliebt und verehrt, doch stehe an ihrer Spitze ein armer Kranker. In Wirklichkeit habe sie nicht viel zu sagen, am wenigsten Erzherzog Johann, der vernünftigste und loyalste unter den Habsburgern. An der Universität und im Gewerbeverein, wo die fortschrittlichen Staatsbürger das Wort führen, wird beschlossen, unmittelbar an den Kaiser heranzutreten, um ihm die Wünsche der Bevölkerung nahezulegen. Man will durchgreifende Reformen, Beseitigung der Zensur, Beschränkung der Polizeiwillkür, Erweiterung der Rechte des Landtags und noch manches andere mehr verlangen. Erzherzog Ludwig und Metternich bleiben bei ihrer ablehnenden Haltung. Erzherzog Johann will gegen sie ankämpfen und trägt damit den Zwiespalt in die kaiserliche Familie. Franz Karl und Sophie sind im Grunde genommen immer noch für den Staatskanzler, sehen aber ein, daß die alte Regierungsweise unhaltbar geworden ist.
Der Fürst gibt, um Zeit zu gewinnen, bekannt, daß man über alles »deliberieren« werde, doch müsse die Ordnung um jeden Preis aufrechterhalten werden. Die Studenten hingegen wollen nicht mehr warten. Sie wollen am 12. März zur Hofburg ziehen, was aber die Professoren mit dem Versprechen verhindern, daß zwei von ihnen sich zu Erzherzog Ludwig begeben würden, um ihre Wünsche vorzubringen. Der kaiserliche Prinz erklärt den beiden Hochschulvertretern jedoch rundweg, daß er den Staatskanzler nicht fallenlassen könne. Der Polizeipräsident, Graf Joseph Sedlnitzky von Cholitz, hingegen soll seines Amtes enthoben werden. Darauf wer-

den die Forderungen der akademischen Kreise dem Kaiser überreicht. Ferdinand weiß dazu nichts Besseres zu sagen als: »Ich werde sie in Erwägung ziehen[2].«
Den Ernst der Lage erkennt man an den Sicherheitsvorkehrungen, die getroffen werden. An die 13.000 Mann der Wiener Garnison unter dem Feldmarschalleutnant Erzherzog Albrecht werden scharfe Patronen ausgegeben; überdies werden den Truppen Alarmplätze zugewiesen. Für den 13. März sind die niederösterreichischen Stände zu einer Versammlung einberufen.
Am Morgen dieses Tages versammeln sich die Studenten in Massen und ziehen, mit dem Ergebnis der Aussprache ihrer Vertreter mit der Regierung unzufrieden, zum Landhaus in der Herrengasse. Sie wollen auf die dort zusammentretenden Stände einwirken, damit diese entsprechend scharfe Beschlüsse fassen.
Die Bevölkerung Wiens wird durch den Aufmarsch der Studenten in die größte Erregung versetzt. Von allen Seiten strömen Menschenmengen herbei, um am Vorgehen der Hochschuljugend teilzunehmen. Schon sieht es so aus, daß zur Aufrechterhaltung der Ordnung Militär aufgeboten werden müsse. Die Garnison marschiert auf dem Josefstädter Glacis auf, von wo sie unter heftigstem Widerstand der Zivilisten durch die kleinen Gassen zum Landhaus vordringt. Das immer mehr anwachsende Volk umlagert schon den Michaelerplatz und die Staatskanzlei. Drohend versammeln sich einzelne Gruppen auch schon in der Nähe der Burg. Die Truppen besetzen alle Zugänge zum Sitz der kaiserlichen Familie, Geschütze fahren auf.
Mittlerweile lauschen die Volksmassen den Reden einzelner Aufwiegler. Die Ansprache Kossuths im Preßburger Reichstag wird in Übersetzung vorgelesen. Jedesmal wenn das Wort »Verfassung« fällt, brechen die Leute in brausende Jubelrufe aus. Als man zur Stelle der Rede kommt, die von dem Erzherzog Franz Joseph handelt, wird der Sprecher von tosendem Beifall unterbrochen, und alles klatscht Zustimmung. Fast könnte man von einer »Kaiserlichen Revolution« sprechen, dächte man nicht an Ferdinand, den

[2] Siehe das umfassende, ausgezeichnete, in jeder Weise aufschlußreiche Buch Rudolf Kiszlings, Die Revolution im Kaisertum Österreich. 1848 bis 1849, Band I/37 f.

Kaiser, sondern an seinen vermutlichen Nachfolger, Sophiens Sohn.
Die Unruhe wird immer stärker. Endlich wird Militär eingesetzt. Grenadiere versuchen, die Herrengasse zu säubern, aber es gelingt ihnen nicht mehr. Aus den Fenstern wird auf die Soldaten geschossen, Einrichtungsgegenstände und Steine prasseln von allen Seiten auf sie hernieder. Der greise Platzkommandant von Wien erscheint und will die Aufrührer beruhigen, doch er wird beschimpft und erheblich verwundet. Der Landeskommandant Erzherzog Albrecht versucht gleichfalls, Ordnung zu schaffen, aber er wird bald von einem schweren Stück Holz getroffen.
Da dröhnt von der Freyung her der Tritt schwerer Soldatenstiefel. Ein Pionierbataillon marschiert heran, um die vor dem Landhaus Versammelten zu zerstreuen. Wildes Geheul empfängt die Truppe, und über ihre Köpfe fällt ein Hagel von Steinen und Holzscheiten. Der Hauptmann stürzt verwundet zu Boden. Kommandos ertönen, die Pioniere machen sich zum Schießen bereit. Die erste Salve erdröhnt. Alles stiebt auseinander, im Nu ist die Herrengasse bis zum Michaelerplatz von Zivilisten leer. Auf dem Pflaster liegen vier Tote und ein Schwerverwundeter in ihrem Blute. Von Mund zu Mund eilt die Nachricht, daß man es gewagt habe, auf Wehrlose zu schießen. Die Erregung der Massen steigt bis zur Unerträglichkeit. Doch richtet sich die Wut des Volkes nicht gegen den Kaiser, den man nicht umsonst durch den Beinamen »der Gütige« geehrt hat. Der Haß der Menge gilt dem Staatskanzler, der für die Ausübung der Regierungsgewalt verantwortlich ist. »Nieder mit Metternich!« hallt es durch ganz Wien, und vor der Staatskanzlei ballen sich drohend die Massen.
In äußerster Sorge verfolgt die kaiserliche Familie, die sich in der Hofburg versammelt hat, die Ereignisse. Ununterbrochen finden zwischen Franz Karl, Ludwig und den vielen Abordnungen, die nun in der Burg erscheinen, Beratungen statt. Es ist zu spät, um das Rad der Ereignisse noch zurückzudrehen.
Nun gärt es auch schon in den Vororten. Vor Angst, daß die Truppen auf die Bevölkerung zu aufreizend wirken, ist man der Meinung, man sollte sie lieber auf das Glacis zurückziehen. An ihre Stelle sollen die zwei Regimenter Bürgermiliz, die noch aus der napoleonischen Zeit besteht, treten. Mittlerweile muß man

aber der Studentenschaft zugestehen, daß sie sich bewaffne. Immer noch wird beratschlagt, ununterbrochen erwägen die Abordnungen der Stände mit den Erzherzogen Ludwig und Johann, wie man dem Aufruhr wirksam entgegentreten könne. Wie lange wird, wie lange kann es noch dauern, und das entfesselte Volk reißt die Schranke der Ehrfurcht vor der kaiserlichen Familie nieder und verübt in der Hofburg Gewalttätigkeiten! Erzherzog Ludwig ist für ein gewaltsames Niederschlagen der Bewegung. General Windisch-Graetz soll Befehlshaber der damit betrauten Truppen werden, aber Erzherzog Johann ist dagegen und spricht es offen aus: die einzige Möglichkeit, der Lage noch Herr zu werden, sei die Entlassung Metternichs.

Um neun Uhr abends erklärt der Fürst seinen Rücktritt, da er einsieht, daß er auch von Erzherzog Ludwig keine Unterstützung mehr zu erwarten habe. Der andere Fürst, Windisch-Graetz, bestürmt die Erzherzoge, nicht schwach zu werden, denn er fühle sich stark genug, das entfesselte Volk niederzuzwingen. Die Erzherzoge Ludwig und Franz Karl begeben sich zum Staatskanzler, um ihn umzustimmen.

Sophie verfolgt die Vorgänge mit angsterfülltem Herzen. Franz Joseph, der nicht von ihrer Seite weicht, sucht sie zu trösten. Als die jüngeren Söhne schon schlafen gegangen sind, eilt die Erzherzogin zu Marianna, der Kaiserin. Die Gattin des kranken Monarchen fragt besorgt, ob Ferdinand nicht abdanken solle. »Wäre es nicht gut, wenn er sich zurückzieht, um schon jetzt deinen Mann oder deinen Sohn an die Spitze des Staates zu stellen?« Sophie hat Bedenken. Sie weiß nur zu gut, daß ihr Mann nicht geeignet wäre, eine so schwierige Lage zu meistern. Und soll ihr Sohn, so jung und unerfahren, in einem derart tragisch-gefährlichen Augenblick einen Thron besteigen, um den herum der Aufruhr tobt? Würde es ihm nicht gelingen, Ruhe und Ordnung wiederherzustellen, dann wäre die Krone für ihn auf ewig verloren. Vielleicht ist Metternich doch noch die Rettung?

Der Fürst erscheint spät in der Nacht bei der Kaiserin, bei der auch Sophie noch immer weilt. Mit Eifer hält er Marianna davor zurück, Ferdinand zur Abdankung zu veranlassen, und kann sich dabei auf die Zustimmung von Windisch-Graetz berufen. »Franz Joseph ist noch nicht großjährig«, meint er, »und mehr oder weniger noch ein Kind. Man muß erst Ordnung machen in dem Haus, bevor man ihm die Zügel übergibt.« Damit ist Metternichs letztes Wort bei Hof gesprochen, denn nun muß er an seine eigene Sicherheit denken.

AUFRUHR IN WIEN

1848

Jetzt muß sich auch die Erzherzogin mit dem Gedanken vertraut machen, daß Metternichs Regierungskunst Schiffbruch erlitten hat. Sie hofft nun auf den Fürsten Windisch-Graetz, der die »Oberleitung sämtlicher Zivil- und Militärangelegenheiten« übernommen hat[1] und, wie Sophie in ihrem Tagebuch vermerkt, »seinen Platz ausgezeichnet ausfüllt«. In diesen Tagen kommt es ja auch ganz und gar auf die Tatkraft des Fürsten an, denn Erzherzog Albrecht hat seine Stelle als Landeskommandant niedergelegt und sich aus dem öffentlichen Leben zurückgezogen. Ihm wird die Schuld an dem scharfen Vorgehen der Pioniere zugeschrieben, und mit diesem Vorwurf will sich die kaiserliche Familie nicht belasten.
Die Revolutionäre werden in ihren Forderungen immer kühner. Es ist nicht wenig, was sie wollen: die Bewaffnung der Bürger in einer Nationalgarde, die Befreiung der Presse aus den Fesseln der Zensur, vor allem aber die ausdrückliche Zusage einer Verfassung. Für den Soldaten Windisch-Graetz ist das Verlangen nach einer Nationalgarde am schwersten zu erfüllen, aber schließlich muß er sie doch gewähren. Er kann nur noch durchsetzen, daß sie nicht von einem Erzherzog kommandiert werde.
Mittlerweile haben sich die Worte Ferdinands, auf das Volk sei gegen seinen Willen geschossen worden und er werde es nicht mehr zulassen, wie ein Lauffeuer in der Stadt verbreitet. Die Lawine der Nachgiebigkeit der Regierung ist ins Rollen geraten. Nun wird auch die Pressefreiheit zugestanden und treibt die tollsten Blüten.

[1] Siehe Paul Müller, Feldmarschalleutnant Fürst Windisch-Graetz. S. 91.

An diesem Abend — man schreibt den 14. März 1848 — tritt Metternich heimlich und verkleidet die Flucht an, nachdem er fast vierzig Jahre lang die Zügel des Regierens in seinen Händen gehalten hatte. Erzherzog Ludwig und Erzherzog Franz Karl bleiben an der Spitze der Geschäfte, obwohl sie als Mitglieder der Staatskonferenz für alles mitverantwortlich sind, was Metternich veranlaßt hat.

Noch ist die Revolution eine bürgerliche Bewegung, denn Bauern und Arbeiter haben an ihr bisher keinen wesentlichen Anteil genommen. Auch die Opfer, die fünf Toten in der Stadt und die 45 Gefallenen aus den Straßenkämpfen in den Vororten, sind städtische Bürger. Deshalb ist es auch wichtig, vor allem die Bevölkerung Wiens zu beruhigen. Dazu soll eine Ausfahrt des Kaisers mit den beiden Angehörigen seiner Familie, die dem Throne am nächsten stehen, dienen. Am 15. März fährt der Monarch mit den Erzherzogen Franz Karl und Franz Joseph durch die Straßen Wiens und wird überall mit heller Begeisterung begrüßt. In seiner Rührung über diese Liebe und Anhänglichkeit fallen die schicksalsschweren Worte von seinen Lippen: »Ich gewähre euch alles!« Diesem Versprechen (im doppelten Sinne des Wortes) folgt noch am gleichen Abend das Zugeständnis einer Verfassung. Auch der ungarischen Deputation, die mit dem Paladin Erzherzog Stephan an der Spitze in Wien erscheint, um dem Kaiser die magyarischen Reformwünsche vorzutragen, erklärt Ferdinand, er werde alle Wünsche der Nation erfüllen. Den Magyaren wird auch die Errichtung eines eigenen ungarischen Ministeriums zugebilligt. Dadurch wird das Kaisertum in zwei Teile gespalten, die letzten Endes nur durch die Person des Kaisers und Königs zusammengehalten werden.

Während sich die Haupt- und Residenzstadt allmählich beruhigt, beginnt das Landvolk sich gegen die Gutsherren zu erheben. Als nun aus Berlin die Kunde von Unruhen nach Wien gelangt, schreibt Sophie in ihr Tagebuch: »Überall Geister der Unordnung und des Aufruhrs, die Bauern gegen ihre Gutsherren, die Städte gegen ihre Souveräne. Großer Gott, wie wird das enden?[2]« Als nacheinander die Hiobsbotschaften vom Nachgeben des Königs von Preußen vor den Revolutionären, dem Fall Venedigs und von

[2] Tagebuch der Erzherzogin Sophie, 19. März 1848. Wien, St. A.

der Abdankung des Königs Ludwig von Bayern, Sophiens Bruder, eintreffen, flüchtet sich die Erzherzogin wieder in die Vertrautheit ihres Tagebuchs: »Alle Tage eine schlechte Botschaft. Mein Gott, erbarme Dich unser![3]« Nicht einmal der allerorten knospende Frühling vermag sie freudiger zu stimmen: »Aber der Einzug des Frühlings, der sonst immer meine helle Freude war, läßt mich heute ungerührt, heute, da ich zu aufgeregt, zu verzweifelt und ohne jeden Ruhepunkt für mein Herz dastehe.«

Mittlerweile haben sich die neuen Ministerien gebildet, das ungarische unter dem Grafen Batthyány, das österreichische unter Graf Kolowrat. Zu alldem tritt noch hinzu, daß die Revolution in eine gesamtdeutsche Richtung verfällt, so daß man in Wien schon hören kann, die deutschen Gebiete der Monarchie sollten sich an das übrige Deutschland anschließen.

In Wien scheint trotzdem das Chaos abgewendet zu sein, in Italien aber sieht es so aus, als würde es über kurz oder lang eintreten, wenn die Armee den Abfallbewegungen der italienischen Nationalisten nicht Einhalt zu bieten vermag. Fast abgeschnitten von Innerösterreich, inmitten einer fanatischen Revolution, vom zahlenmäßig überlegenen piemontesischen Heere, von päpstlichen und neapolitanischen Truppen umfaßt, ist Feldmarschall Graf Radetzky nur auf sich und seine Soldaten gestellt. In dieser kaum zu meisternden Lage entschließt sich der greise Feldherr zu einer ebenso gewagten wie genialen Lösung: er gibt ohne vorangegangene Schlacht die Lombardei preis. In der Nacht zum 23. März beginnt das Gros der österreichischen Armee mit dem Marsche in das Festungsviereck. Aber Radetzky hat Mailand nur mit einem prophetischen Vorbehalt verlassen: »Wartet nur, wir kommen wieder!«

Während sich Radetzkys Truppen im Festungsviereck sammeln, geschieht in Wien Umwälzendes. Erzherzog Ludwig ist am 5. April von seinem Vorsitz im Staatsrat zurückgetreten, da »die Bildung eines vorläufigen verantwortlichen Ministeriums unerläßlich sei«. Verantwortlichkeit der Regierung ist aber schon deswegen notwendig, weil trotz der Beendigung der Unruhen die Bewegung sich doch noch weiterhin fortsetzt. Bald geht es gegen die Lebensmittelhändler, dann wieder gegen die Klöster los, bald werden den

[3] Ebenda, Eintragung von Freitag, 24. März 1848. Wien, St. A.

Bischöfen Katzenmusiken dargebracht. Immer deutlicher wird auch das erwachende deutschnationale Bewußtsein. Von allen Kirchen weht die schwarzrotgoldene (deutschnationale) Fahne, selbst vom erzbischöflichen Palais und vom Balkon der Staatskanzlei. Damit wird das deutsche Vorparlament begrüßt, das in der Pauluskirche zu Frankfurt Deutschland einigen soll.

Die Befürchtungen der Erzherzogin werden um so größer, je mehr sie von der Lage in Italien erfährt und je dringlicher der in Wien weilende Paladin versucht, ihrem Gatten die Wünsche der magyarischen Heißsporne nahezubringen. Schließlich genehmigt der Kaiser die Gesetzesvorschläge des Landtages zu Preßburg. Sie besagen, daß der Monarch fortan in sämtlichen bürgerlichen, kirchlichen, finanziellen und militärischen Angelegenheiten die vollziehende Gewalt ausschließlich durch das ungarische Ministerium auszuüben habe. Dem Monarchen bleibt somit nur der Titel übrig.

Am 19. April berät Sophie mit dem Fürsten Windisch-Graetz, was mit ihrem Ältesten zu geschehen habe. Der Fürst ist dafür, ihn um jeden Preis aus den bestehenden Schwierigkeiten herauszuhalten. Wohl ist Franz Joseph am 6. April zum Statthalter von Böhmen ernannt worden, aber er soll nicht in dieses Land entsandt werden, bevor sich die dortigen Gemüter beruhigt haben[4]. Für den Kaiser hält Windisch-Graetz es für das beste, wenn er Wien verlasse, damit er nicht dauernd zur Nachgiebigkeit gezwungen werden könne. Ferdinand und Franz Joseph dürfen niemals der Gefahr ausgesetzt werden, der Gewalt weichen zu müssen. Es sei daher am klügsten, wenn der junge Erzherzog zur Armee in Italien abgehe, in das Hauptquartier Radetzkys. Übrigens wünsche der Jüngling selber, sich vor dem Feinde bewähren zu dürfen.

Am 20. April wird in einem Familienrate beschlossen, diesen Rat des Fürsten zu befolgen. Die Erzherzogin schreibt dem Feldmarschall einen Brief, den ihm Franz Joseph selbst übergeben soll[5]. »Verehrter Herr Feldmarschall!« heißt es darin. »Mein Teuerstes, mein Herzblut übergebe ich Ihren treuen Händen. Leiten Sie mein Kind auf Ihrer Bahn, so gut es geht und in Ehren. Seien Sie ihm

[4] Kaiser Ferdinand an Erzherzog Franz Joseph. Wien, 6. April 1848. Wien, St. A.

[5] Erzherzogin Sophie an Feldmarschall Grafen Radetzky, eigenhändig. Wien, 22. April 1848. Wien, St. A.

ein guter Vater — er ist dessen werth — denn er ist ein braver, ehrlicher Junge und seit seiner Kindheit mit Leidenschaft dem Soldatenstand ergeben. Doch soll seine Gegenwart ja nicht störend für Sie seyn. Sein Vater wünscht, daß Sie über ihn verfügen, wie es Ihnen gut dünkt und ihn dem Feldmarschalleutnant Grafen Wratislaw (Befehlshaber des I. Korps) beigeben möchten . . .« Dann ruft Sophie ihren Sohn: »Du mußt dem Marschall sagen, wie tief ich seinen und seiner braven Truppen Ruhm und treue Tapferkeit empfinde und bewundere, wie sehr ich mich seiner hervorragenden Persönlichkeit erfreue, wie stolz ich auf ihn bin.« Dafür, daß dies keine leeren Worte sind, bietet das aufrechte Wesen der Erzherzogin Gewähr.

Am 25. April wird die neue Verfassung feierlich verkündet und durch eine Parade der Truppen und Nationalgarden gefeiert. Am gleichen Tage geht Franz Joseph in der Uniform der Kaiser-Husaren und in Begleitung des Majors Grafen Alexander Mensdorff-Pouilly an die italienische Front ab.

»IN DEINEM LAGER IST ÖSTERREICH!«

1848

Soeben hat Sophie von ihrem Ältesten vor der Auhofallee Abschied genommen. Und während Franz Josephs Reisewagen über die Landstraße gegen Salzburg eilt, schreibt die Mutter mit Tränen in den Augen in ihr Tagebuch: »Alles ist so frisch grün und schön ringsum, doch mein Herz ist voller Angst um mein heißgeliebtes Kind.« Unter ihren Fenstern ziehen die Bürger und Studenten Wiens, ihrer vierzigtausend an der Zahl, mit österreichischen und deutschen Fahnen vorbei. Sie tragen das Wappen der Monarchie und große Schriftbänder. Die Liedertafel singt die Volkshymne, und begeisterte Hochrufe erklingen. Da schreibt Sophie an ihren Sohn, der sie erst vor wenigen Stunden verlassen hat, den ersten Brief. Die Hochrufe, die nicht verstummen wollen, beflügeln ihr

Gemüt und die Worte, die sie schreibt. Sie faßt wieder Hoffnung: »Der gute Geist gewinnt scheinbar die Oberhand, Gott sei Dank.« Und der Reisewagen Franz Josephs rollt über die Straßen des Kaisertums. Je näher der Erzherzog dem Welschland kommt, desto mehr sind die Anzeichen der gefährlichen Lage in den italienischen Provinzen erkennbar. In Bozen begegnet Franz Joseph seinem dahin geflüchteten Großoheim, dem Erzherzog Rainer, Vizekönig der Lombardei. Aus alldem, was er von ihm erfährt, zieht der Jüngling den Schluß, daß es mit der österreichischen Armee in Italien gar nicht so schlecht stehe. Er hofft, daß den »Piemontesern« eine ordentliche Schlacht geboten werden könne, wenn Graf Radetzky erst Verstärkung erhalten werde. Mailand werde im Nu wiedererobert sein, und das Volk werde die zurückkehrenden Österreicher mit offenen Armen empfangen. »Darum um Gottes willen nicht auf diplomatischem Wege negoziieren«, schreibt der junge Erzherzog an seine Mutter[1], »denn dies wäre eine Schande. Wir sind es unserer Ehre, unserem Vaterlande, unserer Stellung vis-à-vis ganz Europa und unserer braven Armee schuldig, nicht eher zu ruhen, bis wir unsere Provinzen von den Piemontesern gereinigt und den Doppeladler in Turin aufgepflanzt haben...« Sophiens Sohn unterschreibt sich: »In der Hoffnung, Ihnen Ehre zu machen, verbleibe ich Ihr treuer und kampflustiger Sohn.«

Am 29. April trifft der kaiserliche Prinz im Hauptquartier zu Verona ein, wird von Radetzky sogleich empfangen und übergibt dem Marschall den Brief seiner Mutter. Der Graf mustert den jungen Husarenoberst von oben bis unten. Er ist nur wenig erfreut, ihn hier zu sehen, denn die Anwesenheit des Erzherzogs bei der Armee bedeutet für den Höchstkommandierenden eine arge Verlegenheit. »Vater Radetzky« weiß, daß der tatenlustige und seine Feuertaufe so herbeisehnende Jüngling die Schwierigkeiten, denen das österreichische Heer gegenübersteht, nicht überblicken kann. Die Piemontesen sind den nach Verona zurückgewichenen Österreichern gefolgt, die abgefallenen toskanischen Truppen haben sich nach Mantua zurückgezogen, und die Armee des Papstes ist über Ferrara im Anmarsch, um dem Feldmarschall in den Rücken zu

[1] Briefe des Erzherzogs Franz Joseph an seine Mutter aus Innsbruck und Bozen vom 26. und 27. April 1848. Schnürer, S. 86, 87.

fallen. Die für Radetzky bestimmten Verstärkungen sammeln sich erst im Raume von Görz. Und trotzdem sendet man dem greisen Heerführer, der in seiner Armee ohnehin schon fünf Erzherzoge zählt, noch einen sechsten, noch dazu just denjenigen, dessen Leben für die Zukunft des Reiches so unermeßlich wichtig ist!
Die sorgenvollen Blicke des Marschalls haben aufgehört, den Jüngling zu prüfen. »Kaiserliche Hoheit«, spricht er zu dem seinem Schutze Anvertrauten, »es freut mich ja, Sie zu sehen, aber was wollen Sie hier? Ihre Gegenwart bereitet mir, offen gesagt, Schwierigkeiten. Trifft Sie ein Unglück, welche Verantwortung für mich! Sie wissen nicht, in welcher Lage wir sind, Feinde ringsum; werden Sie gefangen, so können alle Vorteile, die meine Armee erringt, verlorengehen.«
Der Erzherzog wird blutrot, aber er faßt sich schnell und sagt mit der ihm angeborenen Würde: »Herr Feldmarschall, es ist vielleicht unvorsichtig gewesen, mich hieher zu senden, und ich bedaure unendlich, daß ich Ihnen ungelegen komme. Nun ich einmal da bin, verbietet es mir die Ehre, unverrichteter Dinge wieder heimzukehren[2].« Sollen diese Worte nicht an das Soldatenherz des Greises rühren? Der Marschall drückt dem jungen Oberst die Hand: »Nun ja, Sie haben recht, Kaiserliche Hoheit, bleiben Sie hier, und Gott möge Sie in Seinen Schutz nehmen.«
Am 30. April darf Franz Joseph den Höchstkommandierenden bei einer Rekognoszierung begleiten. Dabei hört der Marschall, wie falsch man am Hofe des Vizekönigs in Bozen die Lage in Italien beurteilt, worauf der greise General dem Jüngling schonungslos die Gefahr schildert, in der sich die österreichische Armee befindet. Deshalb schreibt Franz Joseph am 1. Mai seiner Mutter: »Die Piemontesen sind uns so überlegen, daß, wenn nicht bald Hilfe kommt, die Armee sich hier schwer wird halten können. Denn wenn die Piemontesen uns die Kommunikation mit Tirol abschneiden, worauf sie mit großer Macht hinarbeiten, so ist unsere Hauptquelle verloren. Darum machen Sie, liebe Mama, daß man Truppen schicke.«

[2] Alois Veltzé, Die Feuertaufe des Kaisers Franz Joseph I. bei Santa Lucia, 6. Mai 1848. In: »Österreichische Rundschau« 1908, Band XV, S. 157.

Es ist merkwürdig, daß der Erzherzog diese Bitte nicht an seinen Vater oder an seinen Onkel richtet, sondern an die Mutter. Aber er weiß und fühlt, daß sie in der kaiserlichen Familie deren klügstes und tatkräftigstes Mitglied ist, der eigentliche pater familias. Der Ring um die Österreicher wird immer enger. Dies erleichtert es den heißblütigen italienischen Patrioten und der in Mailand errichteten vorläufigen Regierung, König Albert von Sardinien zu drängen, endlich einen großen militärischen Erfolg zu erzielen. Nach dem Gefechte von Pastrengo ist der Augenblick für eine Schlacht den Piemontesen besonders günstig, da nun die Verbindung Radetzkys mit Tirol gefährlich bedroht ist. Der König entschließt sich notgedrungen zu dem über Sieg oder Niederlage entscheidenden Waffengang.

Die Schlacht beginnt am Morgen des 6. Mai. Ihr Schwerpunkt liegt bei dem Dorfe Santa Lucia, wo alle verfügbaren österreichischen Reserven eingesetzt werden müssen, um die zahlenmäßige Überlegenheit der Piemontesen abzuschwächen. 41.000 Piemontesen stehen nur 19.000 Österreicher gegenüber. Santa Lucia muß aufgegeben werden, aber die Front unmittelbar dahinter hält fest. Nördlich vom Dorfe stehen die Truppen des Feldmarschalleutnants d'Aspre in heftigem Kampfe, und sie müssen nach dem Fall von Santa Lucia um ihren linken Flügel fürchten. Der General ängstigt sich aber auch um die Sicherheit des ihm als Ordonnanzoffizier zugeteilten jungen Erzherzogs. Auf der Höhe, wo der Korpsstab hält, schlagen Artilleriegeschosse ein. Nur wenige Schritte vom kaiserlichen Prinzen entfernt, wird ein Pferd durch einen Volltreffer getötet. Der Feldmarschalleutnant gibt dem Erzherzog den Befehl: »Dort weiter rückwärts steht eine Division Husaren in Reserve. Begeben Sie sich dorthin, Kaiserliche Hoheit, wir werden zurückzugehen haben. Ich erwarte einen dahingehenden Befehl des Feldmarschalls. Dann werden Sie uns mit einer Attacke Luft machen müssen.« Dies aber ist nur ein Vorwand dafür, den jungen Erzherzog, der sich im Feuer kaltblütig und ruhig gezeigt hat, in größere Sicherheit zu bringen.

Von Radetzky kommt der Befehl, auszuharren und San Massimo unbedingt zu halten. Alle Angriffe der Piemontesen gegen die nördliche Front sind gescheitert, die österreichischen Truppen bleiben durchaus siegreich. Im Süden geht der Kampf um Santa Lucia weiter, denn es muß um jeden Preis zurückerobert werden. Zwei Stürme der Österreicher mißlingen, aber es wird ein drittesmal versucht. Da zweifelt der König von Sardinien an einem endgültigen Sieg, gibt den Angriff auf und zieht seine Armee hinter den Mincio zurück.

Strahlend vor Freude sieht Franz Joseph die Piemontesen weichen. Durch die Armee, in deren Lager Österreich ist, pflanzt sich ein tosendes »Hurra!« fort. Wo er hinkommt, wird der junge kaiserliche Prinz bejubelt, denn die Soldaten wissen, daß auch er, so wie sie, im Feuer gestanden ist. Sie sehen in ihm ihre Hoffnung und Zukunft. Dieser Jüngling ist, das fühlen sie, ein Soldat, einer der Ihrigen. Und sie danken es ihm in ihrer Weise.

Noch am gleichen Abend schreibt Franz Joseph an seine Mutter[3]: »... Die Feinde haben viel gelitten, in einem sehr starken Gefecht, ich möchte sagen, einer Schlacht, ganz nahe von Verona, und haben sich zurückgezogen. Ich habe zum ersten Male die Kanonenkugeln um mich pfeifen gehört und bin ganz glücklich.« Feldmarschalleutnant d'Aspre meldet[4]: »Von denjenigen, die bloß freiwillig dem Feldzuge beiwohnten, muß ich die Unerschrockenheit Seiner Kaiserlichen Hoheit, des Erzherzogs Franz Joseph, erwähnen, der sich an mich angeschlossen hatte. Er schien die Gefahr nicht zu bemerken, nicht ohne Mühe gelang es mir, Ihn später etwas zu entfernen.« In Radetzkys Bericht über Santa Lucia heißt es[5]: »Es gereicht mir zu einem besonderen Vergnügen, melden zu können, daß Seine Kaiserliche Hoheit, der Erzherzog Franz Joseph, sich mehrmals im lebhaftesten Feuer befunden und die größte Ruhe und Kaltblütigkeit an den Tag legte. Ich selbst war Augenzeuge, wie eine feindliche Kanonenkugel auf kurze Distanz neben diesem einschlug, ohne daß er die geringste Bewegung dabei geäußert hätte.«

Die Nachrichten aus Italien sind für den Wiener Hof ein wahrer Balsam, denn die Lage in der Haupt- und Residenzstadt hat sich

[3] Erzherzog Franz Joseph an seine Mutter, Verona, 6. Mai 1848. Schnürer, S. 93.

[4] FMLt. Konstantin Freiherr d'Aspre von Hoobreuk an FM. Graf Radetzky. Verona, 6. Mai 1848. Wien, Kriegsarchiv.

[5] FM. Graf Radetzky an das Kriegsministerium in Wien. Verona, 6. Mai 1848. Wien, Kriegsarchiv.

keineswegs gebessert. Anarchie und Tumulte dauern weiter an, und man hört das Volk murren, daß die Verfassung nicht von den Staatsbürgern entworfen, sondern ihnen aufgezwungen worden sei. Um so mehr freut sich die Erzherzogin Sophie über die Briefe ihres Sohnes, am meisten aber über das Lob, das ihm der Feldmarschall hat zuteil werden lassen. Mit Heißhunger verschlingt sie die Nachrichten im »Wiener Abendblatt« über Franz Josephs Mut und Kaltblütigkeit.

Dafür entrüstet sich der junge Erzherzog über das, was er von Wien hört. Am 13. Mai schreibt er seiner Mutter[6]: »Es ist höchste Zeit, daß man diesen Exzessen, die in einem konstitutionellen Lande vorfallen, ein Ende mache. Wie man hier bei der so ausgezeichnet gesinnten Armee über die Zustände in Wien schimpft, läßt sich denken und auch daß man sehr natürlich findet, daß wir hieher gekommen sind, wo noch Treue und Anhänglichkeit zu Hause sind. Wir sagen immer, wenn wir die kaiserliche Familie sicher in Tirol wüßten, so wären wir ganz glücklich ... Hier wird etwas energischer regiert als in Wien. Wer da nicht pariert, und wenn es Fürsten oder Geistliche sind, wird arretiert und energisch bestraft.« Um die Mutter, die ihn beschwört, er möge sich nicht zuviel den Gefahren aussetzen, zu beruhigen, meint er: »Das Kanonenfeuer ist nicht so schrecklich, als man glaubt, und zu Ihrer Beruhigung, aber zu meiner Desperation, halten mich die Herren soviel sie können zurück[7].«

Inzwischen sind in Wien neuerlich schwere Unruhen ausgebrochen. Die akademische Legion will in einer Versammlung am 15. Mai, an der Studenten, Nationalgarden und Arbeiter teilnehmen, verschiedene Forderungen vorbringen, darunter das Einkammersystem der künftigen Volksvertretung und die Nichtauflösung des Zentralkomitees der Nationalgarde. Da der Ministerrat in der Hofburg versammelt ist, ruft alles: »In die Burg!« Erzherzog Franz Karl tritt den Aufrührern mutig entgegen, wird aber von ihnen überschrien. Die tobende und johlende Menge füllt schon den ganzen Burgplatz. Unter diesem Eindruck gibt der Kaiser in Bausch und Bogen nach, und die Massen zerstreuen sich.

[6] Verona. Schnürer, S. 98.

[7] Verona, 16. Mai 1848. Schnürer, S. 99.

Nun weiß man, wie sehr die Sicherheit der kaiserlichen Familie bedroht ist. Endlich wird beschlossen, den Monarchen aus dem unmittelbaren Gefahrenbereich der Straße zu entfernen. Da der Kaiser unter anderem auch zugestanden hat, daß die Burgwache zur Hälfte von der Nationalgarde zu stellen sei, ist die Angst, die Hofburg könne gestürmt und geplündert werden, nicht von der Hand zu weisen.
Sophie schreibt in ihr Tagebuch: »Wir müssen fort, denn wir sind ja hier wie in einer Mausefalle gefangen. So haben Franz Karl und ich mit unseren Kindern unsere traulichen Zimmer verlassen, wo wir so liebe Dinge und Erinnerungen zurücklassen mußten, wo wir volle dreiundzwanzig Jahre ruhig und glücklich waren. Wir gaben eine Spazierfahrt in unserer gewöhnlichen Kalesche vor und taten so, als würden wir zur Frau des Paladins fahren. Aber mit einem Umweg fuhren wir mit denselben Pferden bis nach Sieghartskirchen.«
Die Erzherzogin vermerkt, daß auf einem kürzeren Wege sich auch das Kaiserpaar aus Wien nach dem Westen geflüchtet habe, und fährt fort: »Überall, wo wir durchkamen, erhielten wir Beweise der Liebe, des tiefsten Interesses, der Verzweiflung über das, was in Wien geschehen ist und daß man uns auf der Flucht aus dieser sonst so geliebten Stadt sehen müsse.«
Von Ort zu Ort steigert sich die Begeisterung, vor allem aber in Tirol. Als sich die Majestäten Innsbruck nähern, werden ihnen die Pferde ausgespannt, und die Bevölkerung zieht den Wagen in die Burg. »Ich fühle mich wie neugeboren«, schreibt Sophie, »als ich mich in dem schönen Schlosse inmitten der Portraits der Ahnherren des Hauses Österreich und in seinem schönen und treuen Lande wiederfand.«
In Wien hingegen herrscht über die Flucht der kaiserlichen Familie Bestürzung. Man hat ein schlechtes Gewissen und gibt zu, daß die Szenen in und vor der Hofburg die Allerhöchste Familie zu diesem Verzweiflungsschritt berechtigt haben. Einer Bitte des Ministerrates, der Kaiser möge bald wieder nach Wien zurückkehren, wird ein abschlägiger Bescheid zuteil. Auch daß Erzherzog Franz Joseph von der Armee zurückberufen werde, wird nicht gewährt. Als Franz Joseph die Ereignisse vom 15. Mai und die Zugeständnisse des Monarchen an das Volk erfährt, ist er darüber ebenso er-

schüttert wie der Feldmarschall. Er bittet, man möge ihn ja nicht zu schnell zurückberufen, sondern ihn für die Zeit aufsparen, wo er in Wien vielleicht etwas werde leisten können. Unter den jetzigen Verhältnissen würde er sich nur bloßstellen. Darüber, daß sich der Kaiser und seine Eltern im Innsbrucker Schloß in Sicherheit befinden, ist er glücklich. »Aber bleiben Sie alle um Gottes willen dort und gehen Sie nicht so bald nach Wien zurück«, schreibt er seiner Mutter. »... Es wäre ja eine Wiederholung der Französischen Revolution, wenn der Kaiser jetzt den Bitten nachgäbe, sich wieder nach Wien zurückschleppen ließe, von wo noch einmal herauszukommen eine eitle Hoffnung wäre.« Der Feldmarschall meint hiezu, daß seine Armee nach Wien marschieren werde, würden einmal die Kampfhandlungen in Italien beendigt sein. Vorläufig sind die Aussichten hiefür allerdings nur gering, denn die Festung Peschiera ist von den Piemontesen eingeschlossen, und toskanische Truppen bedrängen Mantua.

Da nun der Stand des III. Korps auf 40.000 Mann erhöht worden ist, entschließt sich Graf Radetzky zum Gegenangriff. Durch einen kühn und überraschend durchgeführten Marsch rückt er nach Mantua, schlägt dort im Gefecht am Curtatone eine toskanische Division und wendet sich gegen die rechte Flanke des Königs Albert.

Trotz seiner inständigsten Bitten, an den Gefechten teilnehmen zu dürfen, muß Franz Joseph im Gefolge des Feldmarschalls verbleiben, weil er sich bei Santa Lucia schon genug in Gefahr gebracht hat. Doch er hört wenigstens die Meldungen mit an, die übereinstimmend berichten, wie ausgezeichnet sich die Truppen geschlagen haben. Dabei werden besonders zwei hohe Offiziere genannt: Fürst Felix Schwarzenberg, der als Brigadekommandant dreimal persönlich Sturmkolonnen vorgeführt hat und dabei leicht verwundet worden ist, sowie Oberst Ludwig von Benedek, der mit gleicher Todesverachtung gekämpft hat.

Inzwischen ist im Hauptquartier von Sanguinetto ein Schreiben der Erzherzogin Sophie eingetroffen, das den Befehl enthält, Franz Joseph habe sich sogleich zu seinen Eltern nach Innsbruck zurückzubegeben. Als Grund hiefür wird angegeben, daß die Regierung in Wien dazu dränge. Außerdem ist am 24. Mai in Innsbruck eine vielköpfige »Loyalitätsdeputation« eines »böhmischen Nationalausschusses« eingetroffen und hat gebeten, daß der zum Statthalter

ernannte junge Erzherzog womöglich bald nach Prag abgehen möge.
Der kaiserliche Prinz ist darüber unglücklich, daß er »die brave Armee verlassen muß«, um sich »in die schrecklichste Existenz« zu begeben. Doch freut er sich gleichzeitig auch auf das Wiedersehen mit seinen Eltern, und dies ist sein »einziger Trost«.
In Innsbruck herrscht wegen der in Wien neuerlich ausgebrochenen Unruhen große Aufregung. Die Ursachen dieses nun schon dritten Aufstandes ist die beabsichtigte Auflösung der akademischen Legion. Wieder muß die Regierung nachgeben und die Bildung eines aus Bürgern, Studenten und Nationalgardisten zusammengesetzten Sicherheitsausschusses genehmigen, der sich sehr weitgehende Rechte anmaßt. In den Straßen der Reichshauptstadt toben wilde Barrikadenkämpfe.
Schon am Tage nach seiner Ankunft in Innsbruck muß Franz Joseph die Abgesandten aus Prag empfangen. Beide Teile sind voneinander sehr befriedigt. Da aber bricht, während die Abordnung noch in Innsbruck weilt, am 12. Juni, dem Pfingstmontag, in Prag ein Aufstand aus, der zu blutigen Zusammenstößen zwischen den tschechischen Übernationalisten und den kaiserlichen Truppen führt. Fürst Windisch-Graetz, der kommandierende General, ist das Hauptziel der aufreizenden Reden und Beschimpfungen. Man schießt sogar in die Fenster der Wohnung des Fürsten und trifft dabei die Gattin des Generals tödlich. Im Nu sind in der ganzen Stadt Barrikaden errichtet, aber Windisch-Graetz greift mit eiserner Faust zu, so daß die Aufrührer sehr bald die Waffen strecken müssen.
Unter solchen Verhältnissen wird die Statthalterschaft Franz Josephs in Böhmen hinfällig. Überdies steht nun ein viel wichtigerer Plan im Vordergrund: der Plan, daß Ferdinand dem Thron entsage und Franz Joseph Kaiser werde. Erzherzog Johann ist unbedingt dagegen, daß der Vater des Jünglings, Franz Karl, der Nachfolger des Monarchen werde. Aber die Tatsache, daß Ferdinand nicht Herrscher bleiben könne, da er fortfährt, dem Aufruhr unwürdig nachzugeben, steht fest. Erzherzog Johann möchte, daß Franz Joseph, der von den bisherigen Ereignissen unbelastet ist und sie nicht zu verantworten hat, den Thron besteigt. Die Kaiserin und er wünschen, daß dies am Tage von Franz Josephs Voll-

jährigkeit, also am 18. August, geschehe. Noch ist es nicht so weit, daß bindende Beschlüsse gefaßt werden, doch wird Sophiens Ältester von nun an in alle Angelegenheiten der Politik und des Hofes eingeweiht. Und dafür sorgt vor allem die Mutter, die immer mehr zum beherrschenden Mittelpunkt der Familie wird.
Erzherzog Johann soll nach dem Rücktritt des Freiherrn von Pillersdorf als Ministerpräsident in Wien ein neues Ministerium bilden. Die Erzherzogin ist mit ihm aber nicht ganz einverstanden, denn sie findet, er halte es mit »anderen Leuten« und sei in seinen Ansichten auch sehr schwankend. »Ich mache mir keine Illusion mehr über ihn«, erklärt sie[8]. Mit den »anderen Leuten« ist die deutsche Nationalversammlung in Frankfurt gemeint, die Johann zum Reichsverweser gewählt hat.
Eine wahre Freude für den kaiserlichen Hof sind die Nachrichten, die zu dieser Zeit vom italienischen Kriegsschauplatz eintreffen. Radetzky hat in wechselvollen Kämpfen bei Custozza den König Albert von Sardinien geschlagen und die Niederlage der Piemontesen am 26. Juli bei Volta vollendet. Mit einem Schlage liegt die ganze Lombardei offen vor dem österreichischen Heerführer.
In Wien hat Erzherzog Johann ein neues Ministerium mit dem Freiherrn von Doblhoff an der Spitze ernannt. Zu gleicher Zeit bittet ein Abgesandter des Fürsten Windisch-Graetz aus Böhmen, dem General im kritischen Falle unbedingte Handlungsfreiheit und den Oberbefehl über alle Truppen außerhalb Italiens zu gewähren. In einem besonderen Schreiben gibt der Fürst der Erzherzogin Sophie zu bedenken, den besonderen Trumpf »Erzherzog Franz Joseph« nicht voreilig auszuspielen. Der General werde im geeigneten Augenblick noch darauf hinweisen.
Die Nachrichten aus Italien und das Wissen um die Treue von Männern wie des Fürsten Windisch-Graetz erleichtern dem Hofe den Entschluß, nach Wien zurückzukehren. Am 6. August beginnen die Vorbereitungen zur Reise, am gleichen Tage, an dem nach 136tägiger Abwesenheit Feldmarschall Graf Radetzky als milder Sieger in Mailand einzieht und damit sein Versprechen der Wiederkehr einlöst.

8 Erzherzogin Sophie an Erzherzog Ludwig. Schönbrunn, 25. August 1848. Wien, St. A.

Auch für die kaiserliche Familie ist die Reise nach Wien eine Wiederkehr. Aber nur kurze Zeit darf sie sich im Schoße der Haupt- und Residenzstadt geborgen fühlen, denn schon am 21. August gibt es einen neuerlichen Aufruhr. Die Arbeiter ziehen tobend durch die Straßen, so daß zum Schutze der Hofburg Militär aufgeboten werden muß. Der Nationalgarde gelingt es wohl, die Ordnung wiederherzustellen, aber am 23. wiederholen sich die blutigen Vorfälle. Regierung und Nationalgarde bleiben zwar Sieger, doch zwischen den Bürgern und den Arbeitern hat sich eine tiefe Kluft aufgetan. Und die Unruhen schwelen unter der Oberfläche weiter.

Die allgemeine Lage in der Monarchie hat sich jedoch geändert. Die Niederwerfung der Revolution in Böhmen, die Siege Radetzkys in Italien und die Bereitschaft des Banus Jellačić de Buzim, den Diktaturbestrebungen der ungarischen Regierung notfalls auch mit bewaffneter Hand entgegenzutreten, haben der schärferen Richtung im Kampf gegen die Unruhen Auftrieb verliehen. Fürst Windisch-Graetz, der Vorkämpfer dieser kraftvolleren Haltung, ist inzwischen Feldmarschall geworden.

Als ein neuer Generaladjutant für den Kaiser gesucht wird, bringt der Fürst seinen Standesgenossen Joseph Lobkowitz an diese Stelle und schärft ihm schriftlich ein[9]: »Sobald Du bemerken solltest, daß man auf eine Konzession dringt, oder daß die Person des Kaisers auf irgendeine Weise in Gefahr kommt, so nehme so viele Truppen wie möglich zusammen und führe Seine Majestät mit der ganzen kaiserlichen Familie unter dem Schutze seiner Armee, und nicht als Flucht, über Krems nach Olmütz. Dann werde ich Wien erobern, Se. Maj. wird zu Gunsten seines Neffen E. H. Franz Joseph abdicieren und dann werde ich Ofen erobern.« Gleichzeitig schreibt Windisch-Graetz an die Kaiserin, daß der Thronfolger »frei von jeder früheren Verpflichtung« bleiben müsse; wenn er einmal auf den Thron komme, entbiete sich der Fürst, »den jungen Erzherzog in der ersten Zeit zu leiten[10]«.

Am 12. September 1848 beginnt Baron Jellačić gegen Budapest

[9] Joseph Alexander Freiherr von Helfert, Die Thronbesteigung des Kaisers Franz Joseph I., S. 349 und Anmerkung Nr. 331, S. 140.

[10] Helfert, Thronbesteigung, S. 348 und Anmerkung Nr. 332, S. 140, 141.

vorzurücken; der ungarische Ministerpräsident Batthyány tritt zurück, Kossuth übernimmt die Regierung, und bald darauf verzichtet Erzherzog Stephan auf das Paladinat.
Das ist der Beginn des Bürgerkrieges. Die Soldaten müssen sich, ob Mann, ob Offizier, nun entscheiden, ob sie zu ihrem Eide oder zu den nationalen Parolen der Magyaren halten wollen. Feldmarschalleutnant Graf Lamberg wird vom Kaiser zum Oberbefehlshaber und königlichen Kommissär für Ungarn ernannt und soll in Budapest die Ordnung wiederherstellen. Am 28. September wird er von einer aufrührerischen Menschenmenge ermordet. Der kaiserliche Kommissär beim Banus von Kroatien, Graf Zichy, wird auf Befehl der Rebellenregierung hingerichtet. Endlich wird Kaiser Ferdinand von seiner Umgebung dazu veranlaßt, den Befehl zur Auflösung des ungarischen Reichstages, zum Erlaß des Standrechtes und zur Ernennung des Banus Jellačić zum Statthalter und Oberbefehlshaber in Ungarn zu erteilen.
Truppen aus Wien sollen nach Ungarn abgehen, darunter auch ein Grenadierbataillon, das, revolutionär verseucht, sich weigert, dem Abmarschbefehle zu gehorchen. Nationalgarden, Studenten und Arbeiter nehmen für die Soldaten Partei; die Donaubrücke wird unpassierbar gemacht, und es kommt wieder zu erbitterten Kämpfen. Am 6. Oktober strömen bewaffnete Haufen zum Kriegsministerium, um den achtundsechzigjährigen General Grafen Latour zu suchen, der wegen seiner Tatkraft verhaßt ist und der die Befehle zum Abmarsch der Truppe gegeben hat. Der Pöbel ermordet den Wehrlosen in grausamer Weise und knüpft seine entkleidete Leiche an einen Laternenpfahl.
Der Augenblick ist gekommen, da die kaiserliche Familie wieder Wien verlassen muß. Um halb sechs Uhr morgens erscheint Franz Joseph bei seiner Mutter, um ihr mitzuteilen, daß der Entschluß, nach Olmütz zu reisen, nunmehr feststehe. In ungefähr zwei Stunden werde die Fahrt angetreten. Der junge Erzherzog reitet neben den Kaleschen, in denen das Kaiserpaar, die Damen und Herren des Hofes und zunächst auch die Brüder des kaiserlichen Prinzen Platz nehmen. Außerhalb der Stadt steigen auch Max und Karl Ludwig zu Pferde, um gemeinsam mit ihrem ältesten Bruder als Beschützer die Reisewagen ihrer Eltern zu umgeben. Aber der wirkliche Beschützer ist ein starkes Truppenaufgebot, das die »Ka-

rawane«, wie Sophie die Reisegesellschaft nennt, begleitet: 7000 Mann Jäger, Nassau-Infanterie und Kürassier-Eskadronen.
Auf der großen Heerstraße zwischen Brünn und Olmütz meldet sich zur großen Freude des erzherzoglichen Paares Fürst Felix Schwarzenberg. Er spricht der kaiserlichen Familie Mut zu und versichert, daß er alles tun werde, was in seinen Kräften stehe, um den bedrängten Allerhöchsten Herrschaften beizustehen.
Am 14. Oktober wird Olmütz erreicht. Die ganze Stadt ist, festlich gekleidet, auf den Beinen. Die Häupter der Gemeinde, an der Spitze der Erzbischof von Olmütz, Herzog und des Heiligen Römischen Reiches Fürst sowie der »königlichen Kapelle in Böhmen Graf« Joseph Freiherr von Somerau-Beeckh, empfangen den Kaiser und seine Familie in feierlichster Weise. Der Fürsterzbischof hat seine geräumige Residenz gänzlich für das Kaiserpaar, den Erzherzog Franz Karl und die Erzherzogin Sophie geräumt. Franz Joseph bezieht mit seinem Mentor Oberst Graf Grünne, der an die Stelle von Oberst Hauslab getreten ist, die Wohnung des Dompropstes.
Die kaiserliche Familie ist nach der wohlgelungenen zweiten Flucht aus Wien in Sicherheit. Aber die Sorgen und Ängste um die Zukunft des Reiches und der Dynastie sind nicht geringer geworden.

VOR DER ENTSCHEIDUNG

1848

Langsam werden die Nachrichten über die Gesamtlage in der Monarchie erfreulicher. Alles, was kaisertreu geblieben ist, vereinigt sich, um das widerspenstige Wien zur Vernunft zu bringen. Jellačić, der sich ursprünglich gegen die Magyaren gewendet hat, wobei er schon bis nach Raab vorgedrungen ist, entschließt sich, umzukehren und gegen Wien zu marschieren. Dort ist im Park des Belvedere-Schlosses und im Schwarzenberggarten die Garnison der Stadt zusammengezogen. Sie ist entschlossen, jedem Angriffe entgegenzutreten, mit eigenen Plänen aber bis zum Herankommen des Banus aus Ungarn und des Fürsten Windisch-Graetz aus Böhmen zuzuwarten. Der Fürst ist seit Oktober Oberbefehlshaber aller kaiserlichen Truppen mit Ausnahme der Armee in Italien, womit sein Wunsch in Erfüllung gegangen ist. Sein Vorgehen wird durch einen Aufruf des Kaisers unterstützt, der zum Kreuzzug gegen die Aufrührer auffordert.

In Wien bilden sich mittlerweile Freischaren; große Teile der Nationalgarde haben sich der Bewegung angeschlossen, und ein ehemals österreichischer Offizier namens Wenzel Messenhauser hat den Oberbefehl über die Aufständischen, in deren Reihen auch zwei Mitglieder der deutschen Nationalversammlung in Frankfurt kämpfen, übernommen.

Nachdem Fürst Windisch-Graetz sich am 19. Oktober mit Erzherzogin Sophie in Olmütz beraten hat, rücken seine Truppen gegen Wien vor und stehen am 29. Oktober, nachdem sie die Vororte besetzt haben, unter den Bastionen. Die Vereinigung mit Jellačić ist vollzogen, so daß Windisch-Graetz die Aufrührer auffordern kann, sich zu ergeben. Da auch die Lebensmittel knapp zu werden beginnen, beschließt der Gemeinderat die Übergabe, und die kaiserlichen Truppen beginnen in die Stadt einzudringen. Doch plötzlich wird vom Stephansturm her das Anrücken eines magyarischen Entsatzheeres gemeldet. Das bestimmt die Aufständischen, sich nicht mehr an die Vereinbarung zur Kapitulation zu halten. Jellačić schlägt aber die magyarischen Truppen bei Schwechat, wodurch die Niederlage der Rebellen vollendet ist.

Am 1. November wird gemeldet, daß die Truppen auch die Burg besetzt haben und noch rechtzeitig einen in der kaiserlichen Bibliothek ausgebrochenen Brand löschen konnten. Dagegen ist das Dach der Augustinerkirche völlig ausgebrannt und seine verkohlten Reste sind in das Kircheninnere gestürzt.

Am nächsten Tage berichtet Fürst Schwarzenberg, daß die Revolution völlig niedergeworfen sei. Auch in Lemberg sei ein Aufstand rasch unterdrückt worden, und die Magyaren zögen sich, von den Kaiserlichen verfolgt, in ihr Land zurück.

Wenige Tage später erscheint Fürst Felix Schwarzenberg neuerlich als Abgesandter seines Schwagers Windisch-Graetz in Olmütz. Er erörtert mit der Kaiserin und mit Sophie, was nun weiter zu geschehen habe. Windisch-Graetz ist der Ansicht, daß von alldem, was der Kaiser den Rebellen zugesagt hat, nur das gelten solle, was er freiwillig gewährt hat. Alles andere sei, weil erpreßt oder unter Zwang erwirkt, unverbindlich.

In diesen Gesprächen wird die auch in der Bevölkerung herrschende Meinung vertreten, daß der zwar gütige und wohlwollende, aber schwache und kranke Mann an der Spitze des Staates nicht mehr angängig sei. Man müßte befürchten, daß er sich, neuerlich unter Druck gesetzt, wieder zu neuen Zugeständnissen hinreißen lassen würde. Daher müßte auf dem Throne ein Wechsel stattfinden. Der nächste Anwärter ist Erzherzog Franz Karl, aber sowohl Windisch-Graetz als auch Schwarzenberg sind dagegen, daß er an die Stelle seines Bruders trete. Nicht das Alter spräche gegen ihn, denn er ist erst sechsundvierzig Jahre alt. Er ist aber aus der Zeit seiner Mitwirkung im Staatsrat und durch den Haß des Volkes aus der Revolutionszeit gegen ihn belastet. Selbst seine Gattin hält ihn nicht für geeignet, in einer so schweren Zeit an das Staatsruder zu treten. Franz Joseph, sein Sohn, ist zwar noch sehr jung, aber die ersten gefährlichen Jahre des Regierens könnten ihm die treuen Paladine Windisch-Graetz, Felix Schwarzenberg und Radetzky beistehen.

Fürst Schwarzenberg unterzieht sich der heiklen Aufgabe, die Eltern Franz Josephs in schonender und nicht verletzender Weise von diesen Ansichten zu unterrichten. Ferdinand wird keinen Widerstand bieten, wenn es zur Abdankung kommt, obwohl es ihm auch nicht leichtfallen dürfte, auf den Thron zu verzichten. Die kluge Kaiserin wird leichter zu gewinnen sein. Sie sieht die Unhaltbarkeit der Stellung ihres Gatten ein, denn sie weiß, welche Gefahren aus seiner Schwäche und Unzulänglichkeit für den Staat und die Dynastie entstehen.

Franz Karl fügt sich nicht so leicht in sein Schicksal wie sein älterer Bruder. Aber die Kaiserin und Fürst Schwarzenberg finden eine mächtige Hilfe darin, daß sich der Erzherzog durch die Lobsprüche über seinen gesunden, frischen, aufgeweckten und vom besten Willen erfüllten Sohn geschmeichelt fühlt. Schließlich setzt auch er seine persönlichen Ansprüche und Interessen hintan und läßt sich davon überzeugen, daß es das beste sei, in seinem ältesten Sohne den Völkern Österreichs einen inneren Halt zu geben. In

der kaiserlichen Familie reift der Entschluß, die Krone schon in allernächster Zeit auf das Haupt des Jünglings zu setzen.
Wohl ist die Revolution in Wien zusammengebrochen, und die Armee in Italien heftet Sieg auf Sieg an ihre Fahnen; auch die Magyaren sind für den Augenblick zurückgewiesen. Ein kraftvolles Ministerium aber fehlt. An die Spitze der Regierung gehört ein Mann mit Tatkraft und festem Willen. Windisch-Graetz, der im Augenblick mächtigste Mann im Staate, spricht sich für seinen Schwager Schwarzenberg aus, wenn er auch mit dem Privatleben des Fürsten nicht immer einverstanden ist. Tüchtige Männer werden dem neuen Ministerpräsidenten zur Seite gestellt, so Dr. Alexander Bach für die Justiz, Karl von Bruck im Handelsressort, Graf Stadion für das Innere.
In langen Gesprächen zwischen der Kaiserin, Sophie und deren Gatten, Felix Schwarzenberg und zuweilen auch Franz Joseph wird die Thronfolgerfrage eingehend besprochen, und der junge Erzherzog erfährt, welche Erhöhung man ihm zugedacht hat. Er fühlt sich durch die ungeheure Aufgabe, die ihm da angelastet werden soll, so sehr bedrückt, daß er oft nächtelang nicht schlafen kann, den Appetit verliert und abmagert. Er sieht blaß und schmal aus, und die innere Unruhe ist ihm vom Gesicht abzulesen. Den Lehrstunden, die trotzdem ungehindert weitergehen, kann er beim besten Willen nicht folgen. Zu sehr beschäftigt sich sein Geist mit der Zukunft, und dies ist um so schwerer zu ertragen, weil er sich über das, was im Schoße der Familie beschlossen worden ist, nicht einmal seinen Brüdern anvertrauen darf.
Einstweilen wirkt Windisch-Graetz ganz im Sinne einer tatkräftigen Abwehr des aufrührerischen Geistes der Bevölkerung. Am 9. November werden Messenhauser, der Führer der Aufständischen, der Sendling aus Frankfurt Robert Blum und einige andere Hauptpersonen der Revolution standrechtlich erschossen. Damit ist der Strenge des Gesetzes Rechnung getragen worden, und so steht einer Vorbereitung des Thronwechsels nichts mehr im Wege.
Franz Joseph ist nun in alles eingeweiht und in ständiger Fühlung mit dem Fürsten Schwarzenberg und dem Grafen Stadion. Seine Mittelschulbildung ist vollendet, das Leben wird ihm die Hochschule ersetzen müssen. Wichtiger ist, daß er sich für das höchste Amt im Staate würdig vorbereite. Dazu gehört auch, daß

er immer mehr in der Öffentlichkeit hervortritt, vor allem aber die Armee für sich gewinnt. Als nun am 20. November ein Bataillon des ungarischen Infanterieregiments Großfürst Michael auf seinem Marsche nach Wien durch Olmütz kommt, bietet sich dem jungen Erzherzog die Gelegenheit, mit der Truppe in engere Fühlung zu treten. Während die Volkshymne ertönt und die »Éljen«-Rufe zu den Majestäten und zur Erzherzogin Sophie emporbrausen, eilt Franz Joseph zu den Soldaten und wechselt mit Offizier und Mann einige ungarische Worte. Er dankt der Truppe für ihre Haltung und spricht die sichere Erwartung aus, daß er in aller Zukunft dieselbe Fahnentreue und Anhänglichkeit bei der Armee finden werde wie jetzt. Gebannt hören Offiziere und Mannschaften diese Worte in ihrer geliebten Muttersprache aus dem Munde eines Jünglings, dessen Erscheinung sie bezaubert. Ein jeder unter ihnen fühlt in diesem Augenblick, daß ihr zukünftiger Oberster Kriegsherr vor ihnen steht und daß er in seinem Herzen Soldat ist wie sie. Da steigert sich die Begeisterung der Leute zu einem wahren Taumel, und dieser wird noch durch die Bewirtung erhöht, die ihnen allen ohne Unterschied in Rang und Namen zuteil wird. Franz Joseph speist mitten unter ihnen. Ein einfacher Soldat erhebt sich, um im Namen seiner Kameraden auf das Wohl des kaiserlichen Prinzen zu trinken. Als nun der Erzherzog seinerseits das Bataillon hochleben läßt, sieht man in manch bärtigem Haudegengesicht Tränen der Rührung und Freude schimmern.
Am 22. November wird der Reichstag in Kremsier wiedereröffnet. Wenige Tage später spricht Fürst Felix Schwarzenberg vor diesem hohen Gremium die bedeutungsvollen Worte: »Wir wollen die konstitutionelle Monarchie aufrichtig und ohne Rückhalt, wir wollen Gleichheit aller Staatsbürger vor dem Gesetz, Gleichberechtigung aller Volksstämme!« Das Zentrum und die Rechte nehmen das Regierungsprogramm mit Zuruf auf, und so reift der endgültige Entschluß zum Thronwechsel zur Tat. Alle Hindernisse, die den Regierungsantritt Franz Josephs beschatten, verzögern oder verhindern könnten, sind beseitigt, der Weg zum Thron ist für Franz Joseph freigelegt. Nur noch die letzten Schritte müssen getan werden, dann wird Sophiens ältester Sohn die Kaiserkrone tragen.

DER THRONWECHSEL

1848

Am 1. Dezember findet in der fürsterzbischöflichen Residenz zu Olmütz die letzte Beratung der kaiserlichen Familie statt. Der Thronwechsel soll am nächsten Tage erfolgen, und nun wird festgelegt, wie dieser hochfeierliche Akt abzulaufen habe. Der Wortlaut der Entsagungs- und Abdankungsurkunde wird noch zurechtgeschliffen und soll unterschrieben werden. Wie aber soll sich Franz Joseph unterzeichnen? Seine Eltern, die von Verehrung und Liebe zum verewigten Kaiser Franz I. erfüllt sind, wünschen, daß er sich Kaiser Franz II. nenne und die Manifeste mit diesem Namen unterfertige. Felix Schwarzenberg hingegen will vermeiden, daß die Geister der unmittelbaren Vergangenheit heraufbeschworen werden. Schon im Namen des jungen Monarchen soll sich die neue Ära ankündigen. »Franz Joseph« hat noch kein Kaiser geheißen. Auch erinnert der Name »Joseph« an einen Herrscher aus dem Hause Österreich, dessen Freisinn wieder in Erinnerung zu bringen von Nutzen sein kann.

Der junge Erzherzog ist am Anfang gegen die geplante Namensführung. Da aber die Minister einen solchen Wert auf den Doppelnamen legen, läßt er sich schließlich umstimmen. Auch Fürst Schwarzenberg hatte mit Sophie schon früher über diese Frage gesprochen. »Ich konnte gegen seine guten Gründe nichts einwenden«, schreibt Sophie an ihren Onkel Ludwig[1], »verbarg ihm aber nicht meine widerstrebenden Gefühle; ich weinte dann still in meinem Zimmer über diesen neuen Raub an dem Gedenken unseres seligen Kaisers, der mir so weh tat.«

Das Geheimnis, das der 2. Dezember 1848 enthüllen soll, wird peinlich gewahrt. Franz Joseph hält sogar mit seinem Religionslehrer Pater Columbus noch eine Schulstunde über das gemeine und österreichische Kirchenrecht ab, doch der Priester benützt diese letzte Stunde mit seinem Schüler bloß zu Ermahnungen.

[1] Erzherzogin Sophie an Erzherzog Ludwig, 13. bis 16. Dezember 1848. Wien, St. A.

Am 2. Dezember werden alle Mitglieder der kaiserlichen Familie, die dem großen Ereignis beiwohnen sollen, um acht Uhr früh zum Kaiser entboten. Da sie in Gala zu erscheinen haben, ist das Rätselraten darüber, was dieser Befehl bedeuten soll, groß. Sophie hat Mühe, von diesen Fragen abzulenken, und behauptet in frommer Notlüge, daß sie selbst den Zweck dieses Aufgebotes nicht kenne. Man müsse sich gedulden, alles werde sich aufklären.
Gegen acht Uhr versammelt sich alles bei den Majestäten: die Familie, Windisch-Graetz, Jellačić und sämtliche Minister. Erzherzogin Sophie, die glücklichste und stolzeste der Mütter, geht mit ausgestreckten Armen auf die beiden Generale zu und drückt ihnen als den Rettern des Reiches wie der Dynastie die Hände. »Ich danke Ihnen für alles, was Sie für uns getan haben«, sagt sie bewegt. Dann atemlose Stille: Geführt vom Generaladjutanten Fürsten Joseph Lobkowitz und dem landgräflichen Ehepaar Fürstenberg, erscheinen die Majestäten. Die Mitglieder des Kaiserhauses nehmen in einem Halbkreis um das Monarchenpaar Platz. Noch immer herrscht Totenstille. Da tritt der Legationsrat von Hübner mit einem Blatt vor den Kaiser und überreicht es mit tiefer Verbeugung.
Mit zitternder und mehrfach stockender Stimme beginnt der Monarch zu lesen: »Wichtige Gründe haben Uns zu dem unwiderruflichen Entschlusse gebracht, die Kaiserkrone niederzulegen, und zwar zu Gunsten Unseres geliebten Neffen Erzherzog Franz Joseph, Höchstwelchen Wir für großjährig erklärt haben, nachdem Unser geliebter Bruder, der durchlauchtigste Herr Erzherzog Franz Karl, Höchstdessen Vater, erklärt haben, auf das Ihm nach den bestehenden Haus- und Staatsgesetzen zustehende Recht der Thronfolge zu Gunsten Höchstihres vorgenannten Sohnes unwiderruflich zu verzichten.«
Ferdinand I. ist nicht mehr Herrscher.
Fürst Schwarzenberg erhebt sich, verliest die Staatsakte der Verzichtleistung des Erzherzogs Franz Karl und die feierliche Entsagung des Kaisers. Er schließt mit dem Abschiedsmanifest Ferdinands, das versöhnlich gehalten ist, die vergangenen Ereignisse nur ganz kurz streift und nach dem Danke an die tapfere Armee die Überzeugung ausspricht, es bedürfe einer jüngeren Kraft, um die notwendige Umgestaltung der Staatsreform zu fördern.

Mit der Übergabe all seiner Rechte und Pflichten an den Nachfolger schließt Ferdinand mit dem innigen Wunsche, der Allmächtige möge Kaiser Franz Joseph I. erleuchten und kräftigen, damit er seinen hohen und schweren Beruf erfülle, zur eigenen Ehre, zum Ruhme seines Hauses, zum Heile der ihm anvertrauten Völker.
Leichenblaß vor Erregung, mit Tränen in den Augen, tritt der junge Herrscher in seiner neuen Würde vor seinen Oheim und beugt wortlos das Knie. Der vor ihm Kaiser war, neigt sich über ihn und sagt ganz leise, kaum hörbar, einfach und schlicht: »Gott segne dich, bleib brav, Gott wird dich schützen.«
Die Augen der Anwesenden füllen sich mit Tränen. Wieder ist Stille im weiten Raum.
Nun wendet sich Franz Joseph zur Kaiserin. Sie läßt ihm aber kaum Zeit, sich vor ihr hinzuknien. Indem sie ihn, sich über ihn beugend, an sich zieht, umarmt und küßt sie ihn. Als dann der junge Kaiser zu seinen Eltern hintritt, bricht sich der Aufruhr in ihm Bahn. Weinend wirft er sich, zum letztenmal noch ein Kind, der geliebten Mutter ans Herz und verharrt lange in ihren Armen.
Noch aber ist die Reihe der Formalitäten nicht beendet. Die beiden Monarchen unterzeichnen die Staatsakte, und alle Anwesenden setzen ihre Unterschrift unter das darüber aufgenommene Protokoll. Dann zieht sich das Ex-Kaiserpaar in das Nebengemach zurück. Legationsrat von Hübner will die Feder, mit der Abdankung und Thronannahme unterzeichnet worden sind, an sich nehmen, aber Max stürzt herbei, und ehe Hübner die Feder in seinem Rock verschwinden lassen kann, hat der junge Erzherzog sie ihm entrissen. Sie soll für ihn ein heiliges Andenken sein.
Ferdinand, den die Nachwelt nicht mit Unrecht den »Gütigen« nennt, schildert diesen Morgen in seinem Tagebuch[2]: »Die Funktion endete damit, daß der neue Kaiser von seinem alten Kaiser und Herrn, nämlich von mir, kniend um den Segen bat, welchen ich auch unter Auflegung der Hände auf seinen Kopf und Bezeichnung mit dem heiligen Kreuze gab, ich ihn dann umarmte und er mir die Hand küßte. Und auch meine liebe Frau umarmte und küßte unseren neuen Herrn, dann entfernten wir uns in unsere

[2] Kaiser Ferdinands »Tagebuch meiner und meiner lieben Frau Reise von Olmütz nach Prag in Böhmen im Jahre 1848«. Wien, St. A.

Zimmer. Bald darauf hörten ich und meine liebe Frau in der Kapelle der erzbischöflichen Residenz die heilige Messe ... Nachher packten ich und meine liebe Frau unsere Effekten zusammen ...«
Draußen vor dem Thronsaal harrt der gesamte Hof; auf dem Paradeplatz der Stadt stehen die Truppen versammelt. Ihnen teilt Erzherzog Ferdinand Este das große Ereignis mit. Zu gleicher Zeit wird der Hof in den Thronsaal gebeten. Alles beglückwünscht den jungen Kaiser, der einem jeden gerührt die Hand reicht.
Nun empfängt der neue Monarch den Fürsten Windisch-Graetz. »Ihnen verdanken wir alles, was noch ist und existiert«, ruft er aus, umarmt den Feldmarschall tief bewegt und bestätigt ihn in seinem Befehlsbereich für die ganze Monarchie, nur Italien ausgenommen. Jellačić wird mit einem kräftigen Handschlag begrüßt und bedankt. Nur der dritte der Paladine, Feldmarschall Graf Radetzky fehlt, denn er darf seine Armee nicht verlassen. Nur eine knappe Stunde ist seit der Thronbesteigung Franz Josephs vergangen, aber schon setzt sich der junge Monarch zum Schreibpult und richtet an den getreuen Heerführer die Worte: »Meine noch nicht erprobten Kräfte, mein lieber Feldmarschall, brauchen den Rat und den Beistand sehr erfahrener und wohlverdienter Männer des Staates. Unter diesen zähle ich Sie zu den Ersten ... Mein lieber Graf, ich lade Sie als Ehrenmann ein, mir mit bester Gesinnung und freiem Worte beizustehen. Ich brauche Ihren Rat und Ihre Tatkraft.«
Dann stellt Schwarzenberg das neue Ministerium vor. Mit jedem einzelnen der Herren spricht der jugendliche Kaiser einige Worte und teilt ihnen seinen Wahlspruch mit: »Viribus unitis.« Er schließt mit der Hoffnung, daß mit der Unterstützung solcher Männer, wie sie vor ihm stehen, das Kaiserreich mit vereinten Kräften wieder hochgebracht und befriedet werden möge. Anschließend verfügt Franz Joseph I. die Ernennung des Grafen Grünne zu seinem Generaladjutanten und Chef der Zentralkanzlei des Allerhöchsten Armeeoberkommandos. Endlich setzt sich der Monarch in der Uniform seines Dragonerregiments zu Pferde und reitet mit glänzendem Gefolge hinaus zu seinen Truppen, um sie das erstemal als ihr Allerhöchster Kriegsherr an sich vorüberziehen zu lassen.
Feierlich schwebt das Signal »Dreimal Habt Acht!« von Formation zu Formation. Der Generalmarsch läßt die Reihen wie festgebannt

erstarren. Da senkt der Fahnenträger die Fahne, und die Musik setzt mit der hehren Weise des »Gott erhalte« ein. Von der Tongewalt der Volkshymne umbraust, sprengt die jugendfrisch strahlende Erscheinung des neuen Monarchen und Obersten Kriegsherrn vor die Front seiner Soldaten. Dreimal senkt der General, der die Parade befehligt, seinen Degen bis zur Erde. Da schließt sich der Kreis vom Mann wie vom Offizier zum Herzen dieses Jünglings, dem vor wenigen Stunden das Schicksal der Armee und des Reiches in die Hände gelegt worden ist. Franz Joseph reitet die Reihen ab und sieht jedem Mann in die Augen. Soldatisch starr, aber voll Bewunderung folgen ihm die Blicke der Leute, ihm, dem Sinnbild der Größe des Reiches.

Kommandorufe, dröhnender Trab der Pferdehufe und Gleichschritt Tausender von Soldatenstiefeln, die Truppen setzten sich in Bewegung. Die Musiken setzen schmetternd ein, die Köpfe folgen dem »Rechts schaut!« des Befehls. Kaum jemals haben Regimenter vor ihrem kaiserlichen Herrn so begeistert, so sehr im Innersten von militärischem Geiste durchdrungen, defiliert wie die Olmützer Garnison vor ihrem jugendlichen Monarchen. Sie alle fühlen, daß nun ein Führer an der Spitze der Armee steht, der sie liebt und achtet, der für sie leben und ihnen sein wird, was ihnen nottut: ein Allerhöchster Kriegsherr.

Und die Mutter? Sie, die in den schweren Krisentagen der Monarchie sich nicht gebeugt hat in Demütigung und Schwäche; sie, mit der Heerführer und Staatsmänner über die Gegenwart wie über die Zukunft beraten haben; sie, die nun den Traum ihres Lebens verwirklicht und ihren geliebten Ältesten auf Österreichs Throne sieht: sie muß die Minister empfangen, ihre Damen und die Kaiserin. Die schon vorbereiteten Briefe mit der großen Nachricht müssen in alle Welt hinausgehen. Dann fährt sie in der Kalesche zur ersten Parade, die ihr Sohn als Kaiser abnimmt.

Um Mittag verlassen die alten Majestäten Olmütz, um sich nach Prag zu begeben. Von der erzbischöflichen Residenz bis zum Bahnhof stehen die Truppen Spalier. Ganz Olmütz ist auf den Beinen. Als Ferdinand und Marianna vorbeifahren, ertönen tausendstimmige Vivatrufe. Sie steigern sich zum Sturm, als der junge Monarch, der bisher am Wagenschlage des Kaiserpaares geritten ist, sich an die Spitze des Zuges stellt. Der alte und der junge Kaiser,

sind sie nicht, der eine für die Vergangenheit, der andere für die Zukunft, ein Symbol, dessen Sinn die Leute in diesem Augenblick bewegten Gemütes fühlen?
Inzwischen hat Fürst Schwarzenberg dem Reichstag den Thronwechsel verkündet und das Antrittsmanifest des neuen Herrschers verlesen. Es beginnt mit den Worten: »Das Bedürfnis und den hohen Wert freier und zeitgemäßer Institutionen aus eigener Überzeugung erkennend, betreten Wir mit Zuversicht die Bahn, welche Uns zu einer heilbringenden Umgestaltung und Verjüngung der Gesamtmonarchie führen soll. Auf den Grundlagen der wahren Freiheit, auf den Grundlagen der Gleichberechtigung aller Völker des Reiches und der Gleichheit aller Staatsbürger vor dem Gesetze, sowie der Teilnahme der Volksvertreter an der Gesetzgebung, wird das Vaterland neu erstehen, in alter Größe, aber mit verjüngter Kraft ... Die Bezwingung des Aufstandes«, heißt es weiter, »... und die Rückkehr des inneren Friedens sind die ersten Bedingungen für ein glückliches Gedeihen des großen Verfassungswerkes ... Von Unserer glorreichen Armee versehen wir Uns der altbewährten Tapferkeit, Treue und Ausdauer. Sie wird Uns, wie Unseren Vorfahren, ein Pfeiler des Thrones, dem Vaterlande und den freien Institutionen ein unerschütterliches Bollwerk sein ...«
Nur auf die Magyaren verfehlt dieses Manifest seinen Eindruck. Sie lachen »über das Vornehmtun des königlichen Knaben, dem es nicht genüge, sich mit dem Titel eines Kaisers von Österreich zu schmücken; er eigne sich auch noch jenen eines Königs von Ungarn und von Jerusalem an«. »Wir glauben«, schließt der Bericht über die Reichstagssitzung vom 7. Dezember 1848, »daß er ebensowenig König von Ungarn als König von Jerusalem ist[3].«
Auch sonst ist der Eindruck, den die Thronbesteigung zeitigt, nicht überall der gleiche. Erzherzog Ludwig meint: »Jetzt haben wir einen Kaiser, der sich im Notfall zu Pferde setzt, und das brauchen wir jetzt vor allem.« Anders urteilen die freiheitlichen Kreise. »Sollte es ein Schritt sein«, meint der Schweizer Geschäftsträger in einem Schreiben an den Präsidenten des Bundesrates in Bern vom

[3] Sitzung des ungarischen Repräsentantenhauses vom 7. Dezember 1848. Abgedruckt in: Joh. Janotyckh von Adlerstein, Chronologisches Tagebuch der magyarischen Revolution. III/314.

3. Dezember[4], »die ... Versprechungen nunmehr schmälern zu wollen? ... Auf jeden Fall aber knüpfen sich an die Thronbesteigung Franz Josephs mehr Hoffnungen, als es bei seinem Vater Erzherzog Franz Karl der Fall gewesen wäre, der über keine Sympathie im Volke und keine Kraft für die gegenwärtige bewegte Zeit verfügt.«

Fast wird in diesen so ereignisreichen Stunden des großen Opfers vergessen, das Erzherzog Franz Karl seinem Sohne durch den Verzicht auf seine Thronansprüche dargebracht hat. Seine Gattin berichtet dem Erzherzog Ludwig: »Meine inniggeliebten Tiroler haben wieder ihr tiefes, treues Gefühl bewährt, sie waren die einzigen, bis jetzt, die nebst einer Adresse an ihren neuen Kaiser eine an seinen Vater einsandten, so rührend, so wohltuend, daß sie sein edles Herz erquickte; er ist so bescheiden, daß ihm das verletzende Stillschweigen in fast allen Zeitungen über ihn, der doch das größte Opfer brachte, gar nicht auffiel ...«

Sicher ist Sophie, die Mutter, von allen die Glücklichste. Für sie ist der 2. Dezember der hohe Tag ihres mütterlichen Ehrgeizes, die Krönung ihres Lebens der vielen Pflichten und Sorgen. Franz Joseph, den sie mit Schmerzen geboren hat als den ersten unter ihren Söhnen, ist nun auch der Erste im mächtigen Kaiserstaat. Ihre kluge Hand hat ihn unsichtbar aber unbeirrt durch all die Widrigkeiten zum Throne geleitet. Sie wird ihn auch weiterhin beschützen und halten, bis der Jüngling zum Manne gereift sein wird.

Denn Franz Joseph I. ist an dem Tage, da er den Thron besteigt, erst achtzehn Jahre und dreieinhalb Monate alt. Ob ihm mit seiner neuen Würde auch Glück und Erfolg beschieden sein wird, kann erst die Zukunft weisen.

[4] Der interimistische Schweizer Geschäftsträger Steiger an Dr. Furrer, Präsident des Bundesrates in Bern. 3. Dezember 1848. Bundesarchiv Bern.

III

DER JUNGE KAISER

DIE ERSTEN REGIERUNGSJAHRE

1848—1849

Die ersten Tage nach der Thronbesteigung sind für den jungen Kaiser höchst anstrengend. Da er nun plötzlich aus behüteter, nur durch den umfangreichen Lehrstoff seines Unterrichtes an den Ernst des Lebens erinnerter Jugend in die pflichtenreiche Öffentlichkeit seines hohen Amtes getreten ist, muß er sich in seinem ganzen Wesen umstellen, um sich den neuen Verhältnissen anzupassen. Vorerst sind Hunderte von Briefen zu schreiben oder zu beantworten und zahlreiche Abordnungen zu empfangen. Oft sitzt der junge Herrscher bis Mitternacht an seinem Schreibtisch. Schon am vierten Tage nach seiner Erhöhung findet eine Ministerkonferenz statt. In ihr wird unter anderem die Befreiung des Adels vom Militärdienst abgeschafft, damit der Gleichberechtigung der Bürger vor dem Gesetz Genüge geleistet werde.

Erst am Abend des 5. Dezember kann sich Franz Joseph die Erholung gönnen, mit seiner Mutter und den drei Brüdern im Theater der Aufführung von Flotows Oper »Martha« beizuwohnen. Er trägt Uniform, und sie wird auch in Zukunft vorwiegend seine Kleidung sein. Jeden freien Augenblick benützt der junge Monarch, um mit seinen Brüdern zusammen zu sein, ja er verschmäht es nicht, auch mit ihnen zu spielen. Nach wie vor fliegt der Ball von einem zum andern, und einmal hat auch Franz Joseph damit in der erzbischöflichen Residenz eine Fensterscheibe eingeschlagen. Es ist so schwer, sich von der Jugend zu trennen.

In allem und jedem wird nun auf den Vorrang des jungen Kaisers vor einem jeden Mitgliede der kaiserlichen Familie, auch vor sei-

nen Eltern, Bedacht genommen. In der Messe kniet der nunmehr Allerhöchste Herr auf einer Betbank allein, Vater und Mutter hinter ihm; in der Hofloge sitzt er in der Mitte, Franz Karl rechts und die Mutter links von ihm. Bald zeigt sich der junge Monarch auch vor seinen Truppen als ihr Herr, der vom Soldatenhandwerk genug versteht, um loben und tadeln zu können. Am 7. Dezember huldigt die Garnison ihrem Kriegsherrn durch einen Fackelzug und Zapfenstreich, bei dem die Begeisterung der Offiziere und Mannschaften sich so überströmend äußert, daß Erzherzogin Sophie meint, »man könne sich kaum einen Begriff davon machen«.
Zwei fremde Prinzen treffen ein, um dem Kaiser Glück zu wünschen: Prinz Karl von Preußen und Franz Josephs guter Freund Albert von Sachsen. Bei der Abreise bemerkt Albert zu Sophie: »Ich bin nun erst ganz beruhigt, seitdem ich den jungen Kaiser gesehen. Seine Ruhe, seine Einfachheit, sein Haushalten im Reden und Zusagen ist so erfreulich und beruhigend. Es ist nicht zu leugnen, daß er *einen unwiderstehlichen Zauber auf alle ausübt,* die ihm nahestehen.« »Das ist meine Errungenschaft«, jubelt die Erzherzogin, »meine unaussprechliche Freude, zu beobachten, wie nach der Tafel die gewöhnlich zahlreichen Gäste mit innigem Interesse und freudigem Stolz jedem seiner Schritte mit ihren Blicken folgen. Er hat auch eine gar edle, freundliche und doch bestimmte Art, sich einem jeden zu nahen, und seine entrée de chambre, wenn er zufällig später als die übrigen zum Tee kommt (gewöhnlich ist er vorher schon bei seinen Brüdern), und seine sortie de chambre am Ende des Abends sind auch jedesmal meine Freude! Gottlob sieht er nun auch wieder gut aus ...«
Franz Joseph wird auch wieder heiter, so als wäre er von einem Alpdruck befreit worden. Denn nun ist die unsichere Lage gebannt, und klare Verhältnisse beschleunigen den Stimmungswechsel. Noch darf der Kaiser nicht nach Wien zurück, das noch immer nicht genug befriedet ist. Aber die Nachrichten, die in Olmütz einlangen, helfen über diese Bitterkeit hinweg. Mit wahrem Glücksgefühl nimmt der junge Herrscher den herrlichen Armeebefehl Radetzkys zur Kenntnis, mit dem der treue Gefolgsmann seinen Soldaten den Thronwechsel verkündet. Denn die Treue und Anhänglichkeit wie die Tapferkeit seiner Armee sind die stärkste, vielleicht die einzige feste Stütze, auf die sich der Monarch ganz verlassen darf.

Sicherlich ist bei näherer Betrachtung das allgemeine politische Bild inner- und außerhalb des Kaiserreiches noch immer nicht allzu rosig. Vor allem sind die Zustände in Deutschland nicht dazu angetan, Österreich als Vorbild zu dienen. In Preußen hat die Gegenrevolution den Sieg errungen. Die wachsende Entzweiung zwischen Bürgertum und Heer, der zunehmende Widerwille gegen das wüste Treiben der Straßendemagogie in Berlin wie das Erstarken der eigentlich reaktionären Partei haben bewirkt, daß ein konservatives Ministerium an das Staatsruder getreten ist. Aber die Ereignisse in Wien haben die Leidenschaften des Volkes in Preußen wieder angefacht, so daß es sogar zum Antrage eines Ministers kommt, zum Schutze der in Wien bedrohten Freiheit einzuschreiten. Der Antrag wird zwar verworfen, aber die Folge dieser Geisteshaltung sind neuerliche Ausschreitungen der aufgewiegelten Massen. Ein neues, tatkräftiges preußisches Ministerium löst den nachgiebigen Vorgänger ab; die Nationalversammlung wird vertagt und nach Brandenburg verlegt. In Berlin und in den Marken setzt sich die Staatsgewalt durch. Am 5. Dezember 1848 wird die preußische Nationalversammlung aufgelöst und eine Verfassung erlassen, die auf freisinnigen Grundlagen ruht.

Franz Joseph empfängt einen Tag später ein Schreiben des Königs Friedrich Wilhelm IV. von Preußen, in dem es heißt: »Scheiden Sie nicht aus Deutschland! In den deutschen Fragen müssen nach meiner heiligsten Überzeugung Österreich und Preußen Hand in Hand gehen . . . Aus deren fünfunddreißigjähriger felsenfester Eintracht wird, das hoffe ich zuversichtlich zu Gott, noch einmal Deutschlands Heil erblühen[1].« Daraufhin beruhigt der junge Monarch seinen Onkel in Berlin[2]: »Österreich ist weit entfernt, an eine Trennung von Deutschland zu denken.« So jung Franz Joseph noch sein mag, so weiß er doch, daß die Monarchen von Österreich, Rußland und Preußen durch die Furcht vor der Revolution zu unbedingter Einigkeit gezwungen sind und daß ihr gemeinsames Ziel, so wie der junge Kaiser es nennt, »Auftreten wider die Gelüste und Bestrebungen der Anarchie« heißt. Der jugendliche Herrscher hat aber das unglückselige Erbe übernommen, daß

[1] Friedrich Wilhelm IV. an Franz Joseph, 6. Dezember 1848, Wien, St. A.
[2] Franz Joseph an Friedrich Wilhelm IV., Entwurf, Wien, St. A.

Franz I. sich nach der Niederringung des Korsen die römisch-deutsche Kaiserkrone nicht wieder auf das Haupt gesetzt hat.
Vor der Bereinigung der außenpolitischen Fragen müssen jedoch Ruhe, Ordnung und Frieden in der Monarchie wiedergewonnen werden. Besonders die Finanzen sind in einem wahrhaft erschreckenden Zustand. Doch nicht nur aus diesem Grunde wird es schwer sein, durchzugreifen. Da nunmehr die Volksvertreter an der Gesetzgebung teilnehmen werden, ist mit einer außerordentlichen Behinderung in der Ausübung der Herrschergewalt zu rechnen. Dies erschwert auch die persönliche Stellung des Kaisers, der sich dessen bewußt ist, wegen seiner Jugend noch nicht ganz auf der Höhe der seiner harrenden Aufgaben zu stehen. Er will auf den Rat seiner Paladine hören, aber er empfindet es peinlich, wenn sich das Bestreben zeigt, ihn auf die Seite zu schieben und über seinen Kopf hinweg im Staate zu gebieten. Dies aber versucht Fürst Windisch-Graetz. Schon am Vortage der Thronbesteigung hat er an Franz Joseph geschrieben[3]: »Ich habe eine Bitte, die für mein Wirken, für meine so schwere Stellung unerläßlich bleibt, daß vom Ministerrate nichts Wichtiges ohne mein Vorwissen Eurer Majestät vorgelegt werde, daß Allerhöchst dieselben nicht zu entscheiden geruhen, ohne mir zu gestatten, davon vorher Kenntnis zu nehmen.« Dieser Satz will dem Jüngling auf dem Throne nicht gefallen. Noch weniger ist es dem achtzehnjährigen Herrscher angenehm, daß der Fürst erklärt, keinem Minister der Krone untergeordnet, bloß dem Kaiser verantwortlich und nur an seine Befehle gebunden zu sein[4]. Franz Joseph erkennt, welche Schwierigkeiten es ihm bereiten wird, die Generale und Minister in ihren Grenzen zu halten und ihre Eifersüchteleien untereinander auszugleichen.
Einer der wichtigsten Ratgeber des jungen Kaisers, wenn nicht sein einflußreichster, ist der Generaladjutant Graf Grünne. Er hat alle schriftlichen Entwürfe für den Thronwechsel verfaßt. Mit seinem natürlichen Verstand, seiner außergewöhnlichen Arbeitskraft und seinem unbegrenzten Ehrgeiz weiß er sich für seinen Herrn unentbehrlich zu machen. Allmorgendlich bespricht der Monarch alle

[3] Windisch-Graetz an Franz Joseph, Schönbrunn, 1. Dezember 1848. Wien, St. A.

[4] Windisch-Graetz an Franz Joseph, Hauptquartier Karlburg, 23. Dezember 1848. Wien, St. A.

wichtigen Vorkommnisse ausführlich mit ihm, und er ist einer der ganz wenigen, die unangesagt und zu jeder Stunde Zutritt zum Herrscher haben.
Noch sind die militärischen Führer als Stützen des Thrones im Vordergrunde, und von ihnen ist Graf Radetzky dem Herzen des kaiserlichen Jünglings am nächsten. Neben ihnen steht Fürst Felix Schwarzenberg, halb Soldat, halb Diplomat, zielbewußt und tatkräftig. Er weiß den noch unerfahrenen Herrn mit dem richtigen Taktgefühl zu behandeln. »Wir haben jetzt einen Kaiser«, schreibt er am 17. Dezember an Fürst Windisch-Graetz[5], »dessen Charakter und Fähigkeiten ganz gemacht scheinen, um ihn seine hohe Bestimmung würdig erfüllen zu lassen — er ist aber noch jung und mißtraut seinen Kräften, er muß nachdenken und in allen vorkommenden Fällen befehlen lernen. Da mich meine Stellung seiner Person näherbringt, habe ich es mir zur Pflicht gemacht, ihm alles vorzulegen und nur dann einen Rat einfließen zu lassen, wenn ihm offenbar die Vorkenntnisse fehlen, um selbständig entscheiden zu können.«
Metternich will als Ratgeber der Krone nicht zurückbleiben und schreibt an Franz Joseph[6]: »... allein kann der Monarch nicht stehen, suchen Sie stets in tüchtigen Ratgebern die nächste Stütze des Thrones und ... bilden Sie ein kräftiges Regierungszentrum ... Sagen sich Euer Majestät nicht, daß Regieren heute schwerer sei als in gewöhnlicheren Zeiten; zu allen ist die Aufgabe dieselbe ... Die Grundlage des Staatenlebens ist Ruhe und Ordnung, ohne welche die Freiheit ein Traumgebilde ist ... Weiß der Thron die ihm nach göttlichem und menschlichem Recht gebührende Stelle einzunehmen, so wird das Volk sich um ihn scharen.«
Die Führung des Staates durch Schwarzenberg, den Schüler Metternichs, wird vom Volke allerdings nicht kritiklos hingenommen. Sein Programm charakterisiert ein Spaßvogel:

Wir sind etwas liberal zwar, doch besonnen und verständig,
Konstitutionell von außen, aber absolut inwendig,

[5] Schwarzenberg an Windisch-Graetz, 17. Dezember 1848, Archiv Windisch-Graetz, Dachau. Siehe Paul Müller, Feldmarschall Fürst Windisch-Graetz, S. 230.
[6] Metternich an Franz Joseph, Brighton, 17. Jänner 1849. Wien, St. A.

Autonomisch werden alle Landesteile sich gestalten,
Doch zentrale Bajonette wird das Volk behalten[7].

Neben Schwarzenberg gilt als hervorragendster Minister Alexander Freiherr von Bach, der frühere Revolutionär, der zum absolutistischen Regierungssystem zurückgefunden hat. Dann Karl Bruck, ein ausgezeichneter Organisator und kluger Wirtschaftsfachmann, der weniger verfassungsfeindlich ist als so mancher seiner Amtsgenossen.

Franz Joseph sieht sich einer nur schwer lösbaren Aufgabe gegenüber: der Stellung Österreichs in der Frankfurter Nationalversammlung. Dort bemüht sich Erzherzog Johann als Reichsverweser, eine Antwort auf die Frage der Einheit des Reiches und der Vorherrschaft in ihm zu finden. Der Kaiser teilt die Ansicht seiner Mutter über den Großonkel, den er ironisch den »ersten deutschen Mann« nennt[8]. Aber eben dieser so kritisch Betrachtete sendet am 4. Jänner 1849 den Führer der Großdeutschen in der Nationalversammlung, Joseph Ritter von Ruß, nach Olmütz, um Franz Joseph zu überreden, die Kaiserkrone Deutschlands anzunehmen. Sophie meint jedoch, es sei nicht der geeignete Augenblick, in der deutschen Frage einen Schritt vorwärts zu tun. Er könnte Weiterungen mit Preußen ergeben, die unabsehbar und im Hinblick auf die Unruhe in der Monarchie nicht erwünscht seien. Franz Joseph hingegen ist von diesem Angebot tief beeindruckt.

Vorläufig aber lenken wichtigere Ereignisse den Blick des jugendlichen Herrschers von Deutschland ab. Am 16. Dezember ist Fürst Windisch-Graetz ausmarschiert, um den Herd der Revolution in Ungarn zu vernichten. Dort will man keinen König anerkennen, der nicht mit der heiligen Stephanskrone gekrönt ist und die Sonderrechte sowie die Verfassung Ungarns beschworen hat. Der Feldmarschall kann melden, daß er siegreich vordringe. Kossuth und sein »Reichstag« müssen bei Nacht und Nebel aus Budapest flüchten. Bald ist der Fürst bis in das Herz des Landes vorgedrungen und zieht am 5. Jänner 1849 in dessen Hauptstadt ein. Er glaubt, den Aufruhr damit tödlich getroffen zu haben, und hält eine

[7] Angeführt bei Viktor Bibl, Von Revolution zu Revolution, S. 99.
[8] Franz Joseph an seine Mutter, Graz, 9. Mai 1850. Schnürer, S. 135.

scharfe Weiterführung der Offensive für unnotwendig. Die Hauptmacht der Magyaren ist jedoch nur abgezogen, ohne geschlagen zu sein. Nun kann sie sich neu aufbauen und stärken.

Der Hof ist bestürzt, als kurz nach den Siegesdepeschen aus Ungarn der Feldmarschall nach russischer Unterstützung verlangt. Die Bitte um diese Hilfe wird der »Weisheit des jungen Kaisers« als eine »ohnehin fast unvermeidliche Hilfeleistung« anheimgestellt[9]. Tatsache ist, daß sich die kaiserlichen Truppen in Siebenbürgen gegen die Aufständischen nur mühsam verteidigen können. Glücklicherweise hat der Zar seine Unterstützung selbst angetragen.

Schwarzenberg und der Kaiser sind gegen ein russisches Eingreifen, und auch das Ministerium pflichtet dieser Ansicht rückhaltlos bei. Franz Joseph läßt daher dem Feldmarschall mitteilen, daß »Allerhöchst es sehr beklagenswert erachten würde, wenn die bedrängte Lage Siebenbürgens zum Herbeirufen russischer Hilfe Anlaß gäbe[10]«. Der Kaiser ist überzeugt, daß schließlich, auch wenn die Armee auf sich allein gestellt bleibt, alles gut ausgehen werde.

Trotz allem Widerstreben in Olmütz marschieren doch russische Truppen in Siebenbürgen ein. Feldmarschall Windisch-Graetz hat sich inzwischen an Grünne gewendet und ihm unmißverständlich kundgegeben, daß er nicht nur in Ungarn, sondern auch in der engeren Heimat ein gewichtiges Wort mitsprechen wolle. Dies mißfällt dem jungen Kaiser wie auch dem Fürsten Schwarzenberg, und darum bleibt das Schreiben des Feldmarschalls unbeantwortet. Doch Windisch-Graetz gibt nicht auf. »Der Kaiser scheint mein Schreiben nicht gewürdigt zu haben«, schreibt er Mitte Februar an den Generaladjutanten[11]. »... Ich ersuche Euer Exzellenz dringend, darauf einzuwirken, daß in der Verfassungsfrage und in anderen wichtigen Dingen, ohne mich zu hören, nichts entschieden werde ...« Und er fährt fort: »... Die Hartnäckigkeit des Widerstandes hier ist decidiert eine Folge der Führung der Dinge im allgemeinen. Ich wäre schon lange fertig hier, wenn man die

[9] Vortrag Feldmarschall Fürst Windisch-Graetz' vom 16. Jänner 1849. Wien, St. A.

[10] Schwarzenberg an Windisch-Graetz, Olmütz, 20. Jänner 1849. Wien, St. A.

[11] Windisch-Graetz an Grünne, Ofen, 12. und 17. Februar 1849. Wien, St. A.

revolutionäre Partei nach meinen Ratschlägen behandelt hätte.« Allerdings scheint man doch wieder bereit zu sein, auf die Stimme des Feldmarschalls zu hören, denn man entschließt sich, dem gefährlich ausartenden Kremsierer Reichstag zu Leibe zu rücken. Dieses Gremium will sogar die Abschaffung des Adels durchsetzen. Am 4. März wird durch ein Patent kurzweg die Bildung einer zentralistischen Verfassung verkündet, um zu verhindern, daß der föderalistische Entwurf, der schon ausgearbeitet vorliegt, verwirklicht werde. Am 7. März wird der Reichstag aufgelöst. Im kaiserlichen Manifest heißt es, dies geschehe, weil die Tätigkeit des Reichstages nicht wie erwartet »ehebaldigst zu einem gedeihlichen Ergebnis führen würde«, sondern im Gegenteil, »der Partei des Umsturzes nur neuen Mut und neuen Eifer verleihe[12].«

Die Kundgebung zur Auflösung ist von Hübner verfaßt worden, und das Volk weiß, daß er ein Mittelsmann Metternichs ist, ja man spricht sogar davon, daß er ein unehelicher Sohn des Fürsten sei.

Die Aufnahme des Oktroys vom 4. März in der Bevölkerung ist sehr unterschiedlich. Die Liberalen höhnen darüber, in Olmütz aber bejubelt man den Kaiser, wo auch immer er sich zeigt. In Wien betrachtet man die Auflösung der Versammlung in Kremsier als einen »Schachzug der Reaktionäre unter Windisch-Graetz und der verschiedenen Metterniche in ihren Schlupfwinkeln«.

Die Stimmung in Olmütz hat auch durch die Nachrichten aus den italienischen Provinzen an Auftrieb gewonnen. »Der Geist ist vorzüglich zu nennen«, meldet der greise Radetzky[13], »er ist monarchistisch und kriegerisch, der Zustand der Armee sehr erfreulich. Man soll nur die Armee von 72.578 Streitern auf 100.000 Mann bringen. So würde nicht allein der revolutionäre Geist durch die Furcht vor der Größe unserer Macht mit einem Male gedämpft, sondern Euer Majestät auch moralisch der Herr von ganz Italien sein ...«

Nun aber beginnen neue Schwierigkeiten. Am 12. März 1849 kündigt König Albert von Sardinien den seit dem 9. August des Vorjahres bestehenden Waffenstillstand. Jetzt bewährt sich Ra-

[12] Ministerratsprotokoll vom 20. Jänner 1849. Wien, St. A.
[13] Radetzky an Franz Joseph, Mailand, 1. Februar 1849. Wien, St. A.

detzkys Voraussicht. Der Marschall hat in Erwartung dieses Ereignisses unter Entblößung der übrigen Lombardei von den Alpen bis zum Po seine Truppen versammelt. So kann er am 20. März seine Armee mit geballter Kraft aus dem Raume von Pavia gegen den Feind vorführen. Am 27. März, als Sophie ihrem Gatten gerade aus dem Tagebuch vorliest, stürzt Franz Joseph ungestüm in das Zimmer und ruft noch von der Tür her: »Die Piemontesen sind völlig geschlagen! Es gab eine blutige Schlacht bei Novara, der Feind ist in voller Flucht. König Albert hat einen Waffenstillstand erbeten und abgedankt!«

Nun ist die italienische Sorge gebannt. Der Lieblingsvetter des Kaisers, Erzherzog Albrecht, hat sich bei Novara ausgezeichnet und erhält das Theresienkreuz, das ihm nun in den Augen seines jungen Monarchen ebenso wie in der Armee ein besonderes Ansehen verleiht. Franz Joseph nennt ihn »den Stolz und die Zierde der Herren Erzherzoge«.

Leider stehen die Dinge in Ungarn nicht so gut wie in Italien. Die ungarischen Aufständischen werden von dem sehr geschickten General Görgey befehligt, und Windisch-Graetz fühlt sich ihnen gegenüber zahlenmäßig zu sehr unterlegen. In den ersten Tagen des April siegen die magyarischen Revolutionsheere fast überall über die kaiserlichen Generale. Mit den militärischen Mißerfolgen des Fürsten mehren sich die unterirdischen Stimmen, die besonders beim Grafen Grünne vernehmbar sind und sich gegen den Feldmarschall aussprechen. In Grünne festigt sich die Überzeugung, man müsse den Fürsten von seinem Posten entfernen. Soll man ihn zum Ministerpräsidenten ernennen, um ihn auf diese Weise ohne Kränkung seiner militärischen Verpflichtungen zu entbinden? Franz Joseph nimmt zu dieser Frage schriftlich Stellung[14]: »Ministerpräsident kann Windisch-Graetz nicht werden, er hat zur Zeit alle Parteien gegen sich, und man kann nicht vergessen, daß man noch immer auf einem Vulkan steht. Armeeoberkommandant kann er unmöglich bleiben, denn der alte Schlendrian kann nicht so weitergehen, die Kriegführung muß sich ändern, oder ich gehe hinunter und mache der Wirtschaft ein Ende.

[14] Undatiertes Memoire des Kaisers, siehe Marianne Gräfin Szapáry, »Karl Graf Grünne«, Manuskriptseite 31.

Tritt aber der Fall ein, daß der Feldmarschall geschlagen wird, dann müssen er und alle schädlichen Elemente augenblicklich abberufen werden, muß man Feldzeugmeister von Welden mit allen Verstärkungen in aller Eile augenblicklich hinunterschicken. Ich gehe dann auch mit, werde das Möglichste machen, um den Geist der Truppen frisch zu beleben, und dann muß es gehen.«
Inzwischen hält sich die von den Aufrührern verteidigte ungarische Festung Komorn hartnäckig, und die ungarischen Truppen nähern sich allmählich wieder der Stadt Budapest. Am 14. April erklärt der Reichstag in Debrezin die Absetzung der habsburg-lothringischen Dynastie, ruft eine Republik unter Ludwig Kossuth aus und erklärt Franz Joseph für depossediert. Am 23. April ziehen magyarische Truppen in Pest ein und umschließen die Festung Ofen, in der sich der österreichische General Hentzi hält. Die kaiserliche Armee muß bis auf Raab zurückgehen. Feldmarschall Windisch-Graetz wird daraufhin seines Postens enthoben; das Oberkommando über die Armee in Ungarn und Siebenbürgen wird dem Feldzeugmeister von Welden übertragen.
In dieser schweren Zeit erinnert sich der junge Kaiser des Glückwunschbriefes, den ihm der Zar anläßlich der kaiserlichen Siege in Italien geschrieben hat, und richtet an den Beherrscher aller Reußen eine sehr vorsichtige Andeutung, daß er seine Hilfe benötigen werde[15]: »Ich bitte Sie zu glauben, Sire, daß ich inmitten der peinlichen Prüfungen, die die Vorsehung mir zubestimmt hat, seit Beginn meiner Regierung unaufhörlich Trost- und Hoffnungsgründe aus der glücklichen Sicherheit schöpfe, in jeder Lage auf die unerschütterliche Freundschaft Eurer Kaiserlichen Majestät zählen zu dürfen — eine Freundschaft, deren kostbare Erbschaft meine Vorgänger mir gemacht haben.«
Einen Tag später, am 17. April, schreibt Windisch-Graetz seinem Monarchen einen Brief, dessen Schärfe beweist, wie sehr ihn der Entzug des Oberkommandos getroffen hat[16]: ». . . Die Opfer, die ich dem Kaiserhaus gebracht, die unbedingte Hingebung, mit welcher ich Euer Majestät, Ihrer Dynastie, der Monarchie und der Armee gedient, und ich darf sagen, was ich dabei geleistet habe,

[15] Franz Joseph an Nikolaus I., Olmütz, 16. April 1849. Wien, St. A.
[16] Windisch-Graetz an Franz Joseph, Olmütz, 17. April 1849. Wien, St. A.

läßt es nicht zu, daß ich noch die Zeichen von dem zu tragen imstande bin, was Sie mir nun nach dem Geleisteten so leicht zu entziehen keinen Anstand nahmen. Euer Majestät werden daher zu entschuldigen geruhen, die Welt kein nachteiliges Urteil über mich fällen, wenn ich mich bemüßigt finde, Allerhöchstdemselben alles an Würden und Dekorationen zu Füßen zu legen, was ich vom Kaiserhaus besitze. Ich stelle es Euerer Majestät weisem Ermessen anheim, mit welchen Empfindungen ich diesen Entschluß zu fassen mich gedrungen fühle.«

Dem Feldmarschall kann es aber zum Troste gereichen, daß sein Nachfolger noch weniger kriegerische Erfolge aufzuweisen hat als er. Schon nach wenigen Tagen seiner Kommandoführung muß Welden seinem kaiserlichen Herrn melden lassen[17]: »Ich bitte Seiner Majestät vorzutragen, daß mein Gemüt von Kummer zerrissen ist, da es *nicht* in meiner Macht lag, die Umstände anders zu lenken ... Ich muß daher um meinen Rückzug hinter die Raab um so mehr bedacht sein ... Es wird jetzt von einem schnellen Einmarsche der Russen von Krakau her das Heil der Monarchie abhängen; ich wüßte nicht, durch welche innere Kraft sie noch gerettet werden könnte ...«

Nochmals wird dem Feldzeugmeister auseinandergesetzt, man könne an eine russische Unterstützung nur denken, wenn es das Wohl der Monarchie als unvermeidlich erfordere. Und die Antwort des Generals[18]: »... Die übernommene Aufgabe geht weit über menschliche Kräfte ...« »Ich bitte Euer Durchlaucht inständig«, schreibt er an den Fürsten Schwarzenberg, »sich durch nichts irreführen zu lassen. Ich selbst habe keine Hoffnungen mehr, als unter den Trümmern begraben zu werden ... Wir sind vom Feinde in allen Punkten überflügelt worden, — er hat ungeheure militärische Kräfte entwickelt ... Die Zeit und der Feind, die warten nicht. Das erfahre ich hier täglich ... Es bleibt nichts übrig, als die Armee à cheval der Donau bis Preßburg zu sammeln und abzuziehen. Ich muß mir schon wie zu einem Siege gratulieren, daß ich das Glück hatte, Pest ohne irgendeinen Verlust zu räumen ... Mein größtes Glück wird nur dann sein, wenn meine Truppen

[17] Welden an Schwarzenberg, Abschrift, 20. April 1849. Wien, St. A.
[18] Welden an Schwarzenberg, Bábolna, 25. April 1849. Wien, St. A.

noch schlagfähig einige Posten vor der Hauptstadt ankommen.« Jetzt ist es hoch an der Zeit, das russische Hilfsangebot doch anzunehmen. Franz Joseph selbst wendet sich mit einem Eilbrief an den Zaren um Hilfe. Dabei weist er darauf hin, daß sich die »ewigen Verschwörer«, die Polen, unter den Fahnen Kossuths versammeln. Dieses Schreiben verfehlt seine Wirkung nicht[19]: »Ich will keinen Augenblick zögern«, antwortet der russische Kaiser, »Ihrem Rufe zu entsprechen, und habe sofort meinen Truppen den Befehl gegeben, ihren österreichischen Waffenbrüdern zu Hilfe zu kommen ...«

Franz Joseph gibt dem Kriegsminister Baron Cordon den Befehl[20]: »Kraft des mir zustehenden verfassungsmäßigen Rechtes übernehme ich selber die Ausübung des Oberbefehls über meine sämtlichen Heere ... Ich werde mir eine Militärzentralkanzlei bilden, zu deren Vorstand ich meinen Ersten Generaladjutanten Grafen Grünne bestimme.« Alle wichtigen Personenfragen, alle Verfügungen und Truppenbewegungen liegen nun in der Hand des Grafen, der als einziger »Auf Allerhöchsten Befehl« zeichnen darf.

Der junge Herr zeigt nun, daß er Furcht nicht kennt. Er verläßt Olmütz und ist am 5. Mai in Schönbrunn, von den Bürgern mit lebhaften Zurufen begrüßt. Obwohl Welden dringend davon abrät, fährt Franz Joseph am 8. Mai 1849 zu den Truppen, die schon bis an die Waag zurückgegangen sind. Es ist sehr anstrengend, was er da unternimmt, aber er sagt von sich selbst[21]: »Ich bin sehr mobil und mir schlagt nichts so gut an wie die Strapaz.« Der Kaiser wagt sich bis in die vordersten Linien, sieht die ungarischen Vorposten und findet, daß die österreichischen Truppen wohl in zu weiter Ausdehnung stehen, aber doch von viel besserem Geiste erfüllt seien, als Welden berichtet hat.

An der Front empfängt Franz Joseph die Einladung des Zaren, mit ihm in Warschau alles Notwendige über die Waffenhilfe zu besprechen. Im Lustschloß Lazienka wird er vom russischen Kaiser »unendlich gütig und herzlich« begrüßt. Es wird bestimmt,

[19] Nikolaus I. an Franz Joseph, 28. April / 10. Mai 1849. Wien, St. A.

[20] Franz Joseph an Cordon, 30. April 1849. Wien, St. A., siehe auch Szapáry, S. 50.

[21] Franz Joseph an seine Mutter, Schönbrunn, 12. Mai 1849. Schnürer, S. 115.

daß der russische Feldmarschall Fürst Paskiewitsch und der Nachfolger Weldens, General Julius Freiherr von Haynau, vom Westen, Jellačić vom Süden kommend, konzentrisch gegen die ungarischen Revolutionsheere vorgehen sollen. Dabei müsse die Selbständigkeit der russischen Armee gewahrt bleiben; die russischen Truppen dürften auch nicht mit den österreichischen vermengt werden.

Wenn sich nun die Blicke Franz Josephs mit einiger Beruhigung von Ungarn abwenden können, um die Ereignisse in Deutschland zu betrachten, bietet sich ihnen kein sonderlich erquickendes Bild. Am 28. März 1849 hat die Frankfurter Nationalversammlung den König von Preußen zum Deutschen Kaiser gewählt. Der König selbst hat jedoch nach dieser Würde nicht gestrebt. Da ihm die Krone von revolutionärer Seite angeboten wird, lehnt er sie ab. Er sieht noch immer Österreich als das berufene Haupt Deutschlands an, und seine Gemahlin, die Schwester der Erzherzogin Sophie, bestärkt ihn darin. Für Österreich und seinen Kaiser aber hat das deutsche Parlament »den Stab über sich selbst gebrochen«. Im Mai erhält der Kaiser einen Brief des Königs von Preußen. In ihm wird zur Lösung der deutschen Frage die Schaffung einer Union zwischen dem Reiche Franz Josephs und den deutschen Staaten vorgeschlagen. Die letzteren sollen ohne die deutschsprachigen Erbstaaten Österreichs zu einem Bundesstaat unter der Leitung Preußens und eines Fürstenrates vereinigt werden. Zwischen diesem Bundesstaat und der österreichischen Monarchie sei ein unlöslicher völkerrechtlicher Bund zu schaffen. Den jungen Kaiser will man durch einen Satz gewinnen, den der König in seinen Brief einfließen läßt[22]: »Dieser Plan stellt Eure Majestät an die Spitze eines großen Ganzen von siebzig Millionen Menschen. Dessen äußere Politik fällt lediglich in die Hände Eurer Majestät.« Schwarzenberg sieht in diesem Plane ein Trugbild, das die eigentliche Absicht, die Vorherrschaft Preußens, tarnen soll. Franz Joseph fällt die ausweichende Antwort schwer. Er findet einen Ausweg in der Behauptung, seine Erfahrung in Staatsgeschäften sei noch zu neu und das Mißtrauen in seine durch die Zeit noch nicht ge-

[22] Friedrich Wilhelm von Preußen an Franz Joseph, Charlottenburg, 21. Mai 1849. Wien, St. A.

stählte Urteilskraft noch zu gerecht, um schon eine so ernste Frage in Angriff zu nehmen. Auch müsse man zuerst in allen Teilen Deutschlands die Revolution niederschlagen.

Der Kaiser teilt die Ansicht Schwarzenbergs, daß Österreich sich nicht aus Deutschland hinausdrängen lassen dürfe. Metternich bestärkt ihn in dieser Ansicht, indem er bemerkt, daß Österreich es nicht nur mit Ungarn, sondern mit einer kosmopolitischen Verschwörung zu tun habe. »Deutschland«, schreibt der Fürst seinem Vertrauten Hübner am 10. Mai 1849 aus Richmond[23], »ist der Punkt, auf dem am Ende die Geschicke des gesamten Kontinents ruhen. Gut oder schlecht wird es den Ausschlag geben ... In Preußen ist nichts unmöglich! ...« Von Metternich beeinflußt, hat ja auch Graf Bombelles dem jungen Franz Joseph gepredigt: »Volkssouveränität heißt Republik! Der irrtümliche Begriff der Nationalität ist gleichlautend mit dem Rufe — Krieg ohne Ende, von allen gegen alle! Eine dritte Rolle spielt der Kommunismus. Derselbe ist eine Karikatur der gewagtesten Theorien; er hat keinen praktischen Boden und bekämpft sich sonach selbst ... unter diesen sich in die verschiedensten Formen einkleidenden Elementen des Übels läuft heute die Weltordnung Gefahr, in einem widersinnigen Kampfe zugrunde zu gehen! ...«

In Ungarn steht es um diese Zeit noch immer nicht gut. Am 21. Mai ist die von Generalmajor Hentzi tapfer verteidigte Festung Ofen gefallen, wobei der treue Offizier den Tod gefunden hat. Und die Russen bereiten in der Frage des Oberbefehls, den sie für den Zaren beanspruchen, Schwierigkeiten. Da ihnen das Oberkommando nicht zugestanden wird, verlangen sie, wenigstens »separat zu operieren«. Schließlich wird dieses heikle Problem dadurch gelöst, daß die Russen am linken, die Österreicher am rechten Ufer der Donau vorgehen sollen.

Am 26. Juni eilen Franz Joseph und Max zur Armee nach Ungarn. Bei Raab gerät der junge Kaiser ins Feuer. Ferdinand Max schreibt darüber an seine Mutter[24]: »Wie er von weitem Schüsse bei Raab hörte, ritt er sogleich im schärfsten Trab mitten unter

[23] Metternich an Hübner, Richmond, 10. Mai 1849. Hübner-Archiv.

[24] Erzherzog Ferdinand Max an seine Mutter, Abschrift, Raab, 29. Juni 1849, 7 Uhr früh. Wien, St. A

seine vorrückenden Truppen; jetzt können Sie sich den grenzenlosen Jubel denken, ein Kaiser, der ihre Gefahren und Mühen teilt. Kaum waren die Truppen in der Stadt, so war auch schon der Kaiser über die Balken einer brennenden Brücke drin. Der schönste Augenblick war jedoch, wie er rasch auf die halb abgetragene Brücke hinausritt und wie ihn die Truppen an beiden Seiten gewahr wurden; das war die schönste Szene, die ich je gesehen habe. Rechts vom Kaiser brannte ein Haus, aus welchem man auf Franzi Liechtenstein ohne Erfolg geschossen hatte; der Kaiser selbst auf der Brücke war umringt von seinen treuen Soldaten, deren donnerndes »Vivat« vom »Gott erhalte« begleitet wurde. Diese Begeisterung kann man nur bei der Armee finden ... Früher als der Kaiser war nur ein Offizier mit zwei oder drei Gemeinen in das Innere der Stadt eingedrungen, wobei sie auf dem Platz unerwartet ein Piquet Kossuth-Husaren fanden, die sich bereits anschickten, das kleine Häuflein zusammenzuhauen, als die vom Monarchen selbst geführte Kolonne anrückte und die Husaren sofort Reißaus nahmen.«

Am 2. Juli nehmen Franz Joseph und sein Bruder an einem erfolgreichen Gefecht bei Komorn teil. Nun aber ergreift den Hof, der sich seit kurzer Zeit wieder in Wien befindet, und die Regierung Angst um die Gesundheit des Herrschers. Der Ministerrat macht ihm daher eine »alleruntertänigste Vorstellung«, so daß sich Franz Joseph und Max schließlich gezwungen sehen, nach Schönbrunn zurückzukehren.

Nach seiner Rückkunft vom Felde wird dem Soldatenkaiser eine große Freude zuteil: ein Abgesandter des Zaren überbringt ihm für sein tapferes Verhalten vor dem Feinde das russische Georgskreuz. Mit Tränen in den Augen nimmt der junge Monarch diese Auszeichnung entgegen und läßt sich das Kreuz an die Brust heften.

Jetzt geht es auch in Ungarn ungestüm weiter. Die Hauptkraft der Russen marschiert über den Duklapaß in Richtung auf Kaschau; südlich der Donau stößt Haynau gegen Budapest vor; in Siebenbürgen sehen sich die Revolutionäre zwischen zwei Feuern. Nach der Einnahme von Budapest drängen die Österreicher über Szegedin nach Temesvár vor und zwingen Kossuth zur Flucht nach dem Süden. Schließlich muß Kossuth abdanken und geht, nachdem er die ungarische Königskrone vergraben hat, in die Türkei. Bei Világos strecken 30.000 magyarische Kämpfer vor dem russischen Marschall die Waffen. Fürst Paskiewitsch meldet dem Zaren: »*Sie,* Majestät, und niemand anderer sind der Sieger. Ungarn liegt zu Ihren Füßen, und der Krieg ist beendet.« Zugleich tritt der Marschall für Milde gegenüber den Gefangenen ein.

Auch von Italien langen gute Nachrichten ein. Am 22. August 1849 wird die Kapitulation von Venedig entgegengenommen; der Frieden zwischen Österreich und Sardinien ist greifbar nahe gerückt.

Zar Nikolaus bittet den jungen Kaiser zu dieser Zeit brieflich um Milde gegenüber den gefangenen ungarischen Revolutionären und um »Gnade für die Verirrten«. Der Überbringer dieses Schreibens, der russische Kronprinz, fügt mündlich hinzu, daß Franz Joseph dem ungarischen Oberkommandanten gegenüber unbedingt Gnade walten lassen möge.

Der Ministerrat beschließt hierauf über Vorschlag des Fürsten Schwarzenberg, daß gegen Soldaten und Unteroffiziere nicht vorgegangen, gegen Aufrührer vom Stabsoffizier aufwärts aber das kriegsgerichtliche Verfahren eingeleitet werden soll. Auf Befehl des Kaisers soll jeweils mit der Vollstreckung der gefällten Urteile gewartet werden, bis darüber die Allerhöchsten Aufträge einlangen. Haynau erhält Befehl, Görgey milde zu behandeln, weil er durch seine Übergabe zur Beendigung des Krieges wesentlich beigetragen habe. Gleichzeitig wird Graf Grünne nach Arad entsandt, damit er sich wegen der Urteile mit Haynau bespreche. Franz Joseph schärft seinem Generaladjutanten ein, daß der General vom Begnadigungsrechte Gebrauch machen und kein Todesurteil ohne Genehmigung von Wien vollziehen solle.

Der General hingegen richtet an den Monarchen die Bitte, von der Bestimmung über die Vollstreckung der Urteile abzusehen. Der Minister teilt daraufhin die Straffälligen in verschiedene Kategorien ein und betont, nachdem er die Beschwerde Haynaus über die Einengung seiner Strafvollmachten zur Kenntnis genommen hat, es sei der Wille Seiner Majestät, daß nur die gefährlichsten und schädlichsten Elemente der Todesstrafe verfallen sollen. Alle anderen Strafen könne der General selbst bestimmen.

Dann aber kommen dem Kaiser Bedenken. Auch Schwarzenberg

neigt dazu, dem Drängen Haynaus nachzugeben, weil die Straflosigkeit schuldiger Ungarn in den übrigen Ländern der Monarchie bedenkliche Folgen zeitigen könnte. Da trifft ein Brief des Zaren ein, der den Satz enthält[25]: »Eine gerechte Strafe gegen die Führer und Verzeihung für die Verirrten scheinen mir die einzigen praktischen Mittel, um zu einer dauernden Beruhigung zu gelangen.« Nun wird nach langem Zögern beschlossen, die an den General ergangenen Weisungen abzuändern. Fortan soll, wenn ein Todesurteil vollzogen worden ist, dies von Fall zu Fall angezeigt werden. Damit ist dem General das von ihm verlangte freie Ermessen in der Urteilsfällung zugestanden.

Am 6. Oktober werden dreizehn ungarische Generale, die früher kaiserliche Offiziere gewesen sind, teils durch den Strang, teils durch Pulver und Blei hingerichtet. Bis zum 25. folgen noch weitere Erschießungen von hohen Staatsbeamten und die Hinrichtung des Ministerpräsidenten Grafen Ludwig Batthyány[26].

Die abschreckende Wirkung dieser Maßnahme, aber auch die Entrüstung über sie in aller Welt sind überaus groß. Die österreichischen reaktionären Kreise sind von dieser Härte begeistert, in Ungarn aber ist man überzeugt, daß es mindestens ein Vierteljahrhundert dauern werde, bevor man für die Wiener Regierung Sympathien erhoffen dürfe. Der Zar, der die Strafe für Batthyány gerecht findet, die übrigen Urteile aber für mehr als ungerecht hält, schreibt in einer Randbemerkung auf einen Bericht vom 17. Oktober 1849: »... die Todesurteile für diejenigen, die sich unserer Armee ergeben haben, sind eine Infamie und eine Insulte für uns. Ich fühle mich tief verletzt darüber[27].« Auch Metternich verurteilt Haynaus Vorgehen.

[25] Nikolaus I. an Franz Joseph, Warschau, 31. August 1849. Wien, St. A.

[26] Im ganzen sind während der Revolution 1848/49, und zwar nicht in Ungarn allein, sondern auch in Prag, Wien und Oberitalien von kaiserlichen Kriegsgerichten 258 Todesurteile vollstreckt worden. Die von Revolutionstribunalen, insbesondere in Ungarn, gefällten bilden aber ein Vielfaches davon. Während man die gesamte Regierungszeit Franz Josephs hindurch immer wieder aus den Todesurteilen der kaiserlichen Kriegsgerichte das größte Wesen machte, wurde von jenen der Revolutionstribunale kaum je gesprochen.

[27] Randbemerkung des Zaren auf einem Bericht Nesselrodes vom 17. Oktober 1849. Siehe Constantin de Gruenwald, La vie de Nicolas Ier, S. 270.

Der Kaiser und sein Berater Schwarzenberg fühlen, daß sie einen Fehler begangen haben. Der Fürst und der Minister des Inneren finden, man müsse der Vollstreckung weiterer Todesurteile in Ungarn und in Siebenbürgen Einhalt gebieten. Der Kaiser genehmigt diesen Antrag, aber dies ändert nichts an der Tatsache, daß man ihm die Schuld an den tragischen Ereignissen in Ungarn beimißt. Ihm bleibt nichts anderes übrig, als zu versuchen, das Vergangene vergessen zu machen, und alles daranzusetzen, den nationalen Stolz der Ungarn mit der Zeit zu versöhnen.

ZURÜCK ZUM ABSOLUTISMUS

1850—1851

In den westlichen Ländern der Monarchie ist nach den revolutionären Wirren wieder Ruhe eingekehrt; in Ungarn herrscht die Stille des Grabes; in den italienischen Provinzen hat Graf Radetzky die Ordnung wiederhergestellt. Der junge Kaiser könnte der Zukunft des Reiches nun vertrauensvoll entgegensehen. Aber am außenpolitischen Himmel sind neue Wetterwolken aufgezogen: das Streben Preußens nach der Vorherrschaft in Deutschland. Schwarzenberg hat schon im Dezember 1848 in einer Note an das Berliner Kabinett den Anspruch erhoben, mit der Gesamtheit des österreichischen Ländergebietes, also auch mit den nichtdeutschen Teilen, an der künftigen Vereinigung aller Staaten Deutschlands teilzunehmen. Metternich setzt sich aus seinem Exil in Richmond dafür ein, daß der Kaiser an dem Bunde festhalte, den der Fürst im Wiener Kongreß geschaffen hat. Schmerling, der Justizminister, meint[1]: »Österreich solle entschieden dahin wirken, daß kein erblicher Kaiser in Deutschland zugelassen werde und überhaupt kein Kaiser, sondern nur ein Direktorium von dreien (Österreich, Preußen und Bayern) statthabe. Dadurch würde alle

[1] Ministerkonferenzprotokoll 26. Dezember 1848. Wien, St. A.

Eifersucht zwischen den Regierungen für die Gegenwart beseitigt und der Kaiser von Österreich einmal gewiß auch deutscher Kaiser werden.« Solange König Friedrich Wilhelm IV. lebt, besteht noch keine unmittelbare Gefahr, denn seine Gattin ist ja Franz Josephs Tante, und der König selbst ist noch in die alten Kaiserideen verstrickt. Auch die Königin von Sachsen ist eine Schwester der Erzherzogin Sophie. Durch sie gelangt der Wunsch an den jungen Kaiser, er möge mit dem König von Preußen zusammentreffen. In den Tagen vom 7. bis 9. September 1849 kommt es auch wirklich zu dieser Begegnung, und der preußische Herrscher versichert, daß er alles daransetzen werde, um eine enge Vereinigung mit Österreich zu bewirken.

Metternich sieht die Lage ziemlich skeptisch, und er schildert seine Ansicht dem Vertrauten Hübner[2]: »Das für uns heute gefährlichste Land ist Preußen, das mit ungescheuter Schlechtigkeit den Weg der Eroberung verfolgt ... Wo steht das Ende und die Art des Endes des großen Dramas geschrieben, dessen Stoff Österreich heißt?«

Die außenpolitischen Probleme sind aber mit der deutschen Frage nicht erschöpft. Die Feinde Österreichs bieten alle Mittel auf, um den Zaren diesem Lande zu entfremden. Schwarzenberg und Haynau glauben, daß der russische Feldmarschall Paskiewitsch hinter den Schwierigkeiten stehe, die sich im Verhältnisse Rußlands zu Österreich anzubahnen beginnen. Einstweilen sind die Sorgen wegen der Ereignisse in Deutschland noch größer. Erzherzog Johann hat seine Befugnisse als Reichsverweser niederlegen müssen, was der Haltung der Maßgebenden in Berlin zugeschrieben wird, weil diese die deutsche Nation durch und unter Preußen geeinigt sehen wollen. Als Preußen schließlich einen Reichstag einberuft, erklärt Schwarzenberg im Einverständnis mit dem Kaiser, daß dies dem Bundesvertrag zuwiderlaufe und der normale deutsche Bundestag wiederherzustellen wäre.

Unter solchen außenpolitischen Verhältnissen muß auch der Innenpolitik ein besonderes Augenmerk zugewendet werden. Dabei steht die Frage im Vordergrunde, ob nicht unter dem Zwange der Verhältnisse Zugeständnisse, vor allem die verfassungsmäßige Tei-

[2] Metternich an Hübner, Brüssel, 4. Dezember 1849. Hübner-Archiv.

lung der Herrschergewalt, gegeben wurden, die für den Bestand des Staates gefährlich werden können. Da Franz Joseph und Schwarzenberg darin gleicher Meinung sind, fühlen sich die Befürworter einer Rückkehr zum Absolutismus stärker denn je. Ihr wichtigster Vertreter ist der Minister des Inneren, Alexander Bach, der die zentrale Zusammenfassung der Habsburger-Monarchie verwirklichen will. Hinter den Kulissen wirkt auch Metternich in diesem Sinne, und selbst der gekränkt abseits stehende Feldmarschall Fürst Windisch-Graetz rät zu einer völligen Abkehr von allem Verfassungswesen.

Aber ist die Zeit für das Zurückdrehen des Rades der politischen Entwicklung schon reif? Die Antwort geben Preußen und Ungarn. Während Preußen die ihm nahestehenden Fürsten zu einem »Unions«-Parlament in Erfurt vereinigt, ruft Österreich diesen Bestrebungen entgegen den früheren Bundestag nach Frankfurt ein. In Ungarn herrscht in allen Kreisen eine »katastrophale Stimmung«. Auch mit General Haynau gibt es wegen seiner Unbotmäßigkeit gegenüber dem Ministerrat und seiner sonstigen Haltung, die nicht zur Befriedung der Magyaren beiträgt, dauernd Schwierigkeiten. Eine Änderung dieser Zustände tut dringend not. Vierundzwanzig der vornehmsten Magnaten erklären in einem Memorandum an den Kaiser-König, daß der derzeitige Stand der Dinge in ihrem Lande mit dessen Wohlfahrt unvereinbar sei. Aber die Neuordnung fällt nicht in ihrem Sinne aus. Siebenbürgen, Kroatien und Slawonien sowie die Wojwodina (Bácska und Banat) werden als besondere Kronländer von Ungarn abgetrennt, die Verfassung bleibt aufgehoben, und eine neue Einteilung des Landes in Distrikte und Komitate wird verfügt. Die Gegensätze zwischen Haynau und dem Ministerrate verschärfen sich überdies so sehr, daß dieser dem Kaiser am 6. Juli 1850 die Entfernung des Generals von seinem Posten empfiehlt. Die Enthebung Haynaus vom Kommando zeitigt hinwieder eine starke Rückwirkung in der Armee, die in diesem Akt eine Anmaßung des Zivils für die Oberhoheit über das Militär erblickt.

Dies trifft den jungen Soldatenkaiser ganz besonders empfindlich. Er darf aber darin einen gewissen Trost erblicken, daß an die Stelle Haynaus der arbeitswillige, pflichttreue Erzherzog Albrecht tritt, der das besondere Vertrauen seines Herrn genießt.

In der Innenpolitik schreitet inzwischen die Entwicklung zum Absolutismus weiter. Mittelbar von Metternich, der sich seines Sprachrohres Hübner bedient, gedrängt, von Windisch-Graetz moralisch unterstützt, geht der junge Kaiser den Weg zur Aufhebung der Verfassung. Schon hat er mit dem Oberbefehl über die gesamte Wehrmacht die militärische Gewalt an sich genommen. Das Kriegsministerium ist auf reine Verwaltungsaufgaben beschränkt; alle operativen Angelegenheiten sind dem Chef des Generalstabes, Feldzeugmeister Heinrich Ritter von Heß, der dem Herrscher unmittelbar unterstellt ist, überantwortet. Die Personalien behandelt der Generaladjutant Graf Grünne. Im Zivilsektor ist der alte Hofkammerpräsident Freiherr von Kübeck maßgebend, ein Gegner der Märzverfassung.

Die Richtung der österreichischen Innenpolitik ist dem Zaren um so sympathischer, als er sehen muß, wie gefährlich sich die Lage in Deutschland in revolutionärem Sinne zuspitzt. Der Landtag in Hessen verweigert seinem Kurfürsten Schutz und Schirm, ja sogar im Notfall ein militärisches Vorgehen gegen die Aufrührer. Da der König von Preußen dies verhindern will, stehen einander nun in Deutschland zwei Staatengruppen fast feindlich gegenüber. Der Zar, dem Preußens Haltung mißfällt, der aber sieht, wie sich die Dinge in Österreich auf den Absolutismus hinbewegen, läßt durchblicken, daß er, sollte die moralische Unterstützung nicht genügen, bereit wäre, gegen Berlin militärisch aufzutreten.

Noch glaubt allerdings niemand an einen Krieg. »Besonders«, schreibt der piemontesische Gesandte in Wien am 16. August 1850 nach Rom[3], »weil Rußland es nicht will und es mit all seinem Gewicht gegen die Macht auftreten würde, die als erste die Feindseligkeiten beginnt. Sein Einfluß in Deutschland wächst von Tag zu Tag ...«

Daß dem so ist, zeigt sich bei einer Zusammenkunft Nikolaus' I. mit Franz Joseph am 30. Oktober zu Warschau. Der junge Kaiser ist unangenehm berührt, als der Herrscher aller Reußen ihn in ungarischer Generalsuniform begrüßt. Wichtiger aber ist, daß der Zar gewillt ist, dem norddeutschen Rivalen notfalls auch mit Waf-

[3] Conte Thaon de Revel an Massimo d'Azeglio, Wien, 16. August 1850. Archiv des Ministeriums des Äußeren, Rom.

fengewalt entgegenzutreten. Die Lage ist derart gespannt, daß am Begegnungstage von Warschau sogar die allgemeine Mobilisierung in Österreich angeordnet wird. Als aber die Nachricht einlangt, daß Friedrich Wilhelm IV. nachgebe, herrscht allgemein Freude und Entspannung. Ende November trifft überdies in Wien ein Schreiben des preußischen Königs ein, in dem sehr versöhnliche Töne angeschlagen werden[4]: »Mein lieber, herrlicher Kaiser, wäre es wahr, was ganz Deutschland sich einbildet, daß Sie von einer kleinen, preußenfeindlichen, Krieg wollenden Partei umgeben seien?« Dann spricht der Monarch von der Nachgiebigkeit seines Ministeriums und dem »unaussprechlich großen Opfer, das Preußen durch Aufgabe der Unionsverfassung bringt«.

Bald darauf kommen der preußische Ministerpräsident von Manteuffel und Fürst Schwarzenberg in Olmütz zusammen. Preußen scheint in allem zurückzuweichen, aber die Frage des deutschen Neuaufbaues und des Eintrittes Gesamtösterreichs in den Deutschen Bund bleiben ungelöst. Sie zu besprechen wird auf einen späteren Zeitpunkt verschoben. Franz Joseph schreibt seinem preußischen Onkel, er hoffe zum »Endziel der Rekonstruktion eines großen und solid gebauten deutschen Bundes zu gelangen[5]«.

Fürst Schwarzenberg ist nicht restlos befriedigt, denn er hat in Warschau den ziemlich ausgesprochenen Beschützerton des Zaren deutlich verspürt. Er meint zum Grafen Beust[6]: »Sie hätten gewünscht, wir hätten gerauft, ich auch!« Auch Fürst Windisch-Graetz schließt sich dieser Meinung an, und Metternich sieht die Lage sogar noch schärfer, wenn er am 6. Dezember 1850 an Hübner schreibt[7]: »Die Strebungen des Preußentums sind nichts anderes als eigennützige Absichten unter liberalem Anschein. Der früher kleine Staat hat sich zur Größe einer Mittelmacht erhoben und strebt nach dem Leben einer Macht ersten Ranges ... Ist die Umbildung des Staatenbundes in ein einheitliches Reich ein *nützliches Unternehmen*? Ich sage nein ... Der Ausspruch in dem Ber-

[4] Friedrich Wilhelm IV. an Franz Joseph, Potsdam, 26. November 1850. Wien, St. A.

[5] Franz Joseph an Friedrich Wilhelm IV., Entwurf ohne Datum, anscheinend erste Tage Dezember 1850. Wien, St. A.

[6] Heinrich Ritter von Srbik, Deutsche Einheit, II/87.

[7] Metternich an Hübner, Brüssel, 8. Dezember 1850. Hübner-Archiv.

liner Parlament ist vielsagend: ›Preußen kann in dem Verein nicht der zweite sein!‹ Nicht der zweite sein wollen führt zum Austreten aus dem Verein oder zur Erstürmung des ersten Platzes! ... Was der König unter dem *Opfer* verstand, dies liegt in dem (vorläufigen Aufschieben der) Oberherrschergelüste über Deutschland ...«

Nach außen hin scheint allerdings zunächst noch Ruhe zu herrschen. Sie wird von Franz Joseph zu einem Besuch von Venedig benützt. Auftreten und Selbstbewußtsein des Monarchen haben durch diese Reise sichtbar gewonnen, so daß nach seiner Rückkehr der piemontesische Gesandte in Wien über ihn urteilen kann[8]: »Der Kaiser ist jung und unerfahren, aber er ist intelligent, aktiv und von einer Festigkeit, die oft durch die Opposition seiner Minister nicht leicht zu besiegen sein wird. Selbst die Stellung des Fürsten Schwarzenberg ist nicht mehr gänzlich die gleiche wie vor einem Jahr. Obwohl dieser Mann sich das Vertrauen seines Souveräns voll bewahrte, hat er doch nicht mehr genau denselben Einfluß auf seine Gedankenwelt wie früher.«

Auf das politische Denken Schwarzenbergs hinwieder wirkt Minister Dr. Bach ein, der für eine absolute Regierungsform schwärmt. Auch Metternich ist in dieser Richtung unablässig tätig und glaubt, daß der Absolutismus am besten durch einen Staats- oder Reichsrat untermauert werden könnte. Am 14. März 1851 wird denn auch die Schaffung des Reichsrates, der als Ersatz für die Volksvertretung dienen soll, bekanntgegeben und Freiherr von Kübeck, der Sohn eines ehrsamen Iglauer Schneiders, zum Vorsitzenden dieser Körperschaft ernannt. Die Aufgabe der Regierung soll sein, vor allem »das moralische Prinzip zu festigen, die kaiserliche Autorität nach allen Richtungen hin in ihrem durch Jahrhunderte bewahrten Machtumfange zu kräftigen, indem dies allein den Bestand und die nachhaltige Festigung der aus so verschiedenen Teilen bestehenden Monarchie dauernd verbürgen könne«.

»Zugeständnisse«, wird als Votum des Reichsrates erklärt, »bringen bei den Schlechtgesinnten keine Sinnesänderung hervor, schwächen bloß die Kraft der Regierung und ermuntern nur die Um-

[8] Revel an d'Azeglio, Wien, 12. April 1851. Archiv des Ministeriums des Äußeren, Rom.

sturzpartei immer mehr, ihr verderbliches Spiel zu verfolgen.« Hübner schreibt zu dieser Zeit in sein Tagebuch[9]: »Am meisten dringt der Kaiser selbst darauf, daß — wie er sagte — der ›große Schlag‹ geführt werde. Fest entschlossen, seine Rechte mit niemandem zu teilen, erträgt er nur ungern den in der Tat längst abgeschüttelten, aber in der Theorie noch zu Recht bestehenden Zwang jener unmöglichen Konstitution vom 4. März.«

Am 17. August 1851 eröffnet der Kaiser dem Ministerrat[10], daß die »von allen Einsichtsvollen anerkannte Unanwendbarkeit des englisch-französischen konstitutionellen Prinzips auf den österreichischen Kaiserstaat« und sonach die Unausführbarkeit der Reichsverfassung vom 4. März 1849 es erfordere, die für die Einheit der Monarchie und die wahren Bedürfnisse ihrer Völker nötigen Reformen zu schaffen. Vor allem müsse die Autorität des Herrschers wiederhergestellt werden, die Minister seien bloß ihm verantwortlich, der Reichstag habe nur über Auftrag der Majestät Gutachten abzugeben, und zwar unmittelbar an diese. »Ich betone«, erklärte Franz Joseph, »meine innerste Überzeugung von der Notwendigkeit, Zweckmäßigkeit und Zeitgemäßheit dieser Maßregeln angesichts der nimmer ruhenden Bestrebungen der Revolution.«

Am 20. August erscheint ein Handschreiben Schwarzenbergs, das den Auftakt zur völligen Beseitigung der Märzverfassung bildet. Damit sind bis auf die verbleibende Grundentlastung und die Gleichberechtigung der Staatsbürger vor dem Gesetz fast die gesamten Errungenschaften der Revolution wieder zunichte gemacht. »Ein großer Schritt weiter ist geschehen«, schreibt der Monarch am 26. August an seine Mutter[11], »wir haben das Konstitutionelle über Bord geworfen, und Österreich hat nur mehr *einen* Herrn. Jetzt muß aber noch fleißiger gearbeitet werden.« Erzherzogin Sophie fügt diesen Zeilen am Rande die Worte »Gott sei gelobt« hinzu.

Schwarzenberg und Windisch-Graetz jubeln über diese Entscheidung des Herrschers. Ihnen schließt sich nur zu gerne der Zar an. »Wie habe ich mich gefreut«, schreibt er dem jugendlichen Souve-

[9] Tagebuch Hübner, 26. August 1851, Hübner-Archiv.

[10] Ministerkonferenzprotokoll, Wien, 17. August 1851. Wien, St. A.

[11] Franz Joseph an seine Mutter, Schönbrunn, 26. August 1851. Wien, St. A.

rän[12], »wie selig war ich über die großen und schönen Entschlüsse, die Du nach den Wünschen und Erkenntnissen Deiner edlen Seele für das Wohl Deines Vaterlandes gefaßt hast. Freudig beglückwünsche ich Dich... und wäre glücklich, wenn es mir vergönnt wäre, Dir einen Dienst erweisen zu können. Lasse mich darauf hoffen.«

»Gott ist mein Zeuge«, versichert Franz Joseph in seiner Antwort, »daß ich bei allem, was ich tue, kein anderes Ziel habe als das Wohl meiner Völker.«

DIE VERFASSUNG WIRD AUFGEHOBEN

1851—1852

Am 24. September 1851 trifft Fürst Metternich in Wien ein und wird wie ein Sieger empfangen. Schon am 3. Oktober besucht ihn der Kaiser und berät sich mit dem greisen Staatsmann über zwei Stunden lang. Da nun der einstige Erste Diener des Staates wieder im Lande weilt, kann sich der Monarch beruhigter als früher auf Reisen begeben. Die erste führt den Herrscher nach Galizien, wo er überall auf das herzlichste begrüßt wird. Das rührendste Zeichen der Treue leuchtet ihm in Krakau von der Kaserne des Regiments Schoenhals in Flammenschrift entgegen: »Gott im Auge, der Kaiser im Herzen, die Kraft in uns.«

In Wien aber warten auf den kaiserlichen Jüngling Ärger und Sorgen. England hat den Rebellen Kossuth feierlich und glänzend empfangen. Die Ehegesetze, die sehr umstritten sind und derentwegen Sophie ihren Sohn drängt, erfordern endgültige Beschlüsse, und die kirchlichen Verhältnisse bedürfen einer Regelung in streng katholischem Sinn. Auch die Frage der Neubewaffnung der Infanterie muß gelöst werden. Man hat das preußische Zündnadelgewehr

[12] Nikolaus I. an Franz Joseph, Zarskoje Selo, 11./23. Oktober 1851. Wien, St. A.

erprobt, doch der an der Spitze des technischen Komitees stehende Feldzeugmeister Vinzenz Freiherr von Augustin hat sich gegen die Einführung dieses Gewehrmusters ausgesprochen. Der General meint, die Abnützung des Gewehres sei zu groß, die Zielmethode unpraktisch und die Zündnadel breche zu leicht.
Täglich erscheinen vor dem Kaiser die mit der Abschaffung der Märzverfassung betrauten Männer. Sie fassen ihre Aufgabe in zwei Hauptmerkmale zusammen: einmal die dynastischen Rechte des Souveräns und des erlauchten Kaiserhauses zu wahren und sodann die politische Untrennbarkeit der einzelnen Länder des Reiches, die den Gesamtstaat bilden, zu sichern. Alle Gewalten, aus denen sich die Souveränität zusammensetzt, sollen im Herrscher ruhen, die Rechtsprechung vom Monarchen ausgehen.
Am 2. Dezember 1851, am dritten Jahrestag der Thronbesteigung Franz Josephs, ist der Sturz der Verfassung beschlossen. Erzherzogin Sophie nennt diesen Akt »heureuse culbute«, einen »glücklichen Purzelbaum«. Am 31. Dezember bereitet ein kaiserliches Handschreiben, das sogenannte Silvesterpatent, dem »Gaukelspiel der Verfassung« ein Ende. Die Staatsbürger haben keinen Anteil mehr an Gesetzgebung und Rechtsprechung; die Gemeindeverwaltungen gehen gänzlich in die Hände der Regierung über. Die Minister sind nur noch ausführende Organe des Allerhöchsten Willens, die Pressefreiheit verschwindet, und auch die Verwaltung ist eine ausschließliche Angelegenheit der Regierung. Man spricht von Absolutismus, aber er ist dadurch gemäßigt, daß der Kaiser Männer, die sein Vertrauen besitzen, walten läßt. Er will nicht ein »unverantwortlicher Monarch«, keine »Druckmaschine für Unterschriften« sein. Er übernimmt auch die Verantwortung für unglückliche Handlungen seiner Minister.
Man kann das Silvesterpatent von welcher Seite immer betrachten, es ist und bleibt doch ein Staatsstreich, ein Akt, der zur Leitung des Völkerstaates notwendig sein mag, staatsrechtlich aber die Ansatzpunkte zu mancherlei berechtigter Kritik bietet.
Auf dringendes Anraten seiner Minister begibt sich der Kaiser auf eine Reise nach Italien. Er will auf einem seiner Kriegsschiffe von Venedig nach Triest fahren, aber der Geschwaderkommandant will wegen des herrschenden Sturmes die Verantwortung für die Sicherheit des Monarchen nicht übernehmen. Darauf stellt Franz Joseph

die Frage, ob die Schiffsabteilung auslaufen würde, wenn er nicht an Bord eines ihrer Schiffe wäre. Auf die bejahende Antwort des Marineoffiziers erklärt der jugendliche Kaiser, man solle es also nur ruhig tun. Ursprünglich hätte Franz Joseph auf dem Kriegsdampfer »Marianna« eingeschifft werden sollen. Da diese Einheit sich aber wegen ihres Alters in einem sehr schlechten Zustand befindet, läßt man den Kaiser auf der Brigg »Volta« wohnen. Die Schiffsabteilung hat eine sehr schlechte Überfahrt und gelangt wegen des üblen Wetters nicht nach Triest, sondern nach Rovigno. Der Monarch hat diese sechsundzwanzig Stunden an Seekrankheit gelitten und ist um so mehr bedrückt, als er erfährt, daß die »Marianna« gesunken ist, ohne daß man auch die geringste Spur von ihr gefunden habe. Auch ein Sohn des Freiherrn von Kübeck befindet sich als Seeoffizier unter den Opfern.

Und dieses Unglück bleibt nicht allein. Kaum ist der Kaiser nach Wien zurückgekehrt, wird Fürst Felix Schwarzenberg am 5. April 1852 ganz unerwartet von einem Herzschlag dahingerafft. Franz Joseph schreibt seiner in Görz weilenden Mutter[1]: »Der Mann, der mir seit dem Beginn meiner Wirksamkeit mit aufopfernder Treue und blinder Anhänglichkeit, mit eiserner Konsequenz und mit unerschütterlicher Energie zur Seite stand, ist dahin, und ein solcher wird nie mehr wiederkommen ... Nun gilt es, das Prinzip kräftig aufrechtzuerhalten, das mit dem großen Mann nicht ins Grab gehen darf ... Ich werde jetzt noch mehr selbst machen müssen, da ich mich auf niemand so verlassen kann, wie es bei Schwarzenberg möglich war, allein auch das hat sein Gutes ...«

Die Mutter antwortet ihrem Ältesten mit einem der rührendsten Briefe, die sie je geschrieben hat[2]: »Wie viel ich an Dich denke, für Dich bete, wie ich mit Dir Deinen treuesten Freund und Diener bedauere, dessen eigentlich einzige, ganze Liebe Du warst, dessen einzige wahre Sorge Dein Wohl war, kannst Du Dir leicht vorstellen! Und daß ich jetzt nicht bei Dir bin, in den schwersten Augenblicken Deiner dornenreichen Lebensbahn, Dir nicht, wenn auch nur geringen Trost bieten kann, das tut mir gar zu weh! ...

[1] Franz Joseph an seine Mutter, 6. und 14. April 1852. Schnürer, S. 176, 179.

[2] Erzherzogin Sophie an Franz Joseph, Görz, 8. und 9. April 1852. »Neues Wiener Tagblatt«, Weihnachtsbeilage 1929.

Die Besorgnis, man könnte glauben, ich wollte mich in die so schwere Wahl eines Nachfolgers des unvergeßlichen, unersetzlichen Schwarzenberg mischen, hielt mich zurück, gleich nach Wien umzukehren ... Gott sei mit Dir und erbarme sich Deiner, mein armes Kind ... Möge er Dich erleuchten und leiten, ich danke ihm innig für den frischen Mut, der Dich trotz Deines Kummers beseelt ...«
Aber dann wird doch gleich an die Person des zu wählenden Nachfolgers für den Fürsten gedacht: »Tante Marie (die Königin von Sachsen) dachte an Rechberg wie ich, aber auch Thun, an den ich nicht dachte. Wenn nur einer bald ernannt wird, damit jene, die Österreich nicht wohlwollen, nicht glauben, wir hätten niemand ihnen entgegenzustellen. Jeder der Männer, an die man für die wichtige Stelle denken könnte, hat wohl in seinem Leben einmal einen Schnitzer gemacht, aber Vollkommenheit findet man keine, und es ist doch besser, einer steht auf dem Vorposten als keiner oder vielleicht einige! ...«
Wer aber wird tatsächlich Schwarzenbergs Nachfolger? Einmal hatte der Fürst dem Kaiser empfohlen, den Grafen Buol heranzuziehen, um ihn zu entlasten oder im Falle einer Erkrankung zu vertreten. Nun läßt der Monarch den Grafen zu sich kommen, und dieser ist nur zu gerne bereit, Ministerpräsident zu werden. Metternich heißt diese Wahl gut, hofft er doch, über den Grafen noch mehr Einfluß auf den jugendlichen Kaiser zu gewinnen. Nicht für Buol spricht aber die Tatsache, daß er sich als österreichischer Botschafter in Petersburg nicht viel Freunde gemacht hat und daß er dem Zaren unsympathisch ist. Dies sind für einen Minister des Äußeren starke Belastungen seiner Durchschlagskraft. Denn Buol wird nicht Ministerpräsident, sondern Außenminister. Franz Joseph erklärt am 14. April 1852 dem Ministerrat, daß er keinen neuen Ministerpräsidenten mehr ernennen und fortan den Vorsitz im Ministerrate selbst führen wolle. Zu Windisch-Graetz meint der Kaiser: »Nun, wo mein Name allein unter allen Verordnungen steht, ist jeder Tadel von derlei Maßregeln Hochverrat[3].«
In den zivilen Dingen spielt sich Alexander Bach als die stärkste Persönlichkeit in den Vordergrund und führt in der Ministerkonferenz ein maßgebliches Wort. Er vertritt beim Monarchen seine

[3] Müller, Windisch-Graetz, S. 264.

Germanisierungs- und Zentralisierungspläne. Hingegen vereinigt Grünne in des Herrschers und seiner Hand die militärischen Belange, und dies noch viel gründlicher als zu der Zeit, da Schwarzenberg noch lebte. Doch Bach und Grünne vertragen sich nicht gut, und zum Ausgleich der Spannungen wird unter dem General Johann Freiherrn von Kempen, einem engen Freunde des Generaladjutanten, ein Polizeiministerium geschaffen.

Die Außenpolitik ist inzwischen in ein bewegtes Fahrwasser geraten. Die internationale Lage hat sich verändert, weil Großbritannien und Frankreich vor einer möglichen Verwirklichung eines Siebzig-Millionen-Reiches im Herzen Europas Angst bekommen haben. Dies weiß Preußen zu seinen Gunsten auszunützen, läßt seinen Anspruch zumindest auf Gleichstellung mit Österreich in allen Bundesfragen wieder verlauten und wendet sich auch gegen den Eintritt Gesamtösterreichs in den Bund. In einer preußisch-österreichischen Aussprache in Dresden wird jedoch erreicht, daß Verhandlungen über die schwebenden Hauptfragen wiederaufgenommen werden. Des weiteren ist »zum Schutze gegen demokratische und revolutionäre Bestrebungen« auf die Dauer von drei Jahren zwischen Österreich und Preußen ein geheimer Bündnisvertrag abgeschlossen worden, der auch die gegenseitige Sicherung des territorialen Besitzstandes beider Staaten festlegt. Die inneren Gegensätze zwischen Preußen und Österreich bleiben dadurch freilich unberührt.

In Italien beginnt sich die Umsturzpartei kräftig zu regen. Giuseppe Mazzini, der geistige Führer der revolutionären italienischen Einheitsbewegung, schart die italienischen Patrioten um sich. Feldmarschall Radetzky stellt die Notwendigkeit »neuer kräftiger Maßregeln« gegen diese Bewegung vor Augen. Franz Joseph weist darauf hin, daß nur die Schwäche der Regierungen zu solchen Ereignissen führe. Österreich müsse größte Energie entfalten, besonders »in der Stadt Mailand, wo beinahe die ganze Bevölkerung von schlimmstem Geiste durchdrungen sei und dies unausgesetzt zur Schau trage«. Das Ergreifen strenger Vorkehrungen wird dem Ermessen des Feldmarschalls überlassen, doch — und da sprechen die Erfahrungen in Ungarn mit — dürfen diese keineswegs öffentlich als von der Majestät oder vom Ministerrate ausgegangen oder genehmigt erscheinen. Überdies beschleunigt man den Ausbau der

Semmering-Bahn, um möglichst schnell Truppen nach Italien werfen zu können.
Rußland gegenüber hat sich die Stimmung wesentlich gebessert. Die Mißverständnisse mit dem Zaren Ungarns wegen sind langsam abgeflaut, und überdies hat Franz Josephs Rückkehr zum Absolutismus in St. Petersburg vollsten Beifall gefunden. Zwischen den beiden Herrschern besteht wieder bestes Einvernehmen, was sich auch bei einem Besuche des Zaren in Wien äußert.
In Ungarn sind die Wunden, die Haynau geschlagen hat, noch nicht verheilt. Trotzdem beschließt der Kaiser-König, sich nach Budapest zu begeben, um dort militärische Besichtigungen vorzunehmen. Franz Joseph erlebt dort eine pausenlose Folge von Empfängen, Revuen, Besichtigungen aller Art und Jagden. Alles geht glatt vor sich, und selbst die Enthüllung des Denkmals für General Hentzi in Budapest vollzieht sich reibungslos. An seine Mutter schreibt der Monarch am 5. Juli 1852[4]: »Das Ganze war außerordentlich schön, festlich, imposant und ein großer Enthusiasmus. Nur dachte ich bei aller Zufriedenheit damit doch immer daran, daß es die Leute vor drei Jahren für den Kossuth ebenso gemacht haben.« Jedenfalls bestätigen die Erfahrungen des Kaisers bei dieser Rundfahrt die Ansicht Metternichs[5]: »Imperialisiert in Ungarn, aber germanisiert nicht! ... Ungarn ist leicht zu enthusiasmieren, aber schwer zu regieren ...«
Herr von Bismarck-Schönhausen, der als Vertreter des preußischen Gesandten am Wiener Hofe zur gleichen Zeit wie Franz Joseph in Budapest weilt, urteilt über den jugendlichen Herrscher[6]: »Zwanzigjähriges Feuer, gepaart mit der Würde und Bestimmtheit reifen Alters zeichnen ihn aus ... Wenn er nicht Kaiser wäre, würde ich ihn für seine Jahre zu ernst finden. Die Ungarn sind begeistert von dem nationalen Akzent, mit dem er ihre Sprache redet, und von der Eleganz, mit der er reitet ...«
Im Dezember 1852 treffen folgenschwere Nachrichten aus Paris ein. Louis Napoleon proklamiert sich zum Kaiser, nennt sich Napoleon III. und erregt durch seine Thronbesteigung in der ganzen

[4] Franz Joseph an seine Mutter, Ofen, 5. Juli 1852. Schnürer, S. 189.
[5] Metternich an Hübner, Wien, 28. Juni 1852. Hübner-Archiv.
[6] Ofen, 25. Mai 1852. Gerlach-Briefwechsel, S. 35.

Welt ungeheures Aufsehen. Franz Joseph nimmt zu diesem Ereignis mit den Worten Stellung[7]: »Ich schwärme nicht für Louis Napoleon, aber er hat den Parlamentarismus getötet. Bevor die Bourbons damit zurückkehren, ist er mir noch immer lieber.« Alles Verfassungsmäßige ist nun auch im Herzen des jungen Kaisers ausgelöscht.

DAS ATTENTAT AUF DEN KAISER

1852—1853

Ende 1852 unternimmt der Kaiser eine Reise nach Berlin, die als Gegenbesuch auf einen vorherigen dreimonatigen Aufenthalt des preußischen Königs in Österreich gelten soll. Auch soll ein Einvernehmen über die Einstellung zu Louis Napoleon gepflogen werden. Aber diese Reise hat auch einen rein persönlichen Hintergrund. Erzherzogin Sophie, die weitblickende Mutter, will den Gegensatz zwischen Preußen und Österreich durch die Heirat ihres Sohnes mit einer preußischen Prinzessin beseitigen. Nun sieht der Monarch in Berlin die Tochter Karls von Preußen, Prinzessin Anna, und diese Nichte Friedrich Wilhelms IV. gefällt ihm außerordentlich. Sie ist jedoch, freilich erst inoffiziell, schon mit einem Prinzen von Hessen-Kassel verlobt. Trotzdem versucht Sophie, die Verbindung zwischen Anna und Franz Joseph zustande zu bringen, obwohl im Protestantismus des Mädchens noch ein zweites Hindernis vorliegt. Durch den Übertritt der Prinzessin zum katholischen Glauben könnte es aber beseitigt werden, und in diesem Sinne schreibt denn auch Sophie an ihre Schwester, die Königin von Preußen. Da man aber in Berlin diese Verehelichung nicht wünscht, wird erklärt, daß der Religionswechsel unmöglich und Anna überdies schon gebunden sei. Der Versuch der Erzherzogin, dessen Gelingen die Geschichte der kommenden Jahrzehnte wahr-

[7] Tagebuch Hübner, Résumé 1852. Hübner-Archiv.

scheinlich zugunsten Österreichs verändert hätte, ist mißglückt. In Berlin sieht man die Dinge auch von der politischen Seite, was ein Brief des preußischen Prinzen Wilhelm an die Großherzogin Maria Pawlowna beweist[1]: »Das Ereignis des Besuches des Kaisers von Österreich in Berlin als Zeichen einer gemeinsamen Verständigung gegenüber einer gemeinsamen Gefahr (Napoleon III.) ist von aller Welt mit gleichem Gefühl begrüßt worden. Wir in Preußen beglückwünschen uns, daß Österreich seine Unterwerfung in unserer Hauptstadt bezeugt hat, ohne daß wir nur einen Fußbreit politischen Bodens preisgegeben haben ... Ich glaube, daß das Kabinett von Wien für den Augenblick die Politik Schwarzenbergs (d. h. jene, Preußen in seine Stellung vor dem Siebenjährigen Krieg zurückzudrängen) angesichts der gemeinsamen Gefahr aufgegeben hat.« Bismarck äußert sich zu dieser Zeit: »Wenn Österreich ein Pferd vorn anspannt, spannen wir eines hinten an.«
In Mailand flackern die revolutionären Bewegungen wieder auf, ja sie steigern sich sogar zu einem blutigen Aufruhr. Der Kaiser entzieht daraufhin die politische Verwaltung dem Militär und stellt dem Feldmarschall Radetzky im Grafen Johann Bernhard von Rechberg und Rothenlöwen einen Ziviladlatus zur Seite.
Zu allem Überfluß vollzieht sich am 18. Februar 1853 ein Ereignis, das an das junge Leben des Monarchen greift. Als er mittags mit seinem Adjutanten Maximilian Karl von O'Donell auf der Bastei spazierengeht, hört er von unten Trommelwirbel heraufdringen und tritt an die Wallbrüstung, um den nächst dem Wallgraben exerzierenden Truppen zuzusehen. Unweit davon sitzt nun schon vierzehn Tage um die gleiche Stunde ein kleiner, bescheiden aussehender jüngerer Mann auf einer Bank. Bisher ist er niemandem aufgefallen. Da stürzt sich dieser junge Mensch plötzlich von hinten auf den Kaiser und führt mit einem langen, beiderseitig scharf geschliffenen Messer einen Stoß gegen den Nacken des Monarchen. Auf den Schreckensschrei einer Frau macht Franz Joseph in diesem Augenblick eine leichte Kopfwendung, wodurch die tödliche Waffe vom Hals abgleitet. Sie dringt vorerst durch den Kragen der Uni-

[1] Wilhelm von Preußen an Großherzogin Maria Pawlowna. Koblenz, 24. Jänner 1853. Abgedruckt in: »Kaiser Wilhelms Weimarer Briefe«, I/252.

form, dann durch die Krawatte und erst hernach in den Hals. Schon will der Attentäter neuerdings zustechen, als der neben dem Kaiser stehende Flügeladjutant den Säbel zieht und sich auf den Mann stürzt. Dieser will die Waffe des Grafen mit der Hand fassen, verletzt sich aber an ihr. Es kommt zu einem erbitterten Ringen zwischen den beiden, und endlich gelingt es O'Donell, den Unhold zu Boden zu werfen. Schon ist auch ein Bürger und Hausbesitzer namens Ettenreich herbeigesprungen und hält den zu Boden Geworfenen und sich verzweifelt Wehrenden so lange fest, bis ihn eine Polizeipatrouille festzunehmen vermag.

Der Kaiser ist vor Überraschung zuerst wie betäubt gewesen, aber nicht zu Boden gestürzt. Nun aber zeigen sich Blutstropfen auf dem Mantel, den er über der Ulanenuniform trägt. Er sieht Ettenreich dem Verbrecher Faustschläge versetzen, ruft: »Schlagen Sie ihn doch nicht!« und hält das Taschentuch an die Wunde.

Was dann weiter geschieht, berichtet O'Donell in einem Briefe an seine Mutter[2]: »Die Leute bemächtigten sich nun des Mörders, ich eile auf den Kaiser zu, er war am Hals und Kopf verletzt, allein er war ein Kaiser, und ein Kaiser, so groß, so ruhig, so unerschrocken, so mutig als je von Karl dem Großen an einer auf dem Thron gewesen. Mit seiner ganzen Seelengröße und Kaltblütigkeit gab er die notwendigen Befehle zur Bewachung des Mörders, nahm hierauf meinen Arm, und ich führte ihn in das Palais des Erzherzogs Albrecht, wo ich ihm kalte Umschläge machte, bis die Ärzte und Graf Grünne kamen . . .«

Der Attentäter hatte den an der Brustwehr stehenden und nach vorne gebeugten Kaiser zuerst von hinten fassen und über die Mauer in den Graben werfen wollen. Dann aber hatte er doch noch zum Messer gegriffen, das er vorher auf dem Trödelmarkt gekauft hatte. Während der Verbrecher, ein ungarischer Schneidergeselle namens Libényi, abgeführt wird, rühmt er sich seiner Tat und ruft wiederholt: »Éljen Kossuth!«

Erzherzog Rainer, der sich zu dieser Zeit im Palais des Erzherzogs Albrecht befindet, trifft den Kaiser im Vorzimmer und hört ihn sagen: »Jetzt hat man die Mailänder Geschichte auch an mir

[2] O'Donell an seine Mutter, 18. Februar 1853. Im Besitze der Gräfin Marie-Anne Uiberacker, Schloß Sieghartsstein.

probiert.« Das Taschentuch, das Franz Joseph sich an den Hinterkopf hält, ist über und über mit Blut bedeckt. Die Wunde, die einen Zoll lang ist, klafft und blutet stark. Der Erzherzog läuft in die Burg, begegnet auf dem Wege dem Hofrat Seeburger und eilt zu Grünne. Dieser wird, als er von dem Attentat hört, schneeweiß und kann vor Aufregung kaum reden. Dann bringt Rainer den Kaiser in einem Wagen in die Burg. Dabei erzählt ihm der Monarch: »Ich habe einen Schlag wie einen Pistolenschuß gegen den Kopf bekommen, so daß es mir vor den Augen blitzte, und habe, als ich mich umsah, O'Donell bereits am Boden mit dem Menschen kämpfend gesehen.«

Als O'Donell bei der Erzherzogin erscheint, die schon vorher ihren geliebten Sohn in die Arme geschlossen hat, dankt sie ihm mit Tränen in den Augen: »Gott segne Sie, Gott segne alle die Ihrigen, Gott segne Ihre Mutter, der wir Sie verdanken.« — »Dies letzte Wort«, schreibt der Graf nach Hause, »hat mir alle Fassung genommen, und mir altem Kerl sind die Tränen in die Augen gekommen.«

Gleich nach dem Attentat kommt in Wien alles in Bewegung, und jedermann ist entrüstet. Die Tore der Stadt werden gesperrt, die Bahnhöfe besetzt. Die Garnison wird in ihren Kasernen konsigniert, und zwei Batterien werden in die Stadt berufen. Das Volk strömt vor die Stephanskirche, alle Großwürdenträger und Diplomaten eilen herbei. Um sechs Uhr abend wird im Dom ein feierliches Tedeum gehalten. Als Erzherzogin Sophie erscheint, empfangen sie brausende Jubelrufe.

Indessen liegt der Kaiser fiebernd im Bett und hat Angst um sein Augenlicht, das geschwächt zu sein scheint. Die Ärzte sind besorgt und mit dem Zustand des Patienten unzufrieden. Erst am 24. Februar tritt eine entschiedene Besserung im Befinden des Verletzten ein; vier Wochen dauert die Heilung, und noch länger währt es, bis auch die Augen wieder vollkommen in Ordnung sind.

Es ist ein Glück für den Monarchen, daß die Außenpolitik in diesen bösen Wochen ein erfreulicheres Bild als früher bietet. Erst vor kurzem hat Österreich die Montenegriner in ihrem Kampfe gegen die Türken in Schutz genommen und damit das Verhältnis der Monarchie zur Türkei belastet. Nun aber hat der Zar seinen Botschafter in Konstantinopel beauftragt, der Pforte zu erklären, daß er sich in der Angelegenheit mit Montenegro ganz auf die Seite Österreichs stelle. Er bedeutet dem Kaiser, daß er im Falle einer türkischen Kriegserklärung an Österreich so handeln werde, als hätte das Osmanenreich auch ihm den Krieg erklärt. Doch die Hohe Pforte nimmt die österreichischen Forderungen an und zieht ihre Truppen aus Montenegro zurück. Dies alles kommt den Ansichten Metternichs entgegen, der sich selbst als »den alten Arzt im Weltspital« bezeichnet, »der zwar die Praxis aufgegeben hat, in geheimen und inkurablen Fällen« aber doch noch um Rat gefragt wird. Jedenfalls empfiehlt er in den orientalischen Fragen große Vorsicht und möglichstes Vermeiden eines europäischen Krieges aus den im Balkan wurzelnden Ursachen.

Anderseits zeigen sich aber doch wieder Unruhen aller Art. In den Vereinigten Staaten von Amerika, in Großbritannien und Frankreich schüren die ungarischen Emigranten, vor allem der in effigie gehenkte Graf Gyula Andrássy, gegen Österreich. Dies alles ist aber weniger gefährlich als der Wunsch Rußlands, den »kranken Mann am Bosporus« durch die Besetzung der unter dem türkischen Joch seufzenden Fürstentümer Moldau und Walachei zu schwächen. »Ich möchte wünschen«, schreibt Nikolaus I. an Franz Joseph[3], »daß Du, wenn ich diese Länder besetze und die Türken doch nicht nachgeben, dasselbe mit der Herzegowina und Serbien tust.« Jetzt muß der Kaiser Farbe bekennen, ob er mit Rußland gehen oder einen anderen Weg beschreiten will. Feldmarschall Windisch-Graetz, die hinter ihm stehenden Adelskreise und die Generalität mit Radetzky, Heß und Grünne sind für ein Zusammengehen mit dem Zaren, Buol ist für England und Frankreich eingestellt. Der junge Kaiser steht, wie er sagt, vor einer »verwuzelten Frage[4]«. Der Monarch antwortet schließlich dem Zaren, es scheine ihm äußerst wichtig, nichts zu übereilen, und weist auf die Gefahr hin, die bei einer offen feindseligen Haltung gegen die Hohe Pforte von Großbritannien und Frankreich droht. Die Truppen des Zaren sind jedoch schon in die beiden Fürstentümer eingerückt. Der Zar betont brieflich, daß er keine Eroberungen wolle.

[3] Nikolaus I. an Franz Joseph. Zarskoje Selo, 18./30. Mai 1853. Wien, St. A.

[4] Franz Joseph an seine Mutter, Schönbrunn, 21. Juni 1853. Schnürer, S. 204.

Es erscheine ihm als das Einfachste und Natürlichste, »die Unabhängigkeit jedes der Teile, die sich selbst von der Türkei loslösen, in seiner jetzigen Umgrenzung als Moldau, Walachei, Bulgarien, Serbien usw. anzuerkennen«. Die Donau wolle der Zar, um Österreich zu beruhigen, nicht überschreiten. Das Schreiben Nikolaus' I. kreuzt sich mit einem Brief des Kaisers, der vor den Folgen einer geplanten Besetzung der Fürstentümer und überhaupt vor »aggressiven und nicht zu rechtfertigenden Schritten« warnt. Der Zar bleibt fest. »Die englischen und französischen Großsprechereien«, schreibt er an Franz Joseph[5], »schrecken mich ebensowenig wie ihre Flotten in den Dardanellen und werden mich nicht abhalten, auf der Genugtuung zu bestehen, die die türkische Regierung uns schuldet. Ich werde es mit Gottes Hilfe trotz allem durchsetzen; die Christen sind furchtbaren Leiden ausgesetzt, das kann nicht so bleiben. Wir werden uns also über unser Verhalten in dieser Beziehung einigen müssen.«

Buol eilt um Rat zum Fürsten Metternich. Dieser stellt sich scharf gegen Rußland, weil er glaubt, damit dem allgemeinen Frieden zu dienen. Nikolaus I. empfindet es schmerzlich, daß in den Briefen des österreichischen Herrschers immer nur Einwände erhoben werden, aber kein volles Verständnis zu verspüren ist. Daher verrät er seinem jungen Freunde in einem aufschlußreichen Schreiben seine innersten Gedanken[6]: »Wenn Du an Vergrößerung oder Teilung denkst, so bin ich bereit, ... uns ganz unter uns ... darüber auseinanderzusetzen.«

[5] Nikolaus I. an Franz Joseph, Peterhof, im Juli 1853. Wien, St. A.

[6] Nikolaus I. an Franz Joseph, Alexandria bei Peterhof, 25. Juli/6. August 1853. Wien, St. A.

VERLOBUNG UND HOCHZEIT

1853—1854

In die Monate der außenpolitischen Spannung fällt eine Idylle. Der junge Kaiser ist in die Jahre gekommen, da der Jüngling zum Manne reift und sich nach Liebe zu sehnen beginnt. Begeistert hat ihm sein Freund Albert von Sachsen auf der letzten gemeinsamen Auerhahnjagd von seiner entzückenden Braut Carola von Wasa, der Jugendgespielin Franz Josephs, erzählt. Nun hat sich Albert am 18. Juni 1853 mit ihr vermählt, und dies verstärkt den Wunsch des Kaisers, es seinem Freunde gleichzutun.

Erzherzogin Sophie möchte zugleich mit dem Herzenswunsche ihres Sohnes auch politische Interessen befriedigen. Wenn es mit Preußen nicht geht, soll es wenigstens eine Prinzessin aus dem zweitgrößten deutschen Staate, aus Bayern, also aus ihrem eigenen Hause, sein. Auch dies würde eine Verankerung auf deutschem Boden bedeuten, wenn auch nicht im gleichen Maße wie in Preußen. Die Schwester der Erzherzogin, Luise, hat zwei Töchter, eine schon erwachsene, die neunzehnjährige Helene, und eine sechzehn Jahre alte, die Prinzessin Elisabeth. Freilich denkt Sophie nicht daran, daß in der Familie der Wittelsbacher erbgesundheitliche Warnungszeichen vorliegen.

So wird die Schwester Luise, die Gattin des eigenartigen Herzogs Max in Bayern, der sich in seiner originellen Lebensart und seinem Charakter in vielfacher Hinsicht von seinen Standesgenosssen unterscheidet, mit ihren beiden Töchtern nach Ischl eingeladen. Franz Joseph soll dort zu seinem dreiundzwanzigsten Geburtstage eintreffen. Am 16. August kommen die bayrischen Damen in Ischl an und steigen im Hotel ab. Dann geht alles zum Tee, und der junge Kaiser sieht seine Cousinen seit langen Jahren wieder. Die erste Begrüßung ist etwas verlegen. Die Mädchen tragen einfache schwarze Kleider, denn München hat Hoftrauer. Prinzessin Helene, groß und schlank, von schöner, eleganter Gestalt, aber mit etwas scharfen, wie gemeißelten Zügen, ist nicht unbefangen. Sie ahnt, daß dieser Einladung tiefere Gründe innewohnen. Elisabeth, Sisi genannt, ist völlig unbekümmert. Sie weiß, daß sie noch gar nicht in Betracht kommt, und sieht nur interessiert zu, wie Franz Joseph und ihre ältere Schwester sich zueinander verhalten. Sie weiß nicht, wie sehr sie einer zarten Knospe gleicht, die alle Eigenschaften besitzt, um einmal zu einer lieblichen und bezaubernden Rose zu erblühen.

Die Suiten werden fortgeschickt, und die Familie bleibt unter sich. In die fröhliche Unterhaltung schmettern die Trompeten der Welser Kürassiermusik, die unter den Fenstern aufspielt. Schon an diesem Abend unterhält sich der Kaiser weniger mit Helene als vielmehr mit dem Jungmädchen Sisi. Er findet sie reizend und bedauert nur, daß das Trauerkleid sie etwas verdüstert. Aber Tante Luise hat versprochen, daß an seinem Geburtstage die Trauer abgelegt werden wird.

Am Morgen des 17. August kommt Franz Joseph in das Schlafzimmer seiner Mutter. »Nein«, sagt er, »wie süß Sisi ist, sie ist frisch wie eine aufspringende Mandel, und welch herrliche Haarkrone umrahmt ihr Gesicht! Was hat sie für liebe, sanfte Augen und Lippen wie Erdbeeren.« Von Helene kein Wort. Sophie will vorsichtig das Gespräch auf die Ältere leiten. »Findest du nicht, daß Helene klug ist, daß sie eine schöne, schlanke Gestalt besitzt?«

»Nun ja«, antwortet der Sohn, »etwas ernst und schweigsam, gewiß nett und lieb, ja aber Sisi — Sisi — dieser Liebreiz, diese kleinmädchenhafte und doch so süße Ausgelassenheit!« Der junge Kaiser kommt immer wieder auf dieses Thema zurück.

Herzogin Luise hat Migräne und kann bei der Geselligkeit nicht mittun. So ist Sophie für die Regie der geplanten Verlobung auf sich allein angewiesen. Die Dinge nehmen zwar nicht den von ihr gewünschten Verlauf, aber ist Sisi nicht auch aus ihrem Hause? Und vielleicht entscheidet sich ihr Sohn doch noch für Helene.

Der Ball, der in der viel zu kleinen Villa an diesem Abend neunzig Gäste versammelt, bringt die Antwort auf diese Frage. Bisher hat sich der Kaiser vor seiner Umgebung noch etwas zurückgehalten und nur seiner Mutter immer von Sisi vorgeschwärmt. Jetzt aber fallen die Schranken. Er läßt seinen Flügeladjutanten Freiherrn von Weckbecker das Mädchen zum Tanz auffordern und sieht selbst nur zu. Er ist berückt und zutiefst bewegt. Den Kotillon will er mit Sisi tanzen, mit keiner anderen. Das wird wohl auffallen, aber die Stimme seines Herzens übertönt alle Weisheit der Etikette. Wäre die kleine Prinzessin nicht die richtige Gattin für ihn, eine wunderschöne Kaiserin, der verkörperte Liebreiz? Gewiß, seine Mutter hat recht, wenn sie sagt, Sisi sei noch ein Kind. Aber ist nicht gerade das Kindliche, Taufrische an ihr das Entzückendste? Und — er weiß es wohl selber nicht — ist er nicht selbst noch ein halbes Kind?

Erzherzogin Sophie ist etwas betreten. Beim Tee nach dem Ball ist sie gedankenvoll, Helene fühlt sich bedrückt und Sisi nicht mehr so unbefangen wie früher. Nur Franz Joseph strahlt, kann den Blick von seiner Cousine nicht wenden und bringt Sisi damit in Verlegenheit. Schließlich geht alles einigermaßen verlegen auseinander.

Der nächste Tag, der 18. August 1853, ist der Geburtstag des Kaisers. Es gießt in Strömen. Sophie erwacht mit Kopfschmerzen und leicht umflorten Augen; Franz Joseph hat in Gedanken an Sisi nicht schlafen können. Schon in aller Früh stürzt er zu seiner Mutter und spricht von der kleinen Prinzessin. Da streicht die Erzherzogin die Flagge. »Du bist mir«, sagt sie zu ihm, »nach dem glücklich verlaufenen Attentat zum zweiten Male gegeben.«

Endlich beginnt das Geburtstagsfamiliendiner in der Villa. Erzherzog Franz Karl, der Vater, erhebt sich und bringt einen Toast auf die Gesundheit seines kaiserlichen Sohnes aus. Mit leiser Andeutung wünscht er ihm, daß ihm im kommenden Jahre namenloses Glück zuteil werden möge. Alles erhebt sich, die Kapelle spielt die feierliche Weise des »Gott erhalte«, allen Anwesenden treten Tränen in die Augen. Da kann sich die Mutter nicht mehr zurückhalten. Sie stürzt auf ihren angebeteten Sohn zu, umarmt ihn in inniger Rührung und findet keine Worte, um ihre Gefühle auszudrücken.

Am Nachmittag fahren Sophie, der Kaiser und die beiden Mädchen trotz des Regens nach St. Wolfgang. Nur Helene spricht viel und laut, wenn auch etwas gepreßt. Franz Joseph aber ist in den Anblick Sisis versunken. Die kleine Prinzessin ist verlegen, ihre Wangen sind hochrot. Sophie ist ernst, aber ein zeitweilig über ihre Lippen hinlaufendes Lächeln zeigt, daß sie mit ihrem Ältesten fühlt. Nun ist wohl schon alles klar und entschieden.

Kaum daß sie heimgekehrt sind, bittet Franz Joseph die Mutter um eine Aussprache unter vier Augen. In wenigen Worten sagt er

ihr alles, was ihn bewegt. »Dieses Mädchen Sisi ist das entzückendste Geschöpf, das lebt. Ich habe noch nie etwas so Reizendes, so Liebes gesehen. Mama, Mama, das ist die Frau für mich, das wird eine würdige Herrin dieses Reiches. Bitte, bitte, geh zu ihr und frage sie, ob sie mich will. Aber um Gottes willen übe keinen Zwang aus, ich will, daß sie vollkommen freie Wahl habe. Sie weiß es ja nicht, sie kann es gar nicht wissen, wie meine Lage schwer ist, daß es bei Gott keine Freude ist, sie mit mir zu teilen.«
Nachdem Sophie ihren Gatten in den Wunsch ihres Sohnes eingeweiht hat, geht sie zu ihrer Schwester Luise und bittet sie, Sisi das große Glück, das sie erwartet, mitzuteilen. Die Herzogin folgt ihrem Wunsche, eilt zur Prinzessin und sagt ihr: »Franz Joseph möchte dich bitten, seine Frau zu werden.« Sisi blickt sie mit großen, verschreckten Augen an. »Könntest du ihn lieben?« fragt die Mutter. Stockend und mit Tränen in den Augen gibt ihr die Prinzessin die entscheidende Antwort: »Ja, wie sollte man den Mann nicht lieben können. Aber wie kann er an mich denken, ich bin ja so jung, so unbedeutend.« Aber es ist ein »Ja«, trotz allem, was an Erschrecken und Fassungslosigkeit mitklingen mag.
Sogleich setzt Luise sich an den Schreibtisch, um ihrer Schwester Sophie zu berichten, denn beim abendlichen Tee wird man doch nicht ganz offen sprechen können.
Am Morgen des 19. August herrscht strahlender Sonnenschein. Als Sophie erwacht, übergibt man ihr das Billett ihrer Schwester. Sie springt aus dem Bett, ruft eine ihrer Damen und kritzelt ein paar Worte auf das Papier. »Schnell«, drängt sie die Hofdame, »bringen Sie dies meinem Sohne.« Nach wenigen Minuten kommt Franz Joseph zu seiner Mutter gestürzt, selig mit ihrem Brief in der Hand, strahlend vor Glück und Freude. Dann eilt er sogleich zur Herzogin, um von ihr Sisis Hand zu erbitten. Luise küßt den Kaiser wie einen neugewonnenen Sohn. Jetzt kommen alle, die Mutter, die vor Rührung weinende kleine Prinzessin und Helene zur Erzherzogin Sophie. Der Kaiser fällt Sisi um den Hals, jetzt dürfen und sollen alle von seiner Verlobung wissen.
Wie ein Lauffeuer hat sich die Nachricht auch in Ischl verbreitet. Alles strömt in die Kirche, wohin das Brautpaar kommen soll. Als Franz Joseph mit dem Mädchen an der Hand, das seine Frau werden soll, vor den Geistlichen hintritt und sagt: »Ich bitte,

Hochwürden, segnen Sie uns, das ist meine Braut!« erklingt draußen vor der Kirche die Volkshymne. Alle Häupter entblößen sich, alles kniet nieder und betet für das Glück des jungen, glückselig strahlenden Paares.
Anschließend geht es nach Hallstatt, denn Franz Joseph will seiner Braut zeigen, wie schön das Land ist, über das er herrscht. Als sie nach Ischl zurückkehren, leuchtet auf dem Siriuskogel in feurigen Lettern ein großes FJ und E, von einem Brautkranz umwoben. Ganz Ischl strahlt in tausendfarbigem Kerzenlicht.
Sisi ist froh und traurig zugleich, denn nun kommt ihr erst langsam zum Bewußtsein, was geschehen ist. »Ja, ich hab' ihn lieb«, seufzt sie, »aber wenn er nur nicht Kaiser wäre!« Ihre künftige Stellung erfüllt sie mit Angst.
Endlich, am 31. August, muß an den Abschied gedacht werden. Franz Joseph begleitet seine Braut bis Salzburg. Leidenschaftlich, aber vorsichtig, als fürchte er, die zarte Blume zu heftig in die Arme zu nehmen, küßt er seine Braut immer wieder. Dann nimmt Sisi den Weg nach München, der Kaiser den seinigen nach Wien. Die Idylle ist für den Augenblick zu Ende. Doch der erste ernste, tragische Unterton in ihr ist in den Worten des Mädchens »... aber wenn er nur nicht Kaiser wäre!« schon leise erklungen.
Für die Zukunft des Kaiser-Königs scheint es ein gutes Omen zu sein, daß knapp nach seiner Rückkehr in die Reichshauptstadt die Nachricht eintrifft, die von Kossuth vergrabene ungarische Königskrone sei in der Nähe von Alt-Orsova aufgefunden worden. Aber die Freude der Verlobten wird gleichzeitig durch eine Verschärfung der Balkankrise beeinträchtigt. Der Zar kommt am 24. September 1853 nach Olmütz, um den Kaiser doch noch für die russische Sache zu gewinnen. Nikolaus I. wünscht nach wie vor eine Wiederauferstehung des alten Bündnisses Rußland—Österreich—Preußen. Wenn dies aber wider alles Erwarten nicht gelingen sollte, möge Österreich wenigstens wohlwollend neutral bleiben. In Wien ist man jedoch weit davon entfernt, eine Zusammenarbeit mit Rußland zu wünschen. So bleiben die Hauptfragen in Olmütz ungelöst.
Kurz darauf treffen sich Franz Joseph und der Prinz Wilhelm von Preußen mit dem Zaren in Warschau. Nochmals versucht Nikolaus die Heilige Allianz wieder aufleben zu lassen, doch

Österreich und Preußen erklären sich nur zur Neutralität bereit. Franz Joseph behält sich überdies, soweit seine Interessen in Betracht kämen, Handlungsfreiheit vor.
Am 15. Oktober fährt der Kaiser überraschend von Wien nach Possenhofen, um seine Braut wiederzusehen. Er ist glücklich und heiter, wobei er nur zu gerne vergißt, daß einzelne Stimmen in Wien von der bayrischen Heirat nicht gerade begeistert sind. Jedenfalls nimmt er die Gelegenheit wahr, um Sisi zu sagen, sie solle sich darauf gefaßt machen, an seiner Seite einer ernsten Zukunft entgegenzugehen.
Die außenpolitische Lage zwingt den Monarchen, rasch nach Wien zurückzukehren, um »sich wieder in die entsetzlichen Wirrnisse des Augenblicks zu stürzen«. Die Türkei hat, da Rußland die Fürstentümer nicht räumen will, dem Zarenreiche den Krieg erklärt. Metternich verharrt auf seinem Standpunkt, Österreich solle wie bisher zuwarten, »fest auf sich selbst stehen und sein Amt als Freund des Friedens in freier Stellung üben«. Der Kaiser erklärt daher, daß er streng neutral bleiben wolle, was vom Zaren und seinen Untertanen mit wahrer Erbitterung als Abfall aufgenommen wird. Ein Versuch der Großmächte, auf dem Konferenzwege ohne Rußland die Lage zu entwirren, schlägt fehl. Bismarck sieht dieser Entwicklung mit größtem Vergnügen zu. Er wünscht zu verhindern, daß Wien über den Bund eine straffe Vorherrschaft ausübe, denn diese soll Preußen vorbehalten bleiben. »Für beide ist kein Platz nach den Ansprüchen, die Österreich macht«, meint er, »also können wir uns auf die Dauer nicht vertragen. Wir atmen einer dem anderen die Luft vor dem Munde fort, einer muß weichen oder gewichen werden ...[1]«
Die briefliche Antwort des Zaren auf die Haltung Österreichs ist deutlich: »Würdest Du es gerne sehen«, fragt er Franz Joseph, »daß Frankreich und England in Konstantinopel regieren? ... Bleiben wir also doch lieber einig, um derartige infame Kombinationen zu zerstören ... Meine Hoffnung ist Gott und die Gerechtigkeit der Sache, die ich verteidige, *die Sache der Christenheit*. Gegenüber dem Fanatismus, der die unglücklichen Türken jetzt be-

[1] Bismarck an Gerlach, Frankfurt, 19. Dezember 1853. Gerlach-Briefwechsel, S. 128.

herrscht, könnte es fast ein Kreuzzug werden, bei dem Rußland das Christentum verteidigt, während Frankreich und England die Infamie hätten, für den Halbmond zu kämpfen. Wäre zu glauben, daß Rußland dann in der heiligen Sache, die es verteidigen würde, keine Bundesgenossen hätte?!!«

Vorläufig aber ist dem Kaiser Sisi fast wichtiger als die orientalische Frage. Zum Weihnachtsabend ist er in München, um seiner Braut sein erstes Weihnachtsgeschenk persönlich zu überreichen: sein Bild in Lebensgröße in der Uniform der Kaiserulanen. Dafür empfängt er Elisabeths Konterfei, von Piloty gemalt, die kleine Prinzessin zu Pferde.

Dann kommt für Franz Joseph wieder das Leben am Schreibtisch zu seinem Rechte. Das Jahr 1854 beginnt damit, daß Buol den Krieg gegen Rußland befürwortet, der Kaiser aber den Frieden, wenn er auch keine Machterweiterung Rußlands wünscht. Schließlich läßt sich der Monarch zu einem Schreiben an den Zaren bewegen, in dem die Worte stehen: »Um die Interessen und die Würde Österreichs zu sichern, die zu schützen vor allem meine Pflicht ist, muß ich von Deiner Seite die bestimmteste und feierlichste Versicherung erhalten, daß Du in der Defensive diesseits der Donau bleiben, oder, wenn die Kriegsereignisse Dich dazu zwingen, sie zu überschreiten, nicht im geringsten von Deinen früheren Erklärungen abweichen wirst, wonach Du keine territorialen Vergrößerungen anstrebst ... Diese Versicherungen ... muß ich notwendigerweise in den Händen haben im Interesse Österreichs, das mich — Du wirst das verstehen — in erster Linie leiten muß.«

Die Antwort des Zaren läßt an Schärfe nichts zu wünschen übrig[2]: »Ist es nicht eine häßliche Überflüssigkeit, sich einen Zweifel an meinem gegebenen Wort zu erlauben? ... Solltest Du wirklich die Sache der Türken zu der Deinen machen? Apostolinischer Kaiser, erlaubt Dir das Dein Gewissen? ... Wenn Du jedoch glaubst, daß ich mich je wieder dazu herbeilassen würde, die befreiten Christen wieder unter das muselmanische Joch zu bringen, so gehe zu meinen Feinden über ...«

Das ist nun unwiderruflich das Ende der Heiligen Allianz. Buol wird in seinem Eintreten gegen Rußland immer schärfer, aber Ni-

[2] Nikolaus I. an Franz Joseph. 4./16. Jänner 1854. Wien, St. A.

kolaus I. unternimmt noch einmal einen Verständigungsversuch. Er entsendet den Grafen Alexej Feodorowitsch Orlow nach Wien, um dem Kaiser ein Handschreiben des Herrschers aller Reußen zu überreichen. Österreich und Preußen sollen ein Protokoll unterzeichnen, daß sie zumindest strenge Neutralität beobachten wollen, wenn sich die beiden Westmächte an dem Russisch-Türkischen Kriege beteiligen würden. Der Zar könne keine Zusicherung erteilen, seine Kriegsoperationen gegebenenfalls nicht über die Donau auszudehnen. Er sei aber bereit, die Schutzherrschaft über etwa für unabhängig erklärte Gebiete der Türkei mit Österreich zu teilen.

In der Ministerkonferenz vom 31. Jänner sprechen sich alle Beteiligten gegen die Annahme der russischen Vorschläge aus. Orlow verläßt den Kaiser in großer Bestürzung. Der Glaube, daß Franz Joseph anders denke als seine Minister, ist dahin.

Nun schreibt der Zar dem jungen Kaiser in geradezu prophetischer Schicksalhaftigkeit[3]: »... So bleibt mir nichts übrig, als mich von den direkten Interessen meines Vaterlandes leiten zu lassen. Die Verbündeten, auf die zu zählen ich ein Recht zu haben glaubte, lassen mich im Stich.« Dann wird Nikolaus sehr deutlich: »Sollte ich dadurch selbst Deiner Freundschaft verlustig gehen, die ich mir für den Rest meiner Tage erworben zu haben glaubte, ... niemals werde ich meine Hand dazu leihen, befreite Christen unter das Joch ihrer erbitterten Feinde zurückzuführen. Wenn das aber, teurer Freund, Dein fester Entschluß wäre, was ich noch nicht denken kann, so begibst Du Dich, glaube Deinem alten Freund, *in die Gefahr, dabei zu scheitern und furchtbares Unheil auf Dein Vaterland heraufzubeschwören.* Früher oder später wirst Du nachträglich Reue darüber empfinden, denn Du wirst in einem Sinne gehandelt haben, der dem schönen, von Deinen Vorfahren geerbten Titel widerspricht ... Ich gestehe Dir, daß schon der Gedanke einer Entzweiung mir im höchsten Grade peinlich ist — aber die Möglichkeit der Feindseligkeit zwischen uns scheint mir ein ungeheuerliches Unding. Soll ich denken, daß Du Rußland angreifen könntest, das Dir noch vor wenigen Jahren spontan den Tribut

[3] Nikolaus I. an Franz Joseph, St. Petersburg. 17./29. Februar 1854. Wien, St. A.

seines Blutes geboten hat, um Deine verirrten Untertanen zu Dir zurückzubringen?! Also, noch einmal, teurer Freund, sei ganz ruhig über mein Vertrauen zu Dir; ich erwarte von Dir nichts, als was edel und Deines Charakters würdig ist...«

Franz Joseph befindet sich in einer sehr schwierigen Lage, denn sein Herz und sein Gemüt sind zu sehr mit Sisi beschäftigt, als daß er die Schwere und die Folgen seiner politischen Entschlüsse zu beurteilen vermöchte. Zu stark wirken in diesen Monaten, die dem Glück der jungen Liebe und nicht den Sorgen um die Politik gehören sollten, die Metternich, Buol und Hübner, als daß sie den Herrscher nicht dorthin brächten, wo sie ihn haben wollen: in eine unbedingte Einstellung gegen den russischen Nachbarn.

In der Ministerkonferenz vom 22. März 1854 stellt Franz Joseph die Frage: »Ist der richtige Moment zum bewaffneten Eingreifen Österreichs in der Entwicklung der Krisis schon gekommen?« Buol bejaht diese Frage, doch diesmal erheben sich scharfe Gegenstimmen. Freiherr von Heß, der Chef des Generalstabs, will sich erst der preußischen Hilfe versichert sehen und möchte versuchen, ob es nicht doch noch ein Mittel zur Versöhnung gäbe, bevor man einen feindlichen Schritt gegen Rußland unternimmt. Auch Grünne ist für den Frieden, ebenso der Finanzminister, der von seinem Standpunkt aus ein »Kriegsexperiment« ablehnt.

Nun wendet sich auch der Kaiser gegen die Kriegshetzer. Feldzeugmeister Heß übergibt in Berlin ein Schreiben des Monarchen, in dem der von Preußen gemachte Vorschlag einer Defensivallianz von ganz Mitteleuropa begrüßt, gleichzeitig aber betont wird, daß der casus foederis für Preußen eintreten müßte, falls Österreich genötigt wäre, die türkischen Provinzen Moldau und Walachei zu besetzen, und Rußland dies zum Kriegsgrund nähme.

Doch Preußen bleibt zurückhaltend; es will höchstens ein Bündnis mit sehr begrenzten Zielsetzungen. Der König will neutral bleiben, um gleichzeitig den Zaren wie den Kaiser an allzu großer Machtentfaltung zu hindern. Am 20. März kommt es zwar zu einem Schutz- und Trutzbündnis zwischen Österreich und Preußen, aber nur »zur gemeinsamen Abwehr eines jeden Angriffs auf irgendeinen Teil der beiderseitigen Gebiete«.

So liegen die Dinge, als der Tag herannaht, da der junge Monarch seine Braut nach Wien heimholen soll. Am 20. April reisen Franz

Joseph und Ferdinand Max nach Linz, um die dort am nächsten Tage eintreffende Herzogin Luise und die Familie der hohen Frau zu begrüßen. Dann kehrt der Monarch wieder nach Wien zurück. Am 22. um vier Uhr nachmittag kommt das Dampfschiff mit der Kaiserbraut in Nußdorf an. Am Landungsplatz steht Franz Joseph, und hinter ihm stehen alle, die in seinem Reiche vornehm und mächtig sind. Der Leopoldsberg ist bis zu seinem Gipfel Kopf an Kopf mit Menschen übersät. Alles, wirklich alles, ist herbeigeeilt, um die Prinzessin zu begrüßen.

Als der Dampfer anlegt, stürzt der junge Bräutigam vor, besteigt als erster das Schiff und fällt seiner Sisi um den Hals. Ein einziger Jubelruf aus vielen Tausenden von Kehlen steigt zum Himmel, während Elisabeth sich in anmutiger Bewegung aus den Armen des geliebten Mannes löst und der Mutter des Kaisers die Hand küßt. Dann geht es im Wagen von Nußdorf nach Schönbrunn. Der lange Weg führt durch ein einziges Meer von Fahnen und Blumen, durch zahllose Triumphbögen und durch eine dichte Menschenmauer. Vor dem Eingang zum Schlosse stehen sämtliche Erzherzoge, Gustav Prinz Wasa und Alexander von Hessen sowie alle Angehörigen des Hofstaates der künftigen Kaiserin. Oben auf dem blumengeschmückten Treppenabsatz werden Elisabeth und Franz Joseph von den Erzherzoginnen erwartet. In der Galerie überreicht der Monarch seiner Braut die Hochzeitsgeschenke, die herrliche Diamantenkrone und prachtvolle Broschen aus funkelnden Steinen. Auch die Hochzeitsgaben der Prager Majestäten und die wundervolle Diamantengirlande für den Sternkreuzorden werden der Braut dort von der Spenderin, der Kaiserin-Witwe Karoline Augusta, übergeben.

Tags darauf wird die bayrische Prinzessin im sechsspännigen Wagen zur Favorita (dem heutigen Theresianum) geführt, von wo nach altem Brauch die Bräute der Monarchen in die Reichshauptstadt einziehen. Der Zug geht über die Kärntnerstraße, den Graben und Kohlmarkt in die Burg. Dort steht der Kaiser in Marschalluniform, jung, schlank und biegsam. In tiefer Bewegung führt er seine Braut in die Burgkapelle, in der sie beichten und kommunizieren. Darauf zeigt er Elisabeth ihre künftigen Gemächer.

Der 24. April, der Hochzeitstag, kommt heran. Strahlendes Wetter vergoldet die Stadt. Schon frühmorgens donnern die Kanonen

durch die Straßen. Die junge Braut ist in großer Aufregung, der Kaiser fiebrig und glückstrahlend. Ein nicht enden wollendes »Cortège« bildet sich: der Kardinal, die Bischöfe, die Geistlichkeit in glänzendem Ornat, die Palastdamen in Krinolinen, die Würdenträger des Reiches in goldgestickten Uniformen, die Generale mit dem Federbusch, ordenübersät, die Mädchen in duftigen Kleidern, die Frauen in großer Toilette mit schimmerndem Familienschmuck.
Der Zug setzt sich in Bewegung. Von der Burg bis zur Augustinerkirche bilden die Zöglinge der Wiener Neustädter Militärakademie begeistert Spalier. Am Ende des Zuges schreiten die Allerhöchsten Herrschaften. Voran Elisabeth, von ihrer Mutter geführt. Zitternd, mit blassem Antlitz, das zuweilen helle Röte überzieht, schreitet sie an den Altar, wo der Erzbischof mit großer Assistenz wartet. Während draußen die Kanonenschläge dröhnen, tritt der Kaiser an ihre Seite.
Da wird es plötzlich still. Der Fürsterzbischof ergreift das Wort. Lange, lange spricht er, bis er die entscheidende Frage stellt. Das »Ja« des Kaisers klingt laut und energisch durch den Raum, Elisabeth flüstert das ihrige kaum hörbar, nachdem sie sich vorher fragend zu ihren Eltern gewandt hat. Nun küßt Franz Joseph, von Rührung überwältigt, seine junge, anmutige Frau.
Zurück geht es in den Zeremoniensaal der Hofburg. Zum ersten Male führt der Herrscher seine Kaiserin zum Thronsessel, der dem seinigen zur Seite steht. Da kommen sie alle, die diesem symbolischen Akte beiwohnen, um dem jungvermählten Paar Glück zu wünschen. Das gesamte diplomatische Korps zieht vorüber, und schließlich folgt im Rittersaal der »Baisemain«. Sie alle huldigen der neuen Herrin.
Über all den Empfängen, Beglückwünschungen und Zeremonien ist es Abend geworden. Draußen in der Residenzstadt flammt eine Flut von Lichtern auf. Die Paläste der großen Familien zeigen strahlende Transparente, der Kinsky-Palast auf der Freyung die Medaillonporträts des hohen Paares, rechts davon prangt ein farbiges Abbild von Schönbrunn, links eines von Possenhofen. Das Harrachsche Palais trägt die Lichtzeichnung des Dogenpalastes von Venedig, und im Garten des Palais Liechtenstein recken sich sechsundzwanzig Silberbäume mit mehr als hundert beleuchteten Ballons, die Früchte vortäuschen sollen, in die Höhe.

Um halb neun Uhr abends unternehmen die Majestäten eine Rundfahrt durch die lichterglänzenden Straßen. Überall schallt dem jungen Paare unbeschreiblicher Jubel entgegen, denn niemand kann sich dem Zauber dieser Sternstunde der zwei höchstgestellten Menschen im Reiche entziehen.
Elisabeth ist von den Ereignissen dieses Tages überwältigt. Ihre Mutter und Erzherzogin Sophie geleiten sie nach dem Familiensouper in ihre Gemächer. Herzogin Luise führt ihre Tochter ins Schlafgemach, Franz Josephs Mutter wartet im Nebenraum, bis die junge Frau zu Bett liegt. Dann geht sie, um ihren Sohn zu seiner jungen Gattin zu holen, worauf die beiden Mütter das junge Paar verlassen. In der Hofburg verlöschen die Lichter.

IV

KRISENJAHRE

BEWAFFNETER FRIEDEN

1854—1856

Nur kurze Zeit darf das kaiserliche Paar sich mit seinen Untertanen der Feststimmung hingeben, denn bald tritt der Alltag wieder in seine Rechte. Während sich die innerpolitischen Spannungen zu glätten scheinen, wird der außenpolitische Horizont von Sorgen verdüstert. Die große Frage lautet, ob man untätig zusehen soll, wie Rußlands Einfluß auf die große Politik dauernd zunimmt. Der Monarch entscheidet sich dafür, sie verneinend zu beantworten. Am 8. Mai 1854 wird die Aufstellung größerer Armeekörper in Galizien, in der Bukowina und in Siebenbürgen beschlossen. Das bedeutet eine Drohung gegen das Zarenreich. Rußland muß daraufhin an diesen Grenzen starke Verbände belassen und kann diese Truppen nicht zur Verstärkung der Krim-Armee heranziehen. Doch Preußen winkt ab[1]: »Es ist mir zuweilen vorgekommen, als trüge Ihr Kabinett eine Art Verlangen, recht bald mit Rußland anzubinden und es dazu gleich herauszufordern ... Euer Majestät kennen besser als ich die Gereiztheit Kaiser Nikolaus' gegen Österreich ... und es ist klar, Napoléon will ... daß wir beide für ihn im Osten die Kastanien aus dem Feuer holen sollen. Ich habe die Zuversicht, daß Euer Majestät gerade wie ich selbst finden, daß wir beide dazu zu gut sind ... Daran nun knüpfe ich meine flehentliche Bitte: Unternehmen Euer Majestät nichts, was uns in Krieg verwickelt!«

[1] Friedrich Wilhelm IV. an Franz Joseph, Potsdam, 11. Mai 1854. Wien, St. A.

Buol hofft jedoch noch immer, seinen kaiserlichen Herrn zum Krieg zu veranlassen. Der Monarch gibt ihm nach, indem er gegen den Rat des Generals Heß und entgegen der Abmachung mit dem König von Preußen sich dazu bewegen läßt, das Zarenreich zur Räumung der beiden Fürstentümer aufzufordern. Der Zar erleidet beim Empfang des Schreibens einen wahren Wutanfall, denn es bedeutet für ihn den Bruch einer hundertjährigen Freundschaft zwischen den beiden Staaten. Der österreichische Botschafter, Graf Esterházy, bekommt vom russischen Kaiser unfreundliche Worte zu hören. »Der Kaiser hat offenbar ganz vergessen, welche Dienste ich ihm geleistet habe. Mit meinem Glauben an ihn und dem bisher entgegengebrachten Vertrauen ist es aus. Jetzt gibt es keine innigen Beziehungen zwischen uns mehr.« Schließlich aber räumt Rußland die Fürstentümer aus strategischen Gründen. Preußen läßt deshalb nach Wien sagen, es erachte sich nun von den Verpflichtungen vom 20. April frei. Eine Begegnung Franz Josephs mit Friedrich Wilhelm IV. in Tetschen vermag daran nichts zu ändern.

Dafür wird der junge Kaiser durch eine große Freude entschädigt: schon in den ersten Julitagen zeigt es sich, daß Elisabeth Mutterfreuden entgegensieht. Aber die junge Kaiserin ist nicht glücklich. Sie, die sich früher in Feld und Wald frei und ungehindert bewegen durfte, wird von ihren Repräsentationspflichten geradezu erdrückt. Täglich bekommt sie es zu fühlen, daß Erzherzogin Sophie nicht nur den äußeren Glanz des Hofes gehoben, sondern auch Einfluß auf seine Sitten und Gebräuche genommen hat. Diesen haben sich die Mitglieder des Kaiserhauses im engen Kreise zu fügen, so auch die Kaiserin. Alles muß pünktlich geschehen und ordentlich vor sich gehen, nur in Ischl werden einige Freiheiten zugestanden. Es ist für die an ein Leben ohne lästige Etikette und tausendfältigen Zwang gewohnte junge Frau auf dem Throne schwer, sich in die Enge des an uralte Tradition verpflichteten Tagesablaufs ihrer hohen Stellung hineinzufinden. Und schon überziehen die ersten Wolken den bisher so heiteren Himmel ihrer Flitterwochen.

Da trifft völlig unerwartet die Nachricht ein, daß König Friedrich August von Sachsen bei einem Wagenunglück nächst Imst in Tirol am 9. August 1854 von einem Pferdehuf tödlich getroffen worden sei. Albert, der Freund Franz Josephs, wird Kronprinz.

Elisabeth ist voll Mitleid mit der Witwe des Königs, ihrer Tante. Und der Kaiser kann nur zur Feier seines Geburtsfestes zu ihr nach Ischl kommen. In Tränen aufgelöst, begleitet sie ihn beim Abschied zum Wagen, denn nun ist sie wieder der strengen Zucht ihrer Obersthofmeisterin, der Gräfin Esterházy, und den vielen Damen ihrer Umgebung ausgeliefert.

Auch der Monarch ist in seinen Sorgen allein. Anstelle des russischen Protektorates über die Fürstentümer soll eine Gesamtgewähr der Mächte treten. Unter diesen Schutz sollen auch die christlichen Untertanen des Sultans gestellt werden, und dies alles bedeutet, daß sämtliche Schritte, die der Zar in der letzten Zeit auf der Balkanhalbinsel unternommen hat, null und nichtig werden. Dies aber kommt einer offenen Feindseligkeit gegen Rußland ohne Krieg gleich. Was Österreich damit getan hat, nennt Nikolaus eine »Perfidie ohnegleichen«. Am 20. August verlangt Österreich die Räumung der beiden Fürstentümer, und der Zar muß seine im Rücken bedrohten Truppen von dort abziehen. Ganz entrüstet schreibt der »Herrscher aller Reußen« an König Friedrich Wilhelm IV.[2]: »Seit dem unwürdigen Benehmen des Kaisers von Österreich gegen Rußland, das ihn gerettet hat, hat er jegliches Recht darauf verloren, daß ich seinen Versicherungen Glauben schenke. Wenn er zu besseren Gefühlen, zu gerechteren, edleren Ideen zurückkehren sollte, müßte er dies durch unwiderlegbare Tatsachen beweisen. Nichts berechtigt mich bisher anzunehmen, daß er den unedlen Weg verlassen möchte, den er betreten hat. Demütiger Vollstrecker der englisch-französischen Launen, eifriger Freund der Türkei; der Apostolische Kaiser ist der Diener des Halbmonds geworden. Eine schöne Sache!«

Trotzdem glaubt der russische Souverän noch immer, daß Buol der Kriegstreiber ist und nicht Franz Joseph. Aber die österreichischen Truppen rücken in die geräumten Fürstentümer ein, ohne dabei je die Aussicht zu haben, daß sie dort bleiben dürfen, ja sogar angesichts der Gefahr, daß sie bei Kriegsoperationen zwischen die beiden Parteien geraten.

Am 14. September wird berichtet, daß britisch-französische Trup-

[2] Nikolaus I. an Friedrich Wilhelm IV., 25. August 1854. Eckhart, Krimkrieg, S. 100 f.

pen in der Krim gelandet seien. Davon erhofft sich Buol eine entschiedene Wendung seines Herrn zur kriegerischen Lösung aller Spannungen auf der Seite der Seemächte. Franz Joseph hat indessen dem König von Preußen wiederholt, daß er nur im äußersten Notfall für die wichtigsten Interessen seiner Monarchie das Schwert ziehen würde, doch könne er eine unbedingte Verbindlichkeit nicht eingehen. Es schmerze ihn, in Deutschland nicht hinreichende Unterstützung gefunden zu haben.

Am 28. September hört man, daß Sebastopol in die Hände der Alliierten gefallen sei. Der Kaiser beeilt sich, Napoleon zu diesem Erfolg zu beglückwünschen, aber es stellt sich heraus, daß die Meldung den Tatsachen nicht entsprochen habe. Damit hat Österreich sich vor Rußland und den übrigen Mächten bloßgestellt. Zu dieser Zeit legt der Monarch seiner Mutter brieflich dar[3]: »... und überdies bin ich trotz allen politischen Verirrungen guten Mutes, da nach meiner Ansicht aus dieser orientalischen Geschichte, wenn wir kräftig und energisch auftreten, für uns nur Vorteile entspringen können. Denn im Orient liegt unsere Zukunft, und wir werden Rußlands Recht und Einfluß in jene Grenzen zurückdrängen, aus welchen es nur durch die Schwäche und Uneinigkeit der früheren Zeiten nach und nach vordringen konnte, um langsam — und dem Kaiser Nikolaus vielleicht unbewußt —, aber doch sicher unseren Ruin herbeizuführen. Es ist hart, gegen frühere Freunde auftreten zu müssen, allein in der Politik ist dies nicht anders möglich, und im Orient ist Rußland jederzeit unser natürlicher Feind ... Vor allem muß man Österreicher sein, und daher freue ich mich, die Person des Kaisers Nikolaus aus dem Spiele lassend, über die Schwäche, die Rußland jetzt beweist ...«

Am 30. Oktober gibt der Kaiser den Befehl, allgemein zu mobilisieren, obwohl er noch immer vor einem Kriege zurückscheut. Alle Generale, auch Erzherzog Albrecht, sind gegen kriegerische Verwicklungen, denn in den Fürstentümern herrscht Cholera, und Windisch-Graetz fleht den Fürsten Metternich an, warnend einzugreifen. Die Armee weiß, daß Graf Radetzky es für richtig hielte, sich voll auf die Seite des Zaren zu stellen, die Türkei aufzuteilen

[3] Franz Joseph an seine Mutter, Schönbrunn, 8. Oktober 1854. Schnürer, S. 232.

und die Slawen durch die Befreiung vom Türkenjoch für sich zu gewinnen. Entscheidend aber ist die Stimme des Grafen Grünne, und dieser stellt sich hinter den Monarchen. Zwischen den Parteien steht Metternich, der für eine mittlere Linie ohne scharfe Entscheidung für oder gegen eine der beiden Seiten eintritt und die »Ubiquität«, das Allenthalbensein, befürwortet.

Angesichts der vielfältigen schwierigen Lage seiner Truppen entschließt sich der Zar schweren Herzens, in Friedensverhandlungen einzutreten. Buol ringt daraufhin dem Kaiser die Zustimmung zu dem Abschluß eines Vertrages mit den Westmächten ab, durch den das Zarenreich gezwungen wird, noch mehr Truppen an den österreichischen Grenzen zu belassen und die Kriegführung in der Krim auf diese Weise zu belasten.

Nun tritt auch Sardinien unter Entsendung eines Korps uneingeschränkt an die Seite der Westmächte. In Preußen spricht der König voll Entrüstung vom »abgefeimten Betrug« der Österreicher, der ihn all seiner Bündnispflichten gegen diesen Staat enthebe. Der Vertrag mit den Westmächten macht der »Heiligen Allianz« unwiderruflich ein Ende, ohne daß dafür etwas Greifbares eingetauscht wird. So wird Österreich in zunehmendem Maße einsam.

Der Neujahrstag 1855 steht noch im Zeichen des Eindrucks, den der Allianzvertrag vom 2. Dezember 1854 in der ganzen Welt hervorgerufen hat. Am schärfsten urteilt Friedrich Wilhelm IV. In Österreich aber freuen sich die Friedensfreunde, und Erzherzogin Sophie meint: »Wir sind alle glücklich, der seit der orientalischen Frage so bedrohte Friede scheint uns bewahrt zu werden, und dies dank der festen, unerschütterlichen, loyalen und energischen Haltung, die der Kaiser in diesen komplizierten und schwierigen Angelegenheiten eingenommen hat. Gott sei dafür gesegnet!«

Ein unerwartetes Ereignis beeinflußt jedoch den weiteren Gang der der Ereignisse entscheidend: Am 2. März 1855 stirbt Nikolaus völlig überraschend. Am Hofe Napoleons herrscht darüber Genugtuung, weil man glaubt, der Friede sei nun näher gerückt. Franz Joseph aber ist anderer Meinung, denn er glaubt, daß der neue Zar viel weniger zum Nachgeben bereit sein werde als der Verstorbene.

In Rußland liegt ein Herrscher auf der Totenbahre, während in Österreich ein kaiserliches Kind geboren wird. Am 5. März schenkt

Elisabeth ihrem jungen Gatten ein Töchterchen, das in der Taufe den Namen Sophie erhält. Der Kaiser ist während der Leiden seiner Frau in heller Aufregung gewesen und zeigt nun, da alles glücklich vorüber ist, das stolze Gefühl eines neugebackenen Vaters. Er sitzt am Bette seiner Gemahlin, hält ihre Hand, und bevor er es noch verhindern kann, küßt sie ihm die seinige mit lebhafter, respektvoller und so rührender Zärtlichkeit, daß er sich gar nicht fassen kann und nun seinerseits ihre Hand immer und immer wieder küßt.

Aber ist diese Ehe wirklich so glücklich, wie dies nach außen hin den Anschein hat? Franz Joseph und Elisabeth lieben einander innig, daran kann nicht gezweifelt werden, und doch hat Erzherzogin Sophie mit ihren scharfen Augen erkannt, daß trotz des unerhörten Charmes und der beispiellosen Schönheit ihrer Schwiegertochter dem Kaiser und seiner feengleichen Gattin nicht jene wolkenlose Beglückung zuteil geworden ist, die sie sich für beide vorgestellt hat. Mit Besorgnis muß sie sehen, daß Elisabeth bald nach ihrer Niederkunft wieder zu Pferde steigt. Doch der Kaiser nimmt jede Eigenart seiner Gattin gerne hin und hält immer zu ihr, wenn es ihm auch schwerfällt, nicht dauernd nach dem Wunsche der Mutter zu handeln. Er ist entzückt darüber, daß sich die Mädchenhaftigkeit in den Zügen seiner Gattin erhalten hat und die Gestalt wie das Auftreten weicher und fraulicher geworden sind.

Da er nun Vater geworden ist, hält Franz Joseph um so mehr an der Bewahrung des Friedens fest, wenn auch Frankreich und Großbritannien gegen Österreich immer mißtrauischer werden. Erst als am 12. Juli 1855 die k. k. Truppen demobilisiert werden, wird der letzte Zweifel über die Absichten Österreichs beseitigt.

In dieser Zeit wird erkennbar, daß Erzherzogin Sophie, die sich seit der Thronbesteigung ihres Sohnes von allen politischen Entscheidungen ferngehalten hat, in religiösen Dingen noch immer einflußreich geblieben ist. Nicht zuletzt auf Veranlassung des Kardinals Rauscher hin, des alten Lehrers ihres Ältesten, wird im Juli des Jahres 1855 anläßlich der dogmatischen Entscheidung über die Unbefleckte Empfängnis der Muttergottes eine Feier angeordnet, bei der auch das Kaiserpaar erscheint. Nur wenig später wird das Konkordat abgeschlossen, das dem Heiligen Vater und der Geistlichkeit in Österreich außerordentliche Vollmachten einräumt. Im

Ausland wird dieser Schritt, der bemerkenswert weit geht, scharf verurteilt. »Es ist außerordentlich«, meint der britische Gesandte in Wien[4], »daß der Kaiser von Österreich mit einem Male alles zurückgibt, was die Weisheit seiner Vorfahren Rom im Laufe der Jahre abgerungen hat.« Kaiserin Eugenie, die Gattin Napoleons III., fragt den Gesandten Hübner[5]: »Es ist nicht die Kaiserin, es ist Eugenie, die Sie fragt: Welche Gründe haben denn Ihren Monarchen zur Entschließung bringen können, dieses rein mittelalterliche Konkordat einzugehen?«

Hat Franz Joseph bedacht, daß dieses Konkordat, das zum Beispiel einem Protestanten verwehrt, auf einem katholischen Friedhof beerdigt zu werden, in den protestantischen Ländern Deutschlands, wo der Kaiser eine Vormachtstellung anstrebt, sich gegen ihn wendet?

Daneben schreiten die Ereignisse im Orient in bunter Folge weiter. Am 11. September 1855 fällt die Festung Sebastopol nun wirklich. Franz Joseph ist davon sehr befriedigt, und Buol hofft, ihn nun ganz und gar auf die Seite der Westmächte ziehen zu können. Doch der Kaiser glaubt, das Hauptfeld österreichischer Politik liege nicht im Orient, sondern man müsse nach den Erfahrungen mit Preußen und den Mittelstaaten nunmehr wieder den deutschen Bundesverhältnissen besondere Aufmerksamkeit schenken. Der Monarch schreibt darüber an Buol[6]: »Ich glaube, daß es bald an der Zeit sein wird, die Revisionsfrage der Bundesverfassung in konservativ-monarchistischem Sinne in die Hand zu nehmen und die ultrakonstitutionellen und liberalen Agitationen in den deutschen Ländern nicht überhandnehmen zu lassen.«

Vorläufig aber bieten andere Ereignisse in der Monarchie wie im Familienkreise des Kaisers mehr Anlaß zur Sorge. Die Cholera hat in der Armee zahlreiche Opfer gefordert, und in Wien fällt ihr der alte Reichstagspräsident Kübeck zur Beute. Der Herrscher muß befürchten, daß die Seuche auch seine junge Frau und sein Töchterchen ergreifen könnte. Zudem haben sich in der Betreuung der kleinen Sophie zwischen Elisabeth und der Mutter des Kaisers

[4] Seymour an Clarendon, Wien, 25. März 1856. Record Office London.
[5] Tagebuch Hübner, 16. Dezember 1855. Hübner-Archiv.
[6] Franz Joseph an Buol, Ischl, 7. Oktober 1855. Siehe Hugo Hantsch, Die Geschichte Österreichs, II/432.

Schwierigkeiten ergeben, und solche bestehen zwischen den beiden Frauen auch auf manch anderem Gebiete. Während die Erzherzogin in Ischl weilt, hört sie nichts von der in Laxenburg verbliebenen Schwiegertochter, und es bedarf erst der Aufforderung des Monarchen, daß Elisabeth nach Ischl über ihr und des Kindes Befinden berichtet. Während jedoch die Briefe sonst mit »Liebe Tante« begannen und mit »ergebene Nichte Sisi« endeten, lauten sie jetzt sehr formell: »Liebe Schwiegermutter« und schließen mit »Ihre ergebene Schwiegertochter Elise«.

Unterdessen versucht Buol, den Kaiser noch weiter in seine rußlandfeindliche Politik zu verstricken. Franz Joseph fordert den Zaren auf, noch weiter nachzugeben. Edwin von Manteuffel vermag als Abgesandter des preußischen Königs den Monarchen nicht von der Gefährlichkeit einer solchen Abenteuerpolitik zu überzeugen und meint schließlich[7]: »Der Zustand hier ist kein gesunder, das Regiment des Kaisers ist nicht wahrhaft kräftig.« Franz Joseph behält aber insofern recht, als es doch nicht zu einem Waffengang kommt, denn der Zar nimmt die österreichischen Forderungen an und ist bereit, an einem Friedenskongreß teilzunehmen. Dieser Kongreß tritt am 25. Februar 1856 in Paris zusammen. Preußen wird nicht eingeladen, doch wird gegen den Willen Österreichs der Vertreter Sardiniens, Graf Cavour, zugelassen. Buol spricht für das Kaisertum. Schon bei seiner ersten Audienz bei Kaiser Napoleon III. merkt er, daß Frankreich auf der Konferenz auch die Verhältnisse in Italien behandelt sehen will, um auf diese Weise Sardinien den Dank für seine Teilnahme am Krimkrieg auf der Seite der Westmächte abzustatten.

Die Russen nehmen in Paris mehr gegen Österreich, das ihnen die schlechtesten Dienste erwiesen hat, Stellung als gegen die Mächte, die gegen sie Krieg geführt haben. Graf Orlow sagt sogar gelegentlich zum französischen Außenminister, dem Grafen Walewski[8]: »Wir haben uns als brave Doggen, die wir sind, gegenseitig zerrissen. Aber jetzt wollen wir zusammenarbeiten, daß unser Streit nicht diesem Köter Österreich zugute komme.«

[7] Immediatbericht Edwins von Manteuffel, 12. Jänner 1856. Eckhart, Krimkrieg, S. 200.

[8] Seymour an Clarendon, Wien, 29. November 1856. Record Office London.

In dem schließlich unterzeichneten Frieden wird ein Teil Bessarabiens dem Fürstentum Moldau einverleibt; Rußland muß auf die Schutzherrschaften verzichten, die Donauschiffahrt wird frei und das Schwarze Meer als neutral erklärt. Obwohl das Zarenreich restlos zurückgedrängt ist, fühlt sich Franz Joseph über diesen Ausgang der Pariser Verhandlungen doch nicht glücklich. Er weiß, daß Österreich einsam geworden ist und nur eines geerntet hat: den Haß der Russen.

Fürst Alexander Gortschakow, der erklärte Feind Österreichs, wird zum Außenminister des Zaren ernannt. Bei seinem Scheiden vom Botschafterposten in Wien erhält er wider alle Gepflogenheit keine österreichische Auszeichnung. Der britische Gesandte meldet nach London[9]: »Zwischen Österreich und Rußland hat sich ein Abgrund aufgetan. Was bisher vielleicht nur von der kaiserlichen Familie und von der russischen Regierung empfunden wurde, ein Nationalgefühl tiefen Hasses und aus dem Herzen kommender Verachtung für Österreich breitet sich nun über das ganze Reich aus ... Es ist kein Zweifel, daß Kaiser Franz Joseph seine isolierte Stellung tief fühlt, und wenn er einmal den Grafen Buol für seine Führung zur Rechenschaft ziehen und ihn fragen wird: ›Sie haben meinem Bündnis mit Rußland ein Ende gemacht. Womit wollen Sie diesen Verlust ersetzen?‹, so wird die Antwort dem Manne schwerfallen.«

Der Vertreter Preußens beim Bundestag in Frankfurt, Herr von Bismarck, lacht sich ins Fäustchen. Er braucht für seine Pläne den russischen Haß gegen Österreich, genau wie ihn Cavour in Italien benötigt. Es ist leider wahr, was die Kaiserin Eugenie bei einem Diner zu Hübner sagt[10]: »Nun, was haben Sie durch Ihre Politik gewonnen? Sie haben sich mit Rußland nicht wieder versöhnen können, Sie haben Ihren Einfluß in Deutschland nicht zurückgewonnen und können weder auf die Dankbarkeit Frankreichs noch Englands zählen.« So ist für die Monarchie das Ergebnis der Krisenjahre ein rein negatives: die völlige Vereinsamung Österreichs im europäischen Kräftespiel, 611 Millionen Gulden an Mobilisierungskosten, schwere Choleraopfer, Mißachtung durch Großbri-

[9] Seymour an Clarendon, Wien, 22. Juni 1856. Ebenda.
[10] Tagebuch Hübner, 21. Oktober 1856. Hübner-Archiv.

tannien und Auslieferung an den Rachedurst Rußlands, die Machtgier Preußens und die Falschheit Napoleons.
Im Schloß der kaiserlichen Familie beginnen sich gleichzeitig die Schatten einer Spannung zwischen der Mutter des Kaisers und seiner Gattin abzuzeichnen. Für Franz Joseph sind diese Jahre eine schwere seelische Belastung. Für ihn gilt, sich im Reifen des Mannes zu eigener Urteilsfähigkeit durchzuringen und es in der Politik zu lernen, leidenschaftslos weit vorauszuschauen. Ob ihm dabei die Gattin eine verständnisvolle Helferin und Stütze sein kann und wird, hat sich in dieser Zeit der Unruhe und des steten Wechsels erst zu erweisen.

DAS UNGLÜCKSJAHR 1859

1856—1859

Am 15. Juli 1856 schenkt Elisabeth zum zweiten Male einem Mädchen das Leben; die Kleine, die dem Vater besonders ähnlich sieht, wird auf den Namen Gisela getauft. Sowie die Kaiserin wiederhergestellt ist, wird ihrem Gatten nahegelegt, in seinem Reiche Reisen zu unternehmen, um Elisabeth dem Volke näherzubringen. Aber noch vor dem Beginn der Reise, die in die Steiermark und nach Kärnten führen soll, spielt sich zwischen der Kaiserin und ihrer Schwiegermutter ein kleiner Streit wegen der Unterbringung des Kindes ab, die in der Hofburg erfolgen soll. Sophie findet bei der Aussprache, daß die Kaiserin zuviel reitet, zu oft ferne von daheim weilt und in der Erziehung der Kinder nicht richtig verfährt. Elisabeth wieder zeigt sich ob der Einflußnahme der Erzherzogin in ihrem engsten Familienkreise eifersüchtig. Letzten Endes ist es ein Kampf um die Seele des Kaisers. Franz Joseph muß, so gut es gehen mag, zwischen den beiden Frauen lavieren, aber es ist verständlich, daß er eher seiner schönen Gattin nachgibt als der noch immer überaus verehrten Mutter.
Bei der Rückkehr des Kaiserpaares von einer Reise in die südlichen

Kronländer werden die Vermählung Karl Ludwigs, des Bruders des Monarchen, mit Margarethe von Sachsen, einer Tochter des Königs Johann, und des Erzherzogs Max Verlobung mit Prinzessin Charlotte, einer Tochter des Königs Leopold der Belgier, gefeiert. Damit werden neue Fäden zu den europäischen Fürstenhäusern geknüpft.

Am 17. November 1856 reist das kaiserliche Paar nach Italien, obwohl ihm wegen der politischen Lage von diesem Unternehmen dringend abgeraten wird. Schon in Triest gibt es kleinere Zwischenfälle; der Empfang in Venedig vollzieht sich zwar reibungslos, aber ohne jede Begeisterung. Die Stimmung bessert sich allerdings, als Franz Joseph bei einem auf einem norwegischen Handelsschiffe ausgebrochenen Brande mitten in der Nacht herbeieilt und tatkräftige Hilfe auf die Beine bringt. Bald wird auch eine Amnestie für politische Flüchtlinge erlassen und Befehl zur Aufhebung des Sequesters über die Güter von politisch Belasteten gegeben.

In Venedig meldet sich der nun neunzigjährige Feldmarschall Graf Radetzky, und der Monarch findet ihn »entsetzlich gealtert und verkindert«. Graf Grünne erhält unter dem »wehmütigsten Eindruck der Gebrechlichkeit« den Auftrag, den verdienten Greis zur Bitte um die Enthebung vom Dienste zu veranlassen. Radetzky entspricht diesem Wunsche sogleich und erhält einen jährlichen Bezug von 80.000 Gulden mit einer freien Wohnung in Monza oder im Wiener Augarten zugesprochen.

Erzherzog Ferdinand Max, der sich eifrigst dem Aufbau der kaiserlichen Kriegsmarine widmet, wird zum Generalgouverneur der Lombardei und Venetiens, doch nur auf zivilem Gebiete, ernannt. Die militärischen Angelegenheiten werden dem General Grafen Gyulai anvertraut, der zum Armeekommandanten in Italien emporrückt. Ferdinand Max, der mit dieser Entscheidung nicht zufrieden ist, weil er Gyulai für nicht genügend befähigt hält, muß sich dieser allerhöchsten Entscheidung fügen.

Am 15. Jänner 1857 gelangt das Kaiserpaar nach Mailand. Die Polizei muß die größten Anstrengungen unternehmen, um anläßlich des Besuches der Majestäten das Teatro alla Scala zu füllen. Besonders feindlich zeigt sich dabei der Adel.

Aber auch diese Reise geht schließlich zu Ende, und am 12. März

darf Erzherzogin Sophie das hohe Paar mit Tränen der Freude wieder in Wien begrüßen.
Ist die Lage in den italienischen Provinzen schon eine schwierige, ist sie es in Ungarn noch viel mehr. Nun soll auch dorthin eine Reise unternommen werden, um das Land versöhnlicher zu stimmen. Einerseits ist es des Kaiser-Königs fester Wille, an den Grundsätzen, die ihn bei der Regierung des Staates bisher geleitet haben, unabänderlich festzuhalten, anderseits aber will er jede Erleichterung und Begünstigung gewähren, die mit diesen Leitgedanken vereinbar sind. Die Kaiserin wünscht, daß ihre beiden Kinder zu dieser Fahrt mitgenommen werden, nachdem die kleine Sophie den Aufenthalt in Italien, wohin sie ihre Eltern begleitet hatte, gut überstanden hat.
Franz Joseph amnestiert alle wegen des politischen Aufruhrs seit dem Jahre 1848 Verhafteten, und der Einzug in Ofen vollzieht sich ohne Zwischenfall. Am 13. März soll die Reise weitergehen, aber die beiden Kinder erkranken. Erst als der Hofarzt beruhigende Meldungen abzugeben vermag, wird die Fahrt am 23. Mai nach Südungarn fortgesetzt, doch in Debrezin langt ein Telegramm des Hofarztes ein, daß der Zustand der kleinen Sophie überaus besorgniserregend sei. Die Rundreise wird sogleich abgebrochen, und die Majestäten kehren nach Budapest zurück. Am Abend des 28. Mai schließt das kleine Wesen seine Kinderaugen für immer. »Unsere Kleine ist ein Engel im Himmel«, telegrafiert der Kaiser an seine Eltern, »wir sind vernichtet.« Sisi ist äußerlich voller Ergebung in den Willen des Herrn, kann sich aber in Wirklichkeit kaum fassen.
Unter den zahlreichen Stimmen der Anteilnahme der Bevölkerung regen sich auch solche, die über mangelnde Obsorge für die kleine Verstorbene klagen, auf das viele Reiten der Kaiserin hinweisen und die außenpolitische Lage des Kaisertums kritisieren. Daraufhin wird die Freiheit der Presse durch die Bildung eines Zentralkomitees eingedämmt. In Ungarn verhalten sich die Zeitungen viel freundlicher und werden in ihrer Haltung noch durch die Begnadigung des seinerzeit in effigie gehenkten Grafen Andrássy bestärkt. Mit dem Grafen tritt ein Mann wieder auf die politische Schaubühne, der Rußland wegen dessen Einschreitens gegen Ungarn in den Revolutionsjahren haßt.

Die kaiserliche Familie wird von ihrer Trauer durch zwei Ereignisse abgelenkt: am 8. Juli erleidet König Friedrich Wilhelm IV. von Preußen, der »einzige gute Österreicher in Berlin«, einen Schlaganfall. Dafür erlebt der Hof die Freude, daß Erzherzog Ferdinand Max sich mit Charlotte von Belgien vermählt.
In dieser Zeit macht Franz Joseph sich auch die napoleonfeindliche Politik Buols zu eigen. Die Gegnerschaft zu Rußland wird durch die Ablehnung eines Besuches des Monarchen in Warschau noch vertieft, und dies, obwohl Zar Alexander II. sich eher entgegenkommend zeigt. Da erscheint ein Vermittler: Prinz Alexander von Hessen, Deutscher von Geburt und Bruder der Zarin. Da sein Verbleiben in Rußland wegen seiner morganatischen Ehe unmöglich geworden ist, tritt er in die österreichische Armee ein und veranlaßt Franz Joseph, den russischen Kaiser in Weimar zu treffen. Doch auch bei dieser Zusammenkunft kommt die erhoffte Versöhnung zwischen den beiden Großreichen nicht zustande.
Dies ist für Österreich um so gefährlicher, als in Preußen Prinz Wilhelm, ein Gegner des Kaiserreiches, an das Staatsruder tritt, nachdem seinen königlichen Bruder ein neuerlicher Schlaganfall zur Bestellung eines Vertreters auf dem Throne gezwungen hat. Damit kommen Bismarcks österreichfeindliche Leitgedanken zum Durchbruch. Selbst Buol muß eingestehen[1]: »Wie ich es nun sehe, hat Österreich mit dreien von den Großmächten eine ständige Kriegsursache. Mit Frankreich in Italien, mit Rußland wegen der Fürstentümer und mit Preußen im Wettstreit um die Vorherrschaft in Deutschland.«
Franz Joseph fürchtet vor allem wegen der italienischen Provinzen und erteilt seinem Bruder Ferdinand Max scharfe Weisungen. Aber der Erzherzog meldet ihm[2]: »Ich muß nach einjähriger, sorgfältiger und nach allen Seiten hin aufmerksamer Prüfung das Wort aussprechen: Das Land hat Grund zur Klage, denn es ist vieles anders, als es sein soll ... Ich weiß, daß die festeste Stütze gegenüber denjenigen, die die Treue gebrochen haben, imponierende Macht ist. Allein (weil) ich in dieser letzteren das sichere Fundament der Herrschaft Euer Majestät in diesen Ländern erkenne, so

[1] Seymour an Clarendon, Wien, 18. Jänner 1858. Record Office London.
[2] Erzherzog Ferdinand Max an Franz Joseph, 10. April 1858. Wien, St. A.

muß ich doch nichtsdestoweniger zugestehen, daß ein gerechtes, kluges und, wo es möglich ist, mildes Verfahren empfehlenswert ist ...«

Doch die von Napoleon geschürten Gegensätze in Italien verschärfen sich indessen immer mehr. In Plombières eröffnet der Kaiser der Franzosen dem Grafen Cavour, er habe sich dazu entschlossen, gegebenenfalls Sardinien in einem Krieg gegen Österreich mit aller Kraft zu unterstützen. Schon fallen die Worte: »Italien frei von österreichischer Herrschaft von den Alpen bis zur Adria!« »Aber der Krieg muß«, so betont der Napoleonide, »vor der internationalen Diplomatie, vor der öffentlichen Meinung Frankreichs und Europas gerechtfertigt erscheinen«, und »Österreich muß das Schwert ins Herz gestoßen werden.« Doch nicht Frankreich, sondern Piemont muß der Angreifer sein. Und Graf Cavour kehrt von der vierstündigen Unterredung höchst befriedigt in seine Heimat zurück.

In dem nun zwischen Frankreich und Sardinien geschlossenen Vertrag wird den Franzosen Savoyen und Nizza versprochen. Rußland wird dazu bewogen, im Kriegsfall Frankreich gegen Österreich neutral zu bleiben. Als Ziel des Übereinkommens wird die Befreiung Italiens von der österreichischen Besetzung bezeichnet.

Einstweilen aber ist das Glück dem Hause Österreich noch gnädig, denn Elisabeth schenkt am 21. August 1858 ihrem kaiserlichen Gatten den lange und heiß ersehnten Sohn. Die Entbindung ist schwerer gewesen, dafür aber ist der Jubel in der Hofburg um so größer. Kaum je, sagt die Erzherzogin Sophie, ist ein Kind mit größerer Begeisterung begrüßt worden als der Kleine, der den Namen Rudolf erhält und in einem Armeebefehl sogleich zum Oberst ernannt wird.

Über dieses Familienglück breiten die Wolken des sich in Italien zusammenballenden Gewitters ihre Schatten. Nun ist auch deutlich erkennbar, was von Frankreich her droht, denn Napoleon III. sagt am Neujahrstage 1859 vor den versammelten Vertretern der Mächte die bedeutungsvollen Worte »Ich bedaure, daß unsere Beziehungen zu Ihrer Regierung nicht mehr so gut sind wie früher« zum österreichischen Gesandten. Immerhin glaubt man in Wien aber noch, daß die deutschen Staaten Österreich im Ernstfall unterstützen würden. Vorsichtshalber läßt der Kaiser in Italien die Armee durch ein Korps verstärken, zu gleicher Zeit aber schreibt Erzherzog Ferdinand Max an den Monarchen[3]: »Bitte Euer Majestät gnädigst dafür sorgen zu wollen, daß dem Gyulai stets Ruhe und Maß gepredigt wird; wir sind wohl wie immer auf dem besten Fuß ... ich kann jedoch eingedenk meiner Pflicht Euer Majestät nicht verhehlen, daß ich ihn sehr nervös und über die Notwendigkeit aufgeregt finde ... Mit Ruhe kann jetzt hier in der Gegenwart und besonders für die Zukunft ungemein viel gewonnen werden. Nur keine unnütze Truppenétalage, denn wahre Kraft provoziert nie ... Wenn man nicht herausfordert und Kraft ohne Furcht zeigt, so kann man aus der jetzigen Epoche vielleicht ganz ohne Katastrophe herauskommen ...«

Manche auswärtigen Beobachter deuten die Nachgiebigkeit des Erzherzogs als Schwäche, und Franz Joseph merkt auch den Gegensatz, in dem sein Bruder zu Gyulai steht. Außerdem drängen auch die Generale in Italien auf eine Verstärkung der dortigen Truppen, obwohl Buol noch immer nicht glauben kann, daß Sardinien, dieser arme Staat, sich zu einem Kriege drängen lassen werde, für den es in seiner Armee keine Begeisterung gebe. Der Kaiser schließt sich der Meinung seines höchsten Ratgebers an, und die Armee bleibt ohne Verstärkungen.

In seiner Thronrede vom 7. Februar meint Napoleon zwar: »Das Kaiserreich ist der Friede«, spricht aber gleichzeitig von einer unbestimmten Unruhe, die sich der Geister bemächtigt habe, sowie von Zwistigkeiten mit Österreich und innigen Beziehungen zu Piemont. Daraufhin fragt Ferdinand Max telegrafisch in Wien an, ob man dort an Frieden oder an einen unmittelbar bevorstehenden oder doch baldigen Krieg glaube. Der Kaiser beschwichtigt ihn: »Ich betrachte die Rede Napoleons als friedlich und als Einleitung seines Rückzuges, nachdem er die allgemeine Opposition gegen den Krieg jetzt zu stark gefunden. Gewiß, an Frieden werde ich erst glauben, wenn Frankreich seine Rüstungen einstellt.«

In der Ministerkonferenz vom 19. Februar schiebt Franz Joseph die Entscheidung über die Truppenverstärkungen hinaus. Der Kaiser ist überzeugt, daß Großbritannien in einem großen Kriege auf seiner Seite stehen werde, und baut für den Augenblick äußerster

[3] Erzherzog Ferdinand Max an Franz Joseph, 7. Jänner 1859. Wien, St. A.

Gefahr auf Preußen. Friedrich Wilhelm IV. würde dieser Vorstellung vielleicht entsprechen, aber sein Gesundheitszustand verschlechtert sich zusehends, und damit verringert sich auch der Einfluß des Königs auf die Außenpolitik. In England ist Palmerston, der Feind Österreichs, im Kommen; nur Sachsen hält treu zu Wien.

Plötzlich tritt Rußland mit dem Plan hervor, alle offenen Fragen sollten durch einen Kongreß gelöst werden. Der Kaiser will diesen Vorschlag aber nur unter der Bedingung annehmen, daß Sardinien vorher gänzlich abrüste, am Kongreß nicht teilnehme und der österreichische Besitzstand in Italien unverändert bleibe. Im Ministerrate vom 6. April geht Franz Joseph aber noch viel weiter als Buol selbst und hält es für vorteilhafter, wenn es Österreich gelänge, die sardinische Armee zu vernichten, bevor Frankreich die Zeit gefunden habe, umfassend einzuschreiten. Nochmals warnen Grünne und Heß, aber Graf Buol betont: »Es ist gar nicht denkbar, daß Preußen in einem großen Kriege gegen Frankreich nicht mit Österreich gehen würde.« Schließlich wird übereinstimmend festgestellt, daß die Rüstungen in der Monarchie in Voraussicht des großen Krieges fortgesetzt werden müßten.

Feldzeugmeister Gyulai erklärt aber angesichts der kommenden Ereignisse, daß er nicht fähig sei, einen Feldzug gegen die Franco-Sarden zu befehligen. Er mahnt sogar, man solle dem Kriege möglichst ausweichen. Vielleicht ist diese Denkschrift in der Schreibtischlade Grünnes liegengeblieben, denn der Generaladjutant hatte ja seinerzeit Gyulai dem Kaiser empfohlen. Jedenfalls wird Gyulais Wunsch nicht Rechnung getragen.

Franz Joseph sendet den Erzherzog Albrecht nach Berlin, um die Haltung Preußens klarer zu erkennen und diesen Staat zu veranlassen, aus seiner passiven Haltung herauszutreten. Albrecht wird zwar sehr freundlich empfangen, doch der Prinzregent mahnt von einem Ultimatum an Piemont ab und will sich keinesfalls einem solchen Schritte anschließen. Der Erzherzog muß ohne Erfolg nach Wien zurückkehren.

Auf Anraten Buols erteilt nun der Kaiser den schicksalsschweren Befehl, die »Sommation« an das Turiner Kabinett abzusenden. Im Handbillett vom 20. April 1859 wird die oberste Zivil- und Militärautorität in die Hände des Feldzeugmeisters Gyulai gelegt,

worauf Erzherzog Albrecht zu Metternich meint: »Das Ganze erscheint mir eine sehr verpantschte Geschichte ...[4]«
Mit dem auf drei Tage befristeten Ultimatum ist erfolgt, was Napoleon für den Eintritt Frankreichs in den Krieg zur Bedingung gestellt hat: Österreich hat sich vor der ganzen Welt ins Unrecht gesetzt. Das Veranlaßte beginnt schwer auf Franz Joseph zu drükken, und er fängt an, Buols Staatskunst zu bezweifeln.
Die Antwort Cavours auf die Begehrnote wird in der Ministerkonferenz vom 27. April als durchaus unbefriedigend bezeichnet, und alle Mitglieder dieser Körperschaft sprechen sich für eine unverzügliche Offensive aus. Auf dem Grunde dieses Beschlusses liegt eine beklemmende Erkenntnis, die Grünne in die Worte kleidet: »Und nun befinden wir uns in einer Katastrophe, in der Österreich dem mit der Revolution verbündeten Frankreich und Piemont gegenüber allein steht und, wie Graf Buol bemerkte, mit aller Wahrscheinlichkeit eher auf noch andere Gegner als auf nur *einen* Mann auswärtiger Hilfe zählen könne.«
Da französische Heeresteile schon in Italien stehen, geht an Gyulai die Depesche ab: »Sie haben die Offensive gegen Sardinien und die mit ihm verbündeten Franzosen zu ergreifen.« Der Kaiser glaubt, seine Truppen seien schon am 29. April in Piemont einmarschiert, aber der Feldzeugmeister überschreitet den Ticino erst am 30. Die allgemeine Stimmung ist erschreckend, überall herrscht ein heilloses Durcheinander. Während französische, in Genua gelandete Truppen vom Süden und andere Heeresteile Napoleons über den Mont Cenis heranrücken, geht Gyulai bloß zögernd und tastend vor. Seine Soldaten sind mit Munition und Verpflegung höchst kärglich versorgt, Befehle und Gegenbefehle folgen einander, und so wird die Möglichkeit versäumt, die Franzosen und die Piemontesen getrennt zu schlagen. Nach wenigen Tagen geht der Feldzeugmeister wieder über den Ticino zurück, wobei er zu seinem Generalstabschef Kuhn, der auf einen Vorstoß gegen Turin drängt, in schroffem Widerspruch steht.
Endlich entschließt sich der Kaiser, Buol durch den Grafen Johann Bernhard von Rechberg und Rothlöwen zu ersetzen.

[4] Erzherzog Albrecht an Metternich, Wien, 26. April 1859. Wien, St. A. Z.P.

Da nun diese Entscheidung gefallen ist, hält es den Kaiser nicht mehr in Wien. Er weiß zwar, daß er kein Feldherr ist, aber es scheint notwendig zu sein, die Männer, die den Krieg führen, nicht allein walten zu lassen, denn die französischen Truppen haben sich mittlerweile mit den sardinischen Waffenbrüdern vereinigt. Die Verbündeten ergreifen nunmehr die Offensive, werfen die schwachen, über den Po vorgedrungenen österreichischen Kräfte bei Montebello zurück und gehen gegen die k. k. Hauptkraft vor.

Bei der Armee steht es noch immer nicht zum besten. Nicht nur, daß sich die Finanzen Österreichs in einem jämmerlichen Zustande befinden, ist eine schwere Belastung der Kriegführung. Vor allem ist es die Unfähigkeit der Führung, unter der die Armee leidet. Feldmarschalleutnant Graf Crenneville gibt darüber einen ungeschminkten Bericht: »Man scheut jede Verantwortung«, schreibt er in sein Tagebuch, und in einem Briefe an seine Gattin wird er noch deutlicher[5]: »... Das Hauptquartier mit Müßiggängern gefüllt, die Verpflegung schlecht geregelt. Gestern hatten meine Soldaten kein Brot und die Pferde keine Fourage, es ist nicht Mangel, sondern Unordnung ...«

Am 2. Juni meldet Graf Gyulai dem Kaiser aus Mortara[6]: »Melde, daß ich den Rückzug hinter den Ticino antrete. Die feindliche Übermacht und die strategische Umgehung meines rechten Flügels veranlaßt mich zu diesem Schritt.« Der Chef des Generalstabs, Heß, ist mittlerweile im Hauptquartier eingetroffen und empfiehlt dem Monarchen, vor der Herausgabe entscheidender Befehle den Ausgang dieser Rückzugbewegung abzuwarten. Aber es ist zu spät. Am 4. Juni greift der Gegner bei Magenta mit 48.000 Mann die 61.000 Mann starke österreichische Armee an und zwingt sie, obwohl die Kaiserlichen die dreifache Anzahl an Reitern und doppelt soviel Geschütze zählen, zum Rückzug auf Lodi und Pizzighettone. Damit ist Mailand aufgegeben und der Rückzug über die Adda, wenn nicht noch weiter, eingeleitet. Die gesamte Lombardei wird geräumt, weil nun Gyulai in das Festungsviereck zurückstrebt. Am 8. Juni zieht der Feind in Mailand ein.

[5] Crenneville an seine Frau, Rottofreno, 27. Mai 1859. Crenneville-Archiv.
[6] Gyulai an Franz Joseph, Mortara, 2. Juni 1859, früh. Wien, Kriegsarchiv.

Crenneville schreibt nach Hause[7]: »Ich sprach gestern G. (Gyulai), er findet alles natürlich, hat seine Bequemlichkeiten, gute Küche, macht seine Kartenpartien ... dieses Hauptquartier dreht einem den Magen um und man möchte weinen ... Die Armee wünscht Heß und Benedek zu Führern ...«

Graf Rechberg meldet am 10. Juni aus Wien, daß die Stimmung im Hinterlande erbittert sei und nach einem Wechsel im Oberkommando verlange. Gleichzeitig erhält der Kaiser die Nachricht, daß Fürst Metternich am 11. Juni verschieden sei. Am 18. Juni wird Gyulai »aus Gesundheitsrücksichten« verabschiedet, und am gleichen Tage gibt der Monarch der Armee bekannt, daß er selbst den Oberbefehl übernehme. Vorsichtshalber nimmt Franz Joseph den Feldzeugmeister Heß an seine Seite. Der General ist für den Rückzug hinter den Chieso.

Am 24. Juni kommt es bei Solferino zur Schlacht. Franz Joseph steht bei Madonna del Piave auf einem erhöhten Punkte und sieht dort, wie Zentrum und linker Flügel des Heeres trotz ausgezeichneter Tapferkeit der Truppen wegen schlechter Führung und Munitionsmangel zurückweichen. Nur der rechte Flügel unter Feldmarschalleutnant von Benedek behauptet sich gegen die Piemontesen siegreich, bis auch er angesichts der allgemeinen Lage zurückweichen muß. »... Entmutigung der Armee, erschüttertes Vertrauen und Mißstimmung wegen schlechter Administration, Verpflegung und Nichteinheit des Kommandos ...«, vermerkt Crenneville in seinem Tagebuch[8]. »Als wir vorgestern ins Feuer gingen«, schreibt er seiner Frau[9], »hatte die Truppe seit vierundzwanzig Stunden nichts gegessen und drei Tage kein Brot erhalten ...« Es ist ein Glück, daß die französische Armee nicht nachdrängt. In Verona findet der Kaiser endlich Zeit, an Elisabeth zu schreiben[10]: »So mußte ich den Befehl zum Rückzug geben ... Ich ritt ... bei einem schrecklichen Gewitter nach Valeggio, von wo ich nach Villafranca fuhr. Dort verbrachte ich einen fürchterlichen Abend, denn da war eine Konfusion von Blessierten, Flüchtlingen, Wagen

[7] Crenneville an seine Frau, Cordogno, 8., und Macaria, 14. Juni 1859. Crenneville-Archiv.

[8] Tagebuch Crenneville, 24. Juni 1859. Crenneville-Archiv.

[9] Crenneville an seine Frau, 26. Juni 1859. Crenneville-Archiv.

[10] Franz Joseph an Elisabeth, Verona, 26. Juni 1859.

Erzherzogin Sophie
mit Franz Joseph und Ferdinand Maximilian.
Gemälde von Johann Ender, 1833.

Franz Joseph und seine Brüder
Ferdinand Maximilian (rechts) und
Karl Ludwig (links).
Lithographie von Joseph Kriehuber, 1835.

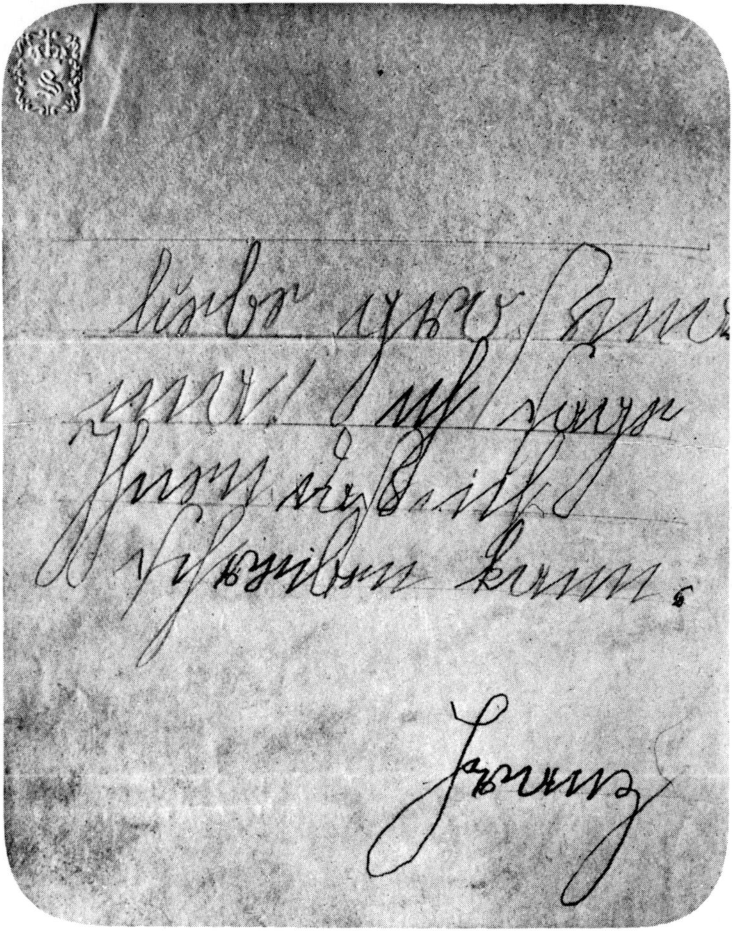

liebe großmama! ich sage
Ihnen daß ich
schreiben kann.

Franz

Erster Brief Franz Josephs (etwa 1835)
an Königin Karoline von Bayern:
»Liebe Großmama, ich sage Ihnen, daß ich schreiben kann.«

Erzherzog Franz Joseph als Dragoneroberst.
Lithographie von Aertlinger, 1843.

Lehrstunde Erzherzog Franz Josephs in Gegenwart seiner Mutter,
des Kardinals Rauscher, des Grafen Heinrich Bombelles (ganz links)
und des Freiherrn von Gorizutti.
Lithographie von Franz Leypold nach Ferdinand Laufberger.

Feldmarschall Alfred Fürst zu Windisch-Graetz
Lithographie von Prinzhofer, 1848.

Erzherzog Franz Karl, der Vater Franz Josephs.
Stich von Joseph Kriehuber.

Kaiser Franz Joseph I.
Lithographie von Kaliboda.

Herzogin Elisabeth in Bayern als Siebzehnjährige.
Gemälde von Dürck, 1854.

Wien und das Glacis in den Jugendjahren Franz Josephs.

Kronprinz Rudolf als Chef seines Infanterie-Regiments Nr. 19.

Franz Joseph in ungarischer Feldmarschall-Gala,
darüber Krönungsornat.
Lithographie (um 1867).

Elisabeth im ungarischen Krönungsornat.
Zeitgenössisches Gemälde, 1867.

Franz Joseph und Elisabeth.
Gemälde von Emil v. Horlitzsch, 1869.

Franz Joseph und Elisabeth mit ihren Kindern Marie Valerie, Rudolf und Gisela (ganz rechts) im Park des Schlosses Gödöllö.
Lithographie von Vinzenz Katzler, 1871.

Auf der Jagd in den Bergen.
Lithographie von Joseph Kriehuber.

und Pferden ... Das ist die traurige Geschichte eines entsetzlichen Tages, an dem viel geleistet worden ist, aber das Glück uns nicht gelächelt hat. Ich bin um viele Erfahrungen reicher geworden und habe das Gefühl eines geschlagenen Generals kennengelernt. Die schweren Folgen unseres Unglücks werden noch kommen, aber ich vertraue auf Gott und bin mir keiner Schuld, auch keines Dispositionsfehlers bewußt ...«

Elisabeth zeigt sich in den Briefen an ihren Gatten tapfer und ruhig, in Wirklichkeit aber ist sie von früh bis abends von einer Art Bewegungsbesessenheit ergriffen, traurig, entmutigt und oft in Tränen gebadet. Sie ahnt nicht, welche Sorgen den Monarchen bedrücken. Preußens Haltung ärgert ihn maßlos, obwohl das Königreich Miene macht, Napoleon zu bedrohen. Diese Geste Preußens jagt dem Kaiser der Franzosen so viel Schrecken ein, daß sich auch bei ihm, wie bei Franz Joseph, Friedensgeneigtheit einstellt. Der Kaiser entsendet den Prinzen Alexander von Hessen zu Napoleon nach Valeggio und gibt dem Unterhändler als Leitgedanken mit, daß Österreich die Lombardei abtreten wolle. Auch Parma soll dieses Schicksal erleiden, aber Länder, die dem Kaiser nicht gehören, wie Modena und Toskana, könnten nicht geopfert werden, auch sei es unmöglich, Venedig einem unabhängigen Erzherzog zu überlassen. Im verbleibenden Gebiete lasse Franz Joseph sich nicht eine freiheitliche Änderung des bisherigen Regierungssystems aufzwingen.

Das Ergebnis der Unterhandlungen in Valeggio ist eine Zusammenkunft Franz Josephs mit Napoleon III. am 11. Juli 1859 in Villafranca. Die beiden Herrscher kommen überein, daß Österreich die Lombardei bis zum Mincio abtritt und der Großherzog von Toskana und der Herzog von Modena wieder in ihre Staaten zurückgeführt werden sollen, wobei Napoleon jedoch für diese beiden Staaten eine vorhergehende Volksabstimmung über die Rückkehr ihrer Fürsten verlangt.

Nun erläßt Franz Joseph am 12. Juli 1859 einen Armeebefehl, in dem er von dem erfolgten Abschluß Kenntnis gibt. Drei Tage später verkündet der Monarch seinen Völkern: »Der warmen Teilnahme ungeachtet, die unsere gerechte Sache in dem größten Teile von Deutschland bei den Regierungen wie bei den Völkern gefunden hat, haben sich unsere ältesten und natürlichen Bundesgenossen hartnäckig der Erkenntnis verschlossen, welche hohe Bedeutung die große Frage des Tages in sich trug. Österreich hatte sonach den kommenden Ereignissen, deren Ernst jeder Tag noch steigern konnte, vereinzelt entgegengehen müssen ...«

Armee und Volk sind tief niedergedrückt. Der Schweizer Gesandte berichtet nach Bern[11]: »Der Friedensschluß unter diesen unehrenvollen Bedingungen hat hier einen fürchterlich ungünstigen Eindruck gemacht, und ich glaube, daß die Dynastie nie einen gefährlicheren Schlag erlebt hat als diesen ... Wenn der Kaiser mit der Idee zurückkommt, das jetzige Regierungssystem aufrechtzuerhalten und durch die Hilfe des Konkordats und der militärischen Günstlinge zu regieren, so wird die Monarchie einer trüben Zukunft entgegengehen; dieses System ist durch und durch faul und muß brechen. Ich habe heute mit vielen Patrioten gesprochen, allein alle haben ihren hier angeborenen Nimbus für die Person des Kaisers verloren und äußern sich in den bittersten Worten über die Österreich widerfahrene Schmach.«

Nur darin gibt man dem Kaiser recht, daß er Preußen Vorwürfe gemacht hat.

So ist denn das Ansehen Österreichs in Deutschland schwer getroffen. In Ungarn sind die Geister so erregt, daß man von einer neuen Revolution zu sprechen beginnt; auch in den anderen Teilen der Monarchie werden überall Rufe nach Reformen laut. In Rußland aber ist man mit dem Verlaufe des Feldzuges zufrieden; Fürst Gortschakow verharrt in seiner dem Kaiserreich feindlichen Haltung, obwohl sich auch in den Ländern des Zaren Stimmen erheben, die zur Versöhnlichkeit mahnen.

Selbst im engen Kreise seiner Familie erwartet den Kaiser nichts Erquickliches. Er findet seine Gattin von den Ereignissen stark angegriffen, sehr nervös und mit ihrer Schwiegermutter uneinig. Vielleicht fällt es dem Herrscher dadurch leichter, den Übergang zur konstitutionellen Lebensform einzuleiten. Graf Rechberg erhält den schon mehrere Jahre nicht mehr bestehenden Titel »Ministerpräsident«, der allzu scharfe Minister Bach verliert das Innenministerium und wird Botschafter in Rom; der noch schärfere Polizeipräsident von Kempen wird durch Hübner ersetzt. Dieser

11 Steiger an Staempfli, 11. Juni 1859. Bundesarchiv Bern.

nimmt sich vor dem Monarchen kein Blatt vor den Mund. »Euer Majestät muß ich sagen«, eröffnet er dem Kaiser, »daß Sie zum Mittelpunkt der allgemeinen Abneigung der Armee und der Öffentlichkeit geworden sind, und dies hauptsächlich auf Grund des Wirkens des Grafen Grünne an Eurer Majestät Seite.« Am 19. August erscheint Hübner wieder mit einem sehr offenherzigen Bericht vor seinem Herrn. »Ungarn ist moralisch verloren, man muß es wiedererobern, und dies kann nur dadurch geschehen, daß man sich mit diesem Lande wieder versöhnt. Man muß alle Provinzen zurückgeben, die einst zu Ungarn gehörten, die frühere Verwaltung wiederherstellen, in Geldangelegenheiten, Rekrutierung und dergleichen entgegenkommen und sobald als möglich wieder die Landtage berufen.« Als der Kaiser dem allen widerspricht, reicht Hübner um seine Entlassung ein, und wenn diese auch genehmigt wird, so bleibt dem von seinem Posten Scheidenden doch eine große Genugtuung: mit ihm wird auch Graf Grünne aus dem Dienste beim Herrscher verabschiedet.

Franz Joseph hat sich nach seiner Rückkehr von der Front im Schloß Laxenburg eingeschlossen, und das macht auf die Bevölkerung einen schlechten Eindruck. Als er am 12. September wieder bei einer Parade erscheint, ist der Empfang eisig, manche Leute nehmen bei seinem Vorüberkommen nicht einmal den Hut ab. Die Rufe »Es lebe der Kaiser!« werden sogleich durch Gegenrufe erstickt. Beim ersten Besuche des Monarchen in der Oper tut das Publikum so, als wäre er gar nicht anwesend. Schon glauben einige, der Kaiser habe die Absicht abzudanken.

An die Stelle des Grafen Grünne ist als Generaladjutant Graf Franz Folliot de Crenneville getreten. Dies kann aber nicht mehr verhindern, daß sich Grünnes Erbe nun bitter rächt: am 10. November 1859 wird der Frieden von Zürich unterzeichnet. Die Abtretung der Lombardei wird bestätigt, die Länder Toskana, Modena und Parma werden auf Wunsch ihrer Bevölkerung mit Sardinien vereinigt. Napoleon erhält seinen Lohn mit Savoyen und Nizza.

In Österreich wird dieser Frieden als furchtbare Demütigung, ja als Schmach empfunden. »Mein armer, armer Sohn!« ruft Erzherzogin Sophie aus. »Möge Gott Mitleid mit uns haben!«

KAMPF UM DIE KONSTITUTION

1860—1863

Nach dem unglücklichen Krieg erheben im Kaiserstaate die freiheitlich Gesinnten allenthalben ihr Haupt. Sie versuchen, einen Druck auf die Regierung auszuüben, um eine Erleichterung der straffen Selbstherrschaft durchzusetzen. Franz Joseph muß sich eingestehen, daß die Vereinigung der Regierungsgeschäfte einzig und allein in seiner Person eine zu schwere Bürde sei und nicht weiter aufrechterhalten werden könne. Aber immer noch faßt er alles Liberale als revolutionär auf.

Um auf neuen Grundlagen aufzubauen, müssen erst die Männer, die sich ihren Aufgaben nicht gewachsen gezeigt haben, beseitigt werden. Feldmarschall Heß wird durch Feldmarschalleutnant Benedek ersetzt, für den der Kaiser allerdings erst 35.000 Gulden an Schulden zahlen muß. »Ich kenne ihn nicht persönlich«, schreibt Hübner in sein Tagebuch[1], »aber er ist das Idol der jungen Offiziere geworden, und alle Welt nennt ihn einen tapferen, aktiven, von den Soldaten geliebten, etwas groben General, einen gebieterischen, heftigen, rauhen und wenig entgegenkommenden Mann.« Wird dieser Mann als Chef des Generalstabes der Armee den Geist wiedergeben, der sie unter Radetzky beseelte? Vieles ist wiedergutzumachen, allzu vieles. Betrügereien sind zutage gekommen, die bei den Lieferungen für die Armee verübt worden waren und denen man nun einen Gutteil der Schuld an dem verlorenen Feldzug zuschreibt. Der Chef der Intendanz, ein kaiserlicher General, muß verhaftet werden, weil er sich von Heereslieferanten hat bestechen lassen. Er richtet sich nach abgelegtem Geständnis selbst, aber die allgemeine Empörung darüber ist so groß, daß die kaiserliche Familie nicht einmal im Burgtheater vor scharfen Kundgebungen gegen das herrschende System sicher ist.

Wie die Dinge in Ungarn liegen, davon gibt ein Schreiben des Grafen Stefan Széchényi, bei dem die Polizei eine Hausdurchsuchung veranstaltet hat, an den Grafen Crenneville Zeugnis[2]:

[1] Tagebuch Hübner, Venedig, 1. Februar 1860. Hübner-Archiv.
[2] Széchényi an Crenneville, 2. Februar 1860. Crenneville-Archiv.

»... Die vor dreihundert Jahren stattgehabte Verbindung Ungarns mit dem Hause Habsburg war vielleicht nicht glücklich; doch auch eine unglückliche Ehe kann kräftige Kinder zeugen, trennen sich aber die Gatten, haben beide keine Nachkommen, keine Zukunft. *Ungarn kann nur in Österreich* bestehen — in deutschen Armen mag es sich glücklich fühlen — in slawischen wird es jedenfalls *erdrückt*... Mein Rat ist — man möge ihn nicht verlachen — *Versöhnung* auf der Basis von 1847 (mutatis mutandis) ohne den Versuch, den Kaiser zu demütigen, den man als *König von Ungarn groß* haben will...«

Dann aber setzt Széchényi in einer Heilanstalt seinem Leben ein Ende. In Ungarn erweckt dieser Freitod ungeheuren Eindruck, und er wird dem König zur Last gelegt, obwohl Franz Joseph von der Hausdurchsuchung vorher nicht das geringste gewußt hat.

Der Kaiser-König entsendet nun den mittlerweile Feldzeugmeister gewordenen Benedek nach Ungarn, damit er dort neben seinen militärischen Aufgaben auch die politische Verwaltung übernehme, wobei in Ofen eine zentrale Statthalterei an die Stelle der bisherigen vielen Abteilungen treten soll. Gleichzeitig sollen Komitatsverwaltungen aufgestellt werden, und die Gemeinden dürfen fortan ihre Geschäfte selbständig besorgen.

Ende Mai 1860 wird der verstärkte Reichstag einberufen, der einen vorläufigen Ersatz für die geplante Reichsvertretung darstellt. In der Eröffnungsrede betont der Monarch mahnend, daß jeder Versuch, das starke, um das gesamte Reich geschlungene Band zu lockern, nur zum Nachteil des Ganzen wie seiner Teile führen werde. Die Rede macht zwar Eindruck, denn man fühlt, daß sie aus dem Herzen des Königs kommt, aber sie wird zu wenig befolgt.

Bald darauf langen aus Sizilien ernste Nachrichten ein. Garibaldi hat mit seinem »Zuge der Tausend« die ganze Insel in Aufruhr versetzt, und am 6. Juli ist Palermo in seine Hand gefallen. Von Neapel her tönen die Hilferufe nach Wien. Franz Joseph ist nicht in der Lage, dem König beider Sizilien, seinem Schwager, zu helfen, obwohl er es gerne täte. Elisabeth ist furchtbar aufgeregt, überaus nervös und gekränkt; außerdem leidet sie auch an einem heftig auftretenden und quälenden Husten. Dazu versteht sie sich gar nicht mehr mit ihrer von der Erzherzogin Sophie bestellten

Obersthofmeisterin, der Gräfin Esterházy, deren leise, wohlgemeinte Kritik sie nicht richtig zu würdigen weiß. So ist in dieser für ihn so schweren Zeit der Herrscher auch im Familienkreise nicht ungetrübt glücklich und steht mit seinen Sorgen letzten Endes einsam in seiner engsten Umwelt.

Besonders die Lage in Ungarn gibt zu ernsten Besorgnissen Anlaß. Die meisten Politiker dieses Landes verlangen die Rückkehr auf den historischen Boden der Verfassung. Demgegenüber äußert der Kaiser-König wiederholt seine entschiedene Willensmeinung, eine Verfassung nicht zugestehen zu wollen, weshalb auch von keinem Minister weiter darauf »anzutragen« sei. Auch der Wunsch Preußens nach der Vorherrschaft in Deutschland beunruhigt den Monarchen sehr; eine Zusammenkunft Franz Josephs mit dem preußischen Prinzregenten in Teplitz am 26. Juli 1860 ist erfolglos.

Zu allem Überfluß laufen aus Neapel weiterhin schlechte Nachrichten ein. Garibaldi setzt mit seinen Freischärlern auf das Festland über, zwingt den König beider Sizilien, in die Festung Gaëta zu flüchten, und zieht mittlerweile in Neapel ein. Franz II. hat seine Stellung innerlich schon aufgegeben, seine erst achtzehnjährige tapfere Gattin aber tritt für eine kraftvolle Verteidigung ein und erhofft Hilfe aus Wien. Der Kaiser kann sie aber trotz bestem Willen nicht gewähren. Er hat soeben in Ungarn den verstärkten Reichstag einberufen und sich damit der Sorgen übergenug aufgeladen.

Um diese Zeit schreibt Franz Joseph an seine Mutter[3]: »Die Räubereien Garibaldis, die Diebstähle Viktor Emanuels, die noch nie dagewesenen Gaunerstreiche des Erzschuften in Paris, der sich selbst übertrifft — der jetzt glücklich und über Erwarten gut und friedlich begrabene Reichsrat, die ungarischen Mißstände und die unerschöpflichen Wünsche und Bedürfnisse aller Provinzen usw. erfüllen meinen armen Kopf so sehr, daß ich kaum einen Augenblick für mich hatte ... Aber eine solche Niederträchtigkeit einer- und Feigheit anderseits, wie sie jetzt die Welt regiert, ist noch nie dagewesen ... Wenn Ungarn nicht wäre, könnte ich ganz ruhig der Zukunft entgegensehen ...«

[3] Franz Joseph an seine Mutter, Schönbrunn, 2. Oktober 1860. Schnürer, S. 299.

Aber Ungarn *ist*. Benedek bittet um die Enthebung von seinem Dienste im Königreich, weil er, wie er erklärt, bei allem Mangel politischer Bildung auch nicht mehr die physische Eignung besitze, um all den Anforderungen Genüge zu leisten und die Absichten des Kaisers durchzusetzen. Daraufhin wird der Feldzeugmeister zum Kommandanten der Armee in Italien ernannt.

Durch das am 20. Oktober 1860 erlassene Diplom entschließt sich der Kaiser, den Grundsatz der Teilung seiner gesetzgebenden Gewalt mit einem Vertretungskörper zu gestatten. Die Ungarn erhalten ihre Verfassung aus der Zeit *vor* 1848, aber nicht *von* 1848 zurück; alle übrigen Gebiete der Monarchie erhalten Landtage, die Einheit soll aber durch einen Reichsrat gewährleistet werden. Diese Neuerungen sind nach dem Willen des Kaisers als die unverrückbare und nicht zu überschreitende Grundlage des Neubaues des Reiches, nicht aber als das erste Glied einer Reihe von Zugeständnissen aufzufassen. Seiner Mutter glaubt Franz Joseph trotz allem sagen zu können: »Wir werden zwar etwas parlamentarisches Leben bekommen, allein die Gewalt bleibt in meinen Händen und das Ganze wird den österreichischen Verhältnissen gut angepaßt sein.«

Ende Oktober trifft der Kaiser mit dem Zaren in Warschau zusammen, aber auch diese Besprechungen sind von keinerlei Erfolg begleitet. Kaum von dieser Reise zurückgekehrt, trifft den Monarchen ein schwerer Schicksalsschlag: Elisabeth, die sich in der letzten Zeit besonders nervös gezeigt hat, hustet stark und unterliegt hypochondrischen Stimmungen. Auf Anraten des Professors Skoda, der ein ernstes Lungenleiden befürchtet, begibt sich die Kaiserin zur Erholung nach Madeira. Franz Joseph bleibt in so vielen bitteren Stunden allein. »Wieviel Enttäuschungen, wieviel Kämpfe und moralische Kränkungen erfüllen die schönsten Jahre meines armen Sohnes«, schreibt Erzherzogin Sophie.

Sie hat mit ihrer Klage recht, denn auch das gutgemeinte Oktoberdiplom wird ungünstig aufgenommen. Die Ungarn verlangen die Verfassung aus dem Jahre 1848, die Deutschen wieder fürchten das Übergewicht der Slawen, und die Liberalen aller Völkerschaften toben gegen Adel und Geistlichkeit. Um den Unzufriedenen entgegenzukommen, wird der Senatspräsident am Obersten Gerichtshof, Anton Ritter von Schmerling, zum Staatsminister ernannt, womit ihm die Leitung der Innenpolitik übertragen wird. Rechberg bleibt Außenminister.

Das neue Jahr — 1861 — bringt mit dem Tode Friedrich Wilhelms IV. die Verwirklichung der Politik des bisherigen Prinzregenten und nunmehrigen Königs Wilhelm I. von Preußen. Rechberg bleibt trotz allem stets für ein Zusammengehen mit Preußen bestrebt und weiß sich darin mit dem Willen seines Souveräns eins. Beim anderen Sorgenkind, in Italien, sieht es einstweilen sehr böse aus. Gaëta ist gefallen, womit dem monarchischen Prinzip neuerlich ein schwerer Schlag versetzt wird.

Wenige Tage später erläßt Franz Joseph das von Schmerling verfaßte Februarpatent. Es soll eine wirklich parlamentarische Verfassung, einen konstitutionellen, auch Ungarn umfassenden Zentralismus mit einem aus zwei Kammern bestehenden Reichstag schaffen, der ein Zentralparlament für das ganze Reich darzustellen hat. Der Kaiser betont, daß dies die äußerste Grenze der Zugeständnisse sei und daß jede Einmischung des Reichstages in die Außenpolitik wie in die Geschäfte der Heeresleitung auf das entschiedenste zurückzuweisen sei. In der Armee macht die »Konstitutionsbescherung« einen schlechten Eindruck, und in Wien finden Zusammenrottungen des Volkes und Unruhen statt, weil man nach größeren Rechten verlangt. Der Kaiser beruhigt diese Gelüste mit der Thronrede, die am 1. Mai 1861 den neuen Reichsrat eröffnet, in der er »all die vielen edlen Nationen, die unter dem Zepter seines Hauses seit Jahrhunderten brüderlich vereinigt sind, der gleichen Liebe und Sorgfalt« versichert. »Es gilt der Welt zu zeigen«, erklärt der Monarch, »daß die politischen, nationalen und kirchlichen Verschiedenheiten keine unüberwindlichen Hindernisse vernünftiger Verständigungen sind.« Die Abgeordneten sind bewegt, als der Herrscher mit erhobener, aber doch etwas zitternder Stimme die Worte spricht: »Uns war das Glück einer ruhigen Epoche nicht zuteil.«

Endlich scheint dem Kaiser das Glück auch im Familienkreise wieder zu lächeln. Die Nachrichten über Elisabeths Gesundheit lauten besser, sie hustet nicht mehr und beginnt sich in Madeira schon zu langweilen. Darum beschließen die Ärzte, sie heimkehren zu lassen. Franz Joseph fährt seiner Gemahlin auf der Jacht »Fantasie« entgegen, während Elisabeths Reiseziel das Schloß Miramar des Erzherzogs Ferdinand Max ist. Bald aber stellt sich heraus, daß die Kaiserin zu früh zurückgekehrt ist. Sie wird sehr rasch müde, beginnt wieder stark zu husten, und ihr Zustand wird bedenklich. Da sie jede Nahrung verabscheut, erschöpfen sich ihre Kräfte durch den Husten und die Schmerzen in der Brust zusehends. Professor Dr. Skoda glaubt, in der Lunge Tuberkelbazillen feststellen zu müssen. Er empfiehlt der Kaiserin eine Reise nach Korfu, weil sie sonst einer »galoppierenden Auszehrung« zum Opfer fallen würde. Der bayrische Arzt Dr. Fischer sieht nicht so schwarz, aber der Befund des Professors hat die Kaiserin in höchste Aufregung versetzt. Schweren Herzens nimmt sie von ihren Lieben Abschied, und viele zweifeln daran, daß sie je wieder zurückkehren werde.

Als Franz Joseph, der seine Gattin bis nach Triest begleitet hat, zurückkehrt, findet er eine von dem ungarischen Politiker Franz von Deák verfaßte Adresse vor, in der das Februarpatent abgelehnt wird. Schmerling ist für eine scharfe Zurückweisung, aber Franz Joseph begnügt sich damit, die Bemerkungen in dieser Adresse, die seine unleugbaren Erb- und Herrscherrechte verletzen, zu rügen, sie aber nur der augenblicklichen Erregung einiger leidenschaftlicher Redner zuzuschreiben und nicht als Gefühle des Landtages aufzufassen. Er fordert diese Körperschaft auf, die Adresse in einer würdigen Form vorzulegen.

Über die Nachrichten aus Korfu darf sich der Monarch freuen. Der Husten Elisabeths schwindet, sie schläft gut, und nur die geringe Eßlust verhindert eine rasche Zunahme ihrer Kräfte. Von einer Rückkehr nach Wien will die Kaiserin aber nichts wissen. Franz Joseph entsendet den Oberstallmeister Grafen Grünne zu seiner Gattin, um sie zu bestimmen, heimzukehren. Grünne gegenüber äußert Elisabeth ihre Sorge, daß Erzherzogin Sophie den Kaiser und die Kinder in ihrer Abwesenheit »dirigiere«, daß ihr der Gedanke an ihre Obersthofmeisterin unausstehlich sei und sie den Klatsch nicht ertragen könne, den man sich bei Hofe über sie und gewisse Personen erlaube. Da die Mission Grünnes fehlschlägt, entsendet Franz Joseph nun die Fürstin Taxis, Elisabeths Schwester, zu seiner Gattin, und diese erzielt wenigstens den Erfolg, daß ein Besuch des Monarchen in Korfu zustande kommt. Der Kaiser findet Elisabeth viel stärker, gut aussehend und fast gar nicht mehr vom Husten geplagt. Franz Joseph hält seiner Gattin vor, es gehe nicht mehr an, daß sie so lange außerhalb der Monarchie weile, stimmt dem von ihr gewünschten Wechsel der Obersthofmeisterin zu und bittet Elisabeth, in das Gebiet des Reiches zurückzukehren. Man einigt sich darauf, daß die Kaiserin wintersüber nach Venedig gehen und auch die Kinder dorthin kommen lassen soll, um den Einfluß der Erzherzogin Sophie auszuschalten.

Nun weilt auch Franz Joseph des öfteren in der Lagunenstadt, wo zum Jahresende auch eine entscheidende Aussprache des Herrschers mit Erzherzog Ferdinand Max stattfindet.

Napoleon III., der in die zur Zeit bestehenden mexikanischen Wirren einzugreifen beabsichtigt, braucht in diesem Lande einen Regenten, der sich seinen Wünschen fügen würde und das Abenteuer eines mexikanischen Kaisertums auf sich zu nehmen bereit wäre. Ferdinand Max erscheint ihm als der richtige Mann für diese romantische, aber nicht ungefährliche Rolle. Tatsächlich lockt den phantasievollen Erzherzog das Anerbieten der mexikanischen Krone, und Franz Joseph hegt gegen die Annahme keine grundsätzlichen Bedenken.

Der Monarch ist in guter Stimmung, denn er hat in der Dogenstadt seine Gattin bei guter Gesundheit angetroffen. Um so bestürzter aber ist er, als er plötzlich wieder hört, Elisabeth leide an geschwollenen Füßen, bilde sich ein, die Wassersucht zu haben, und wolle daher nicht nach Wien zurückkehren, sondern sich nach Possenhofen in die Behandlung des Hausarztes Dr. Fischer begeben. Die Ärzte beschließen jedoch, daß die Kaiserin die Kur in Kissingen gebrauchen solle. So steht der Monarch wieder vor der traurigen Aussicht, für längere Zeit auf ein richtiges Familienleben verzichten zu müssen. »Armer Kaiser«, schreibt Crenneville in sein Tagebuch[4], »hat bessere Zeiten, ein glücklicheres Interieur verdient.«

Am 13. Juli 1862 weilt auch Franz Joseph in Possenhofen. Elisabeth sieht zwar gut aus, hat aber immer noch geschwollene Füße. Der Kaiser wünscht, daß seine Gattin mit ihm nach Ischl komme, und ist, da sie sich dagegen wehrt, tief gekränkt.

Auch auf dem Gebiete der Politik gibt es für den Kaiser an Un-

[4] Tagebuch Crenneville, 10. Mai 1862. Crenneville-Archiv.

erfreulichem genug. Frankreich und Rußland wünschen die Zerstückelung der Türkei und, wie im Falle Serbiens, die Errichtung unabhängiger, nationaler Reiche, über die das Zarenreich seinen Einfluß zum Nachteil Österreichs ausüben könnte. Dies würde eine große Anziehungskraft auf die verschiedenen Völker in den östlichen und südlichen Balkanländern ausüben. Es wäre besser, meint Rechberg zu diesen Plänen, jene Gebiete der Monarchie einzuverleiben, und damit ist der erste Hinweis auf Bosnien und Herzegowina ausgesprochen.

Preußen bleibt feindselig und droht sogar, sich gegebenenfalls an Frankreich anzuschließen. Dies wird bedeutsam, weil am 23. September 1862 Bismarck Ministerpräsident und am 9. Oktober auch Außenminister geworden ist. Graf Károlyi in Berlin erhält von Rechberg die Weisung[5]: »Herrn von Bismarck gegenüber ist größte Vorsicht geboten. Was ich aber nicht begreifen kann, ist die unglaubliche Verblendung dieses Staatsmannes, seinem leidenschaftlichen Haß gegen Österreich so nachzugeben.«

Auch in Italien geschieht manches, das den Kaiser bedrückt. Viktor Emanuel, der den Titel »König von Italien« angenommen hat, wird von Rußland und Preußen anerkannt. Großbritannien hat dies wohl auch getan, unterhält aber augenblicklich zu Österreich gute Beziehungen.

Und wieder einmal treten zu den politischen Sorgen des Monarchen Spannungen in der Familie hinzu. Diesmal handelt es sich um das Verhältnis Franz Josephs zu seinem Bruder Ferdinand Max, da der Erzherzog in den Fragen der seiner Leitung unterstellten Kriegsmarine nicht immer der gleichen Meinung ist wie sein Allerhöchster Kriegsherr. Auch daß Elisabeth zu ihrer Umgebung oft merkwürdige Wünsche äußert und immer höchstes Interesse für das Schicksal Wahnsinniger zeigt, ist für den Herrscher eine Quelle steten Kummers.

In der Außenpolitik geht es wieder einmal um Staatengruppierungen. Im Aufstand der Polen gegen Rußland zeigen Großbritannien und Frankreich Sympathien für die Aufständischen, während Preußen zu Rußland hält. Napoleon III. will militärisch eingreifen und auch Österreich dafür gewinnen. Die Monarchie bleibt

[5] Rechberg an Károlyi, Berlin, 12. März 1863. Wien, St. A.

aber neutral, weil der Kaiser nicht an die Seite von Aufrührern treten will. Überdies würde ein Königreich Polen eine zu große Anziehungskraft auf Galizien ausüben. Es ist schon schwer genug, in Österreich selbst Ordnung zu schaffen. Dies zeigt sich deutlich, als am 18. Juni 1863 Erzherzog Karl Ludwig im Namen seines kaiserlichen Bruders die zweite Sitzung des österreichischen Reichsrates eröffnet. Einige Landtage verweigern die Entsendung von Vertretern; es fehlen die Ungarn und sämtliche Südslawen, und bald ziehen auch die Tschechen ihre Abgeordneten zurück. Trotzdem erholt sich die Monarchie langsam von den schweren Schlägen des Jahres 1859 und gewinnt auch nach außen hin wieder an Gewicht. Darum hält Franz Joseph es für angemessen, die Stellung Österreichs in Deutschland erneut zu betonen, um nicht vergessen zu lassen, daß die Vorherrschaft von alters her dem Kaiserstaate gebühre.

Auf einem Kongreß, an dem alle Fürsten teilnehmen sollen, will man eine dauernde Delegiertenversammlung des Bundes einrichten. Daneben soll eine Art Oberhaus in Form von periodisch zusammentretenden Fürstenversammlungen und als ausführende Gewalt ein Bundesdirektorium treten, in dem, ebenso wie in den Fürstenversammlungen, Österreich den Vorsitz zu führen hat. Diese Vorschläge werden vom Kaiser lebhaft begrüßt, und er versucht, einen Kurbesuch des Königs Wilhelm in Gastein dazu auszunützen, um den preußischen Souverän für diese Pläne zu gewinnen. Doch Bismarck gibt seinem Herrn den Rat, am Fürstenkongreß nicht teilzunehmen, und auch der Vorschlag Franz Josephs, Wilhelm möge sich wenigstens durch einen Hohenzollernprinzen in Frankfurt vertreten lassen, wird vom König abgelehnt. Als der Kaiser am 13. August 1863 zum Fürstenkongreß reist, meint er zu seiner Mutter[6]: »Es ist der letzte Versuch, Deutschland zu einigen, um es der Aufgabe gewachsen zu machen, die es zum Gleichgewichte und Frieden Europas erfüllen sollte — es ist das letzte Mittel, um die vielen Souveräne Deutschlands vor dem Untergange durch die wachsende Revolution zu retten. Leider will sich Preußen aus Eifersucht und Verblendung an dem Werke nicht

[6] Franz Joseph an seine Mutter, Schönbrunn, 13. August 1863. Schnürer, S. 320.

beteiligen, wodurch die Sache sehr erschwert wird.« Dafür kommen die Zustimmungen zu dieser Neuordnung von allen Seiten, ja selbst von Regierungen, die bisher ganz und gar Preußens »Sklaven« gewesen waren.
Da Preußen in Frankfurt nicht vertreten ist, wird der König von Sachsen mit einem Schreiben zu Wilhelm I. entsandt. In diesem Briefe wird betont, wie schmerzlich man es empfinde, den Preußenkönig nicht in der Mitte der Fürsten zu sehen, obwohl Franz Josephs Vorschläge allseitig als eine geeignete Grundlage für die Verhandlungen erkannt worden seien. Der sächsische König muß unverrichteter Dinge zurückkehren, da Wilhelm I. die Erörterung auch nur einzelner Punkte verweigert.
Das ernste Bemühen des Kaisers, die führende Stellung Österreichs in Deutschland allseitig, also auch von Preußen, anerkannt zu sehen, schlägt fehl. Die Fürstenversammlung tritt zwar mit überwiegender Mehrheit für Franz Josephs Vorschläge ein, verpflichtet sich aber nicht zu ihrer Ausführung, solange sich nicht auch Preußen darüber ausgesprochen hat. Da dies nicht zu erwarten ist, endet der Fürstentag in Wirklichkeit erfolglos.
Von Frankfurt aus fährt der Monarch nach Schloß Rosenau im Coburgischen, weil ihn die dort weilende Königin Viktoria von Großbritannien zu sprechen wünscht. Die hohe Frau meint zu ihrem Besucher: »Der König von Preußen fürchtet, daß Euer Majestät ihn erniedrigen und sein Land *unter* Österreich stellen wollen.« — »Ich denke nicht daran«, beteuert Franz Joseph, »aber es war ein großer Fehler, daß der König nicht nach Frankfurt gekommen ist.« — »Das ist auch meine Meinung«, erwidert die Königin. »Was ich möchte, wäre eine Gleichberechtigung beider Mächte. Wäre es nicht möglich, daß sie im Präsidium und Direktorium abwechseln[7]?« Der überraschte Kaiser geht auf diese Frage nicht weiter ein.
Kaum nach Wien zurückgekehrt, muß sich der Monarch mit der mexikanischen Frage auseinandersetzen, denn Napoleon III. hat inzwischen dem Erzherzog Ferdinand Max telegrafiert, daß er zum Kaiser von Mexiko ausgerufen worden sei. Obwohl fast alle Mitglieder des Hauses Österreich gegen dieses Abenteuer ihres

[7] Redlich, Kaiser Franz Joseph, S. 289.

Familienangehörigen eingestellt sind, stimmt Franz Joseph der Annahme der Krone zu, um einen Bruch mit seinem Bruder zu vermeiden. Er stellt jedoch die Bedingung, daß Ferdinand Max nur dem ausdrücklichen Wunsche Mexikos folge und daß dem Erzherzog die Unterstützung durch die Seemächte zugesagt werde. Auch eröffnet der Kaiser dem Erzherzog, daß er der Monarchie keine Gewährleistung für die Verteidigung der mexikanischen Krone zumuten und ihr auch nicht die damit verbundenen Lasten auferlegen könne. Außerdem verlangt der Herrscher, daß Ferdinand Max bei der Annahme der fremden Krone auf die Nachfolgerechte in der Heimat verzichte.

Das Jahr geht zu Ende. »Möge das Pech, von dem mein Sohn jetzt immer gesprochen, im nächsten Jahr aufhören, und möge Gott verhindern, daß mein Max nach Mexiko geht!« ruft Erzherzogin Sophie am Silvesterabend aus.

Aber die dunklen Wolken, die der Kaiserinmutter Sorge bereiten, stehen zu dieser Zeit nicht so sehr über Mexiko, das Gewittertief ruht viel eher über Preußen.

»SCHLESWIG-HOLSTEIN, MEERUMSCHLUNGEN...«

1864

Zum Anfang des Jahres 1864 beginnt die Frage um das Schicksal der Herzogtümer Schleswig und Holstein in den Mittelpunkt der europäischen Politik zu rücken. Beide Länder gehören zwar zum dänischen Gesamtstaat, aber Holstein ist auch Mitglied des Deutschen Bundes. Das deutsche Volkstum herrscht in beiden Ländern vor, und Preußen hat schon im Jahre 1848 versucht, sie mit bewaffneter Hand an sich zu bringen, was jedoch verhindert worden war. Die preußische Absicht, diese Gebiete gänzlich von Dänemark zu lösen, ist aber bestehengeblieben. Die deutschen Mittelstaaten wollen aus ihnen einen Bundesstaat formen, und Österreich hegt den Wunsch, seinem Anspruch auf die Führerstellung in Deutschland entsprechend, dabei mitzureden. Das Aussterben der in Dänemark herrschenden Fürstenlinie steht bevor, und damit wird die Frage der Nachfolge in den beiden Herzogtümern aufgeworfen.

Die gesamte öffentliche Meinung in Deutschland ist für die Abtrennung *beider* Länder von Dänemark, denn nach altem Recht sollen sie auf »ewig ungeteilt« bleiben. Nun ist am 15. November 1863 König Friedrich VII. gestorben, und ein Prinz von Glücksburg besteigt als Christian IX. den dänischen Thron. Sofort stellt der Herzog von Augustenburg Erbansprüche, während der dänische Monarch dem Gesamtreiche eine neue Verfassung gibt, vorerst Schleswig seinem Reiche rückhaltlos einverleibt und sich auch als Herrscher von Holstein bestätigt.

Dies erregt in Deutschland einen wahren Sturm. Der Kaiser beeilt sich daher, in einer Ministerkonferenz zu betonen, die Monarchie müsse, falls der Bund in den Herzogtümern eingreifen würde, sich daran aktiv beteiligen. Der Monarch hält es für eine Ehrensache, daß baldigst auch eine österreichische Heeresmacht in Holstein eintreffe, weshalb ein Korps unter dem Befehl des Feldmarschalleutnants Ludwig Freiherrn von Gablenz zusammengestellt wird.

Obwohl sich Franz Joseph mit dieser Verfügung in Gegensatz zu den deutschen Mittelstaaten stellt, tritt er dafür ein, daß man zumindest Schleswig so schnell wie möglich besetzen müsse, ohne den Mittelstaaten Zeit zu lassen, dabei mitzutun. Der Kronrat vom 10. Jänner 1864 entscheidet endgültig für ein Bündnis mit Preußen und für ein gemeinsames Ultimatum an Dänemark, in dem die Zurücknahme der neuen Verfassung für die beiden Fürstentümer verlangt wird. Das VI. österreichische Korps geht nun nach dem Norden ab. Als Dänemark das österreichisch-preußische Ultimatum ablehnt, rücken am 20. Jänner österreichische und preußische Truppen in Holstein, bald darauf auch in Schleswig ein. In mehreren Gefechten, so bei Oeversee, sind ihre Waffen siegreich. Die Österreicher dringen bis nach Veile vor, die Preußen erstürmen die Düppeler Schanzen und werfen die dänische Armee auf die Insel Alsen zurück. Der österreichische Kommodore Wilhelm von Tegetthoff befreit im Seegefecht von Helgoland am 9. Mai 1864 die deutschen Nordseeküsten von der Blockade durch die dänische Flotte. Am 22. Mai kommt es zum Waffenstillstand mit Dänemark.

Inzwischen hat sich das Schicksal des Erzherzogs Ferdinand Max erfüllt. Nach dramatischen Wechselfällen, in denen es beinahe noch zu einem Zerwürfnis zwischen den beiden Brüdern gekommen wäre, schifft sich das neugebackene mexikanische Herrscherpaar auf S. M. S. »Novara« ein, um in die neue Heimat abzusegeln. Am Tag zuvor hat der Kaiser von seinem Bruder Abschied genommen. Als der Monarch den Hofzug besteigen will, kommt es wie eine böse Ahnung über ihn. Mit Tränen in den Augen wendet er sich plötzlich um und eilt auf den Erzherzog zu. »Max!« ruft er und öffnet dem Bruder die Arme. Auch der Kaiser von Mexiko ist sehr aufgeregt und tief bekümmert, denn kurz vorher hat er seine Entsagung auf die Nachfolgerechte unterzeichnet. Und noch ein anderes Schreiben hat ihn tief erschüttert: »C'est le chagrin de ma vie!« hat ihm seine Mutter geschrieben[1]. Aber hat er nicht noch einen anderen Brief in der Tasche, einen, der tröstlicher zu klingen scheint? »Ich bitte Sie«, steht in Napoleons III. Handschrift drin, »stets auf meine Freundschaft zu zählen und sicher zu sein, daß Ihnen meine Unterstützung bei der Erfüllung der Aufgabe nicht fehlen wird, die Sie mit so viel Mut auf sich nehmen.« Ein Romantiker begibt sich auf den Weg, um die Dornenkrone eines Fabelreiches zu tragen.

Am 23. Juni besucht Franz Joseph den preußischen König in Karlsbad. Er und Rechberg sind bereit, die Frage beider Fürstentümer einem neutralen Schiedsspruche zu unterwerfen. Da Bismarck scharf dagegen ist, wird der Waffenstillstand gekündigt, und der Krieg geht weiter. Vom dänischen König laufen jedoch Friedensangebote ein, so daß eine neuerliche Zusammenkunft der Monarchen und ihrer Minister notwendig wird. König Wilhelm und Bismarck erfahren im Schloß Schönbrunn, daß Franz Joseph sich damit begnügen würde, die Herzogtümer an Preußen fallenzulassen, wenn Berlin im Falle eines Angriffes auf Venetien militärische Hilfe leisten wolle. Auch dagegen spricht sich Bismarck aus, und er lehnt auch das Anbot, für die Herzogtümer ein Stück von Schlesien an Österreich abzutreten, ab. Man will dem Kaiser-

[1] Tagebuch Crenneville, 2. Juni 1864. Crenneville-Archiv.

staat höchstens eine Geldentschädigung zubilligen. Schließlich kommt es zum Präliminarfrieden vom 1. August, in dem der König von Dänemark auf Schleswig, Holstein und Lauenburg zugunsten Franz Josephs und Wilhelms verzichtet. Die Entscheidung über diese Länder wird den beiden Monarchen überlassen. »Die Allianz mit Preußen«, schreibt Franz Joseph seiner Mutter, »war die einzig richtige Politik, aber sauer machen sie es einem mit ihrer Grundsatzlosigkeit und ihren burschikosen Streichen.«
Am 24. August findet eine Konferenz der beiden Souveräne mit ihren Ministern statt, bei der man sich aber mehr als Nebenbuhler denn als Verbündeter fühlt. Schließlich kommt der Gedanke auf, die Herzogtümer einfach zu teilen: Schleswig an Preußen, Holstein und Lauenburg an Österreich, doch dann werden sämtliche Fragen vertagt.
Franz Joseph ist Preußen gegenüber mißtrauisch geworden. Rechberg verharrt aber bei der Allianz mit dem Königreich, wenn er auch ein möglichst gutes Verhältnis zu Napoleon III. pflegen will. Er warnt vor einem Kriege mit Preußen, sagt aber nicht, wie man ihn vermeiden könnte. Am 27. Oktober genehmigt der Kaiser den Rücktritt des Grafen. In Preußen fürchtet man, daß der Abgang Rechbergs die Beziehungen zwischen den beiden Staaten verschlechtern könnte, aber der Kaiser stellt entschieden jedweden Zusammenhang zwischen dem Rücktritt des Ministerpräsidenten und der österreichisch-preußischen Allianz in Abrede.
Zum Nachfolger des Grafen wird Feldmarschalleutnant Alexander Graf Mensdorff-Pouilly, der einstige Begleiter Franz Josephs im Feldzuge des Jahres 1848, ernannt, von dem Hübner behauptet, er sei »intellektuell und ein moralisch ausgezeichnetes Individuum, aber kein Diplomat«.
Am 14. November 1864 eröffnet der Kaiser den Reichsrat mit einer Thronrede, in der er betont, daß die Einigkeit zwischen ihm und dem König von Preußen ihren hohen Wert durch die denkwürdigen Erfolge von neuem erprobt habe. Vorher schreibt der Monarch seiner Mutter[2]: »Das Verhältnis zu Preußen, der Grundpfeiler unserer Politik, ist trotz Zeitungsgeschrei nicht schlechter

[2] Franz Joseph an seine Mutter, Schönbrunn, 1. November 1864. Schnürer, S. 342.

geworden und wird sich trotz der in Berlin zu überwindenden Schwierigkeiten hoffentlich noch befestigen. An die Anerkennung Italiens denkt hier in maßgebenden Kreisen kein Mensch, überhaupt sehe ich zu Mutlosigkeit und Ängstlichkeit gar keinen Grund.«

Am 30. November nimmt der Oberste Kriegsherr eine große Parade über die aus Schleswig-Holstein zurückkehrenden Truppen ab. Damit scheint das Kapitel der Herzogtümer abgeschlossen zu sein. Es ist jedoch eher nur der Beginn zu späteren, noch unerfreulicheren Kapiteln, die vom Schicksal in das Buch der Geschichte Österreichs so selten mit glücklichem Griffel geschrieben werden.

DER WEG NACH KÖNIGGRÄTZ

1865—1866

Das Jahr 1865 beginnt für Franz Joseph mit innerpolitischen Schwierigkeiten. Diesmal ist es der Reichsrat, der sie durch seinen Angriff auf den Jahresvoranschlag des Kriegsministeriums verursacht. Die Abgeordneten, die sich über die Folgen solcher Einsparung nicht im klaren sind, kürzen den Heereshaushalt um ein Zehntel des vorjährigen Bedarfs, laufen gleichzeitig auch gegen den Staatshaushalt Sturm, nehmen gegen das Konkordat Stellung und verlangen Pressefreiheit.

Die Ungarn bleiben nicht zurück. Sie verharren in ihrer schroffen Ablehnung der Regierung, obwohl der Kaiser-König immer mehr geneigt ist, ihnen entgegenzukommen.

Bald zeigt sich auch, daß die schleswig-holsteinische Frage keineswegs gelöst ist, sondern neue Sorgen veranlaßt. Graf Mensdorff-Pouilly tritt dafür ein, in den Fürstentümern den status quo aufrechtzuerhalten, da dies die Annektierung durch Preußen verhindern würde. Noch stehen ja kaiserliche Truppen dort. Aber Preußen ist für die Einverleibung dieser Länder, so daß sich Österreich und Preußen in vollem Gegensatz zueinander befinden.

Gute Nachrichten treffen nur aus Mexiko ein. Ferdinand Max sendet rosige Berichte, so daß Wien über die dortigen Verhältnisse in völlig falscher Weise unterrichtet wird. Niemand in der kaiserlichen Familie ahnt, in welchen Hexenkessel sich der Erzherzog begeben hat. Man nimmt, was der junge Kaiser von Mexiko über die »neue, frische Welt« schreibt, für bare Münze und läßt sich von ihm sagen, daß Europa gegen sein Land, »alt, morsch und rückständig« sei.

Als Franz Joseph zu dieser Zeit nach Ungarn reist, bereitet man ihm einen festlichen Empfang, weil die Heißsporne glauben, daß der Monarch langsam für die Erfüllung der magyarischen Wünsche gewonnen werde. Das natürliche und leutselige Verhalten des Herrschers scheint ein Schritt zum versöhnenden Ausgleich mit Ungarn und zum Verzicht auf die zentralistischen Grundsätze des Februarpatents zu sein. Da Schmerling erkennen muß, daß seine Einstellung gegen Ungarn mit jener des Kaiser-Königs nicht übereinstimmt, nimmt er seine Entlassung. Sein Nachfolger wird Graf Richard von Belcredi, während Mensdorff-Pouilly als Außenminister verbleibt.

Im Ministerrate stellt der Herrscher seinen Ministern als obersten Grundsatz die Einheit der Monarchie hin. Dann fährt er fort: »... und in dieser Beziehung will ich besonders den ungarischen Herren des Ministeriums die Aufgabe stellen, an diesem Prinzipe namentlich gegenüber ihrem engeren Vaterlande, wo sie manchen Anfechtungen und mancher Opposition begegnen werden, mit aller Kraft festzuhalten ...«

Am 14. August läßt Bismarck seinen König die Konvention über die beiden Herzogtümer für die gemeinsame Besetzung dieser Länder unterzeichnen. Er kann dies im sicheren Bewußtsein tun, daß sich dieser Zustand ohnehin nicht lange werde aufrechterhalten lassen. Franz Joseph hinwieder ist zu einem jeden Opfer bereit, nur um die Beziehungen zu Preußen nicht zu gefährden.

An Opfer ist ja der Monarch nachgerade gewöhnt, denn auch in seiner Ehe muß er alles daransetzen, um den Frieden in der Familie aufrechtzuerhalten. Rudolf, der nun schon sieben Jahre alt ist, wächst zu einem hochintelligenten, aber allen Krankheiten gegenüber anfälligen und daher nervösen Knaben heran. General Graf Gondrecourt, dem der Kronprinz anvertraut ist, will ihn durch übertriebene Härte zu einem Helden erziehen. Darunter leidet der Junge an seiner Seele, denn er wird verschreckt und verängstigt. Die Kaiserin verlangt schließlich in einem Ultimatum von ihrem Gatten nicht nur die unumschränkte Vollmacht in allem, was die Kinder anbelangt, sondern auch Befreiung von allem Einfluß durch Fremde in Angelegenheiten, die sich auf die Wahl ihrer Umgebung und ihres Aufenthaltes beziehen. Der Monarch gibt notgedrungen nach. Nun wird Rudolf dem Obersten Latour von Thurnburg übergeben, aber wenn die Erziehung des Kronprinzen bisher zu konservativ gewesen war, wird sie nun durch Elisabeth zu freisinnig. Unter diesen Verhältnissen wirkt sich die Frühreife des Knaben besonders unheilvoll aus. Der von seinen Regierungsgeschäften voll in Anspruch genommene Herrscher hat nicht die Zeit, sich um die Erziehung in ihren Einzelheiten zu kümmern und muß sie seiner Gattin überlassen, die er nach wie vor in unbeirrbarer Ritterlichkeit liebt. Seine einzige Zerstreuung ist die Jagd, die er am liebsten mit seinem besten Freunde, Albert von Sachsen, ausübt und in deren Brauch er nun auch seinen Sohn einweiht.

Nach solchen glücklichen Jagdtagen muß sich Franz Joseph wieder mit Abgeordneten herumschlagen, die für die Bedürfnisse der Armee kein Verständnis zeigen. Der österreichische Reichsrat beobachtet überdies die Ausgleichsverhandlungen mit Ungarn mit scheelen Augen. So bleibt dem Kaiser nichts anderes übrig, als die Verfassung im nichtungarischen Teile seines Reiches einstweilen aufzuheben, bis die Verständigung mit Ungarn gelungen sein wird. Crenneville meint dazu[1]: »Ich sehe von allen Seiten schwarz, der Kaiser will immer das Bessere, während das Gute darunter leidet und zugrunde geht.«

In Ungarn fühlt man, daß Franz Joseph zur Nachgiebigkeit bereit ist, und glaubt schon, daß die Gesetze aus dem Jahre 1848 zugebilligt werden. Bei der Eröffnung des Landtages drückt der Monarch zwar seine Hoffnung aus, das Notwendige und Gewünschte werde gemeinsam in gegenseitigem Einverständnis erreicht werden können, doch eine unbedingte Anerkennung der den Ungarn im Jahre 1848 verliehenen Verfassung gesteht der Kaiser-König nicht zu.

[1] Tagebuch Crenneville, 28. Oktober 1865. Crenneville-Archiv.

Noch die letzten Stunden dieses Jahres bescheren dem Herrscher bittere Sorgen. Während er in Budapest weilt, hat sich Elisabeth ganz unerwartet und plötzlich entschlossen, nach München zu reisen, um dort ihren Hausarzt Dr. Fischer aufzusuchen. Da sie auch über den Weihnachtsabend in der Isar-Stadt bleibt, muß der Kaiser das Weihnachtsfest allein mit seinen Kindern verbringen. Auf die Frage der Kleinen, warum nicht auch Mama anwesend sei, ist ihr Vater um die Antwort verlegen.

Zum Beginn des neuen Jahres — 1866 — bittet eine ungarische Abordnung den Kaiser-König, den Bewohnern dieses Landes die Königin zuzuführen. Jubelnd begrüßt es die Deputation, als Elisabeth auf eine magyarische Ansprache dieser Herren fließend in der gleichen Sprache antwortet. Der Adlatus des Kommandierenden Generals in Ungarn, Feldmarschalleutnant Karl Graf Bigot de St. Quentin, gibt seiner Erwartung des Kaiserpaares in Ungarn an den Grafen Crenneville schriftlich Ausdruck[2]: »Es ist ein Fluch für dieses Land, aber seine Phantasie ist stärker als seine Vernunft ... Die Nation hat keinen Mittelstand, keine Bürgerklasse, so ist der Schritt von der Intelligenz bis zur unpraktischen Masse kurz ... Es läuft eine große Erfahrung durch ihre ganze Geschichte, daß nämlich der Ungar im Unglück niemals zu fürchten ist, wohl aber im Glück. Er ertrug den Halbmond mit dem ganzen unausstehlichen Druck der Paschawirtschaft, er setzt der Gewalt einer ihm noch so unliebsamen Regierung nur passiven Widerstand entgegen, aber sobald er sich freier fühlt, dann werden Selbstüberschätzung und Selbstüberhebung die Hebel und Kräfte für ihn zu politischer Aeronautik. Im Unglück übt er gern alle Tugenden eines friedlichen Bürgers, im Glück nur wurde er Rebell.«

Am 1. Februar erscheint eine Deputation zur Huldigung. Als sich ihre Mitglieder, Abgeordnete des Landtages, an Elisabeth wenden, sagt ihnen die hohe Frau freundliche Worte mit einem solchen Ausdruck besonderer Herzlichkeit, daß den Männern vor Rührung die Augen naß werden und sie förmlich in einen Taumel der Begeisterung geraten. Viel bemerkt wird auch, daß sich die Kaiserin bei einem Ball mit dem Grafen Andrássy viel länger als mit jedem anderen unterhält.

[2] St. Quentin an Crenneville, 16. Jänner 1866. Crenneville-Archiv.

Am 8. Februar wird dem Monarchen eine Adresse überreicht, in der ein unabhängiges Ministerium für Ungarn gefordert wird. Dieses Verlangen wird im Reichsrat mit eisigem Schweigen hingenommen. In Ungarn wird in diesen Tagen der Kaiserin und Königin jedenfalls mehr gehuldigt als ihrem Gatten.

Die kritische Stimmung in den österreichischen Ländern beruhigt sich erst ein wenig, als bekannt wird, daß der Herrscher die ungarischen Wünsche als unerfüllbar bezeichnet hat. Dafür ist die Enttäuschung in Ungarn um so größer.

Noch in Budapest hatte sich ein Ministerrat mit der Frage befassen müssen, ob man angesichts der drohenden Haltung Preußens in bezug auf Schleswig und Holstein all dem ruhig zusehen solle, was Berlin unternehme[3]. Die Ehre, Würde und Sicherheit Österreichs verlange, wird in diesem Ministerrate festgestellt, solche kriegerische Vorbereitungen zu treffen, daß man ernsten Möglichkeiten ruhig ins Gesicht sehen könne. Das Anbot einer Abfindung des Kaiserreiches mit einer Geldsumme sei im Hinblick auf die bedrängte Finanzlage wohl verführerisch, aber zugleich auch ein Beweis dafür, wie wenig der Gegner den österreichischen Monarchen und sein Land kenne. Eine solche Abfindung, erklärt der Kaiser, sei ebenso unmöglich wie die Verschacherung Venetiens. Es wird beschlossen, vorderhand kriegerische Vorbereitungen zu unterlassen und dafür auf diplomatischem Wege die Wahrung der Würde Österreichs sowie seiner Interessen zu versuchen.

Nun beginnt die preußische Presse gegen Österreich zu hetzen. Bismarck äußert sich sogar, es liege im Interesse seines Landes, zu kämpfen, bevor noch Österreich das Zündnadelgewehr eingeführt habe[4]. Diplomatisch wird von Berlin aus der Krieg durch vorsichtige Andeutungen gegenüber Napoleon untermauert, daß für Frankreich Landerwerb in Gegenden möglich sei, »wo in der Welt die französische Sprache gesprochen werde«. Der Teilnahme Italiens an seinen Plänen darf Bismarck sicher sein. Nun arbeitet er zielbewußt daran, der Monarchie durch Verhandlungen mit ungarischen Revolutionären und Agenten auch im Inneren Verlegenheiten zu schaffen. Nach Rußland hin darf Preußen beruhigt sein,

[3] Ministerkonferenzprotokoll, 21. Februar 1866. Wien, St. A.

[4] Károlyi an Mensdorff, 3. Februar 1866. Wien, St. A.

denn dort herrscht gegen Österreich noch immer Verbitterung. In Österreich raten die Diplomaten von Rüstungen ab, und auch Franz Joseph möchte lieber einen Ausweg finden, der Preußen nicht reizt, denn die Schwäche der Armee bereitet dem Obersten Kriegsherrn Sorgen. Erst am 7. März werden die Vorarbeiten für eine rasche Mobilisierung im Kriegsfalle gegen Preußen und die gleichzeitige Bereitstellung der Armee in Italien eingeleitet. In einer geheimen Militärkonferenz wird auch die Frage aufgeworfen, wer mit dem Oberbefehl über die gegen Preußen aufzustellende Armee zu betrauen sei. Der Kaiser trägt dem Feldzeugmeister Benedek dieses Kommando an, doch der General wehrt sich gegen die Annahme und beharrt auf seinem »Nein«. Franz Joseph läßt daraufhin den Erzherzog Albrecht kommen und teilt ihm mit, er wolle und könne ihm den Oberbefehl gegen das Königreich im Norden nicht übertragen, Benedek aber habe ihn abgelehnt. Der Erzherzog möge versuchen, den Feldzeugmeister umzustimmen. Dies gelingt denn auch, aber Benedek spricht dabei laut und ungeschminkt aus[5]: »Ich bin für den deutschen Kriegsschauplatz ein Esel, während ich in Italien vielleicht von Nutzen sein könnte. Wir spielen va banque, ich bringe dem Kaiser meine bürgerliche und militärische Ehre zum Opfer und wünsche nur, daß er nicht bereuen möge, mir dieses Kommando übertragen zu haben.« Dem Erzherzog Albrecht wird auf seine Bitte das Kommando in Italien gewährt.

Österreich verspricht für den Fall, daß Preußen den Krieg vom Zaune breche, die Angelegenheiten der beiden Herzogtümer in die Hände des Bundes zurückzulegen und sich seinen Entscheidungen zu fügen. Franz Joseph wünscht noch immer den Frieden, will aber gleichzeitig seine Stellung in Deutschland um jeden Preis aufrechterhalten. Die Dinge liegen nun so, wie sie Graf Mensdorff dem schweizerischen Gesandten erklärt[6]: »Die ganze königlich-preußische Familie außer dem König ist gegen den Krieg, allein Bismarck hat eine solche Macht über den König, daß er nur dem Rate dieses seines Ministers folgt.« Viele mächtige Faktoren sprechen

[5] Benedek an seine Frau, Olmütz, 13. Juli 1866. Heinrich Friedjung, Der Kampf um die Vorherrschaft in Deutschland, II/561.
[6] Steiger an Kneisel, 6. April 1866. Bundesarchiv Bern.

gegen den Waffengang: die Königin Viktoria bittet den König, »wegen der Fehler und des Leichtsinns eines einzelnen Mannes« doch nicht eine so furchtbare Verantwortung auf sich zu nehmen; die Königin-Witwe von Preußen, Schwester der Erzherzogin Sophie, das Coburger Haus, die persönlichen Feinde Bismarcks in der preußischen Diplomatie, alles wird aufgeboten, um einen Krieg hintanzuhalten. Nur Napoleon III. steht abseits, weil er hofft, schließlich als Schiedsrichter auftreten zu können und dabei zu gewinnen.
So nimmt das Schicksal seinen Lauf.

DAS DRAMA VON KÖNIGGRÄTZ

1866

Der Ministerrat vom 8. April 1866 bestätigt neuerlich den Friedenswillen Österreichs. Franz Joseph betont, man habe in Preußen im Falle eines ausbrechenden Krieges schon einen sehr großen Vorsprung gewonnen, anderseits sei aber zu bedenken, daß jede weitere Rüstung »bei dem zutage liegenden Haschen Preußens nach einem Kriegsvorwande« als ein solcher benützt werden könnte. Man einigt sich dahin, daß weitere militärische Maßnahmen unterbleiben sollen. Dies erregt aber die höchste Sorge der Generale, und der Chef des Generalstabes, Alfred von Henikstein, gibt seinen Befürchtungen in einer scharfen Denkschrift Ausdruck. Er meint vor allem, daß man nun schon nicht mehr in Böhmen, sondern nur noch in Mähren, auf die Festung Olmütz gestützt, werde aufmarschieren können, was ein sehr großer Nachteil sei. Noch aber hört man nicht auf seine Stimme.
Schon treffen Meldungen über die kriegerischen Vorbereitungen Italiens ein. Daraufhin beschließt die Ministerkonferenz am 21. April, die gegen das südliche Königreich bestimmten Teile der Armee zu mobilisieren. Mit Preußen, das in seinen kriegerischen Vorkehrungen schon weit vorgeschritten ist, kann über Abrüstung

nicht mehr gesprochen werden. Bismarck benützt die militärischen Vorbereitungen gegen Italien, um zu behaupten, Österreich sei dadurch für alles, was geschehen würde, verantwortlich. Er trachtet geschickt, Franz Joseph vor die Wahl zu stellen, entweder seine Vorrangstellung in Deutschland aufzugeben oder zu kämpfen, um sie aufrechtzuerhalten.

Als am 5. Mai die Nachricht einlangt, daß Preußen seine ganze Armee auf Kriegsfuß stelle, wird in Österreich die Gesamtmobilisierung befohlen, und gleichzeitig geht Erzherzog Albrecht nach Venetien ab. Der Großherzog Karl Alexander von Weimar versucht noch zu vermitteln, aber König Wilhelm antwortet ihm, daß es nur noch *ein* Mittel, den Krieg zu vermeiden, gebe[1]: »... daß auf den Kaiser von Österreich mächtig, eindringlich herzlich eingewirkt wird, in das Reformprojekt, wie ich es in Frankfurt am Main vorgeschlagen habe, sauf de modifications, d. h. franchement einzugehen ...« Das aber würde für Franz Joseph den Verzicht auf seine Vormachtstellung in Deutschland bedeuten.

Die Aussichten für Österreich sind nicht besonders günstig. Hannover zeigt sich zwar nicht treulos, ist aber unsicher; auf Bayern kann man trotz aller Bemühungen nicht rechnen; nur die treue Freundschaft mit Sachsen bewährt sich. In Paris freut man sich des kommenden Bruderkrieges, wobei die Wetten 4 : 1 für Österreich stehen. Bismarck verhandelt mit den ungarischen Revolutionären und nimmt einen magyarischen Journalisten in seine Dienste, der als harmloser Zeitungskorrespondent in Benedeks Hauptquartier abreist.

Am 3. Juni läßt Napoleon III. den österreichischen Gesandten in Paris zu sich kommen und bietet seine Neutralität gegen die Überlassung von Venetien nach dem Kriege an. Franz Joseph muß nachgeben und verspricht, Venetien dem Kaiser der Franzosen auch dann abzutreten, wenn Österreich über Preußen siegen sollte. Der Kaiser wartet ungeduldig darauf, daß die Aufnahme der sächsischen Truppen in die österreichische Armee beendet werde, da er sie nicht unnötigerweise einer Niederlage aussetzen will. Deshalb entsendet der Monarch den Oberstleutnant des Generalstabes

[1] Wilhelm I. an Großherzog Karl Alexander, Berlin, 16. Mai 1866. Schulze, Kaiser Wilhelms I. Weimarer Briefe, S. 74.

Friedrich von Beck aus seiner Militärkanzlei mit der mündlichen Weisung zum Feldzeugmeister Benedek, der Oberste Kriegsherr wolle zwar nicht in die Operation des Generals eingreifen, doch wünsche er, daß für den Schutz der sächsischen Truppen vorgesorgt werde. Sie seien unter keinen Umständen zu opfern und dürften vor allem nicht von der kaiserlichen Armee abgeschnitten werden. Beck geht über seinen Auftrag hinaus und regt den unmittelbaren Abmarsch der Hauptkräfte nach Böhmen an. Benedek ist überrascht, weil seine Armee noch nicht bereit ist, und außerdem nimmt ihm diese Empfehlung jeden Entschluß seinerseits vorweg. Nach einer Beratung mit seinen engsten Mitarbeitern teilt er dem Oberstleutnant mit, er müsse den Vorschlag Becks ablehnen. General Krismanić, der Chef seines Stabes, setzt im Protokoll über die Verhandlungen mit Beck zu dem Absatz über die Sorge wegen der sächsischen Truppen hinzu: »Nur möglich, wenn unsere eigensten, wichtigsten Interessen geopfert werden.«

Mit seiner Berichterstattung vermehrt der Oberstleutnant die Sorgen des Kaisers um den sächsischen Bundesgenossen. Beck schlägt dem Monarchen vor, ihn nach Dresden zu entsenden, um die Zusammenarbeit der beiden Armeen besser regeln zu können. Franz Joseph legt seinem sächsischen Freunde ans Herz, mit der ganzen Armee aus Sachsen abzumarschieren und den Anschluß an die Österreicher so bald wie möglich zu suchen. »Man muß«, heißt es in dem Briefe, »vereinigen, was man nur vereinigen kann.« Das in Böhmen stehende I. österreichische Korps und die I. leichte Kavalleriedivision sollen den Sachsen entgegenmarschieren.

Oberstleutnant Beck gibt persönlich in Olmütz dem Feldzeugmeister Kenntnis von dem kaiserlichen Schreiben und geht dann nach Dresden, wo sich der Kronprinz, wenn auch seufzend, mit den Vorschlägen Franz Josephs einverstanden erklärt. Am 10. Juni schlägt Bismarck eine Bundesreform vor, die den Ausschluß Österreichs aus Deutschland bedeutet, und damit sind nun die Würfel gefallen.

Die Ereignisse beginnen sich zu überstürzen. In der Nacht zum 15. Juni überzeugt Bismarck seinen König von der Notwendigkeit des Losschlagens. An Hannover, Sachsen und Hessen-Kassel ergeht ein Ultimatum, nach dessen Ablehnung der Einmarsch preußischer Truppen in diese Staaten erfolgt. Währenddessen zieht sich die sächsische Armee gegen Böhmen zurück. Am gleichen Tage geht Beck mit dem Auftrage, den Feldzeugmeister »zur Vorrückung nach Böhmen aufzufordern, da plötzliche Rücksichten diesen ehesten Marsch dringend wünschenswert erscheinen lassen«, nach Olmütz. Allerdings wird dieser Befehl nur mündlich erteilt, und Beck erklärt selbst, daß die ihm erteilte Instruktion »ungefähr« so gelautet habe. Am 16. Juni erscheint der Oberstleutnant vor Benedek, der noch nicht darüber im klaren ist, ob die Hauptkraft des Gegners von Böhmen oder von Schlesien heranrückt. Er ist eher geneigt, das letztere anzunehmen. Aber Beck drängt zum Abmarsch nach Böhmen. Der Feldzeugmeister wehrt sich noch immer dagegen, denn die Armee ist nicht völlig marschbereit. Schließlich läßt er sich gegen sein eigenes Gefühl beeinflussen und marschiert mit halbem Herzen und unter schwerwiegendem Verlust an Zeit nach Böhmen.

Am 16. Juni jagt der Kaiser dem Oberstleutnant ein Telegramm nach: »Die Ereignisse in Deutschland machen den Beginn der Operation dringend erwünscht. Da aber die militärischen Interessen die entscheidenden sind, so überlasse ich es Ihnen, den Zeitpunkt zum Beginn des Vormarsches zu bestimmen und erwarte telegrafischen Bericht über Ihren Entschluß.« In diesem an Benedek gerichteten Telegramm steht allerdings kein Wort über Böhmen.

Am 20. Juni erfolgt die Kriegserklärung Italiens. Indes hat sich die sächsische Armee glücklich dem Zugriff der Preußen entzogen und hat an der Iser-Linie in der Gegend von Münichgrätz Anschluß an die Österreicher gefunden.

Am 24. Juni kommen die ersten Nachrichten von der Front, und sie lauten günstig. An diesem Tage hat die in Italien stehende Armee bei Custozza einen glänzenden Sieg über den angreifenden Feind erzwungen, was Franz Joseph in die seligste Stimmung versetzt. Benedek ist einstweilen im Abmarsch nach Böhmen begriffen. Die einzelnen Korps, die zur Sicherung der aus Schlesien einbrechenden preußischen Kräfte zurückgelassen worden sind, können nun jedes für sich allein geschlagen werden. Das gleiche droht der Armeegruppe in Böhmen. Am 28. Juni ist die österreichische Hauptarmee in Böhmen im Raume von Josefstadt von den beiden gegnerischen Gruppen ziemlich gleich weit entfernt. Nun kann der Feind nicht mehr in seinen beiden Teilen getrennt geschlagen werden, weil die preußischen Gruppen einander beistehen würden. Indes sind schon starke Kräfte der österreichischen Armee und der Sachsen isoliert geschlagen worden. Nur dem Korps Gablenz gelingt es am 27. Juni im Gefechte von Trautenau, dem 10. preußischen Korps eine Niederlage zu bereiten. Alle schlechten Nachrichten treffen gleichzeitig im Hauptquartier ein und erzeugen dort Panik. Sie gipfelt in dem Telegramm Benedeks an den Generaladjutanten des Kaisers: »... Débâcle des ersten und sächsischen Armeekorps nötigt mich, den Rückzug in der Richtung von Königgrätz anzutreten.«

Diese Depesche wirkt auf den Kaiser niederschmetternd. Was er am meisten vermeiden wollte, ist eingetreten: die sächsische Armee hat eine Niederlage erlitten. Sofort beruft der Monarch den Außenminister, den Kriegsminister und seinen Generaladjutanten zu einer Besprechung ein. Alle sind der Meinung, daß die führenden Köpfe des Armeeoberkommandos im Norden abzuberufen seien. Aber den Feldzeugmeister will man nicht kurzerhand entheben, ihm soll Gelegenheit gegeben werden, das Kommando selbst niederzulegen. Beck wird neuerdings ins Hauptquartier entsendet und hat an den General ein Handschreiben zu übergeben[2]: »Lieber Feldzeugmeister Ritter von Benedek! Im Falle Sie durch Verwundung oder Krankheit gezwungen würden, das Armeekommando zu übergeben, so ernenne ich den ... zu Ihrem Nachfolger im Kommando der Hauptarmee.« Der General soll den Namen seines Nachfolgers selbst in den Text einsetzen.

Der Oberstleutnant gerät auf seiner Fahrt zum Hauptquartier im Rücken der Armee in das Durcheinander der Umordnung des Trains und gewinnt auch sonst schlechte Eindrücke von der Lage auf dem Kriegsschauplatz. Am 1. Juli trifft er mitten in einer Ansammlung von marschierenden und sich kreuzenden Kolonnen den Feldzeugmeister mit seinem Stabe. Gerüchte gehen um, daß der Feind schon in allernächster Nähe stehe. Beck findet den Armeekommandanten in trübseliger Stimmung und empfängt von ihm einen erschütternden Bericht: »Die meisten Korps haben schon schwere Verluste erlitten. Ich kann nicht mehr dafür bürgen, daß keine Katastrophe eintritt.« Alles schweigt betreten.

[2] Glaise-Horstenau, Franz Josephs Weggefährte, Wien 1929, S. 114.

Den Oberstleutnant ergreift nun auch eine Panikstimmung, und er telegrafiert an den Monarchen: »Bitte Euer Majestät dringend, um jeden Preis Frieden schließen. Katastrophe für Armee unvermeidlich.« Benedek unterschreibt den Entwurf zu diesem Telegramm wortlos. Beck spricht schon vom Rückzug der Armee vorerst hinter die Elbe und, sollte dies nicht genügen, hinter die Donau. Die Herren des Hauptquartiers hören zu, als wären nicht sie, sondern der Oberstleutnant für die Leitung verantwortlich.
Nun erst übergibt Beck das Handschreiben seines Allerhöchsten Herrn dem Feldzeugmeister und empfiehlt als Nachfolger Benedeks den Erzherzog Wilhelm. Dann meldet sich der Oberstleutnant ab, nachdem er an den Grafen Crenneville noch ein Telegramm abgesendet hat: »Waffenstillstand oder Frieden unumgänglich, weil Rückzug kaum ausführbar sein wird.«
Beide Telegramme schlagen in der Hofburg wie ein Blitz ein. Nachdem sich der Kaiser mit Mensdorff und dem Kriegsminister beraten hat, wird in das Hauptquartier gekabelt: »Einen Frieden zu schließen unmöglich. Ich befehle — wenn unausweichlich — Rückzug in größter Ordnung anzutreten. Hat eine Schlacht stattgefunden?«
Inzwischen hat Benedek wieder frischen Mut gefaßt, die Truppen haben sich ein wenig erholt, und es kann vielleicht noch alles gut, zumindest aber besser werden. Am 2. Juli meldet der Armeekommandant nach Wien, er beabsichtige bei Königgrätz zu bleiben und hoffe, nicht weiter zurückgehen zu müssen. Er befiehlt die Aufstellung der Armee mit dem schweren Hindernis der Elbe im Rücken. In Wien empfängt der Kaiser zu gleicher Zeit die Meldung von der Übergabe der hannoveranischen Armee, obwohl er versucht hatte, Bayern um Hilfe für diese Truppen zu bitten.
Auf die Abberufungsbefehle für Henikstein und Clam und die Ernennung des neuen Generalstabschefs Generalmajor von Baumgarten meldet der Feldzeugmeister, augenblicklich müßten die beiden Generale im Hauptquartier bleiben, bis der neuernannte Stabschef Baumgarten sich orientiert und die Geschäfte der Operationskanzlei übernommen haben werde. »Mittlerweile«, fährt Benedek fort[3],

[3] Benedek an Franz Joseph, Hauptquartier Königgrätz, 2. Juli 1866. Wien, Kriegsarchiv.

»dürfte es schon im Laufe des morgigen Tages zu einer großen und entscheidenden Schlacht kommen, deren Ausgang Euer Majestät möglicherweise bestimmen könnte, über Feldmarschalleutnant Baron Heniksteins weitere Verwendung milder zu entscheiden. Was mich betrifft, wissen Euer Majestät bereits durch Oberstleutnant Beck, wie ich fühle und was ich erwarte.«

Der Morgen des 3. Juli leitet die Schlacht von Königgrätz ein. Im Anfang überwiegt die Wirkung des beispielgebenden österreichischen Artilleriefeuers jene des preußischen Zündnadelgewehrs. Dann aber erobert die Armee des preußischen Kronprinzen die Stellung von Chlum, und die Niederlage des österreichischen Heeres ist trotz hingebungsvollster Tapferkeit der kaiserlichen Truppen entschieden. Nun wirkt sich das gewaltige Flußhindernis der Elbe im Rücken der österreichischen Verbände in unseligster Weise aus.

In Wien wartet man in banger Sorge auf die Nachrichten vom Kriegsschauplatz. Elisabeth versucht, ihren Gatten zu zerstreuen und zu erheitern. Wenn sie nicht an seiner Seite weilt, eilt sie von einem Spital zum anderen, um Hilfe und Trost zu spenden. Da kommt um sieben Uhr abends Crenneville leichenblaß mit einem Telegramm: »Schlacht bei Königgrätz, die Armee geschlagen, auf der Flucht nach der Festung, in Gefahr, dort eingeschlossen zu werden.« Der Kaiser starrt auf das unheilvolle Blatt. Nun ist die letzte Hoffnung dahin, der Feldzug gegen Preußen ist verloren. Er wendet sich zu Elisabeth: »Gehe, bitte, hinüber und sage meiner Mutter, es ginge schlecht bei der Nordarmee.« Sophie findet ihren Sohn »rührend ruhig«, in sich gekehrt, aber es ist die Ruhe der Verzweiflung. In dieser Stimmung wird an den österreichischen Gesandten in Paris telegrafiert[4]: »Sehen Sie zu, daß Kaiser Napoleon aus seiner tatenlosen Neutralität in Deutschland heraustrete, die den Urgrund für alle unsere Niederlagen bildet. Ein bewaffnetes Eingreifen Frankreichs kann allein die ausschließliche Herrschaft Preußens über Deutschland noch verhindern. Trachten Sie, so früh als möglich eine positive Antwort zu erlangen.«

In der Nacht kommt der König von Sachsen in Begleitung seines Ministers Baron Friedrich von Beust in Wien an. Franz Joseph

[4] Mensdorff an Metternich, 3. Juli 1866. Wien, St. A.

kann ihm die Wahrheit über das Schicksal der sächsischen Armee nicht vorenthalten; die ganze Nacht beraten die beiden Monarchen, wie man dem Unheil steuern könne. Frühmorgens langt die Nachricht von Benedek ein, daß sich die geschlagene Armee so gut wie möglich nach Olmütz zurückziehe. Die Hauptsorge muß nun sein, einen Waffenstillstand zu erreichen, denn von der Armee kommen wieder schlechte Meldungen.
Indessen rücken die Preußen immer näher an Wien heran. Elisabeth begibt sich nach Budapest, wo Andrássy und Deák sie auf dem Bahnhofe empfangen. Beide Herren schildern ihr die Dinge noch ärger, als sie sind, malen die Schrecken einer linksrevolutionären Bewegung an die Wand und versuchen damit, bei ihrer Königin die Ausgleichsgedanken zu fördern.
Am 9. Juli lehnen die Preußen einen Waffenstillstand ohne eine schon festgelegte Friedensgrundlage ab. Nun wird der Baron Beust nach Paris entsandt, um dort Napoleon zu bewegen, durch ein militärisches Eingreifen gegen Preußen den Dingen doch noch eine andere Wendung zu verleihen. Aber es ist zu spät, die verlorene Schlacht hat ihren Eindruck auf den Kaiser der Franzosen nicht verfehlt.
In Wien sieht jeder schon die Preußen in seinem Hause, und man bestürmt verzweifelt den Thron mit Beschwerden und Forderungen. Am 10. Juli bittet Bürgermeister Zelinka, Wien den Gefahren einer Belagerung nicht auszusetzen, und verlangt auch schon, der Kaiser möge nach dem Kriege freiere Staatseinrichtungen gewähren.
Franz Joseph ist nicht mutlos. Erzherzog Albrecht wird mit der Südarmee nach Wien berufen, was aber nicht verhindert, daß die verängstigten Wiener scharenweise aus der Stadt flüchten und daß so mancher Bürger vom Kahlenberg ausschaut, ob der Feind schon heranrücke. Ja noch mehr: der Kaiser muß bei einer Fahrt in die Hofburg vereinzelt Rufe hören: »Es lebe Kaiser Maximilian!«, womit auf eine Abdankung des Monarchen zugunsten seines Bruders Ferdinand Max, der in Mexiko um sein Reich kämpft, angespielt wird.
Am 12. Juli kehrt Elisabeth von Budapest zurück, um die Kinder abzuholen. Von ihren ungarischen Beratern beeinflußt, schildert sie die Lage jenseits der Donau in den düstersten Farben und bittet

ihren Gatten, Mensdorff durch Andrássy zu ersetzen. Der Kaiser aber bleibt seinem Außenminister treu, bittet nur seine Frau, die nun mit den Kindern nach Ungarn reist, dort sein Anwalt zu sein. Als Franz Joseph eine neuerliche Bitte Elisabeths, den Außenminister zu wechseln, abweist, wird die Kaiserin unmutig und schließt ein Schreiben an ihren Gemahl mit den Worten: »Dann kann ich Rudolf einmal ehrlich sagen, ich habe alles getan, was in meinen Kräften stand. Dein Unglück habe ich nicht am Gewissen.«
Nach einer langen Reihe von Unglücksnachrichten trifft nun auch eine Freudenbotschaft in Wien ein: Am 20. Juli hat Konteradmiral Wilhelm von Tegetthoff bei Lissa gegen italienische Übermacht einen glänzenden Seesieg erfochten, obwohl er die Weisung erhalten hatte, »keine Unternehmungen zu beginnen, die die k. k. Flotte auf das Spiel setzen könnten«.
Am 22. Juli findet ein letztes Gefecht bei Blumenau statt, doch am gleichen Tage beginnt die eben für fünf Tage abgeschlossene Waffenruhe. Sie beendet die grauenhafte Krise, in der man diesseits der Donau schon von einer Regentschaft der Kaiserin zu sprechen beginnt und in Ungarn den Krieg lediglich als gegen die höchst unpopuläre Regierung geführt betrachtet[5]. Einer der wenigen aber, die in diesen Tagen ruhig und selbstbeherrscht bleiben, ist der Kaiser. Täglich schreibt er seiner Gattin nach Budapest und zeichnet diese Briefe mit »Dein armer Kleiner«.
Mittlerweile ringen die österreichischen Unterhändler im Schloß Dietrichstein bei Nikolsburg in Mähren mit den Preußen um einen annehmbaren Frieden. Es wird vereinbart, daß Österreich aus Deutschland völlig ausgeschlossen und Venetien an Italien abgetreten wird. Das Kaiserreich muß die Herzogtümer Schleswig und Holstein räumen und 20 Millionen Kriegsentschädigung zahlen. Der unversehrte Besitzstand der albertinisch-sächsischen Linie wird zugestanden, was dem Kaiser als Ehrenschuld an den König von Sachsen besonders am Herzen liegt. Die österreichischen Erblande bleiben unberührt, denn der weit vorausblickende Bismarck weiß, daß er dereinst Österreich gegen andere Feinde dringend brauchen werde. Darum vermeidet er es, dem großen Nachbarn eine ewig blutende Wunde zu schlagen.

[5] Deppli an Kneisel, 20. und 24. Juli 1866. Bundesarchiv Bern.

Es gibt jedoch noch einen zweiten Besiegten, und dies ist Napoleon III. Das zwischen Nord- und Süddeutschland geschlossene Schutz- und Trutzbündnis verwehrt ihm jegliche Hoffnung auf das linke Rheinufer. Preußen hat in Deutschland besonders in militärischen Dingen freie Bahn.

Franz Joseph aber bleibt in all dem Unglück ungebeugt. Er beginnt, die Folgerungen aus der Niederlage von Königgrätz im eigenen Haushalt zu ziehen. Die Zuwendungen an die Mitglieder des kaiserlichen Hauses werden gekürzt, die Ausgaben des Hofes heruntergesetzt, und fast der halbe Hofstall wird verkauft. Dies alles wiegt für den Monarchen um so schwerer, als seine Gattin und die Kinder noch immer in Ungarn weilen. »... Sei gut für mich, wenn Du kommst«, schreibt er an Elisabeth, »denn ich bin so traurig und einsam und brauche Deine Erheiterung.« Die Kaiserin versucht indessen weiter, ihren Gemahl zur Nachgiebigkeit gegen die Wünsche Andrássys zu bewegen. Auch bei einem kurzen Aufenthalt der Herrscherin in Wien wird der Kaiser von ihr mit den ungarischen Forderungen bedrängt. »Wenn Du auch recht böse und sekkant warst«, sagt er seiner Gattin beim Abschied[6], »so hab' ich Dich doch so unendlich lieb, daß ich ohne Dich nicht sein kann.« Und als die Kaiserin erklärt, wegen der Hitze in Wien nicht zurückkehren zu können, meint der Monarch: »So muß ich mich eben trösten und mein langgewohntes Alleinsein wieder mit Geduld tragen. In dieser Beziehung habe ich schon so viel auszuhalten gelernt, und man gewöhnt's endlich.«

In diesen Tagen ist eine sehr schwere Entscheidung zu treffen: Was soll mit Benedek geschehen? Beck muß eine Reihe von Fragen, die an den Feldzeugmeister gestellt werden sollen, entwerfen. Benedek nimmt alle Schuld auf sich und lehnt alle Verteidigung einfach ab. Die Bevölkerung meint, diese Haltung entspreche der Rücksichtnahme auf hohe, vielleicht sogar auf die allerhöchsten Stellen. Unter dem Druck der öffentlichen Meinung muß die Untersuchung gegen den unglücklichen Feldherrn eingestellt werden. Erzherzog Albrecht verfügt sich zu dem Feldzeugmeister und läßt sich versprechen, daß der General auch weiterhin schweigen werde. Beck aber wird nach dem Feldzug außertourlich zum Oberst befördert.

[6] Corti, Elisabeth, die seltsame Frau, S. 163.

An seine Mutter schreibt Franz Joseph am 22. August[7]: »Ich möchte ein wenig Gebirgsluft atmen, um meinen Geist etwas zu erfrischen. Denn mit mir geht es stark bergab, während ich körperlich unglaublich wohl bin ... Erst jetzt kommt man so recht auf all die Infamie und den raffinierten Betrug, dem wir zum Opfer gefallen sind. Das war alles zwischen Paris, Berlin und Florenz lange vorbereitet, und wir waren sehr ehrlich, aber sehr dumm. Es ist ein Kampf auf Leben und Tod, der noch lange nicht aus ist, und es ist mit Berechnung auf unsere vollkommene Zerstörung abgesehen. Wenn man alle Welt gegen sich und gar keinen Freund hat, so ist wenig Aussicht auf Erfolg, aber man muß sich so lange wehren, als es geht, seine Pflicht bis zuletzt tun und endlich mit Ehren zugrunde gehen.«

Am 23. August wird in Prag der Frieden zwischen Österreich und Preußen unterzeichnet. Aber als ob es für Franz Joseph selbst keinen Frieden geben sollte, treffen aus Mexiko schlechte Nachrichten ein. Kaiserin Charlotte ist in Paris gewesen, um dort für ihren Gatten um Hilfe und Unterstützung zu bitten. Da dieser Schritt vergeblich gewesen ist, beabsichtigt sie, so heißt es, sich an ihren kaiserlichen Schwager zu wenden. Aber der Monarch vermeidet es, nach Triest zu reisen, doch um so entsetzlicher ist, was der Hof in den ersten Oktobertagen aus Rom erfährt. Charlotte ist während einer Audienz beim Papst, in der sie den Heiligen Vater angefleht hat, Ferdinand Max seinen Beistand zu gewähren, wahnsinnig geworden. Der Kampf der Aufständischen gegen den Kaiser von Mexiko ist für Ferdinand Max verloren.

Auch eine andere Sorge belastet den Kaiser. Er ersetzt den Grafen Mensdorff durch den ehemals sächsischen Minister Baron Beust. Da dieser aber Protestant und ein Fremder in Österreich ist, findet diese Betrauung viele Gegner, und zu ihnen zählt vor allem Elisabeth, die immer wieder für Andrássy eintritt. Den Freiherrn von Beust betrachtet man als »Trutz- und Revancheminister«.

Als der Herrscher von einer Reise aus Böhmen und Mähren zurückkehrt, findet er ein Schreiben seines Bruders aus Mexiko vor, in dem Ferdinand Max sich für sein Land immer noch mut- und liebevoll ausspricht und den sehnlichsten Wunsch ausdrückt, seine

[7] Franz Joseph an seine Mutter, 22. August 1866. Schnürer, S. 357.

Gattin bald wieder bei sich zu sehen. In Wirklichkeit aber ist die Lage des mexikanischen Kaisers unhaltbar geworden. Am 21. November telegrafiert Ferdinand Max, daß er wahrscheinlich im Dezember nach Europa zurückkehren werde. Am Wiener Hofe ist man darüber entsetzt, denn man hat die Lage in dem fernen Lande bisher doch noch unterschätzt. Aber ein späteres Telegramm beruhigt die Gemüter wieder, da der mexikanische Monarch mitteilt, daß er doch in seinem Reiche verbleiben wolle.

Nicht beruhigend aber ist die Stimmung in der österreichischen Monarchie. Die Aussichten für die Zukunft werden sehr düster beurteilt, und ein Politiker versteigt sich sogar zu der Behauptung: »Wir wollen nicht, daß, wenn es so weitergeht, die Dynastie, die mit Rudolf von Habsburg begann, mit Rudolf dem Kinde ein Ende findet.«

Von der Bevölkerung wird dem Kaiser-König vorgeworfen, er sei seit seinem Regierungsantritt nur der Schutzherr des Militärs und habe »keine Liebe zu seiner Bevölkerung«. Man beschuldigt ihn ferner, der Jagd mehr Zeit zu widmen als den Regierungsgeschäften, und auch aus Ungarn dringt eine äußerst scharfe Sprache nach Wien. Der dortige Landtag hat schon seine dritte Adresse abgesandt und erklärt, daß er vor der Einsetzung eines selbständigen Ministeriums sein letztes Wort zur Krone gesprochen habe. Beust muß als Vermittler nach Ungarn reisen.

Das Unglücksjahr 1866 geht zu Ende, und allenthalben ahnt man, daß auch die Zeit des gegenwärtigen Regierungssystems nicht mehr lange dauern könne. In Deutschland schmiedet Preußen, in Bismarck verkörpert, die Einheit des Reiches. Wer wird in Österreich der Schmied der Einigung, Einigkeit und Einheit sein?

V

JAHRE DER REIFE

EINE NEUE ZEIT

1867—1869

In Franz Joseph nagt der Schmerz über die Niederlage im Vorjahr. Der Frieden von Prag hat die außenpolitischen Interessen Österreichs gleichsam zwangsläufig nach dem Südosten abgedrängt. Die orientalische Frage gewinnt ein neues Leben, und dies um so mehr, als Napoleon III. lockend sagen läßt, er würde gerne helfen, dem Donaustaate den Weg nach Bosnien und der Herzegowina zu öffnen.

In der Innenpolitik steht Ungarn in vollem Angriff. Die Unabhängigkeitspartei verlangt die gänzliche Losreißung des Königreiches von Österreich, die Partei Andrássys und Deáks will wohl im Grunde dasselbe, doch soll dies nicht in einem einzigen Schwunge, sondern in natürlicher Entwicklung erreicht werden. Andrássy hofft dabei auf die Mithilfe der magyarenfreundlichen Königin. Der in Ungarn kommandierende Feldzeugmeister Graf Coronini und Erzherzog Albrecht sind gegen Nachgiebigkeit, Beust aber empfiehlt, den Wünschen der Magyaren entgegenzukommen, weil er auf ein Zusammengehen der Deutschen und der Magyaren gegen den aufkommenden Panslawismus hofft. Da Belcredi dieser Ansicht schroff entgegensteht, bittet er um seine Enthebung vom Amte des Ministerpräsidenten und wird durch Beust, der Außenminister bleibt, ersetzt. Ungarn erhält nun sein eigenes Ministerium unter dem Grafen Julius Andrássy. Die alte Verfassung Ungarns wird mit den einst vom Grafen Ludwig Batthyány, dem hingerichteten Revolutionär, angefügten Zusätzen angenommen. So steht denn an der Spitze der ungarischen Regierung ein dereinst in effigie gehenkter Minister und erklärter Feind Rußlands. Die Monarchie wird in eine österreichische Reichshälfte, Zisleithanien, und eine ungarische, Transleithanien, geteilt, in zwei gleichberechtigte und selbständige Körper, die nur durch Personalunion, die gemeinsame auswärtige Vertretung, die Wehrmacht, ein gemeinsames Finanzministerium und die Kostendeckung aus den Einkünften eines einheitlichen Zolltarifs miteinander verbunden sind. Diese gemeinsamen Angelegenheiten sollen durch besondere Minister verwaltet und von jährlichen Vertretern aus beiden Ländern, den Delegationen, betreut werden. Die Armee ist zwar dem Kaiser allein unterstellt, aber die Rekrutenkontingente und die Auslagen für das Heer und die Marine sind von der Bewilligung durch die gesetzgebende Körperschaft abhängig. Die Entwicklung der Armee ist auf diese Weise der Mehrheit in den Parlamenten ausgeliefert. Franz Joseph hat sich, wie Hübner bemerkt, »den Rebellen von einst ausgeliefert[1]«, der Schwerpunkt der Monarchie ist nach Budapest verlegt worden. Die Spottvögel behaupten, Österreich sei in den »Ausgleich« gegangen, und die Gehässigen meinen, es sei »gleich aus« mit ihm.

Als der Kaiser im März 1867 nach Ungarn kommt, wird er mit Begeisterung empfangen, und die Magyaren zeigen sich förmlich siegestrunken, was den Zweck dieser Reise, die Krönung zum ungarischen König, psychologisch untermauert.

Einstweilen kämpft Ferdinand Max in weiter Ferne seinen letzten Kampf gegen die Aufständischen. Ein Telegramm meldet am 29. Mai, daß der Führer der Rebellen, Juarez, die Stadt Queretaro genommen und den Kaiser von Mexiko gefangengesetzt habe.

Am 8. Juni findet bei herrlichstem Wetter die Krönung des Königspaares statt. Alles harrt der Majestäten. Auf einmal erbrausen tosende Éljenrufe, sie pflanzen sich von der Straße bis in die Kirche fort. Franz Joseph erscheint im Krönungsmantel, neben ihm Elisabeth in schier überirdischer Schönheit, in Weiß und einem silbernen, mit Diamanten und Perlen bestickten Halskragen und Schleier, das Mieder mit Perlen verziert.

Der Monarch verspricht nun im Krönungseide, er wolle die Bewohner Ungarns und seiner Nebenländer, welchen kirchlichen und

[1] Tagebuch Hübner, Paris, 5. Jänner 1868. Hübner-Archiv.

weltlichen Standes immer, in ihren Vorrechten, Freiheiten, Gesetzen, alten und genehmigten Gepflogenheiten erhalten. Dann kniet er vor dem Hochaltar nieder. Der Erzbischof von Kalocsa tritt vor und spricht zum Fürstprimas: »Hochwürdiger Vater! Die römisch-katholische Kirche wünscht, daß Ihr Franz Joseph I. in die königliche Würde Ungarns erheben möget.« Darauf der Fürstprimas: »Haltet Ihr Ihn dieser Würde für wert und nützlich?« Und der Erzbischof: »Wir wissen und glauben, daß er der Kirche Gottes würdig und für sie von Nutzen ist.«
Der Fürstprimas und der Stellvertreter des Paladins treten zum Monarchen, setzen ihm die Krone auf das Haupt, und Andrássy ruft mit weithin schallender Stimme in die Kirche: »Hoch lebe der gekrönte ungarische König!«
Nun begibt sich Elisabeth an die Stufen des Hauptaltares. Der Fürstprimas salbt sie am Arme, dann berührt er mit der ihrem Gemahl wieder abgenommenen Krone ihre Schulter.
Der feierliche Zug setzt sich zum Krönungshügel hin in Bewegung. Franz Joseph sprengt schneidig hinauf und schwingt unter dem Jubel der Bevölkerung seinen Säbel nach den vier Weltgegenden. Zum Schluß wird das Krönungsgeschenk der ungarischen Nation — es sind 100.000 Golddukaten — in zwei mächtigen silbernen Kassetten herbeigebracht und dem Königspaar überreicht.
Am 10. und 11. Juni wird eine allgemeine Amnestie verkündet, nach der selbst Kossuth und General Klapka, der Kommandant der polnischen Legion, die 1866 mit den Preußen zusammen gegen Österreich aufgestellt worden war, in ihr Vaterland zurückkehren dürfen, wenn sie dem König Treue und den Gesetzen des Landes Gehorsam geloben.
Wenige Tage später läßt der Kaiser seinem Bruder in Mexiko über New York mitteilen, daß er, wenn er zurückkehre, in alle seine früheren Rechte eingesetzt würde, was ein Familienrat einstimmig beschlossen hat. Der Vertreter Österreichs in Washington soll dies dem Präsidenten Juarez mitteilen. Am 30. Juni aber gelangt die furchtbare Kunde nach Wien, daß Ferdinand Max am 19. Juni durch Pulver und Blei hingerichtet worden sei. Die Depesche wird dem Kaiser nach München nachgesandt, da niemand wagt, die Trauerbotschaft den unglücklichen Eltern des Märtyrers auf dem mexikanischen Throne mitzuteilen. Zuerst wird der Vater, Erzher-

zog Franz Karl, vom Tode seines Sohnes verständigt. Wie er seiner Frau begegnet, erkennt sie an seiner bestürzten Miene, daß etwas Ernstes geschehen sein müsse. Angstvoll fragt Sophie: »Gibt es Nachrichten von Max?« — »Ja«, antwortet der Erzherzog, »wenig gute.« Da errät Sophie alles und wirft sich mit dem Schrei: »Erschossen! Erschossen!« in die Arme ihres Gatten.

Kurze Zeit später hält Franz Joseph den Abschiedsbrief des Toten in seinen Händen. »Lieber Bruder«, liest der Kaiser[2], »durch die Fügung des Schicksals gezwungen, schuldlosen und unverdienten Tod zu erleiden, sende ich Dir noch diese Zeilen, um für Deine brüderliche Liebe und Freundschaft aus vollem Herzen zu danken. Möge Gott sie Dir durch Glück, Freude und Segen für Dich, die Kaiserin und die lieben Kinder reichlich vergelten. Für Fehler, die ich begangen, für Kummer und Verdruß, die ich Dir im Leben bereitet, bitte ich Dich aus ganzem Herzen um Verzeihung. Eine einzige Bitte richte ich noch an Dich: daß Du der treuen belgischen und österreichischen Militärs, die mit Anhänglichkeit und Aufopferung bis zum Schlusse meiner Laufbahn gedient haben, in Liebe gedenken mögest ... Queretaro, im Gefängnis de las Capucinas, Juni 1867.«

Alle Nachrichten stimmen darin überein, daß Ferdinand Max stolz, tapfer und würdevoll in der Stunde seines Todes sich als echter Habsburger benommen habe.

Die letzten Monate haben eine ungeheure Bürde auf die Seele Franz Josephs gelegt. Der Ausgleich mit Ungarn, der vor dem Gewissen des Monarchen keiner ist, und der Tod seines Bruders haben ihn aber reifen lassen und ihn aus einer Unsicherheit im Regieren emporgehoben, die vorher das Kaisertum in manche Krise gestürzt hat. Schlechte Ratgeber haben dazu in nicht geringem Maße das Ihrige beigetragen. Was auf den Kaiser-König noch an Sorgen wartet, was ihm noch an Gefahren droht, hat, von der ungarischen Seite her, ein magyarischer Magnat in wenige, aber treffende Worte, die zum italienischen Gesandten gesprochen wurden, gekleidet[3]: »Uns gehört von nun an die Zukunft der Monarchie,

[2] Tagebuch aus dem Gefängnis des Leibarztes Dr. Basch, »Neues Wiener Journal«, 4. Dezember 1927.

[3] Barall an Campello, Budapest, 7. Juni 1867. Archiv des Ministeriums des Äußern, Rom.

wir sind die Stärkeren. Und es ist Ungarn, das nach und nach den Schwerpunkt des Kaisertums bilden muß.« Eine neue Ära des Habsburgerreiches ist im Kommen.
Sie beginnt damit, daß Franz Joseph sich von seinem Generaladjutanten Grafen Crenneville trennt und ihn zum Oberstkämmerer ernennt. An diesem Wechsel ist die Kaiserin nicht ganz unschuldig, denn der General hat seine Ungarnfeindlichkeit nie verborgen und ist auch sonst zuweilen als Kritiker unbequem. An die Stelle Crennevilles tritt Graf Gustav Bellegarde. Der wichtigste und einflußreichste Ratgeber des Monarchen aber ist und bleibt Baron Beust. Er will den Frieden erhalten, aber für den Kriegsfall verlangt er, daß Österreich sich an einem Waffengange nur im Verein mit einem mächtigen Bundesgenossen beteilige. Hingegen wendet sich Andrássy gegen eine jede Stärkung der Armee, wobei aber der Kaiser den Standpunkt vertritt, daß einer Verminderung der Heeresstärke Grenzen gesetzt seien, da sonst die Gefahr der Desorganisation entstünde. Beust tritt dafür ein, daß man sich bemühen solle, die Ausbreitung des Norddeutschen Bundes über den Süden möglichst wenig zu fördern und sich »im Falle kriegerischer Eventualitäten vollste Handlungsfreiheit offenzuhalten«. Dies ist im Hinblick auf einen bevorstehenden Besuch Napoleons III. und seiner Gattin in Österreich gedacht.
Am 18. August 1867 begegnen die beiden Kaiserpaare einander in Salzburg. Franz Joseph ist sehr aufgeregt; bleich und bewegt gibt er dem Manne die Hand, den er seit Villafranca nicht mehr gesehen und der Ferdinand Max ins Verderben getrieben hat. Man spricht nicht über ein Bündnis mit einem endlichen Kriegsziel, doch weist der Kaiser der Franzosen mit Nachdruck darauf hin, daß beide Reiche die gleichen Interessen hätten. Napoleon spricht auch von einem möglichen Eingreifen Rußlands in den Fürstentümern Moldau und Walachei, dem Österreich bei voller Unterstützung durch Frankreich entgegentreten müsse. Es wird nichts vereinbart und nur die Erwiderung des Besuches in Aussicht genommen.
Bald danach ereignet sich noch ein zweites, für Franz Joseph peinliches Fürstentreffen. Der Kaiser sucht den König von Preußen in Kos bei Baden-Baden auf, um jedwede Beunruhigung in Berlin über den bevorstehenden Gegenbesuch Franz Josephs in Frankreich auszuschalten. Es ist nicht überraschend, daß die Zusammen-

kunft des Kaisers mit dem Sieger von Königgrätz sehr kühl verläuft. Um so überwältigender aber ist der Empfang des Herrschers in Paris. Franz Joseph muß seine Gemahlin, die Mutterfreuden entgegensieht, entschuldigen; trotzdem ist das Benehmen des französischen Kaiserpaares ein überaus herzliches, und der Monarch ist darüber, wie er seiner Gattin schreibt, »paff«. Den französischen Kronprinzen mit Rudolf vergleichend, meint er: »Wir können Besseres aufweisen.« Politisch wird nichts vereinbart, und Beust faßt das Ergebnis dieser Reise in die Worte zusammen: »Wir sind verbunden, ohne verbündet zu sein.«

Ende Dezember werden im Sinne des Ausgleichs mit Ungarn die Organe des einheitlichen Staatsgebildes ernannt: der Minister des Äußeren mit dem Titel »Reichskanzler«, der Reichsfinanz- und der Reichskriegsminister. Aber es nützt nicht viel, die Einheitlichkeit zu betonen, denn die zwei Hälften ergeben doch kein harmonisches Ganzes. Das Militär braucht 80 Millionen Gulden, wie soll diese Forderung in den beiden Reichstagen durchgesetzt werden? Dazu kommt, daß sich auch die Tschechen vollkommen ablehnend verhalten und die deutschen Freisinnigen widerspenstig werden. Der Kaiser glaubt, einen Ausweg dadurch gefunden zu haben, daß Beust den Vorsitz im Ministerrate abgibt und nur das Äußere behält, während ihm Fürst Carlos Auersperg in der Präsidentschaft über ein liberales »Bürgerministerium« folgt. Der Ausgleich wird in Ungarn am 12. Juni, in Österreich am 21. Dezember 1867 gesetzlich verankert, wobei das österreichische Gesetz viel mehr am Gedanken der Gesamtmonarchie festhält als das ungarische. Daraus entsteht eine dauernde Quelle von Schwierigkeiten in der Zukunft.

Am 17. Jänner 1868 kehrt die entseelte Hülle Ferdinand Maxens, die Vizeadmiral Tegetthoff mit S. M. S. »Novara« eingeholt hat, in die Heimat zurück. Erschüttert und mit Tränen in den Augen steht der Admiral vor der Erzherzogin Sophie, um ihr über die Heimreise ihres toten Sohnes zu berichten. Auch der letzte Leibarzt des Verewigten, Dr. v. Basch, meldet sich und bestätigt, daß der Märtyrerkaiser nur einen Augenblick gelitten haben konnte und daß die Schüsse auf der Brust des Toten die Form eines Kreuzes ergeben hatten.

Kurz darauf empfängt der Monarch zum ersten Male die Mitglie-

der der Delegation beider Reichshälften. Den hundertvierzig Gästen wird ein großes Bankett gegeben, aber eine freudige Stimmung kommt nicht auf. Wie die magyarischen Delegierten denken, verrät Andrássy dem italienischen Gesandten, indem er meint, es sei so schwierig, dem Ausland abzugewöhnen, die Monarchie »Österreich« zu nennen. Das Ausland müsse lernen, von der vereinigten Monarchie Österreichs und Ungarns zu sprechen.
Dem drängenden, von Elisabeth unterstützten Wunsche der Magyaren folgend, begibt sich Franz Joseph Ende Jänner 1868 nach Budapest und bleibt bis zum 10. Februar dort. Nach Wien zurückgekehrt, sieht er sich zwei neuen, außergewöhnlichen Ereignissen gegenüber: dem im April nach Wiener Neustadt einberufenen ersten allgemeinen Arbeitertag, der sich für einen revolutionären nationalen Sozialismus entschieden zu haben scheint, und den gemeinsamen Angriffen des Bürgerministeriums und des Abgeordnetenhauses gegen das Konkordat. Man will der Kirche die Gerichtsbarkeit in Ehesachen wie auch das gesamte Unterrichtswesen entwinden und dem Staate zurückverweisen. Weil Franz Joseph diese Bestrebungen nicht genug scharf ablehnt, setzt er sich in Widerspruch zu seiner Mutter, die sich gegen die Einführung der Zivilehe stellt. Schon faselt die öffentliche Meinung von einer Palastrevolution, und Gerüchte gehen um, man wolle den Kaiser wegen seiner freisinnigen Haltung zum Abdanken bewegen. Am 11. März befaßt sich das Herrenhaus mit der Konkordatsfrage. Heß und und der greise Grillparzer, der Dichter Anastasius Grün (Graf Anton Auersperg) und Minister Schmerling geben ihre Stimmen gegen das Konkordat ab, und in der entscheidenden Sitzung am 21. März stehen 39 Für-Stimmen 69 Gegen-Stimmen entgegen. Schließlich erhalten drei Kirchengesetze in Ehesachen, im Unterrichtswesen und über die Gleichberechtigung aller Konfessionen die Genehmigung des Monarchen.
Vor allem aber ist es dem Monarchen um die Einheitlichkeit der Armee zu tun. Darum tritt er den Wünschen Andrássys nach einer eigenen ungarischen Armee entschieden entgegen und betont, daß es nur eine *österreichische* Armee geben dürfe, der auch die Landwehren anzugehören hätten. Besonders scharf wird der Gegensatz zwischen dem Kaiser-König und Andrássy, als der Graf die magyarische Kommandosprache und Fahnen mit dem ungarischen

Wappen einschmuggeln will. Der Magnat baut zu sehr auf die Unterstützung durch Elisabeth, die am 22. April in Budapest einem Mädchen das Leben schenkt, das Marie Valerie genannt wird. Es ist ein Zeichen für die Liebe der Kaiserin zu Ungarn, daß es ihr Wunsch gewesen ist, dieses Kind, von dem die Magyaren hofften, daß es ein Knabe sein werde, im Königreich Ungarn zur Welt zu bringen.

Das Beispiel der Magyaren steckt die Tschechen an, und nun wollen auch sie erreichen, was den Ungarn gelungen ist. Als Franz Joseph im Juni 1868 Prag besucht, hält sich die Bevölkerung von den Empfangsfeierlichkeiten ferne, und am 7. Oktober muß in der Hauptstadt der Länder der heiligen Wenzelskrone sogar der Ausnahmezustand verkündet werden, weil es zu Unruhen gekommen ist.

Das Ausland verfolgt die Verhältnisse in Österreich sehr aufmerksam, und dies ist besonders in Italien der Fall, wohin der italienische Gesandte berichtet, was Andrássy ihm vorsagt. Bitter bemerkt Sophie zu dieser Zeit: »Der Höhepunkt des Ruhmes Österreichs ist überschritten. Er schwindet jetzt unter den Schlägen der Revolutionäre schnell dahin aus Mangel an moralischem Mut, Grundsätzen und Religion, aus Materialismus und unter dem verderblichen Einfluß der unsinnigen und falschen Ideen, die jetzt die Welt regieren, bis endlich der liebe Gott ein Ende machen wird.«

Der schwerste und am meisten nach außen wirkende Schlag aber vollzieht sich nicht durch Revolutionäre, sondern durch ein kaiserliches Handschreiben vom 14. Oktober 1868. In ihm wird statt »Österreich« die Bezeichnung »Österreichisch-ungarische Monarchie« geschaffen, und der Monarch nennt sich von nun an »Kaiser von Österreich und Apostolischer König von Ungarn«. Dafür aber ist es gelungen, das neue Wehrgesetz und die allgemeine Wehrpflicht unter Dach und Fach zu bringen. In seiner Freude verleiht der Kaiser seinem Ratgeber Beust den Grafenstand.

Der Herrscher ist besonders mit der Haltung der Slawen unzufrieden. Die Kroaten, mit denen gleichfalls ein Ausgleich geschaffen worden war und deren Land wieder der Stephanskrone unterstellt ist, sind unruhig. Deshalb besucht der Herrscher im März 1869 Agram und empfängt den kroatisch-slawonischen Landtag. Immer wieder beschäftigt den Kaiser und König der Gedanke,

daß die Monarchie die große Heimat sein soll, die alle in ihr lebenden Völker, welcher Zunge auch immer, mit gleicher Gerechtigkeit bei der Pflege ihrer Interessen wie ihrer Eigentümlichkeiten zu umfangen bereit ist.
Außenpolitisch ist die Frage zu beantworten, wie sich der Kaiser zum dauernden Entgegenkommen Napoleons III. verhalten solle. Beust stellt seinem Herrn vor Augen, daß Österreich, das auf einen Wiedereintritt in Deutschland nicht auf ewig verzichten solle, dort alle Sympathien verlieren würde, wenn es gemeinsam mit Frankreich aufträte. Der Minister spricht einer »entente passive« das Wort, die dem Verlaufe der Dinge angepaßt sein könne. Deshalb wird in einem Briefwechsel zwischen Franz Joseph und dem Napoleoniden, der die Spannung zwischen Frankreich und Deutschland mit wachsender Sorge verfolgt, abgemacht, daß Österreich-Ungarn die Sache Frankreichs als die seinige betrachte und zu dem Erfolge seiner Waffen »in den Grenzen des Möglichen« beitragen werde.
Nach einem kurzen Aufenthalte in Gödöllö, dem zum Lieblingsplatz des Kaiserpaares gewordenen Jagdschloß in der Nähe von Budapest, empfängt Franz Joseph den Kronprinzen von Preußen, den Mann, der bei Königgrätz der österreichischen Armee den vernichtenden Schlag zugefügt hat. Kronprinz Friedrich bemüht sich, außerordentlich freundlich zu sein, aber das Kaiserpaar kann nicht anders, als sich kühl und korrekt zu verhalten.
Da sich Kronprinz Friedrich von Wien aus zu den Feierlichkeiten anläßlich der Eröffnung des Suezkanals begibt, dringt Beust in den Monarchen, sich dort nicht von Preußen ausstechen zu lassen. Daher wird beschlossen, daß Franz Joseph dem Sultan einen Besuch abstatte und mit der Reise nach Suez auch eine Wallfahrt in das Gelobte Land verbinde.
Am 25. Oktober 1869 reist Franz Joseph ab. Die Fahrt geht donauabwärts über das Eiserne Tor nach Viddin und Varna, von dort in den Bosporus. Der Sultan hat seinen ganzen Harem ausquartiert, um dem hohen Gaste und dem Gefolge das große Gebäude einzuräumen. Bei der Ankunft in Konstantinopel wird der Kaiser vom Großherrn mit aller orientalischen Pracht empfangen. »Ich glaube, wir erleben alle ein Märchen aus ›Tausendundeiner Nacht‹«, ruft der Monarch aus, als er dieses Glanzes gewahr wird.

Er selbst sticht im ungewohnten Zivil, schwarzem Rock und lichtgrünem Beinkleid ganz eigenartig von solchem Prunke ab. Nach einer Reihe von glänzenden Festlichkeiten reist der Herrscher in den Piräus und von dort nach Jaffa weiter. Es herrscht schwerer Seegang, und der um das Wohl seiner auf dem Begleitschiff »Kaiserin Elisabeth« untergebrachten Gefolgsleute besorgte Kaiser läßt von seiner Jacht »Greif« aus mit Flaggensignal anfragen, wie es den Herren ergehe. Die dem Meergott opfernden Schiffsgäste antworten schlagfertig: »Ave, Caesar, morituri te salutant!« Der Monarch läßt aber zurückflaggen: »Requiescat in pace!« Auch er leidet unter der Seekrankheit, ruft aber vergeblich nach seinem Leibarzt, denn diesem ergeht es noch viel schlechter als seinem hohen Herrn.

In Jaffa hat der Sultan alles aufs beste für die Reise des Kaisers nach Jerusalem vorbereiten lassen: an die 500 Kamele und Dromedare stehen für die Reisegesellschaft bereit. Am 9. November trifft der Kaiser mit seinem Gefolge vor Jerusalem ein; beim Anblicke der Heiligen Stadt steigt Franz Joseph vom Pferde, kniet nieder und verrichtet ein Gebet. Dann küßt er die geweihte Erde, erhebt sich ergriffen und reitet, von einer gewaltigen Menschenmenge jubelnd begrüßt, ein. Am Heiligen Grabe beichtet und kommuniziert er.

Auf der Rückfahrt von Jaffa tobt in diesem Hafen ein gewaltiger Sturm. Als der Monarch sich zur Einschiffungsstelle begibt, wollen ihm die Konsuln von Preußen und Frankreich vom Antritt der Schiffsreise abraten. Aber der Kaiser will keineswegs die Eröffnungsfeierlichkeiten am Suezkanal versäumen und befragt den Vizeadmiral Tegetthoff um seine Meinung. Der Admiral erklärt, daß eine Einschiffung noch fünf Minuten, aber nicht später, möglich sei. Franz Joseph entschließt sich sogleich, setzt sich mit einigen Herren seiner Begleitung in die erste Barke, während Tegetthoff mit dem Rest des Gefolges im zweiten Araberboote folgt. Die einheimischen Seeleute greifen zu den Rudern; ein Araber bittet, der Herrscher möge sich an der Sitzbank festseilen lassen. Der Kaiser ruft zum Admiral hinüber: »Werden Sie sich anseilen lassen?« Tegetthoff antwortet: »Nein, Majestät, aber wenn ich ertrinke, erfülle ich nur meinen Beruf, aber Majestäten haben andere Pflichten.« Nach einigem Zögern folgt der Monarch der Bitte des Arabers und wird festgebunden. Langsam, sehr langsam, geht es um die Felsenklippen herum, die dem Hafen vorgelagert sind. Die Barken tanzen auf den Wellen, und das Führerboot sieht, wie die Kaiserbarke von einer Schaumkrone hochgehoben wird und den Klippen zutreibt. Tegetthoff befiehlt in seinem Boote, das Rudern einzustellen, denn er will das Kaiserboot retten, oder das Los seines kaiserlichen Herrn teilen und untergehen. Da taucht auch schon die kaiserliche Standarte über den Wellen auf und gewinnt nach vorwärts Raum. Auch in das Führerboot kehrt wieder Leben zurück, und mit neuer Kraft werden die Ruder dem Seegang entgegengestemmt. Doch immer mehr füllen sich die Fahrzeuge mit Wasser; die Araber beten schreiend »Allah il Allah!«, aber schließlich gelingt das Wagnis: die beiden Barken arbeiten sich bis unter Bord des »Greif«. Der Monarch und seine Begleiter werden in Hängematten auf Deck gehievt. Als der Kaiser in Sicherheit ist, rufen Tegetthoff und seine Bootskameraden befreit »Hurra!«. Nun werden auch sie völlig durchnäßt an Bord gebracht.

Am 15. November läuft S. M. S. »Greif« rechtzeitig in Port Said ein, während Kaiserin Eugenie auf ihrer Jacht »Aigle« und der Kronprinz von Preußen erst tags darauf eintreffen. Sofort beginnt die Eröffnungsfahrt durch den Kanal, und am 20. sind alle Schiffe in Suez, wo der Khedive von Ägypten die hohen Gäste erwartet. Nach einem Festmahl geht es nach Kairo weiter, wo der Kaiser im vizeköniglichen Palaste von Gesireh untergebracht wird. Von dort aus unternimmt der Monarch einen Ausflug zur Sphinx und besteigt mit einigen seiner Gefolgsleute die 422 Fuß hohe Cheopspyramide. Nach einiger Zeit vom beschwerlichen Steigen müde, erkundigt sich Franz Joseph beim Ägyptologen Brugsch, der die Expedition begleitet, ob es lohnend sei, bis zur Spitze vorzudringen. »Lohnend nicht«, meint der Gelehrte, »aber seit Friedrich Barbarossa hat kein deutscher Kaiser die Pyramide bestiegen.« Franz Joseph setzt daraufhin den unbequemen Aufstieg fort, bis er die Spitze des riesigen Bauwerkes erreicht hat.

Auf der Rückreise zeigt der Monarch seiner Begleitung liebevoll die Gemächer, die Kaiserin Elisabeth auf Korfu in der Villa »Mon repos« bewohnt hat. Beim Passieren von Lissa feiert der Oberste Kriegsherr den Admiral, der drei Jahre vorher in diesen Gewässern gesiegt hat, mit einem Glase Champagner.

Elisabeth weilt, als der Kaiser nach Wien zurückkehrt, in Rom bei ihrer Schwester Marie. Um so jubelnder begrüßen ihn die Kinder. Dann sieht sich der Monarch nach dem farbenfrohen Orient wieder »im Geschirr«, wie die Kaiserin zu sagen pflegt, in seinem nüchternen, arbeitsreichen Alltag.

AM RANDE DES DEUTSCH-FRANZÖSISCHEN KRIEGES

1870—1871

Die ersten Monate des Jahres 1870 vergehen für Franz Joseph in der Sorge um die Bildung des österreichischen Ministeriums, wobei das Streben der slawischen Landesteile nach Selbständigkeit besonders hervortritt. Da sowohl die Tschechen als auch die Polen das Abgeordnetenhaus verlassen haben, versucht der Kaiser, mit einem Beamtenministerium unter dem Grafen Potocki Ordnung zu schaffen. Graf Eduard Taaffe, ein einstiger Spielkamerad des Monarchen, wird Minister des Inneren. Von ihm sagt der Schweizer Gesandte, er sei ein Mann von mittelmäßiger Begabung, der »ebenso leicht heute einem liberalen als morgen einem reaktionären Ministerium Dienste leisten« werde[1]. Daß der Kaiser hören muß, die Tschechen hätten bei einem allslawischen Kongreß in Rußland offen von einer Angliederung Böhmens an das Zarenreich gesprochen, kränkt ihn sehr.
Aber auch im Westen Europas braut sich drohend ein Gewitter zusammen. Die Franzosen sind mit ihrem Souverän unzufrieden, denn durch die politische Entwicklung in Europa fühlen sie sich bedroht. Der Kaiser der Franzosen sieht den Boden unter seinen Füßen schwanken und glaubt, daß es nur noch einen Ausweg gebe: den Krieg gegen Preußen. Ein solcher Waffengang wäre volkstüm-

[1] Tschudi an Welti, 22. Dezember 1869, und Tschudi an Dubs, Wien, 8. Mai 1870. Bundesarchiv Bern.

lich, denn die feindselige Stimmung gegen das Königreich verstärkt sich von Tag zu Tag. Vielleicht würde auch Franz Joseph gerne mittun? Von Wien aus wird Erzherzog Albrecht nach Paris entsandt, um die Pläne für einen gemeinsamen Feldzug, in dem der Erzherzog die österreichisch-ungarischen Truppen befehligen würde, zu besprechen. Diese Reise stößt aber besonders bei dem Kriegsminister Freiherrn von Kuhn, der ein neues Königgrätz befürchtet, auf heftigen Widerspruch.

Indessen hat Napoleon III. einen Volksentscheid über die von ihm eingeführte Verfassungsänderung eingeleitet. Da sich $7^1/_4$ Millionen für und nur $1^1/_2$ Millionen Stimmen gegen diesen innerpolitischen Vorgang aussprechen, wird die Volksabstimmung als eine Vertrauenskundgebung für den Kaiser der Franzosen gewertet. Daraufhin richtet Franz Joseph eigenhändig einen Glückwunschbrief an Napoleon, dessen Antwort in den Worten gipfelt[2]: »Unsere Interessen sind derartig eng verbunden, daß, wenn einem von uns etwas Glückliches geschieht, dies seine Rückwirkung auch auf den anderen übt.«

Für Österreich-Ungarn ist wichtig, wie sich Rußland zu verhalten gedenkt. Wieder wird Erzherzog Albrecht beauftragt, die Einstellung des Zaren zu erkunden. Alexander empfängt ihn sehr freundlich, drückt seinen sehnlichen Wunsch aus, das große Dreierbündnis wiederherzustellen, und redet von allem möglichen, nur nicht darüber, was Rußland im Kriegsfalle Frankreich—Preußen täte. Eines ist aber aus den Gesprächen zu ersehen: der Zar würde nie feindlich gegen Preußen auftreten.

Am 14. Juli 1870 will der französische General Barthélemy Lebrun die militärischen Besprechungen in Wien abschließen. Erzherzog Albrecht erklärt ihm, die Armee würde 42 Tage brauchen, um auf Kriegsfuß zu kommen; inzwischen sollte Frankreich mit eigenen Kräften den Krieg beginnen. Italien, das auch mithalten müßte, würde 1,300.000 Mann gegen Preußen bereitstellen. Dieser Plan würde, wie Beust dem Kaiser meldet, den Eindruck vermeiden, als wollten Frankreich und Österreich-Ungarn gemeinsam Preußen überfallen. Würde Napoleon III. gleich zum Beginn siegen, könnte man ihm in Süddeutschland die Hand reichen.

[2] Napoleon III. an Franz Joseph, 22. Mai 1870. Wien, St. A.

Aber wird Napoleon siegen? Immerhin ist Franz Joseph angesichts der russischen Haltung mehr für den Plan seines Ratgebers Beust als für einen gemeinsamen Angriff. Dem französischen General Lebrun sagt der Monarch, er wolle Frieden. Sollte er aber Krieg führen, müßte er sich dazu gezwungen sehen. Um diese Zeit schreibt Beust an den Botschafter Fürsten Metternich in Paris, er wisse aus sicherer Quelle, daß Rußland versprochen habe, gegebenenfalls ein Eingreifen der Donaumonarchie zu paralysieren, und schon daran denke, Galizien zu besetzen. Zudem hat der russische Botschafter in Paris, Graf Okuniew, dem französischen Minister des Äußeren, Herzog von Gramont, erklärt: »Wenn Österreich aus seiner Neutralität heraustritt, werden wir es auch tun[3].«
In Wien prallen die Meinungen heftig aufeinander. Kriegsminister Kuhn ist nun für den Krieg. Beust ist für Passivität, Andrássy spricht sich für eine zuwartende Haltung aus. Schließlich bestimmt der Kaiser, zunächst bloß die besonders zeitraubenden militärischen Vorkehrungen beginnen zu lassen.

Am 19. Juli erfolgt die Kriegserklärung Frankreichs an Preußen. Da Österreich-Ungarn sich nicht zur Tat entschließt, will Kuhn seine Entlassung nehmen. Er ist überzeugt, daß es, wenn die Monarchie in den Krieg eintrete, zu einem Weltkrieg kommen werde. *»Ob jetzt oder später«*, meldet er schriftlich dem Kaiser[4], *»einmal muß dieser Kampf ausgefochten werden, je früher, desto besser ...* Man muß im Kampfe gegen Rußland die Revolutionierung Polens anbahnen und vorbereiten, man muß die Trennung dieses Landes von Rußland — selbst mit Aufopferung Galiziens — aussprechen, um diesen Riesen zu schwächen und vollkommen auf Asien zu verweisen, *soll nicht die Erde über kurz oder lang unter zwei Mächten: die Nordamerikaner und die Russen, geteilt werden ...* Ist Preußen auch in diesem Falle Sieger, nun dann vollzieht sich Österreichs Geschick genauso, wie wenn es jetzt neutral bleibt, nur vielleicht etwas schneller ...«

Am 22. Juli warnt Alexander II. persönlich den österreichischen Gesandten Grafen Chotek davor, sich von Frankreich mitreißen zu lassen. Franz Joseph muß nun dem Kaiser der Franzosen ge-

[3] Mazziotti, Napoleone III e l'Italia, S. 296.
[4] Kuhn an Franz Joseph, Wien, 20. Juli 1870, Wien, St. A.

genüber die ihm geboten erscheinende Neutralitätspolitik brieflich auseinandersetzen. Aber er, der Hof und Beust erhoffen einen Sieg Frankreichs.

Mittlerweile kommt die Nachricht von einem ersten großen Sieg der Preußen bei Wörth am 6. August. Schlag auf Schlag jagen ähnliche Meldungen einander, und ihr Eindruck in Wien ist niederschmetternd. Vom 14. bis zum 18. August Colombey, Mars-la-Tour, Gravelotte ... »Fürchterlich!« sagt Crenneville. »Quel cauchemar! Et quel avenir que cette omnipotence de Bismarck!« ruft der verzweifelte Metternich in Paris aus[5]. Nun ist der Kriegseifer in Österreich-Ungarn gründlich abgekühlt, und man beginnt, den Feldzug schon als entschieden zu betrachten. Aber es kommt noch viel ärger! Am 2. September kapituliert ein Großteil des französischen Heeres bei Sedan, und Kaiser Napoleon III. muß sich gefangengeben. Schnell geht es mit Frankreich bergab, der Monarch wird abgesetzt, Eugenie flieht nach England. Am 5. September wird in Paris die Republik ausgerufen.

In dieser bewegten Zeit muß Franz Joseph den österreichischen Reichsrat eröffnen. Er weist darauf hin, daß die Monarchie sich trotz des blutigen Kampfes im Westen noch der Segnungen des Friedens erfreue. Er hofft, die Abgeordneten würden bestrebt sein, die Wünsche der Wahlkreise mit den Bedürfnissen des Ganzen in Einklang zu bringen, und beklagt, daß er die Vertreter Böhmens in den Reihen der Abgeordneten noch vermissen müsse. Denn anstatt seine 54 Deputierten zu entsenden, hat Böhmen wieder in einer Adresse an den Kaiser volle Staatsautonomie verlangt. Wegen all dieser Schwierigkeiten kann der Monarch seine mit den Kindern in Neuberg weilende Gattin nicht besuchen. Entrüstet schreibt sie: »Also wieder kommst Du nicht. Das ist doch zu arg!« Als die Kaiserin mit ihren beiden Töchtern dann nach Meran reist, schreibt Kronprinz Rudolf traurig an Erzherzogin Sophie: »So muß denn der arme Papa in dieser schweren Zeit von der lieben Mama getrennt sein. Ich übernehme mit Freuden das schöne Amt, die einzige Stütze des lieben Papas zu sein.«

Die Aufmerksamkeit der Öffentlichkeit wird für kurze Zeit vom Kriegsschauplatz abgelenkt, da das Vatikanische Konzil die Un-

[5] Metternich an Beust, 16. August 1870. Wien, St. A.

fehlbarkeit des Papstes, wenn er ex cathedra spricht, zum Dogma erhoben hat. Franz Joseph ist, entgegen der Ansicht seiner Mutter, überzeugt, daß diese Verkündigung »politisch nicht sehr opportun« sei. Österreich erklärt die restlichen, noch nicht aufgehobenen Verfügungen des einstigen Konkordats als nicht mehr verbindlich, und der Kaiser schreibt an seine Mutter[6]: »... Es ist auch mein innigster Wunsch, mit dieser (der katholischen Kirche) wieder zu einer Einigung zu kommen, doch das ist mit dem jetzigen Papst nicht möglich ...« Damit ist in Österreich die Trennung der Kirche vom Staat völlig durchgeführt.

Einstweilen sind die Truppen des Königs Viktor Emanuel am 20. September in Rom eingezogen, nachdem die Stadt von der französischen Besatzung verlassen worden ist; die weltliche Herrschaft des Papstes ist zu Ende. Franz Joseph muß seiner Mutter erklären: »Für den Papst kann ich jetzt in der Lage, in der wir uns in Europa befinden, nichts tun.« Pius IX. aber meint hiezu: »Österreich ist in den Händen eines Protestanten, nämlich Beusts, und sicher hat er die Regierung ermutigt, den Schlag gegen Rom zu führen.«

Der Kaiser ist über den Ausgang des Deutsch-Französischen Krieges verstimmt und mißmutig. »Die Preußen haben unerhörtes Glück«, schreibt er an Sophie[7], »und es wird jetzt immer schwerer mit ihnen auszukommen sein, um so mehr, als das ganze übrige Europa von einer entsetzlichen Mattigkeit und Indolenz ist. Ich sehe sehr trübe in die Zukunft, die noch trauriger werden dürfte als die Gegenwart.« Schon benützt Rußland die Lage und sagt sich der Verpflichtung des Pariser Friedens los, die das Schwarze Meer als neutral erklärte und die Haltung von Kriegsschiffen dort verbot. Österreich-Ungarn muß sich mit einem papierenen Einspruch begnügen. Böhmen aber übergibt dem Kaiser ein Memorandum mit der Forderung, die Monarchie solle den russischen Treubruch unterstützen.

Erfreulich ist an der Wende des Schicksalsjahres 1870 zu 1871, daß der Herrscher bei seinem Besuche in Tirol im Jänner 1871 mit un-

[6] Franz Joseph an seine Mutter, 25. August 1870. Schnürer, S. 377.

[7] Franz Joseph an seine Mutter, Schönbrunn, 23. Oktober 1870. Schnürer, S. 380.

beschreiblichem Jubel empfangen wird. Auf dieser Reise sollte Rudolf den Herrscher begleiten, aber seine Lehrer hatten davon abgeraten, damit der Kronprinz, »diese«, wie Julius Wolf sagt[8], »nicht alltägliche Kreuzung aus einem Schwarmgeist, der der Prosa die Hand gereicht hat«, nicht zu sehr vom Studium abgelenkt werde. Denn nicht weniger als fünfzig Lehrpersonen haben sich des Knaben bemächtigt, der fast immer gut lernt und für eine jede gelungene Prüfung mit einer Jagd belohnt wird. Aber nicht alles an dem jungen Prinzen ist erfreulich; ein gewisser Hang zur Unaufrichtigkeit ist ihm zu eigen, und er versteht es, den Leuten Dinge zu sagen, ohne wirklich zu meinen, was er ausspricht, von denen er aber glaubt, daß sie gerne gehört werden.

Was aber im Westen geschieht, vollzieht sich in klarer Aufrichtigkeit: Am 18. Jänner 1871 wird im Spiegelsaal des Schlosses von Versailles Wilhelm I. zum Deutschen Kaiser ausgerufen. In Wien wird die Neugründung des Deutschen Reiches vorwiegend nicht als ein Groß-Deutschland, sondern als Groß-Preußen betrachtet, und man sieht in ihr kein Glück für die Zukunft der betroffenen Länder. Man ist überzeugt, daß dieser Reichseinheit eine Reichsmacht folgen werde, und so denkt auch Franz Joseph.

Während sich in Frankreich der Krieg weiter dramatisch entwickelt, versucht der Monarch durch ein klerikal-feudales slawisches Ministerium eine Einigung mit den Tschechen und den Polen zu erreichen. Graf Karl von Hohenwart soll als Ministerpräsident dem Föderalismus zum Siege verhelfen, und dies soll durch einen Ausgleich mit Böhmen und Galizien geschehen. Die deutschsprechenden Österreicher stehen diesem Plane mißtrauisch gegenüber, denn der Augenblick, da die Deutschen in Frankreich gesiegt haben, ist für ein solches Vorhaben besonders ungünstig. Schon wird von einer Krönung auch in Böhmen gesprochen und den Polen in Galizien im Gebrauche ihrer Sprache ein besonderes Entgegenkommen bewiesen. Auch die Ungarn sind mit dieser Politik gegenüber den Slawen nicht zufrieden; zudem ist ja Andrássy ein erbitterter Feind des slawischen Schutzherrn Rußland. Als es in den Fürstentümern Moldau und Walachei, in denen sich Karl von Hohenzollern nur mühsam am Ruder hält, zu Ausschreitun-

[8] Julius Wolf, Blut und Rasse des Hauses Habsburg-Lothringen, S. 158.

gen kommt und wieder ein russischer Einmarsch droht, erklärt Andrássy, man müsse lieber einen Krieg mit dem Zarenreiche riskieren, als den Russen in den Fürstentümern freie Hand zu lassen. Beust erkennt, welche Gefahren der Magyare damit heraufbeschwört, aber Elisabeth unterstützt den Magnaten wie bisher. Im Westen ist inzwischen manches Unerwartete geschehen. Die französische Armee muß in die Schweiz übertreten, und ein Waffenstillstand wird geschlossen, dem am 28. März 1871 der Präliminarfriede von Versailles folgt. In Paris bricht der Bürgerkrieg aus; die sozialistische Commune erkämpft die Macht, und allerlei Demagogen reißen die Herrschaft über die Stadt an sich, in der Barrikadenkämpfe, Mord und Brand wüten. Grausamkeiten sind an der Tagesordnung, die Tuilerien werden niedergebrannt, und die Ausschreitungen des Pöbels erfüllen die Stadt an der Seine mit ihrem Schrecken. Der Sieger mischt sich in diese Geschehnisse nicht ein. Am 10. Mai wird in Frankfurt der endgültige Frieden geschlossen. Die Staaten in Süddeutschland treten in den Norddeutschen Bund ein, die Vorherrschaft Preußens in Deutschland ist zur besiegelten Tatsache geworden. Beust muß seinem Herrn vortragen[9]: »Als Grundpfeiler des neu einzuschlagenden Systems stellt sich uns sonach dar: faktisches Prädominieren Mitteleuropas in der Waagschale der europäischen Geschicke durch vorläufige Verständigung Österreich-Ungarns und Preußen-Deutschlands in allen brennenden Tagesfragen mit dem ausgesprochenen Zwecke der Erhaltung des Weltfriedens ...« Der Außenminister setzt hinzu, daß nunmehr der Weg nach Petersburg über Berlin zu suchen sei. Eine Vermehrung des Besitzstandes der Monarchie könne nur im Orient stattfinden, wobei es wünschenswert wäre, Dalmatien durch ein entsprechendes Hinterland zu kräftigen.

Franz Joseph will sich nach diesen schweren Monaten in Ischl ausruhen und dort des Weidwerkes pflegen. Zuvor aber muß er noch Kaiser Wilhelm I. empfangen. Der vor fünf Jahren besiegte Herrscher zeigt sich versöhnlich, aber seine Mutter fährt rasch von Ischl nach Aussee, um dem hohen Gaste auszuweichen.

In den katholischen und in den tschechischen Blättern wird diese Zusammenkunft in der gehässigsten Weise besprochen. Dem Gra-

[9] Vortrag Beusts an Franz Joseph, 13. Mai 1871. Wien, St. A.

fen Beust gegenüber betont aber der deutsche Monarch, daß er jede Erwerbung der deutschen Provinzen Österreichs für das Deutsche Reich entschieden ablehne, denn sowohl Wien als auch die vielfach slawisch durchsetzte und überdies rein katholische Bevölkerung würde für das Reich nur Verlegenheiten und Erschwerungen bringen. Auch Bismarck wünsche ein entschiedenes und dauerndes Verhältnis herzustellen, das auf der gegenseitigen Erkenntnis beruhe, daß die staatlichen Interessen beider Länder sich nicht mehr kreuzten.

Nach den Jagden in Ischl trifft Franz Joseph neuerlich mit dem aus Gastein zurückkehrenden deutschen Kaiser in Salzburg zusammen. Bei dieser Gelegenheit stellen Wilhelm I. und Bismarck dem Kaiser vor Augen, daß Österreich-Ungarn und Deutschland, wenn sie einig seien, gemeinsam jedem Feinde, ob Frankreich oder Rußland, gewachsen wären. Damit ist der Grundstock zu einem künftigen Vertragswerk gelegt. Allerdings hat bei dieser Unterredung der Kaiser von Österreich den Eindruck, daß bei der nun einzuleitenden deutschfreundlichen Richtung seiner Politik der Minister des Äußeren hinderlich sein werde.

Am 14. September läßt Franz Joseph den böhmischen Landtag mit der Botschaft eröffnen: »Eingedenk der staatsrechtlichen Stellung der Krone Böhmens ... erkennen wir gerne die Rechte dieses Königreiches an und sind bereit, solche Anerkennung mit unserem Königseide zu erneuern.« Dies aber ist wieder für die Deutschen zu viel, und sie ziehen deshalb ihre Abgeordneten aus dem Landtag zurück. Die verbliebenen Tschechen bestimmen nun in ultimativer Form weitgespannte »Fundamentalartikel« für den Ausgleich, deren Grundton im Wesen besagt, daß Böhmen ein eigener Staat mit allen Hoheitsrechten sei. Beust erhebt beim Monarchen dagegen Einspruch, und da auch Andrássy eine Gleichstellung Böhmens mit Ungarn ablehnt, wird das Ministerium Hohenwart entlassen. Das Experiment, den Staat föderalistisch aufzubauen, ist mißlungen, die Zeit der Vorherrschaft der Deutschen und der Magyaren kehrt zurück.

Die Zeit für Andrássy ist reif geworden. Auf sein Betreiben sendet der Kaiser seinen Kabinettsdirektor v. Braun zu Beust, um ihm nahezulegen, um seine Entlassung anzusuchen. Der Magyare wird Außenminister.

Der Herrscher ernennt ein deutsch-liberales Ministerium unter dem Prinzen Adolf Auersperg mit einem völlig neuen Regierungsprogramm, eine für die Erzherzogin Sophie »ganz überraschende, ja unverständliche Maßnahme«. Andrássy als Außenminister ist allerdings die Gewähr für eine dem Deutschen Reiche entgegenkommende Politik. Er wird daher in Berlin in jeder Weise gefördert und gestützt. Auch Elisabeth begrüßt die Ernennung mit großer Freude und bucht sie als einen persönlichen Sieg. Schon bezeichnen jedoch viele Österreicher den Magnaten als den ihrem Kaiser von Elisabeth aufgezwungenen Dämon ihres Landes. »Wir sind aus Deutschland hinausgeworfen worden«, meint Andrássy zum General Schweinitz[10], »und das ist gut. Wir haben Italien verloren und sind dadurch stärker geworden, wir wollen nichts annektieren und bloß Ruh haben.« Aber mit dem Monarchen hat der Graf schon sehr eingehend über die Lage in den türkischen Provinzen gesprochen und dabei ihre mögliche Besetzung erwähnt, wobei er sich mit seinem Herrn einer Meinung gesehen hat. Die Weichen für eine neue österreichisch-ungarische Politik sind damit gestellt.

TOD DER ERZHERZOGIN SOPHIE
WELTAUSSTELLUNG IN WIEN

1872—1873

Am 27. März 1872 kehrt Elisabeth aus Meran zurück und trifft in Budapest ihren Gatten. Die beiden Majestäten freuen sich darüber, daß ihre Tochter Gisela sich mit dem Prinzen Leopold von Bayern verlobt hat, dessen Mutter gleichfalls eine Erzherzogin ist. Wenn diese Verbindung auch nicht als vollkommen standesgemäß angesehen werden kann, so ist die Mutter des Kaisers doch mit ihr zufrieden, weil sie durch sie das Glück ihres Enkelkindes als gesichert ansehen kann.

[10] Briefwechsel des Botschafters General von Schweinitz, S. 297.

Im April wird das diplomatische Korps aus Wien zum Schlusse der Reichstagssession nach Budapest eingeladen. »Das Ganze ist«, meint der Schweizer Gesandte[1], »gleichsam als Anerkennung Ungarns als selbständiger Staat aufgezogen und zu Andrássys Verherrlichung bestimmt.« Bei dem großen, der Zeremonie folgenden Hofdiner wird der vierzehnjährige Kronprinz den Vertretern der Mächte vorgestellt und erweckt dabei durch sein offenes, ungezwungenes, dabei doch kindliches Wesen sowie durch seine klaren, vernünftigen Fragen einen sehr günstigen Eindruck.

Während der Kaiser nach Wien zurückkehrt, fährt Elisabeth wieder nach Meran. Erst im Mai sieht man sie in Wien wieder, wo die Kaiserin-Mutter sie schon ängstlich erwartet. Weiß sie doch nur zu gut, wie scharf man in der Reichshaupt- und Residenzstadt das viele Fernsein der hohen Frau und besonders ihre langen Aufenthalte in Ungarn beurteilt.

Am 10. Mai erkrankt die nun 67jährige Erzherzogin Sophie »unter nervösen Erscheinungen«, wie der behandelnde Arzt, August Ritter v. Bielka, feststellt. Sie, die sich von der Nachricht über den Tod ihres Sohnes Max nicht mehr hat erholen können, war tags zuvor in der Oper gewesen und nach ihrer Heimkehr noch ein wenig auf dem Balkon gesessen. Dort war sie eingeschlafen und erst frühmorgens fröstelnd erwacht. Bald zeigt sich der Ernst der Krankheit. Am 22. Mai werden die Majestäten und die engsten Familienmitglieder an das Krankenbett gerufen. Tief bewegt nimmt Sophie in rührenden Worten von ihnen Abschied. Zwei Tage darauf tritt Apathie und Schwäche ein, bis die Erzherzogin in völlige Bewußtlosigkeit verfällt. Nach einem langen Todeskampf haucht Sophie am 28. Mai, drei Uhr morgens, ihre Seele aus.

Achtundvierzig Jahre lang war Erzherzogin Sophie für den Erzherzog Franz Karl eine treuergebene Gattin, zweiundvierzig Jahre ihrem Sohne Franz Joseph die gütigste Mutter, Ratgeberin und Stütze gewesen. Sie hatte mit Mut und Ergebung die wechselvollen Schicksale von Reich und Dynastie in bewegten Zeiten erlebt und war aufrecht geblieben. Nun hält ihr Dr. Godfried Marschall in der Burgkapelle die Trauerrede. Dem Kaiser rinnen die Tränen über die Wangen, und er schluchzt auf, als der Priester davon

[1] Tschudi an Welti, 19. April 1872. Bundesarchiv Bern.

spricht, welchen Schatz die Monarchie an seiner Mutter verloren hat. Jahrelang hat die Bevölkerung in der Erzherzogin die Ursache einer jeden dem Fortschritte feindlichen Maßregel gesehen. Aber nun, da die hohe Frau nicht mehr ist, nimmt ein jeder an dem Verlust, der den kaiserlichen Herrn betroffen hat, aufrichtigen Anteil. Auch die Kaiserin spricht mit ihrer Vertrauten, der Hofdame Gräfin Marie Festetics, über die Dahingegangene und betont dabei, daß Sophie zuviel habe lenken wollen, sich zu sehr in alles eingemischt habe und damit der Zufriedenheit und dem Glück innerhalb der Familie hinderlich gewesen sei, weil sie das ungestörte Zusammenleben der Eheleute beeinträchtigt habe.

Marie Festetics schreibt am 2. Juni 1872 in ihr Tagebuch[2]: »... Ihre Ambition drängte sie immer zwischen die beiden Gatten, zwang ihn stets zu einer Entscheidung zwischen Mutter und Frau. Es ist eine Gnade Gottes, daß es nicht zu einem Bruch führte. Sie wollte den Einfluß der Kaiserin auf den Kaiser brechen, ein gefährliches Wagnis, denn er liebt seine Frau.«

Hingegen berichtet der Schweizer Gesandte nach Bern[3]: »Für den Monarchen ist der Verlust seiner Mutter ein schwerer Schlag, da sie allein ihm noch die Annehmlichkeiten eines Familienlebens gewährte, das er in seinem näheren Kreise missen muß ... Die Verblichene war ohne Zweifel unter allen Frauen des Kaiserhofes die bedeutendste politische Erscheinung.«

Dem Kaiser bleibt nicht viel Zeit, seiner verstorbenen Mutter nachzutrauern, denn die politischen Ereignisse nehmen ihn voll in Anspruch. Er muß den Besuch Wilhelms I. erwidern und bittet, da ihm dies schwerfällt, seinen Freund Albert von Sachsen, ihn zu begleiten. Auch der Zar besucht den deutschen Kaiser zu gleicher Zeit. Am 8. September trifft Franz Joseph in Berlin ein. Er trägt widerwillig die preußische Uniform und meint: »Es kommt mir vor, als zöge ich nun gegen mich selbst ins Feld.« Zwanzig Minuten später besucht er in österreichischer Uniform den Zaren, der ihn als ungarischer General empfängt. Drei Tage darauf findet nächst dem Denkmal der Völkerschlacht bei Leipzig eine glanzvolle Parade statt.

[2] Tagebuch Festetics, Ischl, 21. Juli 1872.
[3] Tschudi an Welti, 29. Mai 1872. Bundesarchiv Bern.

Franz Joseph kehrt in die Einsamkeit seines Lebens in der Hofburg zurück. Um ihn ist nun eine große Leere, da Graf Bellegarde ihm menschlich nicht so nahesteht wie Grünne oder Crenneville. Auch weiß er nichts von alledem, was über Elisabeth gesprochen wird, während die Kaiserin selbst es sehr genau verfolgt und sich davon beeindrucken läßt. Sie weiß aber auch, daß Franz Joseph sie so wie am ersten Tage ihrer Ehe anbetet.
Indes wächst der Kronprinz heran und freut sich immer besonders, wenn seine Mutter sich mit ihm beschäftigt. Militärische Angelegenheiten fesseln ihn weniger, obwohl der Kaiser sich bemüht, bei seinem Sohne Verständnis für das Soldatentum zu erwecken.
Am 20. April 1873 wird das Familienfest der Hochzeit Giselas mit Leopold von Bayern gefeiert. »Das neuvermählte Paar ist wirklich glücklich«, schreibt der Monarch seinem Freunde Albert[4], »Gisela wird uns natürlich sehr abgehen, aber wir wissen sie wenigstens gut aufgehoben.«
In der inneren Politik unterschreibt der Kaiser zu dieser Zeit eine Wahlreform, wonach Abgeordnete nicht mehr vom Landtag entsandt, sondern unmittelbar aus den vier Kurien (Großgrundbesitz, Kammern für Handel und Gewerbe, Städte und Landgemeinden) in den Reichsrat gewählt werden sollen. Nur jene Staatsbürger kommen als Wähler in Betracht, die mindestens zehn Gulden Steuer zahlen, und das sind etwa sieben von hundert der erwachsenen Bevölkerung. Ein zögernder Schritt in der Richtung zum allgemeinen, freien und geheimen Wahlrecht ist getan.
Nun bricht für den Monarchen eine Zeit schwerster Anspannung an. In Wien wird die Weltausstellung eröffnet, die der Menschheit zeigen soll, welchen ungeheuren Fortschritt Österreich-Ungarn nach dem Jahre 1866 in Handel und Gewerbe erzielt hat. Rund um den Riesenbau der Rotunde im Wiener Prater, der nicht weniger als 18 Millionen Gulden gekostet hat, reiht sich Pavillon an Pavillon, in denen die Schätze der Erde ausgestellt sind. Auch große politische Bedeutung kommt dieser Veranstaltung zu, weil sich die höchsten Persönlichkeiten aus aller Welt zu ihr einfinden. Doch der Weltausstellung scheint kein Glück beschieden zu sein.

[4] Franz Joseph an Albert von Sachsen, Wien, 21. April 1873, Wien, St. A.

Die schlechten Elemente unter den verschiedensten Kreisen der Bevölkerung benützen den allzu raschen Übergang der Monarchie zum Freihandel, zur freisinnigeren Verwaltung und Gesetzgebung, zu ungesunden Geschäftigkeiten. Alles will auf der Börse spielen und gewinnen. Schon vierzehn Tage nach der Eröffnung der Weltausstellung kommt es zum großen Zusammenbruche der Spekulation, und Unzählige werden über Nacht bettelarm. Der Kaiser rügt einigen Finanzgrößen gegenüber diese Vorgänge, ahnt aber nicht, daß auch hohe Generale und selbst Männer aus seiner engsten Umgebung, wie Graf Bellegarde, an der Spekulation beteiligt sind.

Obwohl diese Dinge den Herrscher maßlos erbosen, muß er in mühsamster Weise die Honneurs der Ausstellung weiter besorgen. Am 1. Juni kommt das Zarenpaar nach Wien; der Kronprinz muß in russischer Leutnantsuniform erscheinen und fühlt sich neben dem Zaren als ungarischem General nicht wohl. Alle und alles überstrahlt der Charme der Kaiserin. Schon beginnt sie nach den Anstrengungen der Empfänge gelangweilt auszusehen, aber Crenneville findet, daß sie sich »noch ganz aimable« aufführt. Politisch versprechen der Kaiser und der Zar in einer Art Vertrag von Schönbrunn, über allfällige Meinungsverschiedenheiten hinweg an allgemeinen Grundsätzen festzuhalten, die geeignet sind, den Frieden zu bewahren und, wenn es sein müßte, ihn zu erzwingen. Im Falle eines Angriffs von dritter Seite würden die Vertragschließenden darauf verzichten, andere Bündnisse zu suchen oder einzugehen und eine eventuelle militärische Aktion durch eine besondere Abmachung regeln.

Am Jahrestag der Schlacht von Königgrätz gedenkt Franz Joseph diesmal seines unglücklichen Feldherrn und gibt dem Kronprinzen, der eben in Graz weilt, den Befehl, dort den Feldzeugmeister Benedek aufzusuchen. Der General, der in Krapina zur Kur weilt, schreibt an den Erzieher Rudolfs, Oberst Latour von Thurnburg, um ihn zu bitten, dem Kaiser für die »edle Art und Weise, wie er sich allergnädigst seiner erinnert hat«, Dank zu sagen[5]. »Ich bin unlängst in das siebzigste Lebensjahr getreten«, fügt er hinzu, »und trage seit sieben Jahren mein hartes Schicksal mit Soldaten-

[5] Benedek an Latour, Graz, 16. Juli 1873. Wien, St. A.

philosophie, ohne vertrottelt zu sein ... Ich hege gegen niemand einen Groll und will und wünsche für meine letzten Lebenstage nichts als Ruhe ...«

Nach dem Besuche des sächsischen Kronprinzenpaares ist nun auch König Viktor Emanuel in Wien zu Gaste, und damit geht ein Herzenswunsch Andrássys in Erfüllung. Trotzdem bringt Elisabeth es nicht über sich, den Mann zu begrüßen, der ihre Schwester aus Neapel vertreiben ließ und ihrem Gatten die schönsten Provinzen geraubt hat. Sie entzieht sich ihren Hausfrauenpflichten, indem sie sich wegen einer Erkrankung entschuldigen läßt. Nur mit großer Mühe gelingt es dem Kaiser, den König davon zu überzeugen, daß seine Gattin tatsächlich an einer Magenverstimmung leidet. Der eidgenössische Gesandte berichtet seinem Minister[6]: »Daß der streng katholische österreichische Hof den unter dem Kirchenbann stehenden Monarchen Italiens so herzlich aufgenommen hat, ist eine Tatsache, die am schlagendsten beweist, wie außerordentlich der früher fast allmächtige klerikale Einfluß bei Hofe sich vermindert hat.«

Bei einem Erholungsaufenthalt in Gödöllö empfängt Franz Joseph die Nachricht, daß König Johann von Sachsen gestorben sei und Albert den sächsischen Thron bestiegen habe. Am 2. November ist der Monarch in Wien, um die Weltausstellung, die von fast 40.000 Ausstellern beschickt und von sieben Millionen Menschen besucht worden war, feierlich zu schließen. Und doch haben die Cholera und eine zu kostspielige Organisation ein Defizit von 15 Millionen Gulden verursacht.

Über so vielem, was in diesen Jahren in der österreichisch-ungarischen Monarchie geschieht, scheint, trotz allem Aufstieg in den materiellen Dingen, ein Unstern zu walten.

[6] Tschudi an Cérésole, 21. September 1873. Bundesarchiv Bern.

FÜNFUNDZWANZIG JAHRE KAISER

1873—1875

Am 2. Dezember 1873 feiert Franz Joseph sein fünfundzwanzigjähriges Regierungsjubiläum. Als der Gemeinderat Wiens seine Glückwünsche darbringt, antwortet der Monarch: »Sagen Sie allen Bewohnern und Bürgern Wiens, daß die Liebe meines Volkes das Glück meines Lebens bildet.« Im Namen der Armee spricht Erzherzog Albrecht, und tiefgerührt, mit Tränen in den Augen, dankt der Allerhöchste Kriegsherr mit den Worten: »Ich spreche die Zuversicht aus, daß auch künftig die Wehrmacht die festeste Stütze des Thrones und des Vaterlandes sein wird, daß sie der Felsen bleibt, an dem im Sturm die Wogen sich brechen.«

Anläßlich des Jubiläums besuchen die Majestäten eine Galavorstellung im Stadttheater, das unter der Leitung Heinrich Laubes steht. Es wird Shakespeares »Der Widerspenstigen Zähmung« gegeben, und in dem Stück tritt eine junge Schauspielerin namens Katharina Schratt auf. Sie ist die Tochter eines Kaufmanns, der ein gutgehendes Schnittwarengeschäft und ein Haus in Baden besitzt, aus seiner Ehe mit der Drechslerstochter Katharina Wallner. Niemand ahnt, was für eine Rolle diese Frau schon in naher Zukunft im Leben des Herrschers spielen wird.

Der Kaiser fühlt sich müde und alt. Als Gisela am 8. Jänner 1874 einem Töchterchen das Leben schenkt, meint er traurig: »Erst vierundvierzig Jahre alt und schon Großvater!« Aber als er sich beim Hofball mit Persönlichkeiten des gleichen Jahrganges vergleicht, findet er zu seinem Troste, daß er weit frischer und gesünder als die Mehrzahl von ihnen sei. Besonders sein stetes Pflichtgefühl erhält ihn beweglich und verhindert ihn, schwarzseherisch zu sinnieren, wozu er im übrigen auch charakterlich nicht neigt. Sehr treffend schildert die Gräfin Festetics seine Art in ihrem Tagebuch[1]: »Der Kaiser hat Verstand, schnelle Auffassung, aber die Phantasie hat nicht Zeit, zu wirken.« Und sie findet: »So ist er manchmal ziemlich schroff, überbürdet von Arbeit, die er mit fabelhafter

[1] Tagebuch Festetics, 28. November 1873.

Pflichttreue auf sich nimmt, aber es gibt für ihn nur positive Eindrücke. Schön, garstig, tot oder lebendig, das heißt gesund, jung, alt, gescheit, dumm, keine Ideenbrücke spannt sich von einem Begriff zum anderen. Es fehlt die Zeit, sie zu bauen, und so fehlen den Gefühlen auch die Nuancen.« Da Elisabeth gleichsam auf einem anderen Sterne wohnt, kann ihr Gatte nicht immer mit. Deshalb meint die Gräfin: »Er froissiert sie in dieser Richtung trotz aller Anbetung.« Den leicht entflammbaren Enthusiasmus seiner Frau nennt der Kaiser »Wolkenkraxlerei«. Kronprinz Rudolf hingegen besitzt Phantasie in reichem Maße, aber sie gerät nicht selten auf Abwege. Oberst Latour erschrickt, als er am Weihnachtsabend von seinem nun fünfzehnjährigen Schützling eine Schrift gewidmet erhält, in der sich sonderbare Gedankengänge finden wie[2]: »Sind wir höhere Register, sind wir Tiere? Ja, Tiere sind wir ... Die Liebe ist sicher das schönste im Leben ... ein Gefühl, das der Mensch noch so rein besitzt wie das Tier. Die Geistlichen ... verstanden es gut, das Volk durch Aberglauben und übertriebene Frömmigkeit so ... untertänig zu machen, daß sie sowohl wie der Adel leichtes Spiel hatten und mit den armen Leuten machen konnten, was sie wollten ... Die Regierungen ... nähern sich der Republik ... Das Königtum steht da, eine mächtige Ruine, die von heute auf morgen bleibt, doch endlich sinken wird ...«

Franz Joseph muß nun die Besuche bei vielen hohen Persönlichkeiten erwidern, die zur Weltausstellung nach Wien gekommen waren. Obwohl man dies in Ungarn nicht gerne sieht, fährt der Kaiser Mitte Februar 1874 nach Petersburg, wohin vor ihm noch kein österreichischer Souverän gereist war. Er wird höflich, wenn auch nicht besonders herzlich empfangen und kann zu seiner Freude feststellen, daß im Zarenreiche mit Ausnahme des Hofes alles gegen Preußen eingenommen ist. Noch mehr aber freut ihn, den Weidmann, eine Bärenjagd, bei der er dem Meister Petz auf achtzig Schritte eine Kugel durch den Kopf jagt. Der Besuch ist kein besonders politischer Erfolg, trägt aber doch zur Entspannung der Atmosphäre bei.

Kaum zurückgekehrt, muß sich der Herrscher mit den konfes-

[2] Teilweise abgedruckt bei Oskar Freiherr von Mitis, Das Leben des Kronprinzen Rudolf.

sionellen Gesetzvorlagen im Reichsrat beschäftigen, die den Heiligen Vater zu einer scharfen Enzyklika und einem Schreiben an den Kaiser veranlassen. In seiner Antwort weist der Monarch auf die Unmöglichkeit hin, das alte Konkordat unverändert beizubehalten, und betont seine Bemühungen, die Forderungen der Volksvertretung zu mäßigen und herabzumindern. Es gelingt denn auch, die gesetzliche Verpflichtung zur Zivilehe in Österreich zu verhindern und in Ungarn von der Tagesordnung streichen zu lassen, woraufhin der Papst fortan dem Kaiser gegenüber freundlicher eingestellt ist.
Doch auch andere Schwierigkeiten hat der Monarch in dieser Zeit zu überwinden. General Freiherr von Gablenz, der Kommandierende im Feldzug des Jahres 1864, hat wegen seiner Vermögensverluste beim großen Börsenkrach Selbstmord verübt. Dabei stellt sich heraus, daß sich Gablenz vorher an den Kaiser um Hilfe gewandt hatte, das Gesuch aber nicht weitergeleitet worden war, weil man befürchtete, daß bei dieser Gelegenheit auch andere Spekulationen Hochgestellter an den Tag kommen würden. Der erzürnte Herrscher entläßt den Grafen Bellegarde und ernennt den mittlerweile General gewordenen Beck, den, wie Graf Adalbert Sternberg ihn nennt, »unheilvollen Mann von 1866«, zu seinem Generaladjutanten. Die nächste Folge dieser Personalveränderung ist der Rücktritt des Feldzeugmeisters Kuhn vom Kriegsministerium, da dieser General nicht nur zu Beck, sondern auch zum Grafen Andrássy zuweilen in schroffem Gegensatz gestanden ist. Sogleich greift die Presse den sich nun anbahnenden neuen Kurs an, und da inzwischen die Anzahl der Magyaren am Wiener Hof ständig gewachsen ist, beginnt man von einer »Magyarisierung des Kaisertums Österreich« zu sprechen. Nicht zuletzt wird diese steigende Unzufriedenheit der Bevölkerung mit dem Regierungssystem der Kaiserin angelastet.
Doch auch andere Merkwürdigkeiten in der Umgebung und in der Familie Franz Josephs sind zu verzeichnen. Der dreiundzwanzigjährige Sohn des Großherzogs Leopold II. von Toskana, Johann Salvator, ist preußenfeindlich und tritt für eine Annäherung an Rußland ein. Gegenüber Italien mißtrauisch, sieht der Prinz in dem vom Grafen Andrássy und Erzherzog Albrecht eingeschlagenen Wege ein Unglück für die Monarchie. Überdies kämpft er

gegen alles geistlose Formenwesen im militärischen Dienst, gegen den Zopf der alten Schule sowie gegen Willkür nach unten und übertriebene Dienstbeflissenheit nach oben an. In einer Broschüre »Betrachtungen über die Organisation der österreichischen Artillerie« kritisiert er nicht nur die Verhältnisse in dieser Waffe, sondern auch die Außenpolitik. Auf Betreiben Andrássys und des Erzherzogs Albrecht wird Johann Salvator scharf gerügt und von der Artillerie zur Infanterie versetzt, was allen Erzherzogen warnend mitgeteilt wird.

Nun beginnt für den Kaiser wieder eine anstrengende Reisezeit. Am 2. April 1875 enthüllt er in Triest das Denkmal für den Kaiser von Mexiko und trifft in Venedig den König von Italien. Viktor Emanuel trinkt auf die enge Verbindung beider Staaten, während Franz Joseph sein Glas nur auf das Wohl des Königs und das Gedeihen Italiens hebt. Dann geht es über Pola, Zara, Spalato, Ragusa und Cattaro bis an die äußerste Südspitze Dalmatiens. Der italienische Generalkonsul in Triest meldet über diese Reise nach Rom[3]: »Ich habe Grund zu glauben, daß die österreichisch-ungarische Regierung entschlossen ist, auf das Ziel hinzuarbeiten, die Grenze des Kaisertums nach dem Osten zu erweitern ...« Da Franz Joseph auch Abordnungen aus Bosnien und der Herzegowina empfängt, die über die türkische Gewaltherrschaft klagen, ist vorauszusehen, daß die Pläne einer Ausweitung der Monarchie nach dem Südosten hin in naher Zukunft ihre Verwirklichung finden würden. Dies ist auch der Grund, warum der Kaiser an Andrássy festhält, obwohl er dessen bismarckfreundliche Politik innerlich ablehnt.

Noch aber ist die Lage in den türkischen Randgebieten Bosnien und Herzegowina nicht so weit, um das Eingreifen Österreich-Ungarns zu rechtfertigen. Deshalb wird auch bei der Begrüßung des Zaren, der am 27. Juli 1875 durch Eger reist, dieses Thema vom Kaiser nur oberflächlich berührt. Als jedoch im Juli in Bulgarien, in Bosnien und in der Herzegowina Unruhen ausbrechen, ist die Notwendigkeit gegeben, sich mit Rußland ins Einvernehmen zu setzen. Auch die Haltung Bismarcks wird in die politische

[3] Generalkonsul I. D. Bruno an Visconti-Venosta, Triest, 16. Mai 1875. Archiv des Ministeriums des Äußern, Rom.

Rechenaufgabe einzusetzen sein[4], *»niemand* könne ihn mehr loswerden, bis er stirbt oder ein völliger Narr wird«.
Mitten in die Vorbereitungen für eine große politische Wende in der österreichisch-ungarischen Außenpolitik trifft den Monarchen die Nachricht, daß Elisabeth im Schlosse Sassetôt-les-maux-conduits in der Normandie beim Springen vom Pferd gestürzt sei und sich eine Gehirnerschütterung zugezogen habe. Wenn sich die Kaiserin auch schnell erholt und nach zwölf Tagen wieder in den Sattel steigen kann, ist der Schrecken beim Kaiser doch so gewaltig, daß ihm die kleine siebenjährige Marie Valerie versprechen muß, niemals ein Pferd zu besteigen. Und als die beiden Gatten sich im Oktober in Gödöllö wiedersehen, schreibt die Gräfin Festetics in ihr Tagebuch: »Der Kaiser ist so glücklich, daß ›sie‹ wieder da und ›ganz‹ ist, daß er sich vor Heiterkeit nicht auskennt.«
So steht das Weihnachtsfest des Jahres 1875 unter einem glücklicheren Stern als in den letzten Jahren.

ORIENTALISCHE KRISE
SILBERNE HOCHZEIT

1876—1880

Das neue Jahr — 1876 — steht im Zeichen der Aufstände, die sich in den meist von slawischen Christen bewohnten Randgebieten der Türkei gegen die türkische Paschawirtschaft entwickelt haben. Rußland ist an diesen Unruhen nicht ganz unbeteiligt, während Bismarck Österreich-Ungarns Außenpolitik auf den Südosten verweist, um sie noch mehr von Deutschland abzulenken. Franz Joseph begrüßt diese Entwicklung, da er in Bosnien und der Herzegowina einen, wenn auch nur geringen Ersatz für die italienischen Provinzen und das für Dalmatien notwendige Hinterland sieht.

[4] Albert von Sachsen an Franz Joseph, Wien, 19. September 1875. Wien, St. A.

Rußland hinwieder möchte alle jene unzufriedenen Gebiete von der Türkei loslösen und darauf scheinbar selbständige Staaten bilden, in denen es dann seinen Einfluß spielen lassen könnte.
Während der Kaiser die gefährliche Südostpolitik des Zarenreiches verfolgt, weilt Elisabeth wieder auf Reitjagden in England. Dauernd muß Franz Joseph befürchten, daß seiner Gattin bei ihren abenteuerlichen Ritten Böses zustoßen könnte, und die Kinder ängstigen sich mit ihm. Von der Politik interessieren Elisabeth nur die ungarischen Angelegenheiten. Immer wieder erreichen die Magyaren von der Krone Zugeständnisse, und der kroatische Bischof Joseph Georg Stroßmayer meint nicht mit Unrecht zu Hübner[1]: »Seien Sie überzeugt, die Ungarn werden alles erreichen, was sie verlangen, und sie verlangen letzten Endes die Zerstörung der österreichischen Monarchie, die doch eine Notwendigkeit für ganz Europa darstellt.«
Vorläufig aber ist die äußere Politik der Monarchie wichtiger als die innere. Alexander II. will aus den Unruhen im Orient Vorteile ziehen und sich damit für den Krimkrieg rächen. Im Juli haben Serbien und Montenegro im Vertrauen auf russische Hilfe der Türkei den Krieg erklärt, wodurch sich gebieterisch die Notwendigkeit einer Absprache Österreich-Ungarns mit Rußland ergibt. Am 6. Juli 1876 sind die beiden Monarchen auf Schloß Reichstadt in Nordböhmen beisammen. Der Herrscher aller Reußen erkauft sich Bewegungsfreiheit und Flankenschutz, indem er zusichert, gegen eine Besetzung Bosniens und der Herzegowina durch die Donaumonarchie keine Einwände zu erheben. Falls die Türkei verliert, sollen Serbien und Montenegro auf ihre Kosten vergrößert werden; wörtlich heißt es dann weiter: »Der dadurch nicht betroffene Rest Bosniens und der Herzegowina serait annexé à l'Autriche-Hongrie[2].« Für Rußland werden die Grenzen von 1856 vorgesehen, Bulgarien, Rumänien und Albanien könnten autonom werden, und Konstantinopel wird als freie Stadt in Aussicht genommen. Die Abmachungen werden als geheim erklärt, wobei es sich bei dieser Vereinbarung nicht um einen regelrechten Vertrag,

[1] Tagebuch Hübner, 18. Februar 1876. Hübner-Archiv.
[2] Geheime Akten betreffend die Arrangements mit Rußland, 8. Juli 1876. Abmachungen von Reichstadt, Wien, St. A.

sondern eher um ein gegenseitiges »Einverständnis«, das auch »Résumé« genannt wird, handelt.
Der Zar glaubt nun, daß Franz Joseph an einem russischen Feldzuge gegen das Osmanenreich teilnehmen werde. Österreichisch-ungarische Truppen sollen in Bosnien, russische in Bulgarien eindringen. Aber der Kaiser winkt, von Andrássy beeinflußt, ab. Er ist bloß bereit, neutral zu bleiben, wenn der Zar in Bulgarien einmarschiert. Freilich würden dann auch k. k. Truppen in Bosnien und in der Herzegowina einrücken; doch an die Türkei Krieg zu erklären, dazu findet sich der Monarch nicht bereit. Er ist auch überzeugt, daß eine bleibende Besetzung Bulgariens nicht im russischen Interesse liege.
Indessen trifft in Wien die Mitteilung ein, daß Alexander II. die Mobilisierung seiner Truppen in Aussicht stelle und nochmals darauf hinweise, daß für den gemeinsamen Krieg gegen die Türkei das Frühjahr 1877 der geeignete Zeitpunkt sei. Einzelheiten sollen in einem unbedingt geheim zu haltenden Vertrag beschlossen werden.
Franz Joseph erklärt sich mit dem Abschluß eines solchen Vertrages einverstanden, wünscht aber nicht, die Auflösung der Türkei durch eine militärische Unternehmung zu beschleunigen. Daraufhin teilt der Zar dem Kaiser mit, daß er entschlossen sei[3], »das allein zu vollbringen, was die Welt grundsätzlich als entsprechend, menschlich und notwendig erklärt hat«. Er setzt hinzu, er bedaure, daß Franz Joseph nicht offen und gemeinsam mit ihm handeln wolle. In Rußland ist man über die Haltung der Donaumonarchie wieder einmal entrüstet, und der Schweizer Gesandte in Wien meldet denn auch nach Bern, daß es in Wien keinen richtig überlegenden Diplomaten oder ernsten Politiker gebe, der vom Rachewillen des Zarenreiches nicht fest überzeugt sei. In der Umgebung des Monarchen sind die Meinungen scharf geteilt. Das Militär tritt für ein Bündnis mit Rußland, ja selbst für ein gemeinsames bewaffnetes Vorgehen ein. Die magyarischen Kreise hingegen sind gegen das Zarenreich und sprechen für den Krieg gegen Alexander II. Im Ausland schürt Großbritannien gegen Rußland

[3] Alexander II. an Franz Joseph, Livadia, 22. Oktober / 3. November 1876. Wien, St. A.

und will Österreich-Ungarn zu einem Bündnis gegen St. Petersburg bewegen. Franz Joseph hofft auf eine friedliche Lösung und schreibt an den Zaren, er denke an eine Konvention, die ein Aufeinanderprallen der Interessen und Absichten der beiden Länder ausschließen oder zumindest auf das äußerste einschränken solle. Auch Alexander II. spricht in seiner Erwiderung von der Möglichkeit, den Frieden zu erhalten. So wird am 15. Jänner 1877 ein streng geheimer Vertrag geschlossen, in dem Österreich-Ungarn sich für den Kriegsfall zu wohlwollender Neutralität verpflichtet und sich vorbehält, Zeitpunkt und Art einer militärischen Besetzung Bosniens und der Herzegowina selbst zu bestimmen. Der Donaumonarchie werden die beiden türkischen Provinzen zugesprochen, wofür Rußland in Europa Bessarabien erhalten soll.

In Petersburg glaubt man, Bismarck habe Andrássys Kriegslust gedämpft. In Wirklichkeit aber hat der Kaiser tatkräftig durchgegriffen, denn er ist damit zufrieden, wenn er die beiden Länder seinem Reiche ohne Krise einverleiben kann. Am 19. April teilt der Zar dem Monarchen mit, daß die Ablehnung des Sultans, auf die Reformwünsche der Großmächte einzugehen, jeden Versuch einer friedlichen Regelung ausschließe. »Der Augenblick zur Tat ist gekommen«, schreibt Alexander II.[4], »meine Armeen erhalten Befehl, in die Türkei einzumarschieren. Ich habe alles Menschenmögliche getan, um diese äußerste Maßnahme zu vermeiden ... Es liegt im Interesse aller Welt, daß der kommende Krieg kurz sei. Ich hoffe, daß nichts meine Aktion hemmen wird, meine Vereinbarungen mit Dir sind mir eine Gewähr dafür.«

Am 24. April setzt sich die russische Armee in Bewegung. Mit Spannung verfolgen Franz Joseph und Rudolf den Vormarsch der russischen Truppen, während Andrássy seine Meinung über die Geschehnisse in der Reichsministerkonferenz vom 31. Juli ziemlich unverblümt und derb äußert[5]: »Die Russen sind, mit Respekt zu sagen, in einer Sch ... gasse, und man muß dafür sorgen, daß sie nicht herauskommen ... Entweder gehen sie lächerlich und bankrott zurück, oder ich schmeiße sie zurück ... Anderseits will ich so

[4] Alexander II. an Franz Joseph, St. Petersburg, 7./19. April 1877. Wien, St. A.

[5] Reichsministerkonferenzprotokoll, 31. Juli 1877. Wien, St. A.

lange nicht feindlich gegen Rußland auftreten, als es nicht gegen unsere Abmachungen handelt.«
Schon hat die russische Armee die Donau überschritten und steht in schweren Kämpfen mit den Türken, was auf die Magyaren höchst beunruhigend wirkt. Aber den Russen geht es dabei nicht sehr gut, denn ihr Angriff bleibt vor dem Schipkapaß stecken, und das eingeschlossene Plevna fällt nicht in ihre Hände. Dies verstärkt die russenfeindliche Stimmung in Ungarn, und schon beginnen die Magyaren gegen ihre eigenen Führer, vor allem gegen Andrássy, Stellung zu nehmen. Die Menge schlägt sogar unter den Rufen »An den Galgen mit Andrássy!« die Fenster im Palais des Grafen ein. Da Andrássy kurz vorher durch die Verleihung des Goldenen Vlieses besonders ausgezeichnet worden war, richten sich solche Kundgebungen mittelbar auch gegen den Kaiser-König.
Der Balkankrieg nimmt aber für die Russen eine günstigere Wendung, denn unter Mithilfe der Rumänen ist es ihnen gelungen, Osman Pascha in Plevna einzuschließen und am 10. Dezember 1877 zur Übergabe zu zwingen. Da nun 120.000 Mann frei werden, kann Sofia genommen und der Schipkapaß umgangen werden. Am 19. Jänner 1878 steht die Zarenarmee vor Adrianopel, und schon scheint der Weg nach Konstantinopel geöffnet zu sein.
Der Zar hat dem Kaiser im Dezember des Vorjahres die Friedensbedingungen mitgeteilt, die er dem Osmanenreiche stellen will, und ihr Hauptpunkt ist die Gründung eines großbulgarischen Reiches, das bis an das Mittelmeer reichen soll. Preußen antwortet sogleich zustimmend, Andrássy aber fühlt sich überlistet und ist scharf dagegen. Er ist überzeugt, daß jetzt der Augenblick gekommen sei, sich gegen das Zarenreich zu wenden, da die Interessen Österreich-Ungarns verletzt worden sind. Franz Joseph gibt seinem Außenminister insofern nach, als auch er meint, man müsse jetzt gegen Rußland energisch auftreten. In einem Schreiben vom 8. Jänner 1878 an Alexander II.[6] erinnert er daran, daß er von einer isolierten Aktion Rußlands abgeraten habe, das Zarenreich den Zersetzungsprozeß im Orient jedoch nicht abgewartet habe

[6] Franz Joseph an Alexander II., 8. Jänner 1878, mit einer Beilage »Obversations sur les notices« (der Friedensvorschläge an die Türkei), Wien, St. A.

und vor Ausbruch des Krieges jeden Gedanken an Landerwerb zurückgewiesen und bloß die Verwirklichung der Reformen als Siegespreis hingestellt habe. Jetzt aber versuche man, nur noch von einer *vorübergehenden* Besetzung Bosniens und der Herzegowina zu reden. »Die Abmachungen sprechen aber doch von Annexion im Falle territorialer Veränderungen wie der russischen Wiedererwerbung von Bessarabien«, heißt es in dem Schreiben. Der Kaiser erklärt sich nur bereit, die Unabhängigkeit Serbiens, Montenegros und Rumäniens zuzugestehen. Verärgert erwidert der Zar[7]: »Indem ich Dir freistellte, Bosnien und Herzegowina zeitweise ebenso zu besetzen wie ich Bulgarien, gedachte ich Dir die Möglichkeit zu lassen, diese vorübergehende Besetzung ... in eine Annexion zu verwandeln.«

Über die Antwort auf diesen Brief kommt es zwischen dem Kaiser und Andrássy zu sehr ernsten Auseinandersetzungen. Der Monarch gibt den Kriegsgelüsten seines Ministers nicht nach, erklärt sich jedoch bereit, dem Zaren mitzuteilen, daß es ihm unmöglich wäre, einer bleibenden Besetzung Bulgariens durch die Russen zuzustimmen. Der Bildung eines selbständigen bulgarischen Staates und der Eingliederung Bessarabiens in das Zarenreich will der Kaiser aber nicht entgegenstehen.

Andrássy ist überzeugt, daß Rußland »falsch gespielt« habe und daß es als Lösung der Krise nur noch Krieg oder eine Konferenz geben könne. Die Konferenz ist notwendig, um die Schädigung des Ansehens der Monarchie vor der öffentlichen Meinung wiedergutzumachen, denn Rußland muß durch sie das Recht Österreich-Ungarns im Südosten anerkennen. Beim Ball, den Andrássy am 4. Februar 1878 in Wien gibt, sagt er, so daß es die Gäste hören können, zu Hübner[8]: »Wir brauchen eine Konferenz, und zwar brauchen wir sie sofort ... sonst gibt es europäischen Krieg!« Das klingt wie ein Ultimatum an Rußland.

Merkwürdig ist, daß die Zivilisten für den Krieg eintreten, die Militärs ihn aber ablehnen. Franz Joseph steht an der Seite der Generalität, doch nimmt er das ihm von Andrássy vorgelegte Ent-

[7] Alexander II. an Franz Joseph, 4./16. Jänner 1878. Siehe Corti, Unter Zaren und gekrönten Frauen, S. 288.
[8] Tagebuch Hübner, Wien, 4. Februar 1878. Hübner-Archiv.

lassungsgesuch nicht an. Im Ministerrate vom 7. Februar erklärt der Graf: »In dem Augenblicke, wo wir handeln, müssen die Russen nach Hause gehen, und sie bei diesem Rückzuge zu fassen ist die Hauptsache. Wir finden uns nur einer Macht gegenüber, die schlecht steht.« Die Meinungen stoßen hart aufeinander, wobei auch Beck durchaus gegen ein kriegerisches Eingreifen spricht. Der Kaiser ist überzeugt, daß ein Krieg gegen das Zarenreich in seinen Folgen unabsehbar wäre, aber er will auf jeden Fall die Einverleibung Bosniens und der Herzegowina in sein Reich.

Der Vorfriede von San Stefano klärt die Lage, denn in ihm wird der Sieg der russischen und die Niederlage der österreichisch-ungarischen Politik offenbar. Alle Welt sieht, daß Andrássy völlig in die Irre gegangen ist. Da man aber in St. Petersburg befürchtet, daß sich die Donaumonarchie mit Großbritannien verbinden könnte, lenkt der Zar brieflich ein und strebt eine Verständigung zwischen den beiden Kaiserreichen an. Doch Andrássy beharrt auf seinem russenfeindlichen Standpunkt und rechnet auf die Hilfe der Großmächte, die durch den Frieden von San Stefano das Gleichgewicht in Europa bedroht sehen. Der Kaiser ist auf keinen Fall für einen Krieg mit Rußland zu gewinnen, und deshalb gießt der Außenminister Wasser in seinen Wein, indem er Bosnien und die Herzegowina nur noch okkupieren und nicht annektieren will.

Der Beschluß, einen europäischen Kongreß abzuhalten, ist für Österreich-Ungarn um so wertvoller, als sich nun auch Großbritannien gegen Rußland stellt. Allerdings setzt der Zar durch, daß der Kongreß nicht in Wien, sondern in Berlin stattfindet, wo die Russen auf für sie bessere Gesinnungen rechnen können. Andrássy reist als österreichisch-ungarischer Delegierter in die preußische Hauptstadt mit dem Gefühl, daß sich das Zarenreich seinen Bedingungen werde fügen müssen. Im geheimen aber hofft er, daß der Zar unnachgiebig bleiben und damit den Krieg erzwingen werde.

Franz Joseph und seine Minister rechnen mit der Unterstützung durch Großbritannien und Frankreich, wenn es gilt, die Türkei zur Abtretung von Provinzen zu bestimmen. Der Kaiser weiß, daß seine Untertanen seinen Wunsch nach einem Landerwerb auf dem Balkan nicht teilen, doch ist er überzeugt, daß dieser territoriale

Zuwachs eine Notwendigkeit darstellt, weil sonst Dalmatien verloren wäre.

Am 13. Juli 1878 tritt der Kongreß der Großmächte in Berlin zusammen. Sein Hauptziel ist, den Frieden von San Stefano soweit wie möglich rückgängig zu machen. »Wir bringen Ihnen«, erklärt Fürst Gortschakow am Konferenztisch, »unsere Lorbeeren mit. Verwandeln Sie sie in Friedenspalmen.« Für Österreich-Ungarn bedeuten diese »Friedenspalmen« Bosnien und die Herzegowina. Großbritannien und Deutschland sind dafür, weil sie durch den Kongreß die Vormachtstellung des Zaren im Orient vernichten wollen. Italien will keine Schwierigkeiten bereiten und nur durch eine Phrase andeuten, daß es seine Zustimmung nicht sogleich gegeben habe.

Andrássy könnte die Annexion leicht erreichen, wünscht sie aber gar nicht, weil er weiß, daß durch sie seine Stellung in Ungarn gefährdet werden könnte. Darum will er erklären, daß es sich nur um eine vorübergehende Besetzung handeln soll, um die widerstrebende Türkei leichter zu einem Verzicht zu veranlassen. Er berichtet an seinen Souverän[9]: »Meine Gründe waren: 1. daß auf diese Art die schwierige und odiose Frage, ob und wie die Länder an Österreich oder an Ungarn anzuschließen seien, vorderhand ganz vermieden wird ... 2. es der Pforte mit Rücksicht auf ihre Meinung auf diesem Wege leichter wird, uns ohne Protest gewähren zu lassen, 3. endlich wir auch so unseren Zweck (die Eingliederung Bosniens und der Herzegowina) erreichen können. Dies die Motive, aus denen ich jetzt die Umgehung des Wortes ›Annexion‹ für sehr zweckmäßig erachte ...«

Am 21. Juni stimmt der Kongreß der Gebietserweiterung in Form einer bloßen Besetzung einstimmig zu. In einer geheimen Abrede zwischen Österreich-Ungarn und der Türkei wird die Aufrechterhaltung der allerdings nur formell gemeinten Souveränität des Sultans ausdrücklich anerkannt. Andrássy sei zu weit gegangen, meint der Kaiser, aber er kann das Geschehene nicht mehr ändern. Rußland verläßt die Konferenz schwer gekränkt. Hingegen wird Andrássy bei seiner Rückkehr nach Wien recht zufrieden empfangen, doch die Militärkanzlei mit Beck an der Spitze und viele

[9] Andrássy an Franz Joseph, Berlin, 25. Juni 1878. Wien, St. A.

maßgebende Generale sehen die Dinge viel schärfer, weil sie erkennen, daß Europas Mandat Österreich-Ungarn nur zur Besetzung und Verwaltung der beiden Provinzen, aber nicht zu mehr berechtigt. Sogleich wird auch darüber gestritten, ob diese beiden Länder der ungarischen oder der österreichischen Reichshälfte anzugliedern und ob sie staatlich oder militärisch zu verwalten seien. In Ungarn sähe man die Einverleibung nicht gerne, weil man sich keineswegs eine Verstärkung des nichtmagyarischen Elementes in der Monarchie wünscht. Der österreichischen Reichshälfte gönnt man einen Länderzuwachs aber auch nicht. Vor der Festlegung ihrer künftigen staatlichen Einstufung müssen aber die beiden Provinzen erst militärisch besetzt werden. Andrássy, der Zivilist in Generalsuniform, glaubt, daß der zum Befehlshaber für diese Unternehmung ernannte Feldzeugmeister Joseph Freiherr Philippovich von Philippsberg ohne Widerstand sehr bald in Sarajevo wird einziehen können. Der Monarch will zwar jeden bewaffneten Zusammenstoß womöglich vermieden sehen, aber er betont, daß es nur von militärischen Rücksichten abhängen solle, ob und wann Gewalt anzuwenden sei. Auch ist er dafür, daß der Sandschak Novipazar, der Serbien und Montenegro voneinander trennt, unbedingt zu besetzen sei. Da Andrássy die Lage durch eine allzu rosige Brille beurteilt, werden für die Okkupation nur 75.000 Mann bereitgestellt. Am 29. Juli 1878 überschreiten sie die Grenze, stoßen aber auf starke, von der Bevölkerung unterstützte Insurgentengruppen. Sogar aktive türkische Einheiten beteiligen sich an den Kämpfen gegen die Besatzungsarmee.
Trotzdem tritt Andrássy, in schärfstem Gegensatz zu Beck, einer Verstärkung der österreichisch-ungarischen Truppen entgegen. Gleichzeitig aber verlangt er ein rasches Vordringen gegen Sarajevo. Am gleichen Tage, als er dies fordert, erleidet die k. u. k. 20. Infanterietruppen-Division, die sein Freund Graf Szápáry befehligt, bei Doboj eine verlustreiche Schlappe.
Franz Joseph ist über diese böse Nachricht sehr erbost, denn er muß von seinen Generalen hören, daß der Graf eine ausreichende Mobilisierung verhindert habe und deshalb die Schuld an dem vergossenen Blute trage. Als Andrássy unbeirrt seine Forderung nach einem raschen Vordringen wiederholt, fährt der Monarch auf: »Ich halte dies für unverantwortlich, wenn nicht noch min-

destens zwei Divisionen mobilisiert werden.« Und schließlich macht der Oberste Kriegsherr kurzen Prozeß. Im Ministerrate vom 15. August verlangt er, daß die Streitkräfte des Feldzeugmeisters auf 155.000 Mann erhöht werden. Kleinlaut muß Andrássy zugeben, daß sich »das von ihm Erwartete« nicht verwirklicht habe. Hingegen wendet er sich entschieden gegen die Einberufung der Delegationen, denn er fürchtet, seine Politik gegen heftige Angriffe verteidigen zu müssen. Es ist schon genug, wenn er von den Generalen zu hören bekommt, daß den k. u. k. Truppen nicht weniger als 134.000 Mann, darunter 40.000 Mann reguläres türkisches Militär, gegenüberstehen. Die Verstärkung der Besatzungsarmee wird über die Köpfe der ungarischen Minister Andrássy und Tisza hinweg befohlen.

Am 19. August 1878 rückt die Hauptkolonne des Feldzeugmeisters in Sarajevo ein. Es wäre der Augenblick, da man der Welt berechtigt sagen könnte, daß wegen des bewaffneten Widerstandes eine Besetzung nicht mehr genüge, sondern daß die beiden Provinzen annektiert werden müßten. Wieder lehnt Andrássy dies ab, weil ein solches Vorgehen nach seiner Meinung Rußlands Verbleiben in Bulgarien ermöglichen würde. Als diese Frage vom Kostenstandpunkt aus behandelt wird, spricht sich der Kaiser tatkräftig dafür aus, daß die notwendigen Mittel herbeigeschafft werden müßten, weil ein Aufgeben des Mandats das Ende der Monarchie bedeuten würde. Schließlich muß Andrássy sich dem Willen seines Herrn beugen.

Indessen gelingt es, den Aufstand in Bosnien und in der Herzegowina niederzuringen; Ende September sind die Provinzen fest in österreichisch-ungarischer Hand. Der Kaiser ist zufrieden, aber die deutsch-liberale Mehrheit im österreichischen Reichsrat, die Magyaren, die Militärs und die russische Öffentlichkeit teilen die Ansicht des Monarchen nicht. Andrássy hat seinen Anhang fast überall verloren, und er verdankt sein Verbleiben auf dem Posten des Außenministers nur dem Umstand, daß noch kein magyarischer Ersatz für ihn gefunden worden ist.

Die Okkupation der beiden ehemals türkischen Provinzen wirkt sich bei den österreichischen Deutsch-Liberalen so stark aus, daß sich das Ministerium des Fürsten Adolf Auersperg in einer ständigen Krise befindet. Aber auch gegen Andrássy, diesen »Bohémien und Kavalier, Sportsmann und Spieler«, wie Hübner ihn nennt, ist die öffentliche Meinung erbost. Eine österreichische Reichsratsadresse enthält ein förmliches Mißtrauensvotum gegen den Grafen und macht die Krone auf die Gefahren der Außenpolitik dieses Mannes aufmerksam. Als dem Kaiser mitgeteilt wird, Andrássy sei der österreichischen Reichshälfte so verhaßt, weil er die magyarische Hegemonie verkörpere, welche die österreichischen Länder nicht ertragen wollen, meint Franz Joseph[10]: »Das muß so sein, die Ungarn sind die einzigen politischen Köpfe, ihnen muß man die Direktion überlassen.«

Der Kaiser ist müde geworden. Die letzten Monate haben ihn seelisch schwer belastet, vor allem aber der Heimgang seines Vaters, der am 8. März 1879 seine Seele ausgehaucht hat. Wohl hat Elisabeth mit ihrem Gatten am Schmerzenslager des Erzherzogs Franz Karl geweilt, aber sonst ist der Herrscher zumeist allein, da sich die reiselustige Kaiserin entweder in Ischl, Tegernsee, wenn nicht in Gödöllö oder auf Reitjagden befindet. So vereinsamt der Monarch immer mehr. Er hat sich daran gewöhnt, in Schönbrunn schon um vier Uhr morgens aufzustehen. Nach einem langen Spaziergang fährt er in die Hofburg, wo die Geschäfte beginnen, das Lesen der Gesandtschaftsberichte, die Abgabe unzähliger Unterschriften, schließlich die Vorträge der Hofwürdenträger und der Minister. Jeden Morgen arbeitet der Kaiser mit Andrássy und mit Beck, der zweiter Generaladjutant und gleichzeitig Chef der Militärkanzlei ist. Zweimal in der Woche erscheinen viele Würdenträger und Bittsteller in Audienz. Infolge des häufigen Getrenntseins von seiner Gattin speist Franz Joseph mittags allein und zumeist an seinem Schreibtisch. Häufig geht er auch in die Schwimmschule, um mit seinen Adjutanten zu baden. Ritte im Tiergarten unterbrechen die »papierene Schreibtischexistenz«. Wenn es in der Stadt allzu heiß ist, fährt der Kaiser abends gerne nach Laxenburg. Da auch die Kinder oft nicht in Wien sind, vergehen die Tage des Herrschers in völliger Einsamkeit. »Dieser für das Familienleben geschaffene Fürst«, sagt Hübner[11], »ist durch die stete Abwesenheit der Kaiserin, die er nach wie vor leiden-

[10] Tagebuch Hübner, 30. Dezember 1878. Hübner-Archiv.
[11] Tagebuch Hübner, 24. Juli 1878. Hübner-Archiv.

schaftlich liebt, auf solche Abschließung zurückgesetzt.« Nun hat Elisabeth ihrem Gemahl mitgeteilt, sie hege die Absicht, zum Beginn des nächsten Jahres zu Reitjagden nach Irland zu gehen, was den Monarchen mit Angst und Sorge erfüllt. Zu dieser Zeit schreibt Graf Coronini an Crenneville[12]: »Wohin immer man die Blicke wendet, stößt man auf imponierende Schwierigkeiten, und es wird einem vor der Zukunft bange ... Einzig die Armee steht unerschüttert da, und das ist rein das Verdienst des Kaisers; sie hat in jeder Beziehung gewonnen, sonst ist in der gemeinsamen Staatsmaschine eine gefährliche Lähmung eingetreten ... Die Blätter haben schon die Nachricht, daß die Kaiserin nach Irland reist. Zu des Kaisers Geburtstag kam sie auf nicht ganz vierundzwanzig Stunden nach Schönbrunn; zum Fronleichnamsfest findet sie weder Zeit noch Lust, die Wiener durch ihr Erscheinen zu beglücken! Wie entwickelt sich der Kronprinz? Ich habe früher in Paris und jetzt in Prag einige sinistre Nachrichten vernommen. Ich hoffe, sie sind nicht wahr ...«

Leider sind sie es aber doch. Rudolf beschäftigt sich viel mit Religion, aber im verneinenden Sinne. Unter dem Eindrucke antikatholischer Schriftsteller wendet er sich gegen die Schranken, die, wie er sagt, die Kirche »durch das Verlangen nach dem Himmel oder durch die Furcht vor der Hölle« auferlegt. Auch in seinem Testament[13] spricht er seine weitgespannten und nichts weniger als konservativen Gedanken aus: »Unsere Zeit fordert neue Ansichten«, meint er, »Reaktion ist überall, besonders aber in Österreich, der erste Schritt zum Untergang. Diejenigen, die sie predigen, sind die gefährlichsten Feinde, sie habe ich immer verfolgt. Vor ihnen warne ich; Heil Österreich und seinem großen Kaiser! Heil Österreichs Heer, seinen Fahnen! ... Ein letzter Abschiedskuß in Gedanken allen schönen Frauen Wiens, die ich so sehr geliebt.« Schon daß er ein solches Testament in seinen jungen Jahren schreibt, ist für seine seelische Haltung bezeichnend genug.

Franz Joseph weiß von diesem Testament so wenig, wie er über das wirkliche Leben seines Sohnes weiß. Die Wissenden hüten sich

[12] Coronini an Crenneville, St. Peter bei Görz, 25. November 1878. Crenneville-Archiv.

[13] Testament des Kronprinzen, Prag, 15. April 1878.

ängstlich, dem Kaiser darüber zu berichten. Sie sehen überdies, wie müde und überarbeitet der Monarch ist. »Ich werde alt«, klagt er melancholisch, »ich verliere das Gedächtnis.« Und als von der bevorstehenden silbernen Hochzeit gesprochen wird, meint er: »Ach, wie mich das alt macht!« Über seine Arbeiten und Plagen äußert er sich zu Hübner: »Ich habe das Faß der Danaiden zu füllen!«
Zu den Sorgen des Monarchen gehört die Ernennung eines österreichischen Ministerpräsidenten. Als Notlösung wird ein Übergangsministerium gebildet, in dem Graf Taaffe, der ehemalige Gespiele des Kaisers, das Portefeuille des Inneren übernimmt. Man spricht davon, daß sich sein Einfluß auf den Herrscher steigere.
Die Feierlichkeiten der silbernen Hochzeit des Kaiserpaares werden durch lebende Bilder im Palais des Erzherzogs Karl Ludwig eingeleitet. Am Vortage der Silberhochzeit, am 23. April 1879, findet in der Hofburg eine große Soiree statt, zu der mehr als dreitausend Einladungen in alle Teile der Monarchie ausgegangen sind. Dabei wirkt die Kaiserin zauberhaft schön, so daß sich die Gäste an ihrem Anblick nicht satt sehen können. Am 28. April findet eine große Huldigung in Form eines vom Maler Hans Makart entworfenen Festzugs statt. Die Teilnehmer erscheinen in altdeutscher Tracht, und es ist alles aufgeboten, was das Bild farbenfroh und fröhlich zu gestalten vermag. Da ziehen die Zünfte an dem Herrscherpaar vorbei, die Bäcker, die Wirte und viele andere. An der Spitze der Buchdrucker hebt der Buchhändler Manz, der Gutenberg darstellt, als er beim Kaiser vorüberkommt, eine Tafel hoch, und auf dieser steht der Titel des soeben aus der Feder des Kronprinzen erschienenen Werkes: »Fünfzehn Tage auf der Donau.« Dann ziehen die bildenden Künste auf; voran Makart, der Schöpfer und Leiter des Ganzen, nicht allzu bescheiden als Rubens, und er sitzt auf einem von beiden Seiten geführten Schimmel, denn der Künstler kann nicht reiten. Das uralte Pferd aus dem Theresianum, sonst das frömmste Tier, merkt sogleich, daß der Reiter es nicht in seiner Gewalt hat, und tut, was es will, so daß Makart den Hut verliert. Dann dreht sich sein stolzer Degen um und fällt aus der Scheide, so daß man ihm zu Hilfe eilen muß. Knapp vor dem Kaiserzelt beim Burgtor wird Makart einen Augenblick sich, d. h. dem Wollen seines Pferdes überlassen, und glücklicherweise kommt dabei niemand zu Körperschaden.

Hinter den bildenden Künsten fährt ein herrlicher, nach Dürers Zeichnung gebauter Triumphwagen mit den schönsten Frauen Wiens und den weiblichen Bühnensternen, darunter auch Katharina Schratt. Dann folgt der besonders für den Kaiser bestimmte Teil des Festzuges: die Hochjagdgruppe mit knorrigen Weidmännern, bellenden Meuten, gemütlichen Jagdwagen und reicher Strecke.

Franz Joseph und Elisabeth sind von der einmaligen Art dieser Huldigung tief gerührt. Sie fühlen, daß es sich da um ein wahres Volksfest gehandelt hat, das überwältigend zeigte, wie die Dynastie und das Herrscherpaar im Herzen des Reiches tief verankert sind. In dem Dankschreiben, das der Monarch an seinen Minister des Inneren richtet, heißt es: »Während Meiner mehr als dreißigjährigen Regierung habe Ich nebst manchen trüben Stunden auch viele Freuden mit Meinen Völkern geteilt, aber eine reincre, innigere konnte Mir wohl kaum geschaffen werden als in den letztverflossenen Tagen.«

Kaum sind die Festc vorüber, muß der Kaiser wieder nach Ungarn. Andrássy ist seines Amtes müde geworden und findet auch in Elisabeth nicht mehr die Stütze von einst. Die Kaiserin und Königin beginnt sich von der Politik gänzlich zurückzuziehen und wird nun von der Reitschule völlig in Beschlag genommen. Da der Minister des Äußeren immer mehr vereinsamt, wird es auch für den Monarchen leichter, die Fehler in dem politischen Konzept des Grafen zu erkennen, die vor allem in der Behandlung Rußlands und in der Anerkennung der Souveränität des Sultans über Bosnien und die Herzegowina für die Monarchie am schwersten wiegen.

Selbst in seinem geliebten Ischl ist der Herrscher vor Regierungssorgen nicht gefeit. Die Krise um Andrássy und die Bemühungen um die Neubildung des österreichischen Ministeriums halten ihn in Atem. Als nun Graf Taaffe meldet, daß die Tschechen nur unter der Bedingung in den Reichsrat zurückkehren wollen, daß der Minister des Äußeren entlassen werde, nimmt Franz Joseph die von Andrássy schon mehrfach angebotene Demission an und fühlt sich erleichtert, diesen unheimlichen Mann nun endlich losgeworden zu sein.

Die Wahl des Nachfolgers ist von prinzipieller Bedeutung, weil sie die Rückkehr zu monarchischen Grundsätzen und das Nichtverharren auf den seit 1867 verfolgten Wegen kennzeichnen wird müssen. Hübner schreibt in sein Tagebuch[14]: »Seit zwanzig Jahren bin ich der geborene Kandidat für die auswärtigen Angelegenheiten.« Aber die magyarischen Führer beschwören den Herrscher, Hübner nicht heranzuziehen, da dies eine die Annahme der Wehrgesetze bedrohende Krise zur Folge hätte. Der Kaiser entscheidet sich für den Freiherrn von Haymerle, Andrássys Begleiter auf dem Berliner Kongreß, einen parteiungebundenen Beamten, und, was noch wichtiger ist, Österreicher. Hübner wird mit einem Sitze im Herrenhause abgefunden. Gleichzeitig wird Graf Taaffe österreichischer Ministerpräsident.

Das Ministerium Taaffe bedeutet eine Zurückdrängung der bisherigen Mehrheit der Deutsch-Freiheitlichen und einen slawenfreundlichen Kurs. Diese Deutsch-Liberalen haben sich durch ihren Widerstand gegen die Besetzung der türkischen Provinzen beim Kaiser unbeliebt gemacht, und zudem hat ihr scharfer Flügel mit dem Abgeordneten Georg Schönerer an der Spitze hervorgehoben, daß man sich nicht »zum Mamelucken der Krone« hergeben dürfe. Abgesehen davon soll Taaffes Kabinett ein Versöhnungsministerium mit einem erstmalig vollständigen Reichsrat werden. Es soll nach dem Wunsche des Herrschers zwischen den Konservativen und den Liberalen die Waage halten, ja über den Parteien und den Nationen stehen. Der Monarch ist von dem Programm seines Freundes und Spielgenossen aus der Jugendzeit begeistert, denn die Unparteilichkeit ist auch seine Richtlinie. Er nennt Taaffe »seinen« Minister und das Ministerium »sein« Ministerium.

Bismarck betrachtet dies alles mit ernster Miene, denn er fühlt, daß ein Gutteil des russischen Hasses gegen Österreich-Ungarn auch auf Deutschland fällt, und damit ist eine Gefahr verbunden, der man rechtzeitig begegnen muß. Durch die Besetzung der beiden ehemals türkischen Provinzen und des Sandschaks Novipazar hat sich zwischen der Donaumonarchie und dem Zarenreiche, wie Graf Waldersee sagt, »eine chronische Differenz« entwickelt, und deshalb muß Wien irgendwo eine feste Stütze suchen. Diese kann nur in Paris oder in Berlin gefunden werden. Eine Verbindung

[14] Tagebuch Hübner, Aussee, 16. August 1879. Hübner-Archiv.

Frankreichs mit der Doppelmonarchie wäre für Deutschland im Hinblick auf den französischen Revanchegedanken eine ernste Bedrohung. Also muß dem Nachbarstaate begreiflich gemacht werden, daß er an Deutschland einen besseren Bundesgenossen fände als in dem weiter entfernten, unverläßlichen und militärisch so viel schwächeren Frankreich. Am 21. September 1879 eilt Bismarck nach Wien, und der Kaiser hält diesen Besuch für so wichtig, daß er seinethalben die Jagden in der Steiermark abbricht.

Franz Joseph läßt sich durch Bismarck von den Vorteilen einer engen deutsch-österreichisch-ungarischen Verbindung überzeugen. Zwischen ihm und Wilhelm I. wird nun ein Bund des Friedens und der gegenseitigen Verteidigung geschlossen, der die beiden Vertragsteile verpflichtet, einander, falls einer von ihnen durch Rußland angegriffen würde, mit der gesamten Kriegsmacht ihres Reiches beizustehen. Dies auch dann, wenn einer von ihnen von einem anderen Staate in Krieg verwickelt würde und sich Rußland auf die Seite des Angreifers schlüge. Der Vertrag vom 7. Oktober 1879 wird mit fünf Jahren befristet; die Unterzeichner verpflichten sich, ihn geheimzuhalten und ihn einer dritten Macht nur im gegenseitigen Einverständnis mitzuteilen. Noch unterschreibt Andrássy, dessen Entlassung bisher noch nicht offiziell bekanntgegeben worden ist, den Vertrag, der das Schicksal Österreich-Ungarns für die nächsten Jahrzehnte bestimmt.

Endlich kann sich der Monarch in Gödöllö von den Regierungsgeschäften erholen. Auch der Kronprinz ist anwesend, es wird musiziert, nach der Scheibe geschossen, getanzt und gespielt. Rudolf übertreibt alles und geht vor zwei oder drei Uhr früh nie zu Bett. »Er ist zu nett«, meint die Gräfin Festetics, »kennt aber kein Maß, anderseits ist es gut, wenn er unschuldige und normale Unterhaltung genießt, denn sonst hat er so viele Abenteuer, daß einem bange wird.« Eine Baronin Vetsera, Mutter einer herzigen Tochter, jagt ihm förmlich nach, macht ihm unter dem Vorwande von Wetten kleine Geschenke und sucht sogar ihm näherzutreten. Sie treibt es so arg, daß sich auch schon Franz Joseph darüber lustig macht. Rudolf hat so viel anderweitige Zerstreuung, daß er für diese Dame nicht viel übrig hat. Der Kaiser wieder läßt seinen Sohn, von dem er viel zuwenig weiß, in allem gewähren.

Dafür weiß die nähere Umgebung des Kronprinzen um so mehr

über dessen besorgniserregenden Lebenswandel. Man rät dem Kaiser, seinen Sohn möglichst bald zu verheiraten. Dies ist aber nicht leicht, denn standesgemäße katholische Prinzessinnen sind dünn gesät. Nach Bayern hat man schon zuviel geheiratet. So bleibt nur Belgien übrig, dessen Königin, Marie Henriette, Gemahlin des Königs Leopold II., eine geborene Erzherzogin von Österreich ist. Sie hat eine Tochter, diese zählt aber erst sechzehn Jahre.

Rudolf reist nach Belgien, doch es ist keine eigentliche Brautschau, denn alles Notwendige ist schon vorher abgemacht worden. Bei einer Soiree im Hause des österreichischen Gesandten Grafen Chotek sehen sich Rudolf und Prinzessin Stephanie zum ersten Male. Tags darauf findet in nervöser Spannung beim König ein Dejeuner statt, wobei sich die jungen Leute nach sehr kurzem Gespräch verloben, nachdem sie vorher allein gelassen worden waren. Das noch ganz kindliche Mädchen tritt, vor Aufregung purpurrot, aus der Türe, während sich Rudolf den vorher von der Prinzessin getragenen Maiglöckchenstrauß mit besonderer Umständlichkeit im Knopfloch befestigt. Als die alte Hofdame Gräfin Moerkerke der Braut Glück wünscht, antwortet Stephanie: »Ich habe den Kronprinzen charmant gefunden, aber es genügte mir, daß Mama mir sagte, wie ausgezeichnet und distinguiert er sei, um nicht einen Augenblick zu zögern, ihm das ›Ja‹ zu geben, um das er mich bat[15].« Der Prinzessin mißfällt nur eines: der Kronprinz verträgt es nicht, daß man ihm in die Augen sieht, das ist ihm unheimlich.

Bei ihrer Rückkehr aus England berührt die Kaiserin Brüssel, wo kurz vorher die Verlobung ihres Sohnes stattgefunden hat. Rudolf, seine Braut und die königliche Familie erwarten sie auf dem Bahnhof; Mutter und Sohn sind tief ergriffen. Der Kronprinz fällt Elisabeth um den Hals und küßt ihre Hände immer wieder. Dann kommt, wie Marie Festetics schildert[16], die Braut, »jung, frisch, unentwickelt, ein schlecht angezogenes Kind. Gelbblond, wunderbarer Teint, kleine Augen mit einem eigentümlichen Lichterl darin. Etwas an ihr ist mir nicht recht«, meint die Gräfin, »banal dürfte man mit sechzehn Jahren nicht sein«.

Der 18. August 1880, der fünfzigste Geburtstag des Herrschers,

[15] Graf Chotek an Franz Joseph, Brüssel, 8. März 1880. Wien, St. A.
[16] Tagebuch Festetics, 13. August 1880.

kommt heran. Der Weg bis zu diesem Tage war lang und bitter, nur selten durch Glück und Freude unterbrochen, ein wahrer Kreuzweg. Aber der Monarch ist dabei an Erfahrungen reicher geworden und hat in mancherlei Irrtümern, Enttäuschungen und Bitternissen erkannt, wie schwierig sein Beruf, das Regieren, sei. Sein Wille, in einem Reiche, das elf verschiedene Nationen brüderlich vereinigen und vielerlei Parteien eine geliebte Heimat sein soll, überparteilich und übernational zu sein, hat sich nicht durchzusetzen vermocht. Zerklüftungen zwischen den einzelnen Interessengruppen zeichnen sich ab; Unzufriedenheit der sich zurückgesetzt fühlenden Körperschaften und politischer Hader hemmen die Verwaltung und den Fortschritt. Das zuweilen allzu große Vertrauen des Monarchen zu seiner engsten Umgebung, den Ministern und den Generaladjutanten, wirkt sich für das Schicksal der Doppelmonarchie nicht günstig aus. Manche Staatsmänner werden erst verabschiedet, wenn sie des Unheils allzuviel verschuldet, manche Generale werden ihres Postens erst enthoben, wenn sie vermeidbare Niederlagen erlitten haben. Aber die Armee und der Beamtenstand sind, wenn auch der Staat, dem sie dienen, durch schwere Krisen schreitet, dem Throne unbedingt ergebene und verläßliche Stützen. Ihr Vorbild an Pflichtbewußtsein ist der Kaiser selbst. Mancher Schaden, den unfähige Minister und zögernde Generale dem Ansehen des Staates zufügen, fällt nicht selten auf den Herrscher, der in der Ereignisse Flucht der ruhende Pol ist. Doch unverdrossen und ungebeugt, vorbildlich in seiner ritterlichen Art, an Hoheit und Würde, widmet Franz Joseph sein Bestes, seinen Glauben an dieses zweigeteilte Reich, die freudlosen Stunden seiner einsamen Tätigkeit dem Wohle seiner Völker. Er, dem jedwede Unehrlichkeit oder Selbstsucht fremd ist, ahndet Korruption und Bestechlichkeit auf das schärfste. Mögen seine Untertanen mit seiner Politik manchmal auch unzufrieden sein, so wissen sie doch alle, daß ihr Kaiser und König ein reiner Mensch ist, und sie würdigen es auch. Daß spanische Etikette und traditionsgebundene Gewohnheit den Adel am Hofe bevorzugen und so manchem bürgerlichen Talente nicht erlauben, seine Fähigkeiten mit jenen hoffähiger Kreise zu messen, ist ein Schönheitsfehler des Regierungssystems, der von vielen, und nicht den schlechtesten, bitter empfunden wird. Aber es ist ein Trost, daß die fortschreitende Demokratisierung, die im Zeitgeiste liegt, und dazu der rasche Verbrauch an Persönlichkeiten des Hochadels zur Heranziehung auch der niedriger Geborenen zu hohen Ämtern und Würden führen.

Der Kaiser ist nicht hochmütig. Im Innersten seines Wesens etwas unsicher und scheu, wortkarg und zurückhaltend, ist er von Gemüt aus wohlwollend, in seinem Verstande keineswegs weltfremd, er denkt folgerichtig und systematisch, klar und nüchtern. Eben diese Nüchternheit scheint das Spiel der Phantasie zu hemmen, aber sie findet in der Liebe zur Natur und Jagd wie auch im ausgeprägten Familiensinn den Ausgleich. Franz Joseph ist kein Redner, er ist weder literarisch noch musikalisch interessiert. Vielleicht fehlt es ihm vor allem an der Zeit, um anderes zu lesen als die amtlichen Berichte, und Besseres zu hören als die Walzer bei den Hofbällen. Sein Herz aber ist allem Guten und Schönen nicht verschlossen.

Eines hat er auch seinen besten Dienern voraus: Allem einseitigen Nationalgefühl fremd, wiewohl bewußt ein deutscher Fürst, weiß er wie kein anderer um die Bedeutung des Zusammenhaltes und der Einheit des Gebietes, dessen nicht nur geographisches Bindeglied die Donau ist. Moralisch und machtmäßig ist die Armee, in vielen Kriegen schwer geprüft, der Halt für Dynastie und Reich. Auf Kaiser und Vaterland gestellt, sieht sie in ihren Fahnen keines einzelnen Volkes Symbol, sondern neben dem Monarchen den eigentlichen Träger des Reichsgedankens. Der Kaiser und König, der Allerhöchste Kriegsherr, ist auch der Erste Soldat. Keinem einzelnen Volke, keiner einzelnen Partei allein dienend, ist er, wie seine Fahnen, eines Unteilbaren, Ganzen, von einem höheren Schicksal Zusammengefügten Diener. Und seine Farben sind schwarz-gelb.

VI

DER EINSAME KAISER

RUSSLAND WIRD UMWORBEN

1880—1883

Die vielen Feiern zu Ehren des fünfzigsten Geburtstages Franz Josephs sind nun vorüber, und die gewohnte Tagesarbeit des Herrschers tritt wieder in ihre Rechte. Manches, was auf seinen Schreibtisch gelangt, ist nicht erfreulich, so die Wirkung der am 9. April 1880 herausgegebenen Sprachenverordnung für Böhmen und Mähren. Daß die deutsche Sprache in den Ländern der böhmischen Krone nicht mehr die alleinige Landessprache sein soll, hat die Deutschböhmen maßlos erbittert. Nur wenige Deutsche beherrschen das Tschechische so gut wie die Tschechen im allgemeinen das Deutsche. Die Erbitterung darüber, daß dem tschechischen Element in der Rechtsprechung wie in der Verwaltung auf kaltem Wege eine Bevorzugung zuteil wird, ist groß.
Erfreulicher hingegen sieht das Verhältnis der Donaumonarchie zu Rußland aus. Wohl findet der Kaiser es noch immer ernst genug, um im Ministerrate zu empfehlen, daß man »die Möglichkeit einer europäischen Konflagration für eine nicht zu ferne Zeit ins Auge fasse«. Aber gelegentlich eines kurzen Aufenthaltes des k. u. k. Außenministers in Friedrichsruh kann festgestellt werden, daß Bismarck stets um eine bessere Verständigung mit Rußland bemüht ist. Ebenso wie Österreich-Ungarn hegt auch der deutsche Staatsmann den Wunsch, daß die »Entente à trois« bezüglich der Vereinigung Bulgariens mit Ostrumelien beibehalten werde. Vom Zarenreiche aus wird bestätigt, daß Alexander II. diese Bestrebungen unterstütze und mit dem Habsburgerreiche zu einer Verständigung gelangen wolle. Zu der versöhnlichen Stimmung des Zaren

mag auch beitragen, daß in Großbritannien der Liberale William Ewart Gladstone eine neue Regierung gebildet hat und die Politik gegen die Türkei friedlicher gestalten will. Das Königreich will auch aufhören, Rußlands Nebenbuhler in Asien zu sein.

Auch aus Italien hört man Gutes. Abermals ist ein Versuch der dortigen Regierung zu verzeichnen, ein Bündnis mit Deutschland einzugehen. Bismarck gibt aber in Rom zu verstehen, daß der Weg nach Berlin über Wien führe. Trotz der irredentistischen Bewegungen im Apenninenreiche und in den italienisch sprechenden Teilen des österreichischen Südens wendet sich der Quirinal an den k. u. k. Außenminister, und die Verhandlungen beginnen in einer angenehmen Atmosphäre des Vertrauens.

Um Rußland zu beweisen, daß auch die Slawen im Norden des Reiches — die Polen und die Ruthenen — reichstreu seien, unternimmt der Kaiser eine Reise nach Galizien, die ihn über Olmütz nach Krakau und Przemysl zu den Manövern nach Moszisca-Krysowice, nach Lemberg, Drohowyce, Kolomea, Czernowitz, Radautz, Drohobycz, Boryslaw und Sambor führt. Im ungarischen Czegléd wiederholt sich das wechselvolle Spiel der Manöver. Die Zeitungen betonen den außenpolitischen Sinn dieser Reise, doch sie ist auch für die Innenpolitik bedeutsam, weil sie allenthalben die Liebe des Volkes zum Herrscher beweist. So tief reicht der Einfluß des kaiserlichen Besuches, daß die polnischen Zeitungen, die von einem bevorstehenden Kriege gegen Rußland zu berichten wissen, schon jetzt dem Monarchen die Krone des wiederzuerrichtenden Königreiches Polen anbieten.

In den folgenden Monaten ist das Leben des Monarchen voller Unruhe. Der Kaiser-König ist abwechselnd in Wien und in Budapest, manchmal auch in Gödöllö. Die Gräfin Festetics stellt in ihrem Tagebuche fest, daß Franz Joseph heiter und liebenswürdig sei, von einem wahrhaft rührenden Wohlwollen gegen alle Menschen beseelt. Hingegen findet die Gräfin den Kronprinzen nicht mehr so fröhlich wie sonst, so, als ob ihn innerlich etwas bedrücke. Manchmal ist er ganz still, vielleicht denkt er an die bevorstehende Hochzeit. Diese muß verschoben werden, weil die Braut noch immer nicht zu voller Blüte herangereift ist.

Im Leitartikel der »Neuen Presse«, dem Sprachrohr der Liberalen, vom Neujahr 1881 wird behauptet, daß die Regierung des Grafen

Taaffe die Früchte einer mehr als zwanzigjährigen konstitutionellen Entwicklung preisgegeben, den Völkerfrieden zerstört, den Nationalitätenkampf mit Gewalt wieder emporgezerrt, die Verschuldung des Staatswesens enorm gesteigert, die Staatsverwaltung zum Tummelplatz der Parteien gemacht und nirgends auch nur *ein* Samenkorn ausgestreut habe, das eine bessere Zukunft verheißen könne.

Doch Taaffe hat erst vor kurzem dem Schriftleiter des »Neuen Wiener Tagblattes«, Heinrich Pollak, gegenüber betont, daß er kein Parteien-, sondern ein »Kaiser«-Minister sei, der den Willen des Monarchen als für sich maßgebend betrachte. Die Öffentlichkeit weiß allerdings, daß der Graf ein Jugendfreund des Monarchen ist und dessen eigenste Gedanken vertritt, und daher wendet sich jede Kritik an dem Außenminister gegen den Herrscher selbst.

Noch größeren Eindruck auf die weitesten Kreise der Donaumonarchie übt der grauenvolle Tod Alexanders II. aus. Am 13. März 1881 wird auf seinen Hofschlitten eine Bombe geworfen, die den Zaren nicht trifft, aber einige seiner Begleiter verletzt. Der Zar will sich der Verwundeten annehmen, doch wird er dabei durch einen Sprengkörper, den ein zweiter Nihilist, eine Frau, gegen ihn schleudert, getötet.

Dem Kaiser geht das Schicksal seines Standesgenossen sehr nahe. Bei einem Diner meint er zu Hübner, daß sich die guten Beziehungen zu Rußland unter Alexander III. leichter wiederherstellen lassen würden als unter dessen Vorgänger, und das möge als ein kleiner Trost erscheinen.

Wenige Wochen später rücken französische Truppen in Tunesien ein und erzwingen vom Bey einen Vertrag, in dem sich der tunesische Staatschef der französischen Oberhoheit unterwirft. Um so dringlicher wird es für Italien, sich an Deutschland und an Österreich-Ungarn anzulehnen.

In Berlin und in Wien beschäftigt man sich unterdessen dauernd mit einer Besserung des Verhältnisses zu St. Petersburg. Alexander III. leitet Verhandlungen in Berlin ein, die Bismarck dankbar aufnimmt, während die Donaumonarchie sich zuwartend verhält. Kaiser Wilhelm I. schreibt daher an Franz Joseph, daß ein Krieg mit dem Zarenreiche, und wäre er selbst siegreich, ein möglichst zu verhütendes Übel bleibe, dem man durch vorsichtige Behandlung des russischen Nachbarn vorbeugen müsse. Diesem Handschreiben liegt der Entwurf zu einem neuen Drei-Kaiser-Bündnis bei.

Da die Kabinette in Wien und in Berlin der Ansicht sind, daß die russenfreundliche Haltung des Premierministers Gladstone eine übermächtige Koalition gegen das Zarenreich ausschließen dürfte, gleichzeitig aber die Feindschaft dieses Politikers gegen die Donaumonarchie bekannt ist, wird dem Kaiser das Eingehen auf die Absichten Bismarcks erleichtert. So wird unter Ausnützung der Angst des Zaren vor dem Nihilismus und in der Überzeugung, daß eine Verständigung zwischen Großbritannien und Rußland auf Kosten Deutschlands und Österreich-Ungarns verhindert werden müsse, ein Weg beschritten, der allmählich zur Erneuerung des Drei-Kaiser-Bündnisses führt.

Die Verhandlungen zu diesem Monarchenbund werden von einem Ereignis begleitet, das für die Völker des Kaiserreiches als ein Familienfest gilt: der Hochzeit des Kronprinzen mit Stephanie. Am 2. Mai 1881 verläßt die Prinzessin mit ihrem Gefolge Brüssel und wird am nächsten Tage von Rudolf in Salzburg erwartet. Noch in derselben Nacht kehrt der Kronprinz nach Wien zurück, um seine Braut in der Reichshaupt- und Residenzstadt festlich zu empfangen. Am Morgen des 6. Mai trifft Stephanie in Wien ein.

Fest auf Fest wird zu ihren Ehren veranstaltet und bewahrt die Brautleute davor, ihren Stimmungen nachzugeben.

Der Hochzeitsmorgen naht heran. Gräfin Festetics hält in ihrem Tagebuch fest, wie der Kronprinz ihn erlebt: »Als ich in großem Staat aus meiner Tür trat, rannte der Jäger mit dem fabelhaften Brautbouquet des Kronprinzen vorbei. Mir wurde eiskalt, und als ich die Schleppe über den Arm schlug, hörte ich die liebe, sympathische Stimme des Kronprinzen: ›Gräfin Marie, laufen Sie nicht davon, warten Sie ein bißchen.‹ Das tat ich, und ich war ergriffen, so ernst, nein, so nervös und mißmutig sah er aus. ›Ich freue mich, daß wir uns noch treffen als die alten!‹ Er blieb stehen, konnte sich nicht recht entschließen, durch die Tür zu treten. ›Das Bouquet wartet schon‹, sagte ich. ›Ja‹, antwortete er, ›es war mir zu schwer, und so ist es auch gut.‹ Dabei machte er eine Bewegung mit der Hand, die ich nicht apostrophiere. Mir war es so peinlich, er merkte es auch und fragte: ›Sind Sie pressiert?‹ — ›Ja, kaiserliche Hoheit, eher.‹ — ›Ich nicht‹, sagte er sehr ernst. ›Ich habe Zeit dazu.‹ — ›Oh, Hoheit!‹ rutschte es mir heraus, worauf er mir die Hand reichte und sagte: ›Gott befohlen, sagen Sie mir irgend etwas Gutes.‹ Die Tränen rollten mir herunter, und ich sagte: ›Gott segne Sie, und werden Sie glücklich, liebe, gute kaiserliche Hoheit!‹ — ›Danke!‹ und der Händedruck war eins, und er verschwand auch schon hinter der Tür des Appartements. Das war das Vorspiel zur Trauung.«

In der Augustinerkirche spricht Kardinal-Erzbischof Fürst Schwarzenberg zu den Brautleuten die schwerwiegenden Worte: »Die Ehe ist nicht, wie die Welt häufig behauptet, ein Vertrag, der den Ehegatten gegenseitig Rechte verleiht, sondern das Geheimnis, das die Seelen zweier Wesen für die Ewigkeit bindet.«

Nach dem Cercle, den Stephanie sehr hübsch und ungeniert abhält, begibt sich das junge Paar nach seinem künftigen Wohnsitz, dem Schloß Laxenburg bei Wien, das allen jungvermählten Thronerben aus dem Stamme der Habsburger für die Flitterwochen eingeräumt wird. Dort erlebt die Kronprinzessin ihre erste Enttäuschung. Nach dem Glanze der Hofburg empfängt sie in der modrig-eisigen Kellerluft der den Neuvermählten zugewiesenen Räume weder eine Blume noch die behagliche Wärme von Teppichen. Nichts ist für einen das Gemüt entsprechenden Einzug vorbereitet; weder ein Toilettentisch noch ein Badezimmer sind vorhanden, nur ein auf einem dreibeinigen Schemel stehendes Waschbecken. So beginnt der Bund der beiden Menschen, auf denen dereinst die Zukunft des Völkerreiches ruhen soll, in seelischer und physischer Kälte.

Kurz nach der Vermählung seines Sohnes wird dem Monarchen eine andere Freude, diesmal eine außenpolitische, zuteil. König Albert von Sachsen hat bei seinem Besuche in Berlin im April die Verhandlungen zwischen Deutschland und dem Zarenreiche aktenmäßig kennengelernt. Er beeilt sich, Franz Joseph schriftlich zu bitten, den Vertrag, der das Drei-Kaiser-Bündnis erneuern soll, nicht etwa wegen der Dardanellenfrage und der Sicherung Bosniens und der Herzegowina zu vereiteln. Daraufhin wird am 18. Juni 1881 zwischen Wilhelm I., Franz Joseph I. und Alexander III. ein »Geheimer Drei-Kaiser-Vertrag« abgeschlossen. Die

drei Monarchen sichern einander für den Fall, daß ein Vertragspartner in eine kriegerische Auseinandersetzung mit einer vierten Macht gerät, wohlwollende Neutralität zu. Sowohl Rußland als auch das Deutsche Reich erteilen der Donaumonarchie die Zustimmung, die Okkupation der beiden ehemals türkischen Provinzen in einem ihr genehmen Zeitpunkt in eine Annexion umzuwandeln, falls Österreich-Ungarn dem Zusammenschlusse Bulgariens mit Ostrumelien kein Hindernis in den Weg legt. Nicht in unmittelbarem Zusammenhang mit diesem Ereignisse stehend, aber doch auch ein außenpolitischer Erfolg ist das Geheimbündnis der Monarchie mit dem Fürsten Milan von Serbien, der die Politik seines Staates sehr weitgehend der Führung durch die Doppelmonarchie unterstellt. Österreich-Ungarn hat auf dem Balkan unbestreitbar an Landbesitz, Macht und Ansehen gewonnen, obwohl man Milans Vorgehen nicht allzu ernst nehmen darf, da ihm jegliches Ansehen in seiner Heimat fehlt.
Daß durch die Vereinbarung der drei Herrscher die Gegensätzlichkeiten zwischen dem Zaren- und dem Habsburgerreiche aus der Welt geschafft worden seien, wäre eine starke Übertreibung. Aber die Lösung der Spannungen, die letztlich doch nur mit dem Schwerte wird erfolgen können, ist verschoben, und dieser Zeitgewinn paßt in die Planung des deutschen Reichskanzlers Bismarck. Auch dem russischen Panslawismus ist ein solches Hinausschieben der Entscheidung willkommen. Es darf daher für den Augenblick noch als aufrichtig gemeint angesehen werden, wenn Alexander III. an Franz Joseph telegrafiert, er habe sich glücklich gefühlt, ihren alten Freund Wilhelm I., »mit dem uns gemeinsame Bande der Freundschaft verknüpfen«, in Danzig wiederzusehen.
In das Bild friedlichen Entspannens, dem sich der Kaiser in Gödöllö hingibt, bringt ein Telegramm aus Wien mit der Nachricht vom plötzlichen Ableben des Freiherrn von Haymerle einen jähen Mißklang. Wieder ist der Monarch vor die schwierige Aufgabe gestellt, einen Außenminister zu finden, der gleichzeitig in Budapest, in Varzin, dem Wohnsitze Bismarcks, und in der Wiener Hofburg gefällt. Die Wahl trifft Gustav Graf Kálnoky, den bisherigen k. u. k. Botschafter am russischen Hofe. Trotz seines magyarisch klingenden Namens gehört Kálnoky einer altösterreichi-

schen, in Mähren begüterten Adelsfamilie an und spricht nur mangelhaft ungarisch. Er huldigt den gleichen Zielen wie sein kaiserlicher Herr und wird selbst vom kritischen Hübner als feiner Geist mit Taktgefühl anerkannt.

Kurz nach seinem Amtsantritt erhält der Graf auch schon Gelegenheit, neue Freundschaftsbande zwischen Österreich-Ungarn und dessen südlichem Nachbarn zu knüpfen. Am 27. Oktober wiederholt das italienische Königspaar seinen Besuch vom Februar und wird vom Wiener Hofe auf das festlichste empfangen. Dann kann sich der Kaiser wieder im herbstlichen Gödöllö erholen, wo er so leidenschaftlich reitet, daß nun er derjenige ist, der sich für diesen Sport am meisten begeistert. Nur der Thronfolger zeigt dauernd ein gedrücktes Wesen. Traurig verzeichnet die Gräfin Festetics in ihrem Tagebuch, daß »der liebe Kronprinz, mit dem sonst immer so eine Art Sonnenschein einzog, ganz anders geworden ist«.

Es scheint jedoch zum Fluch von Gödöllö werden zu wollen, daß die Tage der Freiheit und Entspannung des Herrschers durch eine unerwartete Schreckensnachricht ihrer Unbefangenheit beraubt werden. Am 8. Dezember 1881 langt eine Depesche ein, worin Graf Taaffe mitteilt, das Wiener Ringtheater stehe in Flammen, aber die Menschen seien gerettet. Niemand aber glaubt den beruhigenden Worten des Grafen, und jeder wartet wie gelähmt auf weitere Berichte.

Die Tatsachen sind grauenhaft. Schon vor der Vorstellung — »Hoffmanns Erzählungen« — war der Brand ausgebrochen, aber das Publikum hatte davon nichts gemerkt. Als es der Gefahr bewußt geworden war, hatte es keine Möglichkeit mehr zur Rettung gegeben. Die Gasbeleuchtung war verlöscht, die Notbeleuchtung hatte man nicht angezündet, und daher war es im Zuschauerraum plötzlich finster geworden. In ihrer Todesangst hatten sich die Menschen gegen die Ausgänge gestürzt, waren aber auf Türen gestoßen, die nur nach innen aufgingen, so daß sie nicht mehr geöffnet werden konnten. Hunderte Theaterbesucher waren elend verbrannt oder zu Tode getreten worden.

Von der Bevölkerung Wiens wird Graf Taaffe der Unfähigkeit und Sorglosigkeit beschuldigt und als der in Wahrheit Verantwortliche hingestellt. Auch der Kronprinz hält mit seiner Meinung nicht zurück, so wie er immer mehr einer Unzufriedenheit mit

den politischen Verhältnissen in der Donaumonarchie zu verfallen scheint und auch vor der Kritik an seinem Vater nicht zurückscheut. Unter dem Einflusse sehr freisinniger Freunde hat Rudolf sich seelisch zu wandeln begonnen. Am Kaiser, der ihm zuwenig Aufmerksamkeit widmet und es unterläßt, den Thronerben an den Regierungsgeschäften teilhaben zu lassen, entdeckt er Fehler, über die er am 2. Dezember 1881 seinem ehemaligen Erzieher, Latour, schreibt: »Der Kaiser hat keinen Freund, sein Charakter, sein Wesen lassen dies nicht zu. Er steht verlassen auf seiner Höhe, mit seinen Dienern spricht er über die Berufsgeschäfte eines jeden einzelnen, doch ein Gespräch vermeidet er ängstlich, darum weiß er wenig über das Denken und Fühlen der Leute, über die Ansichten und Meinungen des Volkes.«
Anders wieder urteilt die Kaiserin über ihren Gatten in einem Gespräch mit der Gräfin Festetics: »Popularität ist so flüchtig, der Kaiser war populär wie wenige Monarchen, unantastbar, beneidet von den europäischen Herrschern, stand er über allem in erhabener Würde, die ein Teil seines Ichs war. Und nun ist er ein Werkzeug nur in der Hand eines Akrobaten (Taaffe), der oben bleiben will und ihn als Balancierstange benützt.«
In dieser Zeit vollzieht sich in der Umgebung des Monarchen eine schwerwiegende Veränderung. Schon im Frühjahr hat der Kaiser dem Chef seiner Militärkanzlei, dem Feldmarschalleutnant Freiherrn von Beck, eröffnet, daß Erzherzog Albrecht ihn für den Posten des Chefs des Generalstabes vorgeschlagen habe. Vorerst will Beck der Berufung mit dem Hinweis auf die bessere Eignung seines Kameraden aus der Kriegsschule, Feldmarschalleutnant Wilhelm Freiherrn von Reinländer, ausweichen. Als aber dieser General bittet, wegen seines schlechten Gesundheitszustandes von einer Wahl abzusehen, kann Beck nicht mehr zurück. Vorsichtshalber legt er aber in einer Denkschrift die Grundsätze fest, die eine Vorbedingung für die Erfüllung der ihm zugedachten Aufgabe darstellen.
Im Frühjahr 1882 verstärkt sich die Spannung zwischen den Deutschen und den Tschechen. Auf dem Boden des österreichischen Parlaments ist der Zusammenschluß der deutschen Parteien liberaler Richtung zur »Vereinigten Linken«, der unter dem Eindruck des »slawischen Regierungskurses« schon im November 1881 voll-

zogen worden ist, von programmatischer Bedeutung. Gleichzeitig tritt ein neues Element der Innenpolitik schärfer in Erscheinung: der »Deutsche nationale Verein« des Reichsratsabgeordneten Ritter von Schönerer. Im Jahre 1880 hatten Dr. Viktor Adler, Pernerstorfer und Dr. Heinrich Friedjung, damals noch Gesinnungsgenossen Schönerers, eine politische Wunschliste ausgearbeitet, die nun unter dem Namen »Linzer Programm« veröffentlicht wird und die radikalsten Forderungen enthält. Galizien und die Bukowina sollen, ebenso wie Dalmatien, aus dem Staatsverbande herausgelöst werden; als Staatssprache für ganz Österreich hat das Deutsche zu gelten; die deutschsprachigen Länder, einschließlich Böhmen und Mähren, sollen enger an das Deutsche Reich geschlossen werden. Schließlich wird auch verlangt, daß zwischen Österreich und Ungarn nur noch eine Personalunion bestehe. Schönerer fühlt sich als kompromißloser »Alldeutscher« und verwirft als Gegner der Dynastie zugleich auch den habsburgischen Reichsgedanken. Er ist aber auch ein unerbittlicher Judenfeind, und er vertreibt durch die Einführung des Arierparagraphen in die Satzungen seines Vereines Dr. Viktor Adler, Dr. Friedjung und den Tondichter Gustav Mahler aus den Reihen seiner ursprünglichen Anhänger. Er lehnt auch die Deutschliberale Partei ab, die er unsozialer und kapitalistischer Haltung beschuldigt. Zugleich wird er zum geistigen Urheber der »Los-von-Rom«-Bewegung.

Noch besteht für die Regierung keine rechtliche Möglichkeit, die politische Tätigkeit Schönerers zu verhindern, auch ist im Augenblick Wichtigeres auf dem Gebiete der Außenpolitik zu tun. Am 6. März des Jahres 1882 hat Fürst Milan von Serbien mit Zustimmung der Großmächte den Königstitel angenommen, und der k. u. k. Gesandte in Belgrad ist der erste, der ihn zu dieser Rangerhöhung beglückwünscht. Österreich-Ungarn hat damit den Preis für das Geheimbündnis mit Serbien bezahlt.

Am 23. März schreibt Graf Kálnoky an den k. u. k. Botschafter in Rom, daß er sich trotz mancher Bedenken zu einem präzisen Eingehen auf das italienische Ansinnen zum Anschluß des Königreiches an den Zweibund entschlossen habe. Er sei hiezu einesteils durch die Erkenntnis gelangt, daß es für die Donaumonarchie unleugbar ein Vorteil wäre, angesichts anderweitiger Verlegenheiten Italiens sicher zu sein; anderseits sei der Wunsch maßgebend, des monarchischen Interesses wegen das italienische Bedürfnis nach Anlehnung an das konservative und friedliche deutsch-österreichisch-ungarische Bündnis zu befriedigen, um das Überlaufen nach der entgegengesetzten Richtung zu verhindern. Am 20. Mai 1882 wird das Bündnis der drei Staaten, der Dreibund, zur Wirklichkeit. Es ist für fünf Jahre gültig, mit ungleichen Rechten und Pflichten, denn die unbedingte Unterstützungspflicht bezieht sich nur auf den Fall, daß eine der vertragschließenden Parteien von zwei oder mehreren Mächten angegriffen wird. Italien hat überdies Anspruch auf Deutschlands und Österreich-Ungarns Hilfe gegen einen Angriff durch Frankreich. Hingegen hat es dem Deutschen Reiche beizustehen, wenn Frankreich Deutschland den Krieg erklärt. Unter allen Umständen aber haben die Teilnehmer wohlwollende Neutralität zu wahren, wenn einer von ihnen in einen nicht unter die Bündnispflicht fallenden Krieg verwickelt wird. Militärische Abmachungen sind im Dreibund-Vertrag nicht enthalten. Der politische Zusammenschluß der europäischen Mitte genügt aber, um im Herzen dieses Erdteils einen neuen Schwerpunkt der Kräfte entstehen zu lassen, mit dem in Zukunft sowohl in der britischen als auch in der französischen und nicht zuletzt in der russischen Politik gerechnet werden muß.

Wenige Wochen später nimmt die Kaiserin, die in Armeekreisen weitaus nicht so beliebt ist wie der Monarch, zum ersten Male an einer Frühjahrsparade auf der Wiener Schmelz teil. Diese sichtbare Ehrung der bewaffneten Macht durch Elisabeth ist um so wirkungsvoller, als erst kurz vorher die Armee und die Kriegsmarine Unruhen, die im Herbst 1881 in dem südlichen Teil Bosniens und der Herzegowina sowie in Dalmatien ausgebrochen sind, niedergeworfen und dabei Blutzoll entrichtet haben.

Im September unternimmt das Kaiserpaar eine Reise, die über Klagenfurt und Görz nach Pola führt, wo der Oberste Kriegsherr seit siebeneinhalb Jahren wieder bei seiner Flotte weilt. Im Gegensatz zu seinem Sohne, der die Uniform eines Konteradmirals gerne und mit einem gewissen Stolze trägt, fühlt sich der Kaiser der Seemacht innerlich nicht so verbunden wie dem Heer. Nie trägt er das Ehrenkleid seiner Seeleute, und es ist bezeugt, daß er auch niemals eine Marineuniform besessen hat.

Am 16. September treffen die Majestäten in Triest ein, wo allgemeine Aufregung herrscht, denn zwei Tage zuvor sind zwei Verschwörer aus Rom abgereist, um an dem vermeintlichen »Tyrannen« ihrer Heimat Rache zu nehmen. Der eine von ihnen heißt Guglielmo Oberdank und ist ein während des Feldzuges in Bosnien von seiner Truppe desertierter Einjährig-Freiwilliger des Infanterieregiments Nr. 22. Von der k. u. k. Botschaft in Rom rechtzeitig gewarnt, hat die Polizei die beiden Verschwörer schon an der Grenze verhaftet.

Nach einem infolge Schlechtwetters sehr stürmisch verlaufenen Fest auf einem Lloyddampfer und nach kurzem Aufenthalt in Miramar kehrt das Herrscherpaar zurück, um sich in Gödöllö von den Anstrengungen der Reise zu erholen.

Mittlerweile laufen Verhandlungen zwischen Rom und Wien über einen Gegenbesuch Franz Josephs bei König Umberto I. Sie scheitern an der Befürchtung des Papstes, ein Besuch des Kaisers im Quirinal würde bedeuten, daß der Monarch die Okkupation der Ewigen Stadt durch das Königreich anerkenne. Auch wäre es unmöglich, daß der Kaiser etwa in der Hofequipage des Königs vor dem Vatikan vorführe, denn dann blieben die Pforten der päpstlichen Residenz für den hohen Gast verschlossen.

Auch die Beratungen wegen der künftigen staatsrechtlichen Stellung von Bosnien und der Herzegowina wollen im Ministerrat nicht recht vorwärtskommen. Vorläufig spricht sich der ungarische Ministerpräsident Koloman von Tisza unbedingt gegen die Eingliederung der beiden Länder in die zisleithanische Reichshälfte aus und fordert, daß sie der ungarischen Krone unterstellt werden sollen.

Kronprinz Rudolf, der in Berlin weilt, erstattet einen eingehenden Bericht über seine Unterredung mit Bismarck. Der Kanzler habe betont, es sei sein Wunsch, eingedenk alter russischer Tradition, die Spitze des deutsch-österreichisch-ungarischen Bündnisses nicht nur gegen das Zarenreich zu kehren, sondern allgemein zu fassen. Großbritannien müsse dem Deutschen Reiche freundlich gesinnt bleiben. Von den Freundschaftsversicherungen Italiens könne man nicht viel halten. Selbst bei gutem Willen fehle die Kraft, ihn auszuführen, und es könnte leicht geschehen, daß der König gezwungen werde, zwischen dem Platze an der Spitze einer Volksbewegung oder dem treuen Festhalten an seinen Verpflichtungen gegenüber den Vertragspartnern und dem offenen Widerstand gegen den Willen seiner Nation zu wählen. Man dürfe niemals, wenn gegen eine andere Seite Front gemacht werde, »den unbedeckten Rücken Italien zu freilassen«. Das eine sei sicher: Deutschlands Bündnis mit Österreich-Ungarn stehe fest; er sehe darin sein größtes Glück und werde immer daran arbeiten, es für alle Zeiten dauernd zu befestigen[1].

Diese Worte des Kanzlers sind um so bedeutungsvoller, weil kurz vorher Nikolai Karlowitsch von Giers an die Stelle des Fürsten Gortschakow als Minister des Äußeren getreten ist. Damit hat sich der Zar vom Panslawismus abgewendet und für eine friedlichere Außenpolitik seines Reiches entschieden.

Ihr kommt die Behandlung der Slawen in Österreich entgegen. Im April 1882 hat eine Sprachenverordnung nach dem böhmischen Muster die Deutschen in der Steiermark ebenso erbittert, wie dies ihren Stammesbrüdern in den Ländern der heiligen Wenzelskrone geschehen ist. Auch die Tschechen und Polen in Schlesien werden durch eine gleichartige Sprachenverordnung bevorzugt. Um so sehnsüchtiger wenden nun viele österreichische Deutsche ihren Blick nach dem Deutschen Reiche. Sie malen sich das lockende Bild eines großen, einigen Deutschland »vom Belt bis zur Adria« aus, und daß ein »deutsches Österreich« in der Verwirklichung dieses Traumes eine vorläufige Zwischenstufe sein soll, wird von Schönerer und seinen Gefolgsleuten mit steigender Stimmgewalt verlangt.

Aber trotz mancher Herausforderung der Regierung durch den Führer der »Alldeutschen« ist die Lage zum eigentlichen Kampfbeginn noch nicht reif. Graf Taaffe kann noch glauben, daß seine Politik, für die er selbst das Wort »Fortwursteln« geprägt hat, für immer die Möglichkeiten bieten werde, das Gleichgewicht zwischen den verschiedenen nationalen und politischen Strömungen aufrechtzuerhalten.

Während man in der Hofburg die Geburt einer Tochter des Kronprinzenpaares feiert, hat das Ministerium des Äußeren seine Schwierigkeiten mit der päpstlichen Kurie, da der Heilige Vater seine Befürchtungen äußert, das Bündnis der Donaumonarchie mit Italien widerspreche den Interessen des Heiligen Stuhles, vor al-

[1] Bericht vom 1. März 1883. Wien, St. A.

lem wegen des päpstlichen Anspruchs auf den Kirchenstaat. In einem Briefwechsel mit dem Oberhaupte der katholischen Christenheit beteuert Franz Joseph, daß der Dreibundvertrag nur darauf abgestimmt sei, den Frieden und die Sicherheit im Falle eines Angriffes von außen zu gewährleisten. Man habe jede Vereinbarung vermieden, aus der man auf eine territoriale Garantie oder auf die Anerkennung von Besitzrechten schließen könne.

Nicht lange nach der Geburt seines Enkelkindes Elisabeth erlebt der Monarch auch in der Außenpolitik ein freudiges Ereignis. Am 30. Oktober 1883 wird zwischen Österreich-Ungarn und Rumänien ein geheimes Defensivbündnis gegen Rußland unterfertigt, dem sich Deutschland am selben Tage, Italien etwas später anschließen.

Im Jahre 1883 ist noch eine kleine Begebenheit zu vermerken. So unbedeutend sie auch scheinen mag, ist sie doch der erste Takt zu einer großen Symphonie der Zukunft im Leben des Kaisers. Am 27. November verzeichnet Erzherzogin Marie Valerie, die Tochter des Monarchen, in ihrem Jungmädchen-Tagebuch: »Im Burgtheater eine Neue namens Schratt, macht das ›Lorle‹. Sie ist wunderschön, aber nicht so lieb wie die Wessely[2]!«

WETTERLEUCHTEN AUF DEM BALKAN

1884—1885

Das Jahr 1884 beginnt mit einer innen- und außenpolitischen Atempause. Die »Neue Freie Presse« nennt diesen Stillstand in ihrer Neujahrsbetrachtung »atemberaubend«. Sie erklärt sich diese Erscheinung dadurch, daß der Kampf zwischen dem autoritären

[2] Diese und die folgenden, als solche im Texte bezeichneten Eintragungen sind dem Tagebuch der Erzherzogin Marie Valerie entnommen. Archiv Ihrer kaiserlichen und königlichen Hoheit der Gräfin Gertrud von Waldburg-Zeil, geborener Erzherzogin von Österreich, Schloß Syrgenstein.

und dem liberalen Regierungsprinzip von seinem entscheidenden Stadium noch weit entfernt sei. Betont wird nur, daß sich das Werden einer gewissen Dezentralisation in der Verwaltung andeute. Ein Werben der obersten Schichten um die Bundesgenossenschaft der unteren Klassen zeichne sich ab, und nun beginne auch bei den Deutschen in Österreich ein passiver Widerstand gegen die Regierung.

Das »Schielen« der österreichischen Deutschen über die schwarzgelben Grenzpfähle zum deutschen Bruderstaat wird nur noch stärker, und es ist für die Wiener leitenden Kreise kein Trost, wenn ein österreichisch-deutscher Politiker erklärt: »Wir schielen nicht, wir schauen, wir schauen unverwandt, wir schauen mit Vertrauen ins deutsche Vaterland!«

In der Außenpolitik beginnt es im Frühjahr wieder lebendiger zu werden. Der Notenwechsel zwischen Rom und Wien wegen des Gegenbesuches Franz Josephs bei König Umberto geht weiter, und die Frage, ob der Papst die Ewige Stadt verlassen wolle, taucht wieder auf. Am 27. März 1884 wird das Drei-Kaiser-Bündnis mit geringfügigen Abänderungen bis zum 18. Juni 1887 verlängert. In einem Briefwechsel mit dem k. u. k. Botschafter in St. Petersburg, dem Grafen Wolkenstein, hält Kálnoky daran fest, daß die Besitzergreifung von Bosnien und der Herzegowina den status quo auf dem Balkan nicht verändern würde. Die Donaumonarchie wolle sich für den Zeitpunkt der Angliederung die Freiheit des Handelns wahren. Man wolle damit noch zuwarten, um jedes Agitationsmittel in den kaum erst beruhigten Balkangebieten zu vermeiden.

Im April verläßt das Kronprinzenpaar die Hofburg, um eine Orientreise anzutreten. In Bulgarien und in der Türkei werden Rudolf und Stephanie aufs freundlichste begrüßt, aber der Sultan erweist sich jeder Aussprache über politische Dinge unzugänglich. So bleibt die Mission des Thronfolgers, mit dem Großherrn über den beabsichtigten Bau der Orientbahn und deren Führung über türkisches Gebiet zu sprechen, unerfüllt. In Rumänien hingegen findet das hohe Paar in König Carol und in seiner Gattin Elisabeth (Carmen Sylva) ehrliche Anhänger Österreich-Ungarns und Deutschlands. Auch König Milan und Königin Natalie üben in Serbien herzliche Gastfreundschaft.

Nach Wien zurückgekehrt, wird Kronprinz Rudolf von der Wiener Universität auf Grund seiner geographischen Veröffentlichungen zum Ehrendoktor ernannt. Doch zur wissenschaftlichen Arbeit gehören Ruhe und Muße, die aber fehlen dem Prinzen. Seine Repräsentationspflichten, der militärische Dienst, seine Jagdleidenschaft und die zunehmende Hingabe an ein Leben, das im Sittlichen seiner hohen Verstandeskraft nicht ebenbürtig ist, rauben ihm nicht nur Zeit, sondern auch die seelische Geschlossenheit des Charakters. Dabei tritt er immer mehr in Gegensatz zu seinem Vater, was nicht wenig zur Zermürbung seiner Nerven beiträgt. Rudolf ist für die Tragik der meisten Thronerben, nämlich lange warten zu müssen, bis sie zur Regierung gelangen, noch zu jung. Der Kaiser weiß nicht, wo sein Sohn steht, und niemand aus seiner Umgebung findet den Mut, ihm darüber die Augen zu öffnen. Franz Joseph müßte den zukünftigen Träger der Krone vollends von Sinnen halten, wüßte er um seine Vorstellungen über den Neubau des Völkerreiches. Denn Rudolfs Leitgedanke ist, Deutsch-Österreich unter einen österreichischen Prinzen oder eine Prinzessin zu stellen. Transleithanien soll unter ungarischer Führung zu einem Kaiserstaat mit der Blickrichtung nach Konstantinopel zusammengefaßt werden. In nicht zu ferner Zukunft aber soll die Stadt am Bosporus die Hauptstadt dieses großen Österreichs werden. Deutschland ist nach des Kronprinzen Meinung schon gegenwärtig gegen Österreich-Ungarn nichts als eine erweiterte preußische Soldateska, ein reiner Militärstaat.
Von all dem ahnt der Monarch so gut wie nichts. Er geht in seinen Regierungsgeschäften auf und fühlt sich bei seiner Wehrmacht und auf der Jagd am wohlsten. Allerdings fällt es auf, wenn, wie in diesem Frühjahr, der Monarch mit dem Kronprinzen die Flotte inspiziert, der Allerhöchste Kriegsherr dabei in der österreichischen Generals-, Rudolf aber in der Admiralsgalauniform erscheint. Die Eskader führt Übungen in Gefechtsformation auf, und die Presse bezeichnet es als ein besonderes Ereignis, daß ein österreichischer Kaiser zum ersten Male an Bord eines seiner Kriegsschiffe dem seltenen Schauspiel eines kriegsmäßigen Flottenmanövers beiwohnt.
Mittlerweile ist eine Zusammenkunft der drei Monarchen im russisch-polnischen Jagdschloß Skierniewice vorbereitet worden. Am 16. September 1884 finden die drei Kaiser und ihre Außenminister

Gelegenheit, über die große Politik zu sprechen. Man unterstreicht die Wichtigkeit des status quo auf dem Balkan, und nach Bismarcks Konzept wird angedeutet, Rußland solle den Osten, Österreich-Ungarn den Westen dieser Halbinsel als seine Einflußsphäre betrachten. Bismarck ist bereit, für eine Verständigung mit dem Zarenreiche den Fürsten Alexander von Bulgarien fallenzulassen. Letzten Endes aber ist das Bewußtsein, das Einander-Näherkommen der drei Kaiserreiche liege im Bereiche der Möglichkeit, der einzige Gewinn aus der Unterredung der drei Herrscher.

Das neue Jahr — 1885 — läßt an seinem Beginne glauben, daß es ein ruhiges sein werde. Außenpolitisch wirkt noch die freundliche Atmosphäre der Drei-Kaiser-Zusammenkunft nach, innenpolitisch geht das Geplänkel zwischen den Nationalitäten weiter, man vermeidet aber schärfere Kampfhandlungen. Die Deutschsprachigen in Zisleithanien, die sich durch das Vorgehen der nationalistischen Slawenvölker gezwungen gesehen haben, auch ihr völkisches Bewußtsein kämpferisch zu betonen, begreifen nicht, daß es mit ihrer Alleinherrschaft zu Ende sei.

Hingegen geschieht in diesem Zeitraume auf sozialem Gebiete manches für die Zukunft Grundlegende. Den beiden Gewerbenovellen aus den Jahren 1883 und 1884 folgt am 11. März 1885 die »Arbeitszeitordnung«. Sie bricht mit dem liberalen Grundsatz von der »Freiheit der Arbeit«, legt den Fabriksarbeitstag mit höchstens elf Stunden fest, schließt die Kinderarbeit aus, beschränkt die Arbeit Jugendlicher auf leichte Verrichtungen und verbietet, Jugendliche und Frauen in der Nachtarbeit einzusetzen.

Im Juni schlägt König Milan vor, Österreich-Ungarn möge Serbien besetzen und seinen Grenzen einverleiben. Der Kaiser lehnt dieses Anerbieten ab, da dieses Land mit Waffengewalt niedergehalten werden müßte; die Donaumonarchie aber wolle, daß Serbien ein blühendes, ruhiges und unabhängiges Gebiet sei, das zu seinem großen Nachbarn in einem freundschaftlichen Verhältnisse stehe.

Am 24. August reist Franz Joseph mit der Kaiserin, dem Kronprinzen und Erzherzog Karl Ludwig nach Kremsier, um dort mit dem Zaren und Bismarck, der seinen erkrankten Herrscher vertritt, zusammenzutreffen. Auch diese Begegnung der Monarchen endet ergebnislos. Dies ist um so bedauerlicher, als bald nachher die Tragfähigkeit des Einverständnisses zwischen Österreich-Ungarn und Rußland auf eine harte Probe gestellt wird. Am 18. Juli 1885 hat Fürst Alexander von Bulgarien, der Battenberger, den Kaiser in Ischl besucht und ihm die Schwierigkeiten seiner Regierung dargelegt. Nach der Rückkehr in sein Land wird dem Fürsten mitgeteilt, daß am 18. September in allen Orten Südbulgariens dessen Vereinigung mit Nordbulgarien durch eine Volksabstimmung ausgerufen werden soll[1]. Alexander hat gegen diesen Schritt schwere Bedenken, wird aber durch die Ereignisse überrumpelt und nach der Proklamierung der Vereinigung beider Landesteile zu ihrem Fürsten ausgerufen. Nun sind Alexanders Thron, Leben und Volk auf eine einzige Karte, auf das Einverständnis des Zaren mit der Neuordnung der bulgarischen Verhältnisse, gesetzt.

Franz Joseph läßt dem Fürsten depeschieren, er sei peinlich berührt, weil die Bewegung nicht verhindert worden sei. Die Türkei bleibt ruhig, da sie Bulgarien schon lange abgeschrieben hat, aber Serbien gerät in die größte Erregung, weil es annimmt, daß die Verschmelzung der beiden bulgarischen Landesteile für die weitere Entwicklung des Königreiches den Todesstoß bedeute. Es könne sie daher nur gegen eine entsprechende Entschädigung dulden. Wieder betreibt Kálnoky eine Schaukelpolitik, indem er dem Fürsten einerseits Ruhe und Mäßigung empfiehlt, ihn anderseits aber wissen läßt, daß »Österreich-Ungarn seine und Serbiens Interessen nicht aus den Augen lassen werde und Milan auf die Freundschaft des Kaisers rechnen könne«. Einem gewaltsamen Einfall der Serben in das Nachbarland könne die Donaumonarchie nicht zustimmen. Rußland nimmt schließlich die Vereinigung der beiden Bulgarien hin, lehnt aber den Fürsten Alexander ab. In Serbien wird zum Krieg gerüstet; Großbritannien verlangt von Österreich-Ungarn, daß es Milan vom Kriege abhalte; die Türkei läßt in Belgrad und in Sofia erklären, sie würde einen serbischen Einfall in Bulgarien als Verletzung ihrer Souveränitätsrechte betrachten. Bismarck beklagt das laue Vorgehen der Donaumonarchie, denn es erwecke das Mißtrauen Rußlands.

[1] Die Schilderung der Ereignisse in Bulgarien folgt im wesentlichen der Darstellung in dem Werke Egon Caesar Conte Cortis, Leben und Liebe Alexanders von Battenberg.

Am 5. November tritt in Konstantinopel eine Botschafterkonferenz zusammen, die aber wegen des russisch-britischen Gegensatzes zur Erfolglosigkeit verurteilt ist. Am 14. November schlägt König Milan los, aber schon am 18. und 19. November werden die Serben bei Slivnica mit schweren Verlusten zurückgeworfen. Das königliche Heer zieht sich in Panik nach Belgrad zurück. In der Nacht vom 19. auf den 20. November bittet Milan, Österreich-Ungarn möge bei den Mächten Schritte unternehmen, damit die Feindseligkeiten eingestellt würden.

Am 25. November steht Alexander mit der bulgarischen Hauptmacht bei Pirot auf serbischem Boden. Nach einem neuerlichen Hilferuf des serbischen Königs übermitteln Rußland, das Deutsche Reich und die Donaumonarchie in Belgrad und in Sofia die Aufforderung, den Bruderkrieg zu beenden. Die Serben folgen dieser Mahnung, aber die Bulgaren besetzen Pirot. Die Verfolgung der in Unordnung zurückweichenden Serben wird jedoch nicht aufgenommen.

In dieser letzten Stunde vor dem Zusammenbruche Serbiens läßt Kálnoky dem Fürsten von Bulgarien mitteilen, daß Österreich-Ungarn unmöglich zusehen könne, wie Serbien übermäßig bedrängt werde. Das Eingreifen *einer* Großmacht würde zweifellos auch die Einmischung anderer Mächte nach sich ziehen. Am 28. November erscheint der k. u. k. Gesandte am serbischen Hofe im Hauptquartier Alexanders und verlangt von ihm die sofortige Einstellung der Feindseligkeiten. Der siegreiche Fürst wehrt sich gegen diese Zumutung, muß aber unter dem Drucke der Drohung mit einem bewaffneten Einschreiten der Donaumonarchie und Rußlands nachgeben. Er ist bereit, augenblicklich dem Verlangen der beiden Großmächte zu folgen, falls die Vereinigung beider Bulgarien anerkannt werde.

In Bulgarien erregt dieser österreichisch-ungarische Schritt größte Empörung. Das Zarenreich sieht ihn als Bruch seiner Abmachungen mit dem Kaiserstaate an und fühlt sich übertölpelt. Die Konferenz der Botschafter am Bosporus wird bis zum 5. April 1886 vertagt. Von Bismarck gedrängt, erklärt Kálnoky, Österreich-Ungarn werde den Beschluß, in Serbien einzumarschieren, nie fassen. Giers stellt dazu fest, daß selbst eine bloße österreichisch-ungarische Mobilisierung unstatthaft sei, weil sie für den allgemeinen

Frieden fürchten ließe. Bismarck wünscht sich eine gegen das Erstarken Serbiens gerichtete Politik der Donaumonarchie, denn je lebensfähiger und umfangreicher das Königreich würde, desto mehr Anziehungskraft auf die Serben in der Monarchie würde es ausüben.

Am 22. Dezember wird ein Waffenstillstand geschlossen, und vier Tage später rückt Fürst Alexander an der Spitze seiner Truppen, ein Sieger ohne Früchte aus seinen Waffentaten, in Sofia ein.

Im Jänner 1886 verschieben sich die weltpolitischen Kulissen plötzlich wieder, denn in London löst ein neues Ministerium Gladstone das konservative Kabinett Salisbury ab, und der bismarckfreundliche Lord Rosebery wird Außenminister. Die britisch-türkischen Beziehungen werden über Nacht kühler, der bulgarienfreundliche Einfluß auf die Pforte ist zu Ende. Der Zar wünscht, daß sich Deutschland in Wien für die Absetzung des Battenbergers verwende. Gleichzeitig schüren in Bulgarien russische Agenten gegen den Fürsten und stellen ihn als einen Mann hin, der sein Land wieder unter die türkische Herrschaft bringen wolle. Serbien hat durch den Feldzug wirtschaftlich so schwer gelitten, daß es für den Frieden sturmreif geworden ist. Er wird am 3. März in Bukarest auf der Grundlage des status quo geschlossen.

Die österreichisch-ungarische Staatskunst der außenpolitischen Halbheiten hat sich bei der Gelegenheit dieses Konfliktes für die Donaumonarchie als überaus schädlich erwiesen. Das »Lavieren« und »Fortwursteln« hat Graf Kálnoky vom Grafen Taaffe gelernt. Es ist kein Glück für das Kaiserreich.

NEUE AUSSENPOLITISCHE SPANNUNGEN

1886

In der großen Politik bricht sich langsam die Überzeugung Bahn, daß der Zusammenstoß zwischen der Donaumonarchie und dem Zarenreiche nur noch eine Frage der Zeit sei. Dies ist angesichts der

dauernden Spannungen auf dem Balkan besonders gefährlich, da eine Stimmung entsteht, die dem Unvermeidlichen gegenüber wie Fatalismus wirkt. Statt für den Frieden um jeden annehmbaren Preis zu wirken, läßt Großbritannien den Fürsten Alexander von Bulgarien im Stich, und er muß es sich gefallen lassen, daß die Vertreter der Großmächte auf der Botschafterkonferenz von Konstantinopel am 5. April 1886 den türkisch-bulgarischen Vertrag mit den von Rußland gewünschten Abänderungen unterzeichnen. Bismarck zeigt seine Feindseligkeit gegen den Fürsten offen, weil er zum Zarenreich ein gutes Verhältnis wünscht.
Alexander will sich an Österreich-Ungarn anlehnen und meint, dieser Staat werde zur Wahrung seiner Interessen die Balkanhalbinsel bis nach Saloniki in Besitz nehmen müssen. Die Lage verschiebt sich allerdings ein wenig zugunsten des Fürsten, da in Großbritannien das Ministerium Gladstone wieder abgetreten, Salisbury wieder Premierminister und der Earl of Iddesleigh Minister des Äußeren geworden ist. Rußland ist aber unversöhnlicher denn je, auch gegen Österreich-Ungarn.
Anfang August trifft Graf Kálnoky in Bad Kissingen mit dem deutschen Kanzler zusammen, und wenige Tage später besucht Franz Joseph den deutschen Kaiser in Gastein. Während der Ton der russischen Presse gegen die beiden Kaiserreiche immer schärfer wird, erneuern die beiden Monarchen die Richtlinien von Skierniewice und Kremsier, und Fürst Bismarck setzt sich wieder für ein möglichst gutes Einvernehmen mit dem Zarenreiche ein. Er befürchtet, wie er am 17. August dem Prinzen Wilhelm von Preußen schreibt, daß »die Chassepots von selbst losgehen werden«, sobald zwischen Österreich-Ungarn und Rußland der Krieg ausbräche. Ein solcher Waffengang aber, möge er ausfallen wie immer, bleibt eine Verlegenheit für die Sieger und die Besiegten, die auf Generationen hinaus nachwirken würde.
Dann überstürzen sich plötzlich die Ereignisse. Am 21. August wird Alexander von verräterischen Offizieren verhaftet und auf eine Donaujacht gebracht, die ihn nach Reni bringen und dort den russischen Behörden übergeben soll. Doch in Sofia vollzieht sich mittlerweile ein jäher Stimmungswechsel für den Battenberger, der Militärputsch wird niedergeschlagen, und Alexander kann sich über Lemberg frei nach Breslau begeben. Aus Deutschland wird

der Fürst von seinen Getreuen nach Bulgarien zurückberufen. Aber sein Aufenthalt in diesem Lande ist nur noch von kurzer Dauer; da der Zar seine Rückkehr auf den Thron nicht billigt, ernennt Alexander einen Regentschaftsrat und verläßt in den ersten Septembertagen Bulgarien für immer.

Ganz Europa fühlt sich unbehaglich, der Zar tobt, Österreich-Ungarn und Rußland sind gegeneinander gereizt wie nie zuvor. Mit welcher Sorge auch der Kaiser die Lage beurteilt, erhellt aus seinem Schreiben an Albert von Sachsen: »Am 4. November beginnen in Budapest die Delegationen, leider in einem Augenblick noch andauernder Unklarheit der europäischen Verhältnisse. Der Himmel erhalte uns den Frieden! Was irgend möglich ist, werden wir gewiß dazu beitragen...« Bismarck vergleicht zu dieser Zeit die Donaumonarchie und Rußland mit zwei bissigen Hunden, die aufeinander in dem Augenblicke losstürzen würden, in dem er das Halsband losließe.

Am 25. September führt Graf Kálnoky im Ministerrate aus, daß die öffentliche Meinung am meisten durch das Gefühl der Unsicherheit hinsichtlich der österreichisch-ungarischen Allianzen und der Verhältnisse zu den übrigen Mächten beunruhigt sei. Doch habe sich auf diesem Gebiete nichts verändert. Das Bündnis mit Deutschland stehe innerhalb der Grenzen, in denen es geschlossen worden war, fest; das gute Verhältnis zu Rußland sei zwar zur Aufrechterhaltung des Friedens von größter Wichtigkeit, aber gebunden sei der Kaiserstaat dieser Macht gegenüber nicht. Es lasse sich nicht leugnen, daß in letzter Zeit Deutschlands Prestige gesunken sei, wogegen dasjenige Rußlands und Frankreichs sich gehoben habe, zwar nicht in Wirklichkeit, aber in der öffentlichen Meinung. Es müsse bemerkt werden, daß Österreich-Ungarns Bündnis mit Deutschland immer nur ein defensives gegen einen die Donaumonarchie provozierenden Angriff gewesen sei. Deutschland sei nicht verpflichtet, für die österreichisch-ungarischen Interessen in Bulgarien einzutreten, ebensowenig wie die Donaumonarchie gehalten sei, Deutschland gegenüber Frankreich zu unterstützen. Da die französischen Revanchegelüste an Stärke gewännen, müsse Deutschland mit Recht befürchten, daß es in jeder Komplikation, in die es gerate, Frankreich zum Feind haben werde. Daher komme das Bestreben des Reiches, Rußland für sich freundlich zu stimmen, um es von einem Bündnis mit Frankreich abzuhalten, daher auch seine Bemühungen, das gute Verhältnis zwischen dem Habsburgerreiche und Rußland aufrechtzuerhalten. Der Ausgleich der Interessen zwischen diesen beiden Staaten sei aber erfolglos geblieben, weil Österreich-Ungarn wohl seiner eigenen Vertragstreue sicher sei, die Versprechungen Rußlands aber nur mit Mißtrauen entgegennehmen könne. Zur Wahrung ihrer Interessen auf dem Balkan sei die Donaumonarchie auf sich selbst angewiesen. Auf England sei nicht zu rechnen, Frankreich zeige sich in diesem Zeitpunkte den russischen Wünschen besonders gefällig und Italien komme bei den schwebenden Fragen nicht in Rechnung. Es sei also ratsam, bei der reservierten Haltung zu verbleiben, um so mehr, als der Zar wiederholt erklärt habe, auf dem Balkan im status quo zu verharren und ohne gemeinsame Übereinstimmung nichts zu unternehmen.

Das Jahr 1886 geht in gespannter Stimmung seinem Ende zu. Um so wichtiger wird es für Österreich-Ungarn, sich auch für die Zukunft jene Bündnissysteme zu sichern, in denen die Donaumonarchie und Deutschland eine Verstärkung ihrer politischen und militärischen Lage sehen. Deshalb wird zwischen Großbritannien, Österreich-Ungarn und Italien ein Mittelmeerabkommen ohne feste Bindung geschlossen, dem später auch Spanien beitritt. Es ist eine Ergänzung der gleichzeitig erfolgenden Verlängerung des Dreibundvertrages um zehn Jahre und dessen Erweiterung. Auf Drängen Deutschlands muß Kálnoky dem italienischen Verlangen nach »Kompensationen« für den Fall eines österreichisch-ungarischen Vordringens auf dem Balkan zustimmen. Das Deutsche Reich hingegen stellt eine Unterstützung des Königreiches auch für den Fall in Aussicht, daß Italien, um eine französische Machterweiterung im Mittelmeer zu verhindern, zum Kriege gegen die Republik genötigt wird.

Das Drei-Kaiser-Bündnis aber wird nicht verlängert. Es ist ein schwacher Trost, daß dafür der Geheimvertrag zwischen der Donaumonarchie und Serbien bis zum Jahre 1895 erstreckt wird. Die Großmächte im Herzen Europas stehen einander »Gewehr bei Fuß« gegenüber.

DIE »GNÄDIGE FRAU«

1886—1887

Während der Kaiser mit eisernem Pflichtgefühl in seinen schwierigen Regierungsgeschäften aufgeht, befindet sich die Kaiserin zumeist auf Reisen. Bleibt sie für einige Tage in Wien, Budapest, Ischl oder Gödöllö, dann ängstigt sie ihre Umgebung durch Äußerungen eines Weltschmerzes, dessen wahre Ursachen nicht zu erkennen sind. Ja sie geht manchmal sogar so weit, Selbstmordabsichten zu äußern. Nur wegen ihrer schon heiratsfähigen Tochter Marie Valerie überwindet sie sich manchmal so weit, daß sie gelegentlich auch ihre Repräsentationspflichten erfüllt.

Der eher realistisch-nüchternen Art des Monarchen liegt es nicht, für die respektlose Ironie eines Heine oder für die Hexameter der Ilias ebenso zu schwärmen wie Elisabeth. So sind beide Ehegatten, so ritterlich und gütig sie gegeneinander auch sein mögen, im wesentlichen einsam und allein. Die Kaiserin vermag sich in ihre krankhafte Reiselust zu flüchten, der Herrscher durfte dies schon wegen der notwendigen Erfüllung seiner Pflichten nicht. Doch Elisabeth erkennt, was ihrem Gatten, den sie trotz ihrer äußeren Entfremdung innig liebt, fehlt: die Gesellschaft eines Menschen, der mit feinem Gefühl für Würde, Distanz und Schicklichkeit das urwüchsige Talent verbände, die Dinge — womöglich aber nicht solche politischer oder militärischer Art — beim richtigen Namen zu nennen, ohne zu verletzen; zu erheitern, ohne sich zu vergeben; mitzufühlen, ohne aufdringlich zu sein. Mit feinem weiblichem Instinkt denkt die Kaiserin dabei an eine Schauspielerin: an Katharina Schratt, verehelichte Kiss von Ittebe.

Nun führt Elisabeth in überraschender Umsicht und Wahrung aller erdenklichen Form die Freundschaft ihres Mannes mit der Schauspielerin herbei. Die Kaiserin läßt vom Hofmaler Heinrich von Angeli ein Bild der Schratt für den Monarchen malen und richtet es so ein, daß sie mit Franz Joseph das Atelier des Künstlers besucht, als die Schauspielerin dort weilt. Man schreibt den 21. Mai 1886. Nach drei Tagen empfängt Katharina Schratt den ersten Brief des Kaisers: »Meine gnädige Frau«, schreibt Franz Joseph,

»ich bitte Sie, beifolgendes Andenken als Zeichen meines innigsten Dankes dafür anzunehmen, daß Sie sich der Mühe unterzogen haben, zu dem Angelischen Bilde zu sitzen. Nochmals muß ich wiederholen, daß ich mir nicht erlaubt hätte, dieses Opfer von Ihnen zu erbitten, und daß daher meine Freude über das teure Geschenk um so größer ist. Ihr ergebener Bewunderer.« Das dem Briefe beigelegte Andenken ist ein kostbarer Smaragdring[1].

Damit beginnt ein Briefwechsel, der durch Besuche des Herrschers, zumeist gemeinsam mit Elisabeth, in den Sommerheimen der Künstlerin zu Frauenstein bei St. Wolfgang und in der Villa »Felicitas« in Ischl unterbrochen wird.

Im Weihnachtsschreiben vom Jahre 1886 gesteht der Monarch der »gnädigen Frau« zum ersten Male, daß »in diesen Zeiten schwerer Sorgen und vieler Arbeit« die Erinnerung an die vergangene Zeit und die Hoffnung auf ihre Wiederkehr wahre Lichtpunkte für ihn seien.

Die Ritterlichkeit und eine fast ängstliche Bedachtnahme auf die Wünsche und Bedürfnisse der Künstlerin, aber auch die schüchterne Zurückhaltung des Kaisers finden in seinen Briefen an Katharina Schratt einen manchmal geradezu verlegenen Ausdruck. Wüßte man nicht, daß der siebenundfünfzigjährige Monarch sie an eine vierunddreißigjährige Künstlerin richtet, könnte man glauben, daß ein blutjunger Leutnant sie seiner ersten, scheu verehrten Liebe schreibt.

Bald gesteht Franz Joseph, daß die Güte und Freundschaft der Frau Schratt seine größte Freude seien und daß er nicht mehr verlange. Da die Leute über diese Freundschaft zu reden beginnen, beeilt sich der Monarch zu versichern: »Verzeihen Sie mir, daß ich Sie mit meinen Ansichten über unser Freundschaftsverhältnis und über das Gerede der wohlwollenden Nebenmenschen beunruhigt habe. Es war mir ein wahres Bedürfnis, mich Ihnen gegenüber einmal auszusprechen, nur habe ich es wohl nicht gut gemacht, denn ein Stegreifredner bin ich auch nicht, wie Sie wohl schon oft bemerkt haben werden, und dann bin ich mitunter in meinen Aus-

[1] Die im Texte angeführten Briefe des Kaisers an Frau Katharina Schratt sind dem Werke »Briefe Kaiser Franz Josephs an Frau Katharina Schratt«, herausgegeben von Jean de Bourgoing, entnommen.

drücken zu scharf. Ihre Ehre und Ihr Ruf sind mir vor allem heilig, und ich wollte Ihnen sagen, wie ich bestrebt bin, unsere Freundschaft, an der ich nichts Unrechtes sehe, auch vor der Welt in ihrem richtigen Lichte erscheinen zu lassen . . .«

Da die Kaiserin nun fast ununterbrochen auf Reisen ist, tut dem Herrscher der entspannende Briefwechsel mit der anmutigen und klugen Frau besonders wohl; dies um so mehr, als die politische Unrast zunimmt. Fürst Bismarck hat am 18. Juni 1887 an die Stelle des nicht mehr bestehenden Drei-Kaiser-Bündnisses einen »Rückversicherungs-Vertrag« mit Rußland gesetzt. Das Zarenreich erhält für den Fall, daß es von der Donaumonarchie angegriffen werden sollte, die Zusicherung der deutschen Neutralität, während Rußland seine Neutralität dem Deutschen Reiche gegenüber verspricht, wenn dieser Staat von Frankreich angegriffen werden sollte. In einem noch geheimeren Zusatzprotokoll werden Bulgarien und Ostrumelien als russisches Einflußgebiet anerkannt. Sollte Deutschland Frankreich oder Rußland die Donaumonarchie angreifen, würde die Neutralitätsklausel außer Geltung kommen. Am 7. Juli wird in Bulgarien Prinz Ferdinand von Sachsen-Coburg-Koháry, bis dahin Offizier im k. u. k. 11. Husarenregiment, zum Fürsten gewählt.

Der Kaiser sieht die Lage seines Reiches Rußland gegenüber als so gespannt an, daß er nach anfänglichem Widerstreben den deutschen Mahnungen, die Armeestände zu erhöhen, schließlich nachgibt. Er trägt damit der Absicht der Generalstäbe der beiden Reiche Rechnung, den Krieg gegen Rußland, wenn er notwendig werden sollte, mit einem offensiven Vorgehen zu beginnen und nicht erst auf einen Angriff durch den Feind zu warten.

Wieder weilt die Kaiserin ferne von ihrem Gatten. Im Ägäischen Meere besucht sie die Stätten der homerischen Heldensagen und will erst im Spätherbst nach Wien zurückkehren, obwohl sie seit dem Frühjahr nur wenige Tage mit dem Monarchen und ihren Kindern beisammen war. Traurig schreibt Franz Joseph: »Meine Gedanken sind immer in Sehnsucht bei Dir, und ich berechne mit Wehmut die leider noch lange Zeit, die uns vom Wiedersehen trennt . . .«

Als das Kaiserpaar nun endlich wieder vereint ist, sieht sich der Herrscher zum ersten Male veranlaßt, gegen ein Mitglied des Erzhauses scharf einzuschreiten. Johann Nepomuk Salvator, der Erzherzog, der schon einmal vom Chef des Hauses Österreich verwarnt werden mußte, ein Prinz von hoher Begabung, aber unbeherrschtem Ehrgeiz, hat in einer militärischen Studie gefordert, daß Österreich-Ungarn seine Grenzen auch gegen den preußischen Erbfeind befestige. Der Kaiser maßregelt den undisziplinierten Soldaten in Gegenwart der Erzherzoge Albrecht und Wilhelm mit einem strengen Verweise, und Kronprinz Rudolf verlangt vom Grafen Kálnoky strengste Ahndung der eigenmächtigen Unterhandlungen Johanns mit dem bulgarischen Abgesandten, der den Erzherzog zur Annahme des bulgarischen Fürstenthrones bewegen will. Johann lehnt dieses Ansinnen wohl ab, erklärt sich aber bereit, im Notfalle den Bulgaren mit der Waffe in der Hand zu dienen. Das bewegt den Kronprinzen dazu, von Kálnoky auch die strengste Überwachung des Geisteszustandes Johanns zu verlangen. Rudolf schließt seinen Brief an den Außenminister mit Worten, die aus seiner Feder, der so viele Beweise für ein ähnliches disziplinloses Benehmen gegen die höchsten Autoritäten des Staates entstammen, überraschend wirken: ». . . Wohin kommen wir, wenn dergleichen Dinge innerhalb der kaiserlichen Familie und der Armee möglich sind, wenn der Kaiser sich nicht mehr auf diese Elemente verlassen kann, die kein anderes Prinzip kennen dürfen als das des unbedingten Gehorsams und der vollsten Treue.«

Als Erzherzog Salvator, der in Linz garnisoniert, sich vom dortigen Gemeinderate zum Ehrenbürger dieser Stadt ernennen läßt, schreibt der Monarch an den Grafen Taaffe und läßt keinen Zweifel darüber, daß er die Laufbahn des Prinzen als Mitglied des Kaiserhauses für erledigt hält.

Das spannungsreiche Jahr 1887 beendet der Herrscher mit einem Silvesterbriefe an Frau Schratt, in dem er sie bittet, ihm auch im kommenden Jahre ihre Freundschaft, Nachsicht und Güte zu bewahren. Zum ersten Male zeichnet er dabei als »Ihr in treuer Freundschaft ergebener . . .« So ist ihm neben Albert von Sachsen ein zweiter Freund geworden, dem er in Einsamkeit und Sorgen sein Herz ausschütten kann, sein Herz, das außer den engsten Mitarbeitern und den Mitgliedern der Familie niemand in seiner wahren Wärme und Liebenswürdigkeit kennt.

DIE INNEREN FRONTEN

1888—1889

Die Deutschen Österreichs ahnen nicht, daß sie im Deutschen Reiche viel weniger geachtet und geliebt werden, als sie glauben. Sie wollen es nicht wahrhaben, daß Bismarck nur mit Machtfaktoren rechnet, und solche sind für ihn in der Donaumonarchie nur der Kaiser, die Regierung und die Armee. Viele deutschsprechende Österreicher ergehen sich in einem Radikalismus, der sie bei der Regierung und am Hof noch mehr als ein Element hinstellt, das den österreichischen Staatsgedanken verneint. Da es im Verlauf eines gewaltsamen Eindringens Georg Schönerers und seiner Gesinnungsgenossen in die Schriftleitung des »Neuen Wiener Tagblattes« zu wüsten Prügeleien kommt, ergibt sich die Gelegenheit, den Führer der »Alldeutschen« wegen Hausfriedensbruches zu einer mehrmonatigen Kerkerstrafe und zum Adelsverlust zu verurteilen. Aber nun treten auch andere Kräfte auf den Plan, die den überstark betonten Nationalismus bekämpfen: die im Frühjahr 1887 gegründete Partei der »Vereinigten Christen« unter dem Wiener Rechtsanwalt Dr. Lueger und der wenige Wochen später ins Leben gerufene »Christlichsoziale Verein« in Wien. Die Ziele dieser beiden Gruppen sind zum Großteil die gleichen. Sie wollen die Vorherrschaft der kapitalistischen Deutschliberalen brechen, die politische Gleichstellung aller Staatsbürger mit der Blickrichtung auf ein allgemeines Wahlrecht erkämpfen, auf Grund der christlichen Lehren soziale Reformen durchführen und einen starken österreichischen Staat unter der herrschenden Dynastie aufrechterhalten. Ihnen ist der radikale Nationalismus nicht das vordringlichste Problem, ja nicht einmal wichtig. Höher gilt für sie der staatsbejahende, patriotische Geist für Österreich als einer der Grundpfeiler jeglicher europäischen Friedensordnung.

Doch auch in Österreich-Ungarn hat vorläufig die Außenpolitik den Vorrang vor den inneren Angelegenheiten. Noch mehr ist dies in Deutschland der Fall, wo Bismarck am 6. Februar 1887 mit starken Worten auf das Gewicht des deutschen Heerwesens hinweist, um Rußland zur Vernunft zu bringen. Der Kanzler spricht von einer Erhöhung des Friedensstandes des deutschen Heeres, von einer Reform der Wehrverfassung und spielt schließlich als seinen größten Trumpf die Bekanntgabe des bisher streng geheimgehaltenen deutsch-österreichischen Bündnisses aus. Zum Schlusse der gewaltigen Rede fallen die feierlichen Worte: »Wir Deutsche fürchten Gott und sonst nichts auf der Welt!«

Daraufhin kann Kálnoky im Ministerrat von einem Abflauen der kriegerischen Stimmung in Rußland berichten, aber Graf Tisza bedauert, daß Deutschland nicht gewillt sei, einen Vorbeugungskrieg gegen das Zarenreich zu führen. Der Kaiser selbst ist für die Friedensliebe Bismarcks und gegen die Angriffspläne des preußischen Generalstabs eingestellt, aber er hält es für seine selbstverständliche Pflicht, sich auf alle militärischen Möglichkeiten vorzubereiten.

Aus Belgrad wird gemeldet, daß König Milan abdanken wolle, und damit wird Serbien wieder zum Sorgenkind des Wiener Kabinetts. Aufmerksam wird auch die politische Entwicklung in Deutschland nach dem am 9. März 1888 erfolgten Ableben des fast einundneunzigjährigen Kaisers Wilhelm I. verfolgt. Die Gattin Friedrichs III., des schwer kehlkopfleidenden Thronerben, Viktoria, steht als Tochter der Königin von Großbritannien dem Fürsten Bismarck feindlich gegenüber. Kronprinz Wilhelm, ihr Sohn, bekämpft die liberale Haltung seiner Eltern. Angesichts solcher politischer Meinungsverschiedenheiten selbst in der Kaiserfamilie fürchtet Franz Joseph, daß im Deutschen Reiche liberale und radikale Strömungen aufkommen und in der Donaumonarchie einen unbequemen Widerhall erwecken könnten.

Der Monarch hat bei seinem Zusammentreffen mit der britischen Königin am 23. April in Innsbruck Gelegenheit, sich mit ihr über die guten Beziehungen zwischen dem Reiche und Österreich-Ungarn auszusprechen. Der Kaiser ist von Salisbury, dem britischen Ministerpräsidenten, begeistert und knüpft daran Hoffnungen für den Fall eines Krieges.

Mit Regierungsgeschäften überlastet, hat Franz Joseph nicht Gelegenheit, seinen Sohn zu beobachten. Diejenigen, die mit dem Kronprinzen in engeren Verkehr treten, finden ihn zur Kritik weniger geneigt als früher. Nur die Kronprinzessin weiß, wie sehr er sich seit dem Sommer 1887 verändert hat. Seine Gesundheit scheint stark erschüttert zu sein, seine Unrast hat zugenommen. Seine Jagdlust hat sich zur Unnatürlichkeit gesteigert, und die Abende verbringt er in einer Gesellschaft, in die Stephanie ihm nicht folgen kann und darf. Politisch ist seine Haltung vor allem durch die Überzeugung gekennzeichnet, daß der Krieg mit Rußland unvermeidbar sei. Übrigens denkt der Kaiser auch so und äußert sich zum Chef des deutschen Generalstabes, dem Grafen Waldersee: »Wie wir da überhaupt ohne Krieg herauskommen sollen, ist mir nicht klar.«

Ruhe und Entspannung von der Last seiner Regierungsgeschäfte findet der Monarch vor allem in Ischl, wo nun auch die Kaiserin weilt und sich sommersüber Frau Katharina Schratt aufhält. Da über die Beziehungen des Herrschers zu der Künstlerin immer offener gesprochen wird, erklärt der Kaiser der Schauspielerin in einem Schreiben vom 14. Februar: »Daß ich Sie anbete, wissen Sie gewiß, oder fühlen es wenigstens, und dieses Gefühl ist auch bei mir in steter Zunahme, seit ich so glücklich bin, Sie zu kennen. — So, jetzt haben wir uns gegenseitig ausgesprochen, und das ist vielleicht gut, denn es mußte einmal heraus. — Dabei muß es aber bleiben, und unser Verhältnis muß auch künftig das gleiche sein wie bisher, wenn es dauern soll, und das soll es, denn es macht mich ja so glücklich. Sie sagen, daß Sie sich beherrschen werden, auch ich werde es tun, wenn es mir auch nicht immer leicht wird, denn ich will nichts Unrechtes tun, ich liebe meine Frau und will ihr Vertrauen und ihre Freundschaft für Sie nicht mißbrauchen. Da ich für einen *brüderlichen Freund* zu alt bin, so erlauben Sie, daß ich Ihr väterlicher Freund bleibe, und behandeln Sie mich mit derselben Güte und Unbefangenheit wie bisher ...« Und dann noch zum Schluß: *»Ich bete Sie an,* das darf ich künftig aber nicht mehr sagen, heraus ist es aber doch, und nun bitte ich Sie, daß Sie mich künftig wie bisher gern behalten und mich als Ihren treuesten Freund betrachten.« Franz Joseph vergißt auch nicht, bei der Vertrauten seines Herzens der Kaiserin Gerechtigkeit widerfahren zu lassen: »Die Kaiserin hat sich seitdem wiederholt auf das gütigste und liebevollste über Sie ausgesprochen, und ich kann Ihnen die Versicherung geben, daß sie Sie sehr lieb hat. Wenn Sie diese herrliche Frau näher kennen würden, würden Sie gewiß von gleichen Gefühlen erfüllt sein.«

Die Zeit des Kaisers ist ausgefüllt mit der Anwesenheit bei den Manövern und den Vorbereitungen für den Wiener Besuch des deutschen Souveräns, Wilhelm II., der seinem Vater nach dessen nur 99tägiger Regierung auf den Thron gefolgt ist. Allerdings hat sich Wilhelm II., statt sich in seiner neuen hohen Würde dem älteren Monarchen und Verbündeten vorzustellen, zuerst an den Hof von St. Petersburg begeben. Der Kaiser ist darüber verstimmt und drahtet aus Visegrad in Ungarn an den Grafen Taaffe[1]: »Aus der Zeitung ersehe ich, daß in Wien eine Agitation wegen eines dem deutschen Kaiser darzubringenden Fackelzuges beginnt. Da davon natürlich keine Rede sein kann, wäre es gut, bald entschieden entgegenzuwirken, überhaupt die Augen offenzuhalten.«

Wilhelm II. zeigt zu deutlich, daß er den ungarischen Ministerpräsidenten Koloman von Tisza dessen österreichischem Kollegen, dem Grafen Taaffe, vorzieht, und es erweist sich auch, daß die Forschheit des jungen Monarchen den Magyaren besser gefällt als den Österreichern. Franz Joseph findet seinen deutschen Standesgenossen sympathisch, hält ihn aber mehr für einen Berliner als für einen Preußen. Der Kronprinz lehnt den deutschen Souverän ab.

In diesen Zeitpunkt fällt im österreichischen Reichsrat eine Umgruppierung der Parteien, da sich infolge des Bruches zwischen Jung- und Alttschechen auf der einen, den gemäßigten Liberalen und den radikalen Deutschen auf der anderen Seite eine neue Mehrheitsbildung vorbereitet. Anderseits werden die Ruthenen in Galizien von den Polen zur vollständigen politischen Ohnmacht verurteilt und bei jeder Gelegenheit rücksichtslos majorisiert. Des Kampfes müde, haben die Ruthenen beschlossen, dem Beispiele der aus dem böhmischen Landtage ausgeschiedenen Deutschen zu folgen und den gesetzgebenden Arbeiten des Parlaments fernzubleiben.

Knapp vor Weihnachten überrascht Elisabeth ihren Gatten mit der Nachricht, daß Marie Valerie sich mit dem Erzherzog Franz Salvator verloben wolle. Franz Joseph nickt nur mit dem Kopfe, als wäre dies für ihn keine Neuigkeit, und meint trocken: »Jetzt muß die Hochzeit bestimmt werden.« Die Kaiserin ist empört und be-

[1] Otto Ernst, Franz Joseph in seinen Briefen, S. 338.

fremdet, da ihr Gatte diese Familienangelegenheit so geschäftlich aufzufassen scheint, doch der Monarch tut nur so und geht an das Fenster, um seine Rührung zu verbergen.

Noch in den letzten Stunden des Jahres 1888 vollzieht sich ein Ereignis, das, ohne daß man es in diesem Augenblicke ahnen könnte, eine neue Epoche der österreichischen Innenpolitik einleitet: Am 30. Dezember beginnt im niederösterreichischen Hainfeld der erste Parteitag der Sozialdemokratischen Partei. Hundertzehn Delegierte aus ganz Österreich, zumeist aber aus Wien und Böhmen, erkennen das von Dr. Viktor Adler verfaßte, »Prinzipienerklärung« genannte Parteiprogramm allgemein an. Vorher haben sich die gemäßigte und die radikale Gruppe der Partei untereinander geeinigt, woran Dr. Adler und Engelbert Pernerstorfer als Mitglieder der gemäßigten Gruppe besonderen Anteil haben.

VII

HABSBURGISCHE TRAGÖDIE

DER THRONERBE GEHT IN DEN TOD

1889

Die letzten Monate haben den Thronfolger seelisch und körperlich erschöpft[1]. Seit dem Herbst 1888 ist seine Haut fahl und schlaff geworden, sein Blick flackernd. Kronprinzessin Stephanie entschließt sich in ihrer Herzensangst, zum Kaiser zu gehen und ihm alles rücksichtslos zu sagen, was ihr an ihrem Gatten Beängstigendes auffällt. Franz Joseph empfängt sie gütig wie immer, aber als sie über Rudolfs Aussehen und sonderbares Benehmen klagt, meint er: »Das ist eine Einbildung von dir. Rudolf fehlt nichts. Er sieht nur blaß aus, ist zu viel unterwegs, er mutet sich zu viel zu. Er soll mehr bei dir bleiben, sei nicht ängstlich!« Damit ist die Audienz zu Ende[2].

Am 27. Januar 1889 ist das Kronprinzenpaar beim deutschen Botschafter Prinzen Reuß geladen. Viele der Festgäste finden den Thronerben niedergeschlagen und traurig, man glaubt sogar zu sehen, daß er mühsam Tränen unterdrücke.

Obwohl Rudolf erst am 29. sich zu einer Jagd nach Mayerling begeben will, überrascht er den diensttuenden Hofjäger am frühen Vormittag des 28. mit der Mitteilung: »Ich fahre heute schon, mein Wagen ist für zwölf Uhr bestellt. Ich erwarte aber noch dringend einen Brief und ein Telegramm.« Der Brief kommt um elf Uhr, eine halbe Stunde später das Telegramm. Der Kronprinz liest die

[1] Die aktenmäßigen Unterlagen sind zumeist Mitis, Kronprinz Rudolf, entnommen.

[2] Lónyay, Ich sollte Kaiserin werden, S. 198.

Depesche eilig durch, faltet sie wieder zusammen und wirft sie mit den Worten: »Ja, es muß sein!« vor sich auf den Tisch.

Zu der Jagd in Mayerling sind Prinz Philipp von Sachsen-Coburg-Gotha, Rudolfs Schwager, und Joseph Graf Hoyos-Sprinzenstein geladen. Rudolf erklärt seiner Gattin ausdrücklich, daß er ihre Anwesenheit bei diesem Ausfluge nicht wünsche. Er verspricht aber, an dem für den nächsten Abend angesetzten Familiendiner des Kaisers teilzunehmen. Bevor sie sich trennen, bittet ihn Stephanie, noch zu der kleinen Elisabeth zu gehen. Dann fällt hinter ihm die Tür ins Schloß.

Am Morgen des 29. Januar frühstücken die drei Herren gemeinsam, und Rudolf erklärt dabei, es sei wegen seiner Verkühlung für ihn besser, der Jagd in Glashütte nicht beizuwohnen; auch sein Kammerdiener Loschek habe ihm dies geraten.

Den Tee nimmt der Thronerbe mit dem Prinzen Coburg ein. Da auch der Prinz zum feierlichen Familiendiner geladen ist und sich anschickt, nach Wien zurückzukehren, bittet ihn Rudolf, er möge dem Monarchen Handküsse seines Sohnes übermitteln. Stephanie wird von ihrem Gatten telegrafisch gebeten, Rudolfs Fernbleiben vom Abendessen der Familie seines Schnupfens wegen beim Herrscher zu entschuldigen.

Zum Abendessen ist der Kronprinz mit dem Grafen Hoyos allein zu Tisch. Sie sprechen über die Jagd und über Hunde, schließlich zeigt Rudolf dem Gast drei Telegramme des Grafen Károly aus Budapest, wobei er bemerkt, daß diese Depeschen Mahnungen des schlechten Gewissens seien, weil der Graf gegen das neue Wehrgesetz gesprochen habe. Oppositionelle Zeitungen hätten die Meldungen darüber in einen Zusammenhang damit gebracht, daß der Graf vorher einen Brief Rudolfs erhalten habe. Es sei die Absicht gewesen, den Thronerben zu kompromittieren, und die Sache sei recht fatal.

Rudolf klagt noch über seinen Schnupfen, meint aber, daß dieser bald behoben sein werde. Es wird noch ein wenig geraucht, dann zieht sich der Kronprinz zurück. Der Graf begibt sich in sein Quartier im ehemaligen Arbeiterhaus, etwa fünfhundert Schritte vom Schlößchen entfernt.

Mittlerweile ist die Nacht hereingebrochen. Der Kammerdiener Johann Loschek erfährt vom Forstmeister Kronsteiner, daß sein

Herr die für die nächsten Tage angesagte Jagd wegen Zeitmangels nicht abhalten werde.
Loschek weiß, daß sich in Rudolfs Zimmer die Baronesse Mary Vetsera befindet, deren Aufenthalt im Schlößchen dem Grafen Hoyos unbekannt ist. Es fällt dem Kammerdiener daher nicht weiter auf, als ihm sein Herr vor dem Schlafengehen sagt: »Sie dürfen niemand zu mir lassen, und wenn es der Kaiser ist!«
Rudolf speist mit der Baronesse auf seinem Zimmer, und Loschek, der nicht weit vom Kronprinzen untergebracht ist, hört, wie die beiden noch lange miteinander in ernstem Tone sprechen, kann aber die einzelnen Worte nicht verstehen.
Der Morgen ist trüb und unfreundlich. Das Frühstück soll nach der Rückkehr des Prinzen Coburg aus Wien stattfinden. Als sich Graf Hoyos zum Schlößchen begeben will, teilt ihm der Schloßwart Zwerger mit, Loschek lasse melden, daß sich der Kronprinz nicht wecken lasse; die Tür seines Schlafzimmers sei von innen versperrt.
Nach gemeinsamen, aber vergeblichen Versuchen des Grafen und des Kammerdieners, den Thronerben durch Rufen aufzuwecken, vertraut Loschek dem Grafen an, daß sich Baronesse Vetsera bei Rudolf befinde. Da Prinz Coburg soeben in den Schloßhof einfährt, berät Graf Hoyos mit ihm schnell, was zu tun sei. Nun versuchen beide Herren, in das Schlafzimmer des Thronfolgers einzudringen. Loschek soll sich aber allein von der Sachlage im Inneren des Raumes überzeugen und die Bestimmung weiterer Zeugen dem Monarchen vorbehalten bleiben.
Als Loschek die Türfüllung mit einem Hammer einschlägt, sieht er zu seinem Entsetzen den Kronprinzen und die Baronesse tot auf ihren Betten liegen. Durch die Öffnung in der Tür greifend, schließt Loschek nun das Schloß von innen auf. Er betritt das Zimmer und meldet, daß Rudolf über den Bettrand geneigt sei, eine große Blutlache vor sich. Der Tod sei wahrscheinlich durch Zyankali verursacht worden, da bei diesem Gifte solche Blutstürze vorkämen.
Daraufhin fährt Graf Hoyos mit dem Fiaker Bratfisch, der den Thronfolger nach Mayerling gebracht hat, nach Wien, um den Obersthofmeister des Kaisers, den Prinzen Hohenlohe-Schillingsfürst, von dem Vorgefallenen zu verständigen. Gleichzeitig wird

Rudolfs Leibarzt, Dr. Hermann Widerhofer, telegrafisch in das Schlößchen berufen, ohne ihm die Gründe für diesen Vorgang bekanntzugeben.
Graf Hoyos begibt sich in Wien vorerst zum Vizeadmiral Grafen Bombelles und dann zum Obersthofmeister der Kaiserin, Baron Nopcsa. Dorthin wird der Erste Generaladjutant des Kaisers, Feldmarschalleutnant Graf Paar, geholt. Die Herren beschließen, daß von dem Unglück zuerst Elisabeth und dann erst der Monarch verständigt werden soll. Die Vorleserin der Kaiserin, Ida von Ferenczy, führt den Baron Nopcsa zu ihrer Herrin und läßt ihn mit der Kaiserin allein. Als die Vorleserin wieder in den Salon zurückkehrt, findet sie Elisabeth schluchzend. In diesem Augenblick hört Ida von Ferenczy des Kaisers Schritte nahen. »Noch nicht herein«, ruft Elisabeth. Franz Joseph bleibt mit dem Baron vor der Türe stehen. Indessen hat die Kaiserin ihre Tränen getrocknet, und ihr Gatte darf eintreten.
Der Kaiser verläßt das Zimmer mit gesenktem Haupte. Elisabeth verständigt sogleich Marie Valerie von ihres Bruders Tode, und beide Frauen sind der Meinung, daß Mary Vetsera den Kronprinzen vergiftet habe. Nun wird auch Stephanie über das Schreckliche unterrichtet und bald danach zum Kaiserpaar gerufen. Die Fragen, die man an sie richtet, kann sie nur zum Teile beantworten, und zum anderen Teile will sie es nicht. Endlich entschließt sich die Kaiserin, ihr alles zu sagen, aber die Kronprinzessin fühlt, daß Elisabeths Herz, das Herz einer gebrochenen Mutter, ihr verschlossen bleibt.
Kurz danach ist die Mutter der Baronesse, Helene Vetsera, beim Baron Nopcsa, um zu erfahren, wo Mary sei, denn sie weiß noch nichts vom Schicksal ihrer Tochter. Sie habe nur gehört, daß sich das Mädchen in Mayerling befinde. Der Ministerpräsident Graf Taaffe habe ihr geraten, sich an die Kaiserin zu wenden, weil nur diese allein da einschreiten könne.
Elisabeth nimmt es auf sich, mit der Baronin zu sprechen. Helene fordert erregt von ihr ihr Kind. Mit sanfter Stimme erklärt die Kaiserin, daß Mary tot sei. In ihrem Schmerze glaubt auch die Mutter selbst, daß die Baronesse den Thronerben vergiftet habe. Schließlich verläßt Elisabeth die Weinende mit den Worten: »Und jetzt merken Sie sich, daß Rudolf an Herzschlag gestorben ist.«

Inzwischen hat Dr. Widerhofer seine Mission in Mayerling beendet und berichtet, daß er den Kronprinzen und Mary Vetsera mit je einer Schußwunde im Kopfe vorgefunden habe. Das Mädchen sei mit aufgelöstem Haar, das ihm über die Schulter fiel, völlig bekleidet und mit einer Rose in den gefalteten Händen auf ihrem Bette gelegen. Der Revolver sei der erstarrten Hand des Kronprinzen entfallen und, wie auch die beiden Kugeln, im Zimmer vorgefunden worden.

Zu Mittag desselben Tages läßt sich der Kaiser vom Grafen Hoyos über alles Geschehene berichten. Am frühen Morgen des 31. Januar wird Dr. Widerhofer zum Monarchen befohlen, der noch immer im Glauben befangen ist, sein Sohn sei von Mary vergiftet worden. Franz Joseph sieht nun klarer, ist von der Schilderung des Todes der beiden Unglücklichen aufs tiefste erschüttert, bricht für einen Augenblick völlig zusammen und weint in fassungslosem Schmerze. Aber sein Leidensweg ist noch nicht zu Ende, denn nun erfährt er auch, daß sein Sohn wohl von Elisabeth, von Stephanie, der Erzherzogin Marie Valerie, von einigen Freunden, ja sogar von seinem Kammerdiener schriftlich Abschied genommen, für ihn, den Vater, aber keine einzige Zeile hinterlassen habe. Im Abschiedsschreiben an Elisabeth bittet der Kronprinz, neben dem reinen Engel, der ihn hinüberbegleitet habe, in Heiligenkreuz begraben zu werden. Gleiches verlangt er auch in seinem Abschiedsbriefe an den Kammerdiener Loschek.

In der Nacht vom 30. auf den 31. Januar wird Rudolfs Leiche nach Wien gebracht und auf das Bett im Schlafzimmer gelegt. Sogleich, nachdem der Kaiser mit Dr. Widerhofer gesprochen hat, geht er, in Handschuhen und mit Säbel, in das Totengemach, wo über die Leiche bis hoch hinauf zum Hals eine Flanelldecke gebreitet worden ist. Die Hände des Thronerben sind gekreuzt, der Gesichtsausdruck ist friedlich. Schweigend bleibt der Herrscher vor dem Leichnam seines Thronerben stehen, und nur die Art, wie er sich nervös den Schnurrbart streicht, verrät seine innere Erregung. Nach einer Viertelstunde verläßt er wortlos den Raum.

Zum Essen ist die gesamte kaiserliche Familie vereint. Als Franz Joseph das Töchterchen seines Sohnes, die kleine Elisabeth, sieht, bricht er in Tränen aus. Da verliert auch Elisabeth für einen Augenblick die Fassung und beginnt bitterlich zu weinen.

Mittlerweile ist das amtliche Gutachten der kommissionellen Obduktion der Leiche erstellt und wird dem Monarchen übergeben. Darin wird der Selbstmord Rudolfs als erwiesen erklärt und festgehalten: »Verschiedene einzeln angeführte Anzeichen zeigen pathologische Befunde, die erfahrungsgemäß mit abnormen Geisteszuständen einherzugehen pflegen und daher zur Annahme berechtigen, daß die Tat in einem Zustande von Geistesverwirrung geschehen ist.« Damit kann trotz der Bedenken und Widerstände des Kardinalstaatssekretärs Rampolla von der päpstlichen Kurie in Rom der Thronfolger kirchlich begraben werden.

Nachdem die Zeitungen auf höhere Weisung in Extraausgaben vorerst von einem Jagdunfall, dann von einem Herzschlag als Todesursache berichtet haben, wird am 1. Februar in der Presse zugegeben, daß sich der Thronerbe selbst erschossen habe. Allenthalben fühlt man, daß sich in Mayerling nicht nur die Tragödie des Kaisersohnes, sondern ein das ganze Kaiserreich berührendes Drama ereignet hat.

In Mayerling haben einstweilen die Polizeikommissäre Habrda und Freiherr von Gorup auftragsgemäß amtlich gewaltet; der Schwager der Baronesse, Graf Stockau, und ihr Onkel Alexander von Baltazzi bringen nun in der inzwischen hereingebrochenen Nacht die arme, nur mit ihrem Pelz bekleidete Tote nach Heiligenkreuz. Um neun Uhr früh ist von der gefrorenen Erde schon so viel ausgeschaufelt, daß Mary Vetsera in aller Eile begraben werden kann, bevor Unbefugte Zeugen dieser traurigen Handlung werden können.

In Wien trauert ein Vater noch immer darüber, daß ihm sein Sohn keine einzige Abschiedszeile hinterlassen hat. Kann es für ihn ein Trost sein, daß Rudolf an seine Mutter geschrieben hat: »Ich weiß sehr gut, daß ich nicht würdig bin, sein Sohn zu sein«?

Am 5. Februar wird mit dem ganzen finsteren Ernst und Pomp der spanischen Etikette der Sarg des Kronprinzen zu den Kapuzinern überführt. Das gesamte Erzhaus, viele fremde Souveräne und Fürstlichkeiten, der Hofstaat, die Generalität und das diplomatische Korps sind bei dieser Zeremonie anwesend. Nur die Kaiserin und Erzherzogin Marie Valerie fehlen. Sie beten in der Josephikapelle für den Toten, da Franz Joseph seine bis ins Innerste aufgewühlte Gattin gebeten hat, am Leichenbegängnis nicht teilzunehmen. Während der Kardinal-Fürsterzbischof Dr. Ganglbauer die Trauermesse zelebriert, sind die Blicke des Monarchen starr auf den Sarg gerichtet. Beim Miserere beugt sich der Kaiser mit krampfhaft gefalteten Händen tief zu seinem Betstuhle nieder. Der Sarg wird von Hoflakaien gehoben und in die Gruft getragen. Obwohl dies gegen den üblichen Vorgang verstößt, erhebt sich der Herrscher und schließt sich dem Zuge an, der seinen Sohn zur letzten Ruhestätte begleitet. In der Gruft wiederholt der Fürsterzbischof die Einsegnung, und der Sarg wird dem Pater Guardian übergeben. Da kniet Franz Joseph nieder, als wolle er sich von seinem Sohne nicht mehr trennen. Er drückt einen Kuß auf den Sarg und verläßt wie in jähem Aufraffen die Gruft.

In engerem Kreise betont der Monarch immer wieder, wie sehr die Kaiserin in diesen Stunden ihm die treueste Stütze und die beste Trösterin sei. Aber eine ebenso große Hilfe in seiner Herzensnot ist dem Schwergeprüften auch die Arbeit. Doch auch sie kann die innere Stimme nicht beruhigen, die nach dem »Warum« der Tragödie von Mayerling fragt. Aber der unglückliche Vater kann sie nicht beantworten, weil ihn niemand von der seelischen und körperlichen Zerrüttung seines Sohnes, auch nicht von seinen ans Revolutionäre grenzenden Plänen und politischen Absichten unterrichtet hat. Niemand hatte den Mut, dem Kaiser und König zu melden, daß Rudolf mit den separatistischen Kreisen Ungarns in Verbindung gestanden sei; daß er sich in der letzten Zeit geistig sehr eifrig mit allen Selbstmordfällen beschäftigt, daß er sehr oft über das Sterben gesprochen, ja sogar einige Personen seines Bekanntenkreises aufgefordert habe, mit ihm gemeinsam in den Tod zu gehen. Alle Vermutungen über das »Warum« haben den Nachteil, daß sie sich nicht auf dokumentarische Beweise stützen können. Sicher ist nur, daß Franz Joseph am 5. (?) März an Frau Schratt brieflich berichtet: »... Letzterer (Dr. Widerhofer) war dann auch nachmittags über eine Stunde bei mir, und da sprachen wir wieder die ganzen traurigen Ereignisse durch, suchten sie in einen Zusammenhang zu bringen, suchten nach Ursachen. Das nützt alles nichts und hat auch keinen rechten Zweck, aber man kann eben an nichts anderes denken, und das Besprechen gibt doch eine gewisse Beruhigung.«

Tatsache ist, daß im Abschiedsbrief Rudolfs an den Sektionschef im Ministerium des Äußeren und des kaiserlichen Hauses, Herrn von Szögyény-Marich, die bitteren Worte stehen: »Ich muß sterben, das ist die einzige Möglichkeit, um als Gentleman diese Welt zu verlassen.«

Letzten Endes liegt der Antrieb zum Selbstmord in den dunkelsten Unwägbarkeiten einer kranken Seele. Wer aber könnte leugnen, daß Rudolfs Psyche krank gewesen ist? Mit Ludwig II. und Otto von Bayern, die beide geistiger Umnachtung verfielen, verwandt und Nachfahre jenes Landgrafen Ludwig IX. von Hessen-Darmstadt, der »hellen Verstand mit wunderlichen Schrullen und Sonderlichkeiten verband«, war sein Geist von Anfang an schwersten erblichen Belastungen ausgesetzt. Zum Soldatenberufe gezwungen, ohne irgendeine Vorliebe für die militärische Verpflichtung zur Disziplin zu besitzen, mit hoher Intelligenz begabt, die sich nicht auf den richtigen Wegen auszuleben verstand, ein Feind des »Fortwurstelns« und doch nicht mächtig genug, ihm Einhalt zu gebieten, wird er des Lebens müde. Seine Ehe ist ihm eine Qual und verstärkt nur seine innere Zerrissenheit. So wird die kranke Erbmasse stärker als der Verstand, erlahmt in ihm das anfängliche Geniale seines Wesens. Das Übermaß an Jagd, Alkohol und Frauen wie die Zeitungsfronde vollenden das Zerstörungswerk an seiner Seele und seinem Leib.

Ihm, dem an seinem Leben Zerbrechenden, führt der Zufall ein Mädchen zu, das ihn so sehr liebt, daß sie bereit ist, mit ihm gemeinsam in den Tod zu gehen. Das gibt ihm endlich den Mut, sein für ihn nutzlos gewordenes Leben fortzuwerfen.

Es ist kaum Liebe, die Rudolf mit Mary Vetsera eint und ihn zum gemeinsamen Freitod ermuntert. Aber in dieser Nacht von Mayerling wird die tiefe Dankbarkeit für die sich an seiner Seite Opfernde geboren. Für das blühende Geschöpf Gottes, das sein Schicksal gläubig in die Hand des Geliebten gelegt hat, von der es mit einem Revolverschuß ausgelöscht wird.

Robert Hamerling schreibt zum Tode des Kronprinzen die Worte:

> So ging auch er dahin. Als Scheidegruß
> Hat er die Mahnung uns entboten:
> Kehrt ein in Euch, des Unheils Woge steigt,
> Und fragt Ihr sonst noch etwas ihn — er schweigt.
> Denn Schweigen ist das große Recht der Toten.

NATIONALE UNVERSÖHNLICHKEIT, SOZIALER AUFSTIEG

1889—1894

Da sich Elisabeth durch ihr wittelsbachisches Erbe an der geistigen Zerrüttung ihres Sohnes mitschuldig fühlt und seelisch schwer darunter leidet, entschließt sich der Kaiser, mit seiner Gattin in die Königsburg von Ofen zu übersiedeln. In Ungarn wühlt zu dieser Zeit der Kampf der Ultranationalen gegen die Wehrvorlage die Gemüter auf, und in vielen Städten des Landes kommt es zu Aufläufen und Unruhen.

Die ultranationalen Magyaren wollen die Beratungen über das Wehrgesetz benützen, um einige Kronrechte anzugreifen und gegen die deutsche Armeesprache Sturm zu laufen. Allen Ernstes wird öffentlich behauptet, die »Vaterlandslosigkeit der germanischen Armee mit ihrer slawischen Aristokratie verpflanze die großdeutsche Idee in ihre Reihen und arbeite nicht für Habsburg, sondern für das preußische Königtum«.

Schließlich endet der Kampf zwischen der Tradition und den magyarischen Forderungen mit einem Kompromiß. Nach dem neuen Wehrgesetz vom 11. April 1889 gliedert sich auf Grund der allgemeinen Wehrpflicht die bewaffnete Macht der beiden Reichsteile zunächst in das gemeinsame k. k. Heer, die gemeinsame k. k. Kriegsmarine, die k. k. österreichische Landwehr, die königlich ungarische Honvéd und, in beiden Reichshälften, den Landsturm. Die Dienstsprache in der bewaffneten Macht ist Deutsch, nur in der Honvéd Ungarisch und teilweise Kroatisch.

In diesen Tagen schreibt Franz Joseph an seine vertraute Freundin Katharina Schratt: »Äußerlich ist die Kaiserin ruhig und nur mit ihren Sorgen um mein Wohlbefinden und meine Erheiterung beschäftigt, aber ich merke es doch, wie ganz der tiefe, stille Schmerz sie erfüllt. Sie ist eine große, seltene Frau!« In diesem Schreiben vom 12. Februar 1889 schließt der Monarch zum ersten Male mit den »Gefühlen innigster Liebe und Freundschaft«. Und so sehr ist auch der Kaiser selbst traurig und in seinen Gedanken mit den letzten Dingen beschäftigt, daß er sein Testament auf-

Die Schauspielerin Katharina Schratt im Jahre 1875.

Brautbild des Kronprinzen Rudolf und der Prinzessin Stephanie von Belgien mit den Eltern, 1880.

Das Arbeitszimmer des Kaisers in der Wiener Hofburg.

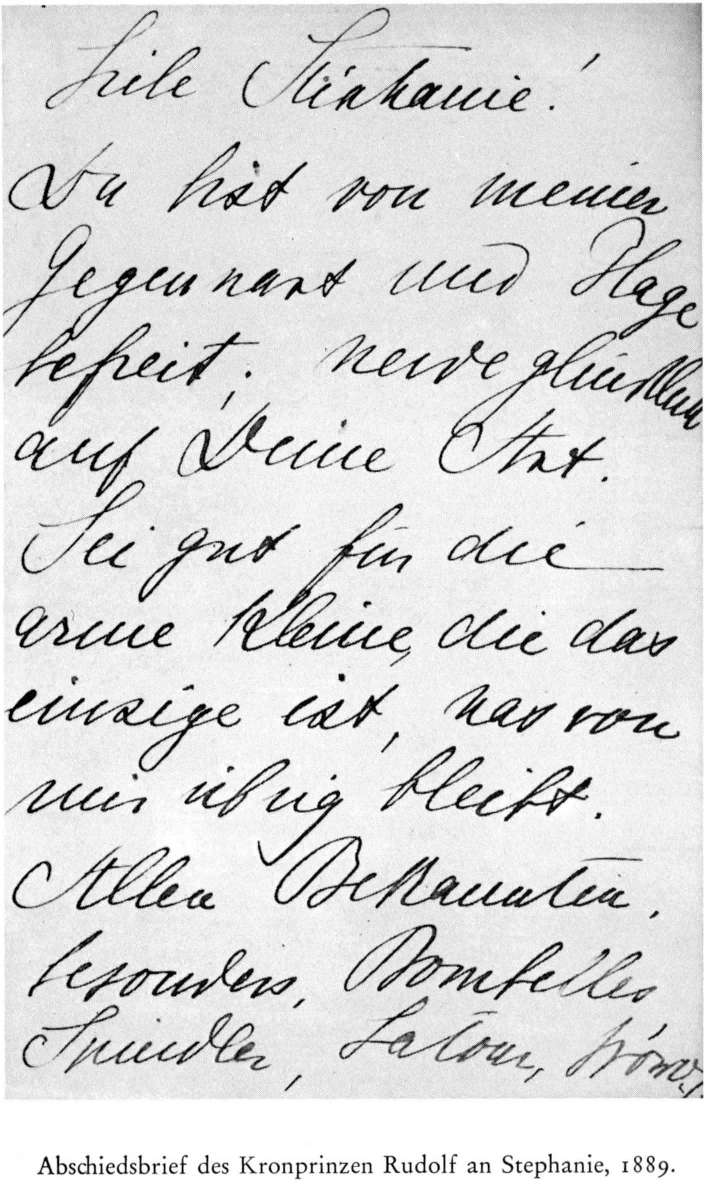
Liebe Stephanie!
Du bist von meiner
Gegenwart und Plage
befreit; werde glücklich
auf Deine Art.
Sei gut für die
arme Kleine, die das
einzige ist, was von
mir übrig bleibt.
Allen Bekannten,
besonders Bombelles,
Spindler, Latour, Nowo-

Abschiedsbrief des Kronprinzen Rudolf an Stephanie, 1889.

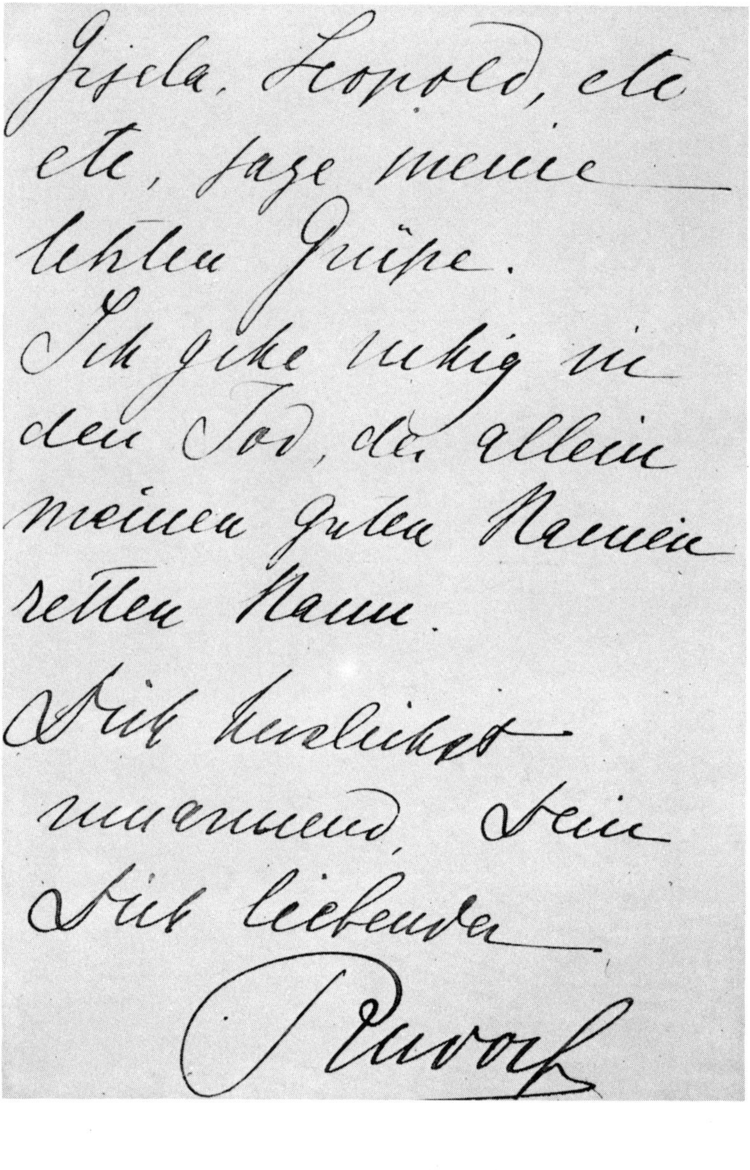

Gisela, Leopold, etc
etc, sage meine
letzten Grüße.
Ich gehe ruhig in
den Tod, der allein
meinen guten Namen
retten kann.
Dich herzlichst
umarmend, Dein
Dich liebender
Rudolf

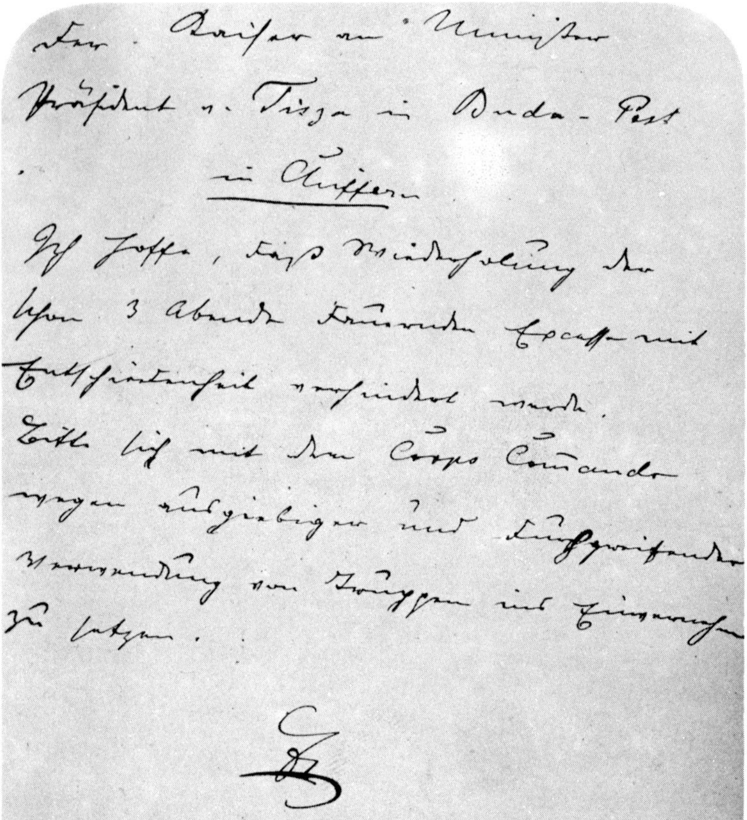

Der Kaiser an Minister Präsident v. Tisza in Buda-Pest

in Ziffern

Ich hoffe, daß Wiederholung der schon 3 Abende dauernden Excesse mit Entschiedenheit verhindert werde. Bitte sich mit dem Corps Commando wegen ausgiebiger und durchgreifender Verwendung von Truppen ins Einvernehmen zu setzen.

Ischl 10/8 1883
4. 45 nm

Eigenhändige Anweisung des Kaisers an den ungarischen Ministerpräsidenten Koloman von Tisza.

Der Thronfolger Erzherzog Franz Ferdinand.
Ausschnitt aus einem Gemälde von J. A. Koppay v. Drétoma.

Der Kaiser an der französischen Riviera, 1894.

Kaiser Franz Joseph im Manöver.
Foto nach einem Gemälde von Julius v. Blaas, 1898.

Die Kaiservilla in Bad Ischl.

Zar Nikolaus II. und Kaiser Franz Joseph in Mürzsteg,
September 1903.

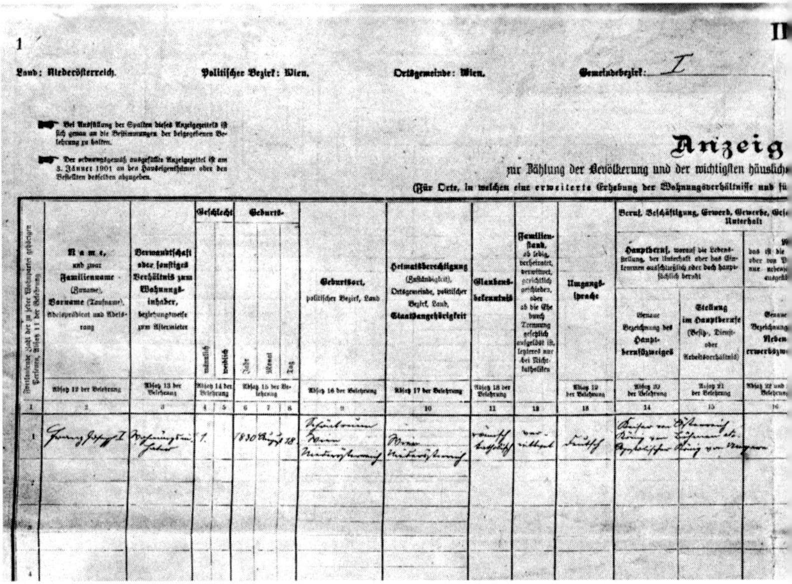

1

Land: Niederösterreich. Politischer Bezirk: Wien. Ortsgemeinde: Wien. Gemeindebezirk: I

Bei Ausfüllung der Spalten dieses Anzeigezettels ist sich genau an die Bestimmungen der beigegebenen Belehrung zu halten.

Der ordnungsgemäß ausgefüllte Anzeigezettel ist am 3. Jänner 1901 an den Hauseigenthümer oder den Bestellten desselben abzugeben.

Anzeig

zur Zählung der Bevölkerung und der wichtigsten häuslich

(Für Orte, in welchen eine erweiterte Erhebung der Wohnungsverhältnisse und fü

Fortlaufende Zahl der zu jeder Wohnpartei gehörigen Personen, Absatz 11 der Belehrung	Name, und zwar Familienname (Zuname), Vorname (Taufname), Adelsprädicat und Adelsrang	Verwandtschaft oder sonstiges Verhältnis zum Wohnungsinhaber, beziehungsweise zum Aftermieter	Geschlecht: männlich	Geschlecht: weiblich	Geburts-: Jahr	Geburts-: Monat	Geburts-: Tag	Geburtsort, politischer Bezirk, Land	Heimatsberechtigung (Zuständigkeit), Ortsgemeinde, politischer Bezirk, Land, Staatsangehörigkeit	Glaubensbekenntnis	Familienstand, ob ledig, verheiratet, verwitwet, gerichtlich geschieden, oder ob die Ehe durch Trennung gesetzlich aufgelöst ist, letzteres nur bei Nichtkatholiken	Umgangssprache	Beruf, Beschäftigung, Erwerb, Gewerbe, Ge… Unterhalt — Hauptberuf, worauf die Lebensstellung, der Unterhalt oder das Einkommen ausschließlich oder doch hauptsächlich beruht: Genaue Bezeichnung des Hauptberufszweiges	Stellung im Hauptberufe (Besitz-, Dienst- oder Arbeitsverhältnis)	… das ist die … oder von … nur nebe… ausgeüb…: Genaue Bezeichnung … Neben-erwerbszw…
	Absatz 12 der Belehrung	Absatz 13 der Belehrung	Absatz 14 der Belehrung		Absatz 15 der Belehrung			Absatz 16 der Belehrung	Absatz 17 der Belehrung	Absatz 18 der Belehrung		Absatz 19 der Belehrung	Absatz 20 der Belehrung	Absatz 21 der Belehrung	Absatz 22 und … Belehrung
1	2	3	4	5	6	7	8	9	10	11	12	13	14	15	16
1	Franz Joseph I.	Wohnungsinhaber	1.		1830	August	18.	Schönbrunn Wien Niederösterreich	Wien Niederösterreich	römisch katholisch	verwitwet	deutsch	Kaiser von Österreich König von Böhmen etc. Apostolischer König von Ungarn		
2															
3															
4															

Vom Kaiser selbst ausgefüllter
»Anzeigezettel« der Volkszählung im Jahre 1900.

Kaiser Franz Joseph im Jagdanzug, 1910.

Der Kaiser mit Erzherzog Otto.

Der greise Kaiser vor der Hofburg.

Der Kaiser an seinem Arbeitstisch in Schönbrunn, 1916.
Nach einem Gemälde von Franz Matsch.

setzt und an die Künstlerin schreibt: »Ich habe Sie so bedacht, daß Sie auch nach meinem Tode von Sorgen frei sein können[1].«

Franz Joseph sehnt sich von Budapest nach Wien zurück. In den Sitzungen des ungarischen Ministerrates macht sich die magyarische Verdrossenheit immer stärker geltend, und der Widerstand gegen eine jede Erhöhung der militärischen Ausgaben geht unvermindert weiter. Auch das Erscheinen Milans von Serbien in Budapest, der mittlerweile zugunsten seines Sohnes Alexander abgedankt hat, trägt zur Erheiterung des Kaiser-Königs nicht bei. Elisabeth weilt mit ihrer Tochter Marie Valèrie zur Kur in Wiesbaden, und so denkt Franz Joseph um so mehr an die wohltuend gemütlichen Stunden im Hause der Frau Schratt.

Während des Frühjahres und des Sommers 1889 herrscht verhältnismäßig Ruhe, doch im Herbst beginnt für den Monarchen wieder die Reisezeit. Am 12. August trifft Franz Joseph mit Erzherzog Franz Ferdinand, dem Sohne des Erzherzogs Karl Ludwig, zum Besuche Wilhelms II. in Berlin ein. Er wird außerordentlich herzlich empfangen, wobei auch die Teilnahme weiter deutscher Kreise an dem Schmerze des Monarchen um seinen Sohn zum Ausdruck kommt.

Nach der Rückkehr des Herrschers nach Wien wird im Sinne der magyarischen Forderungen die Bezeichnung »k. k.« bei der Armee und bei der Kriegsmarine in »k. u. k.« abgeändert, obwohl sich sämtliche österreichischen Minister entschieden dagegen aussprechen, weil sie darin den ersten Schritt zur »Zweiteilung« der Armee erblicken. Der Kaiser-König scheint aber die Auswirkungen dieser Titellösung zu unterschätzen, da er am 8. Oktober in einem Schreiben an Frau Schratt von der »berühmten und dummen Angelegenheit wegen k. k. und k. u. k.« spricht.

Auch sonst ist die innerpolitische Tätigkeit nicht erquicklich. In den Ländern der böhmischen Krone ist die konservativ-gemäßigte Partei der »Alt-Tschechen« in vollem Niedergang. Hingegen befinden sich die »Jung-Tschechen«, die eine völlige Loslösung der böhmisch-mährischen Gebiete aus dem Verbande der Monarchie verlangen, im Aufstieg. Franz Graf Thun und Hohenstein, der die

[1] In seinem Allerletzten Willen wurde Frau Katharina Schratt vom Kaiser weder erwähnt noch bedacht.

Krönung Franz Josephs zum König von Böhmen in öffentlicher Rede verlangt, wird zum Statthalter von Böhmen ernannt.

Neben seinen innen- und außenpolitischen Sorgen hat nun der Monarch auch wieder Ärger in seiner eigenen Familie. Feldmarschalleutnant Johann Salvator, der infolge der kaiserlichen Ungnade nicht mehr im aktiven militärischen Dienste steht, hat von Zürich aus, wohin er sich ohne Erlaubnis durch den Chef des Hauses Österreich begeben hat, auf den Rang und den Titel eines Erzherzogs Verzicht geleistet. Der Kaiser genehmigt die Verzichterklärung des Prinzen, streicht ihn aus der Liste der Ritter des Ordens vom Goldenen Vlies, stellt seine Apanage ein und verbietet ihm, die Grenzen der österreichisch-ungarischen Monarchie zu überschreiten. Die militärischen Auszeichnungen werden dem ehemaligen Erzherzog aber belassen.

Am 3. November ist Franz Joseph in Mayerling, wo an der Stelle von Rudolfs Sterbezimmer der Altar einer Kapelle des Nonnenklosters steht, das der Monarch gestiftet hat. Er berichtet an Frau Schratt: »Gestern war ich in Mayerling und kam befriedigt, wenn auch traurig gestimmt, zurück.« Graf Hübner schreibt in seinem Tagebuch, daß der Kaiser während der Messe am Sterbealtar heftig geschluchzt habe. Auch der zelebrierende Priester und die Nonnen hätten das Weinen kaum unterdrücken können, und man habe Franz Joseph sagen gehört: »Mein armer, mein lieber Rudolf!«

Die Weihnachtsfeiertage verbringt das Kaiserpaar mit der Erzherzogin Marie Valerie und dem Erzherzog Franz Salvator bei der nunmehr kaiserlich und königlich gewordenen Kriegsmarine. Sehr melancholisch schreibt der Monarch am 23. Dezember aus Miramare an Frau Schratt: »Für uns gibt es keine Bescherung und keine Weihnachtsfeier mehr!« Den ersten Tag des neuen Jahres 1890 beginnt der Kaiser mit einem Briefe an die gute Freundin: »Die schweren Augenblicke«, heißt es darin, »die Sie mit uns durchlebt haben, sind ein unauflösliches Band fürs Leben, und so lassen Sie mir der Zuversicht Ausdruck geben, daß unsere Freundschaft eine treue und feste bleiben wird.«

Nach langer Zeit darf sich der Monarch wieder über einen innenpolitischen Erfolg freuen: die »Alt-Tschechen« stimmen in der Frage der Zweisprachigkeit im öffentlichen Dienste und in manchen anderen Punkten der nationalen Abgrenzung der Bezirke gegen Zugeständnisse der Deutschen zu. Man nennt diesen auf Grund der »Wiener Punktationen« angestrebten Burgfrieden sehr optimistisch »Ausgleich« und sieht in ihm eine Vorstufe zu einer echten, dauernden Versöhnung der beiden Volksstämme in den Ländern der böhmischen Krone.

Am 30. Jänner, dem ersten Jahrestag von Rudolfs Tod, fährt das Kaiserpaar mit der Erzherzogin Marie Valerie nach Mayerling, das Elisabeth noch nicht kennt. Der Burgpfarrer liest die Messe; die Herrscherin bleibt tränenlos, während Franz Joseph in christlicher Ergebung neben ihr niederkniet. Sehr niedergeschlagen kehren die Majestäten und ihre Tochter nach Wien zurück.

Am 18. Februar 1890 stirbt Graf Julius Andrássy an einem schmerzhaften Blasenleiden in Volosca. Der Kaiser-König trauert um ihn als um einen seiner fähigsten Minister. Für Elisabeth aber war er viel mehr, da sie, nach dem Zeugnisse ihrer Tochter Marie Valerie, »mit wahrer, unerschütterlicher Freundschaft an ihm hing, wie vielleicht an keinem anderen Menschen«. Sie fährt nach Budapest, um Andrássys Witwe zu besuchen und am Sarge des Staatsmannes einen Maiglöckchenstrauß niederzulegen.

Wenige Tage später gibt der preußische Militärbevollmächtigte in Wien, Major Adolf von Deines, in einem Schreiben an den Grafen Waldersee die allgemeine Ansicht wieder, wenn er feststellt: »In Ungarn hat anscheinend niemand mehr den Mut, den Ultrachauvinisten zu sagen, daß sie unzurechnungsfähige Kinder sind ... Das magyarische Volk ist vom Charakter ein ritterliches, aber politisch gänzlich unmündiges, das unter einer Parlamentsverfassung leidet, die der Magyaren gute Eigenschaften zu verderben droht, weil sie das Maulheldentum großgezogen hat.«

Am 14. März demissioniert der Ministerpräsident Koloman Tisza. Er hat der äußersten Linken des Reichstages versprochen, daß dem Revolutionär Ludwig Kossuth die Rückkehr in die ungarische Heimat ermöglicht werden solle. Dies mißfällt aber sowohl dem Kaiser-König wie auch Tiszas Amtskollegen, und so muß der Ministerpräsident die Folgerungen daraus ziehen. Und wie wenn die Iden dieses März eine Zeit der Rücktritte führender Politiker von ihrem Amte wären, durcheilt am 18. März 1890 die überraschende Kunde die Welt, daß Fürst Otto Bismarck Kaiser Wilhelm II. um seine Entlassung gebeten und dieser sie ihm gewährt habe.

In England nimmt man die Entlassung Bismarcks als den »Sturz einer Dynastie« auf, und es gibt britische wie auch französische Blätterstimmen, die zu den Ereignissen rings um die Amtsniederlegung des Kanzlers ihr Bedauern ausdrücken. Ein Teil der deutschen Presse hingegen begrüßt Bismarcks Abgang von der politischen Schaubühne. Die öffentliche Meinung Wiens über die Entlassung des Fürsten wird durch die Streiks abgelenkt, die in der Reichshaupt- und Residenzstadt nicht abreißen wollen und den sozialen Frieden gefährden. Dazu tritt die dauernde Kampfstimmung im Parlament. In den Neuwahlen zum Reichsrat haben die »Jung-Tschechen« die »Alt-Tschechen« aus dem Sattel gehoben und bekämpfen den zwischen dieser Partei und den Deutschen angebahnten »Ausgleich«.

Unterdessen geht der magyarische Widerstand gegen jedwede Erhöhung des Militärhaushaltes weiter, und schließlich sieht sich der Monarch zu der Erklärung veranlaßt, er müsse die Mitverantwortung für die Abstriche am Heeresbudget ablehnen.

Noch manches andere quält den Kaiser in diesen Frühlingstagen. Nach dem Tode ihrer Schwester, der Fürstin Helene Taxis, die einst Franz Josephs Gattin hätte werden sollen, verfällt Elisabeth wieder ganz und gar in ihre menschenscheue Melancholie. »Der Kaiser leidet am meisten unter dieser Isolierung seiner Gemahlin«, berichtet der deutsche Botschafter Prinz Reuß nach Berlin. ». . . Der Begriff eines kaiserlichen Hofes verschwindet, und die Beziehungen zwischen ihm und der Hofgesellschaft werden immer lockerer.«

In den Sommer 1890 fällt ein sehr wichtiges, auch Österreich-Ungarn berührendes Ereignis. General Caprivi, Bismarcks Nachfolger, kündigt am 18. Juni den Rückversicherungsvertrag des Deutschen Reiches mit Rußland. Er glaubt, dieses Abkommen schon deshalb nicht verlängern zu dürfen, da es recht unangenehm wäre, würde es in Wien bekanntwerden. Der Zar ist mit dieser Entwicklung zufrieden, weil sie ihm für die Zukunft in seiner gegen Deutschland gerichteten Politik Handlungsfreiheit gewährt.

Am 30. Juli feiern Marie Valerie und Franz Salvator in Ischl Hochzeit. Als die junge Frau nach der Trauung von ihren Eltern Abschied nimmt, schauen Franz Joseph und Elisabeth mit dem wehen Gefühl der Vereinsamung dem davoneilenden Wagen nach. Nun werden sie, jedes für sich, für immer allein sein.

In Gastein, wo sich das Kaiserpaar anschließend aufhält, bemüht sich Elisabeth, zu ihrem Gatten besonders liebenswürdig zu sein, ja sie schränkt sogar ihre langen Spaziergänge ein. »Mein unaussprechlich geliebter Engel«, schreibt ihr der Monarch kurz nach seiner Abreise aus dem Kurort, »meine Stimmung ist melancholisch, mit wehem Herzen und Heimweh nach Gastein ... So gute Tage habe ich jetzt selten.«

Im Herbst nimmt der Monarch an den preußischen Manövern bei Rohnstock teil. Zum ersten Male seit Königgrätz weilt der Kaiser bei den großen Gefechtsübungen des ehemaligen Gegners und verfolgt die Bewegungen der Truppen mit größtem Eifer. Er ist zur Überraschung aller geradezu verjüngt heiter und schüttelt sich vor Lachen, wenn der Kommandeur der Gardes-du-Corps, General der Infanterie von Meerscheidt-Hüllesen, seine berühmten Schnurren erzählt. So etwa, wenn der General den Kaiser fragt, wer der erste Chef des Generalstabes gewesen sei, und diese Frage selber damit beantwortet, daß dieser Ruhm Moses zukomme, denn es sei ihm gelungen, die Juden 40 Jahre in der Irre herumzuführen.

Am 9. Oktober stattet Kaiser Wilhelm II. dem Wiener Hofe einen Besuch ab. Franz Joseph schreibt darüber an Frau Schratt: »... Meine Wünsche konzentrieren sich in dem einzigen Satz: Außi möcht i!« Deutlich ist zu erkennen, daß der Monarch viel von seiner früheren Jagdleidenschaft verloren hat, und mit Bitterlichkeit gesteht er dem Prinzen Reuß: »Ich habe allen Geschmack an der Jagd verloren, wenn ich einen Hirschen sehe, denke ich an Rudolf.« Auch die Briefe der Kaiserin, die sich auf einer Mittelmeerreise befindet, vermögen den Einsamen nicht zu trösten. Das Weihnachtsfest sieht das Kaiserpaar wieder in Miramare, wohin die beiden Alternden sich vor der Erinnerung an frühere Christabende mit Rudolf und Marie Valerie flüchten.

Beim großen Hofempfang am 18. Jänner 1891 überrascht Elisabeth die Gesellschaft, der sie so lange ferngeblieben ist, durch ihr unverhofftes Erscheinen. Ihr ist das Wiedersehen mit Menschen, die sie aus besseren Tagen kennt, unendlich schmerzlich. Viele Damen brechen in Tränen aus, und das Fest gleicht eher einem Begräbnis als einer weltzugewandten Feierlichkeit. Wie sehr die hohe Frau in ihre Melancholie verstrickt ist, zeigt sich auch, als sie gegen Ende Januar zum ersten Male das Heim ihrer jungvermähl-

ten Tochter, das Schloß Lichtenegg, besucht. Vergeblich bittet Marie Valerie ihre Mutter, doch länger zu verweilen, aber die Kaiserin meint traurig: »Gerade weil es mir hier so gut gefällt, darf ich es nicht. Die Seemöwe paßt nicht in ein Schwalbennest, und mir ist ein ruhiges, gemütliches Familienleben nicht bestimmt.«
Ende April besucht auch Franz Joseph seine Tochter, die sich Mutter fühlt. Die Erzherzogin ist glücklich, in ihr Tagebuch schreiben zu dürfen: »Das war wirklich gut und gemütlich, es muß einen freuen, zu sehen, wie Papa noch alles zu genießen weiß. Er schien wirklich vergnügt und zeigte Interesse an allem ... Die einzige Störung der Gemütlichkeit ist nur immer die Schwierigkeit, Gesprächsstoffe mit Papa zu finden.«
Der Kaiser denkt eben mehr an die Regierungsgeschäfte als an seine privaten Angelegenheiten. Ein solches ist die am 6. Mai 1891 erfolgte Erneuerung des Dreibundvertrages. Allerdings ahnt der Monarch nicht, daß die deutschen Militärkreise den Wert dieses Bündnisses nicht mehr sehr hoch einschätzen, weil sie Österreich-Ungarns innenpolitische Schwierigkeiten zu schwarz sehen. Graf Waldersee bedauert sogar, daß Deutschland noch immer »auf dem kreuzlahmen Dreibundpferd« herumreitet, und hält es für einen verhängnisvollen »Unsinn«, wenn sich das Reich für die orientalischen Interessen der Donaumonarchie opfern würde. Ebenso sinnlos wäre es, sich mit dem Völkerstaate für alle Zeiten zu verbinden. An Italiens Bündnistreue und -wert aber glaubt man.
Am 20. Juli beginnt der Monarch eine Reise, die ihn über Fünfkirchen nach Fiume führt. Dort besucht der Kaiser das Flaggschiff der britischen Mittelmeerflotte, H. M. S. »Victoria«, deren Einheiten im Hafen liegen. Am Abend geht Franz Joseph auf S. M. S. »Miramar« in See und trifft am nächsten Morgen bei der k. u. k. Eskader in Lissa ein.
Zu gleicher Zeit läuft eine französische Flottenabteilung den russischen Kriegshafen Kronstadt an und wird mit größter Herzlichkeit begrüßt. Auf dem französischen Führerschiffe hört das Zarenpaar die Marseillaise stehend an, und die französischen Seeleute feiern mit ihren russischen Kameraden Verbrüderung. Die europäischen Kabinette stehen überrascht vor der schier unfaßbaren Tatsache, daß sich das liberale, republikanische Frankreich mit dem streng konservativen, kaiserlichen Rußland verbünden will.

Langsam kehrt für Franz Joseph die Freude an der Jagd wieder, und sie verschönert wie immer auch in diesem Jahr seinen Aufenthalt in Ischl. Dort besucht ihn der erst fünfzehn Jahre alte König Alexander von Serbien, den Marie Valerie in ihrem Tagebuch noch ganz kindlich, einfach und sehr verlegen, jedoch sehr intelligent, aufgeweckt und sympathisch findet.

Der Kaiser erwartet seiner Tochter erstes Kind mit großer Freude, Elisabeth aber meint, daß die Geburt eines jeden neuen Menschen ein Unglück sei, und sie sagt ihrer Lieblingstochter, sie sei ungeduldig, die veränderte Gestalt der werdenden Mutter zu sehen.

Der Ruhepause in den Bergen schließen sich die Korpsmanöver an, und bei jenen, die im Raume von Schwarzenau abgehalten werden, ist Wilhelm II. zu Gast. Der deutsche Souverän liebt es, mit den Offizieren der Suiten bis spät in die Nacht fröhliche Tafelrunde zu halten, dafür aber bis spät in den Vormittag hinein zu schlafen. Das ist dem viel älteren und mehr soldatisch fühlenden Kaiser durchaus unsympathisch. Trotzdem verlaufen die Truppenübungen in vollster Harmonie.

In Prag findet eine Landesausstellung statt, die der Kaiser erst nach langem Zögern besucht; die »Jung-Tschechen« haben beim Eintreffen der französischen und russischen Abordnungen Kundgebungen veranstaltet und greifen die Deutschen heftigst an. Als nun der Monarch in der ehrwürdigen Moldaustadt eintrifft, ist er angenehm überrascht, wie herzlich er trotz allem Vorangegangenen von den Tschechen begrüßt wird. Um so beklemmender wirkt die Tatsache, daß am 1. Oktober 1891, knapp bevor der Hofzug, der den Herrscher nach Reichenberg führen soll, eine Eisenbahnbrücke befährt, zwei Bomben auf dem Bahnsteig explodieren. Man spricht von einem »Bubenstreiche«, aber man weiß, daß nur deshalb ein Unglück vermieden worden war, weil die Attentäter die Bomben zu tief verlegt und keine Zeitzünder eingebaut hatten, so daß die Sprengkörper vorzeitig losgingen.

Unterdessen ist am 27. August zwischen den Regierungen von Frankreich und Rußland durch den Austausch von Noten das politische Einvernehmen zwischen den beiden Staaten besiegelt worden. Der französische Ruf nach Revanche für Sedan klingt bis in das Zarenreich hinüber, heißt dort aber »Rache für San Stefano« und wird von den Panslawisten nur zu gerne gehört.

In diesem Winter erhält der Erzherzog Franz Ferdinand die erste politische Mission nach Rußland, wohin er dem Zaren ein Handschreiben Franz Josephs zu überbringen hat, das die freundschaftlichen Gefühle des Kaisers für den Herrscher aller Reußen ausdrückt.

Das Jahr 1892 scheint vorerst die friedliche Atmosphäre in der innen- wie in der außenpolitischen Lage der Donaumonarchie fortsetzen zu wollen. In der Thronrede zur Beendigung des ungarischen Reichstages am 5. Jänner kann der Kaiser-König befriedigt feststellen, daß im Jahre 1891 zum ersten Male alle Bedürfnisse des Landes aus dem eigenen Einkommen gedeckt werden konnten. Österreich-Ungarn stehe mit allen Mächten ohne Ausnahme in freundschaftlichen Beziehungen, was im Vereine mit den Bündnissen eine Gewähr für die Erhaltung des Friedens sei. Das Heer und die Landwehr seien von Jahr zu Jahr in stetem Fortschritt begriffen.

Bei der Wiedereröffnung des ungarischen Reichstages am 22. Februar, fünfundzwanzig Jahre nach dem Ausgleich zwischen Zis- und Transleithanien, betont der Kaiser-König, daß dieser Vertrag aufrechterhalten werde. Damit ist der separatistisch eingestellten Opposition und ihrem Führer, dem Grafen Apponyi, eindeutig gesagt, daß der König nicht gewillt sei, an den Grundfesten des staatsrechtlichen Verhältnisses zwischen den beiden Reichshälften rütteln zu lassen.

Am 27. Jänner ist Marie Valerie eines gesunden Mädchens entbunden worden. Elisabeth hat bei der Geburt vor Aufregung geweint, und der Kaiser zeigt von der ersten Stunde an eine innige Liebe zu dem Kind. ». . . Seine Freude an diesem jüngsten Enkel ist etwas ganz unbeschreiblich Rührendes«, heißt es im Tagebuch der Erzherzogin. »Er besucht sie täglich mehrmals und spricht immer wieder von einer Art Wunder an Schönheit und sogar Verstand von ihr.« Durch diese kleine Elisabeth kommen die Kaiserin und Franz Joseph einander wieder näher. Für Elisabeth ist dies ein besonderer Trost, weil kurz vorher ihre Mutter in Bayern sanft und schmerzlos entschlafen ist. Um ihre wieder stark angegriffenen Nerven zu beruhigen, enteilt die Monarchin nach Korfu, wo inzwischen ihr kleines Wunderschloß »Achilleion« fertiggestellt wurde.

Einstweilen rüstet man sich in Wien zum Empfange des Altkanzlers Fürst Bismarck, der zur Hochzeit seines Sohnes Herbert mit Gräfin Marguerite Hoyos in die Reichshaupt- und Residenzstadt kommen will. Kaiser Wilhelm II. läßt den Wiener Hof wissen, daß es ihm unfaßbar wäre, wenn sich bei dieser Gelegenheit sein hoher Bundesgenosse dazu bereitfände, einen Rebellen, für den die Festung Spandau bereitstehe, zu empfangen. Allerdings hat sich Bismarcks »Rebellentum« gerade in den letzten Wochen in verschiedenen Brandartikeln der »Hamburger Nachrichten« sehr deutlich bemerkbar gemacht und mit der in ihnen enthaltenen Verurteilung des »neuen Kurses« Deutschlands das Reich in zwei Lager gespalten. Der deutsche Souverän sieht die Frage einer möglichen Audienz des Fürsten beim Kaiser als so wichtig an, daß er den Monarchen brieflich daran erinnert, der Fürst habe den Rückversicherungsvertrag mit Rußland, der sich gegen das Bündnis des Reiches mit Österreich-Ungarn richte, hinter dem Rücken seines Herrn geschlossen.

Franz Joseph geht in seiner Beantwortung dieses Schreibens auf die gegen Bismarck erhobenen Anklagen nicht ein, läßt aber durchblicken, daß des Fürsten bisherige Haltung allein ihn nicht bestimmt haben würde, »eine erbetene Audienz als einfachen Akt gegenseitiger Höflichkeit zu verweigern«. Der Wunsch des deutschen Bundesgenossen werde nur erfüllt, weil eine Audienzgewährung die Lage des deutschen Kaisers und dessen Regierung im Lande erschweren würde und weil der deutsche Souverän einen so hohen Wert darauf lege, daß der Exkanzler nicht empfangen werde.

Fürst Bismarck wird in Wien begeistert begrüßt und geehrt. Ohne Bitterkeit und Ärger gesteht der Fürst einem ihm befreundeten Diplomaten, Franz Joseph hätte bei der Zusage einer Audienz zwischen ihm und Kaiser Wilhelm II. wählen müssen, und es sei daher nicht überraschend, daß er sich für den deutschen Souverän entschieden habe. Der Fürst bedaure nur, nicht die Gelegenheit gehabt zu haben, dem Kaiser gegenüber einige falsche Nachrichten über seine Einstellung zum Zweibund, den er so wie eine katholische Ehe als unlösbar betrachte, zu berichtigen.

Viele sind der Meinung, daß die Wahl eines anderen Ortes als Wien für die Verehelichung des Kanzlersohnes manche Schwierigkeiten, besonders aber die peinliche für den Kaiser, vermieden hätte. Die deutschnationalen Kreise der Stadt an der Donau denken darüber anders. Sie demonstrieren für Bismarck und gegen den deutschen Kaiser. Mehrmals muß die Polizei eingreifen, und man hört sogar Schmährufe auf Franz Joseph. Am 25. Juni verläßt der Altreichskanzler Wien, dessen Sehenswürdigkeiten er unermüdlich besichtigt hat, ein Verbitterter, aber auch ein Gefeierter. Als der Monarch nach diesem Zwischenspiel bei den Festlichkeiten zum 25. Jahrestag seiner Krönung zum König von Ungarn in Budapest weilt, müssen die Patrioten im österreichischen Hofstaat zur Kenntnis nehmen, daß zum ersten Male von der Ofener Königsburg nicht mehr die Standarte der Gesamtmonarchie weht. Auch ist mit der Festesstimmung und den Loyalitätskundgebungen der Bevölkerung nicht gut vereinbar, daß vor dem Schlosse Esterházy auf dem Lande demonstriert wird, weil dort die schwarzgelbe Fahne gehißt worden ist.

Elisabeth hat an den Feierlichkeiten in Budapest nicht teilnehmen können, weil sie in Karlsbad die Kur gebraucht, bei der sie seelisch und körperlich ganz herunterkommt. Von Böhmen begibt sie sich in die Schweiz, so daß der Kaiser wieder allein ist. Er schreibt seiner Gattin jeden zweiten Tag und berichtet ihr auch über politische Einzelheiten, obwohl er weiß, daß sie daran keinen Anteil nimmt. Dafür interessiert sich Frau Schratt für die großen und kleinen Ereignisse, die der Monarch erlebt, und so ist es ein ganz aufrichtiges Geständnis, wenn Franz Joseph der gefeierten Künstlerin nicht verschweigt, daß sie sein Glück, sein Trost und die Stütze seiner alten Tage sei.

Den Weihnachtsabend verbringt der Monarch bei seiner Tochter Gisela in München und schreibt von dort seiner wieder nicht in der Heimat weilenden Gattin: »Heute will ich meine innigsten Glückwünsche mit der schönen Bitte darbringen, daß Du auch in der vielleicht kurzen Zukunft, die uns noch bemessen ist, ebenso gut und lieb für mich seist, wie Du es in immer zunehmendem Maße für mich warst. Aussprechen möchte ich es doch auch, daß ich es nicht genug zu zeigen weiß, es Dich auch langweilen würde, wie unbändig lieb ich Dich habe. Gott segne, beschütze Dich und gebe uns ein gemütliches Wiedersehen, mehr haben wir nicht zu wünschen und zu hoffen ...«

Am 17. Februar 1893 kommt Franz Joseph völlig gegen jede Sitte und Gewohnheit in das Adjutantenzimmer und ruft, ein Telegramm in der Hand, voll Freude: »Die Valerie hat einen Buben!« Und sogleich meldet der Draht nach Lichtenegg: »Ich bin selig!« An die Kaiserin schreibt der Monarch: »Ich weiß nicht, warum, aber ich muß immer an Rudolf denken. Es ist zwar ein schwacher, aber doch eine Art Ersatz.«
Da sich die Kaiserin im schweizerischen Territet befindet, ängstigt sich ihr Gatte darüber, daß sie sich in einem Lande aufhält, das den Anarchisten und Nihilisten als Zufluchtsort gilt. Franz Joseph entschließt sich daher, Elisabeth am Genfer See zu besuchen. Damit sollen auch die in der österreichischen Presse verbreiteten Gerüchte über den Geisteszustand der Kaiserin zerstreut werden. Beide Majestäten erfreuen sich bester Laune, und die Gräfin Marie Festetics findet, daß »die Kaiserin mit ihrem Charme ihren Gemahl ganz in die Tasche steckt«.
Nach seiner Rückkehr nach Wien ist der Monarch wieder allein, denn Frau Schratt ist in Monte Carlo, wo sie sich als eine eifrige Verehrerin des Roulette erweist. Dort erreicht sie ein Schreiben des Kaisers, in dem er ihr gesteht, daß er sich noch nie nach ihr so gesehnt habe wie diesmal und daß er seit seiner Rückkehr aus der Schweiz sich in einer sehr melancholischen Stimmung befinde.
Eine kleine Freude ist dem Herrscher in diesen Wochen aber doch beschieden: im Ministerrate darf er feststellen, daß es zum ersten Male gelungen ist, die Beschaffung der notwendigen Geldmittel zum Ausbau der Wehrmacht auf längere Zeit sicherzustellen. Auch das leidige Problem der ungarischen Kommandosprache kommt zur Beratung, aber Franz Joseph ist nicht gewillt, über einige geringfügige Zugeständnisse hinauszugehen.
Während in der Innenpolitik sich in beiden Reichshälften neue Kämpfe zwischen den Nationalitäten vorbereiten, ist es in der Außenpolitik vor allem das Verhältnis der Donaumonarchie zu Rußland, das ernste Sorgen bereitet. Wohl versichert Herr von Giers bei einem Besuche in Wien, das Zarenreich werde sich hüten, sich in den Dienst der unsicheren und revanchelüsternen französischen Nation zu stellen und sich irgendwie die Hände binden zu lassen, aber die Tatsachen widerlegen die Worte des russischen Außenministers. Dazu kommt, daß in dem Verhalten des Kardi-

nal-Staatssekretärs Rampolla auch der Vatikan eine deutliche Vorliebe für Rußland zeigt.
Auch in seiner engeren Familie hat Franz Joseph mit Unannehmlichkeiten zu kämpfen. Erzherzog Franz Ferdinand, der sich zur Stärkung seiner angegriffenen Gesundheit mit S. M. S. »Kaiserin Elisabeth« auf einer Weltreise befindet, meldet dem Monarchen aus Sydney, daß sich der Linienschiffsleutnant Erzherzog Leopold Ferdinand, der auf diesem Kreuzer Dienst tut, in höchstem Maße undiszipliniert benommen und durch sein Verhalten öffentliches Ärgernis erregt habe. Der Erzherzog befinde sich schon auf der Rückreise in die Heimat.
In der Innenpolitik verschärft sich der Nationalitätenstreit innerhalb »der im Reichsrate vertretenen Königreiche und Länder«, wie die österreichische Reichshälfte amtlich schamhaft genannt wird, bis zur unerträglichen Unruhe. In Prag beweisen Straßenkrawalle, wie weit die Autonomiewünsche der Tschechen schon gediehen sind. Über die Hauptstadt von Böhmen und drei böhmische Bezirkshauptmannschaften muß im September der Ausnahmezustand verhängt werden. Die Behörden stehen vor der Tatsache, daß den in Wien lebenden Hunderttausenden von Tschechen kein Haar gekrümmt wird, während sich in Prag jeder Deutschsprechende glücklich schätzen muß, wenn er im Vollbesitz seiner Habe bleibt. Der tschechische Pöbel zerstört, plündert, was in seine Hände fällt. Die radikalen Elemente in Zis- wie in Transleithanien scheinen die Oberhand zu gewinnen. Graf Taaffe ist mit seiner Kunst des »Fortwurstelns« und »Lavierens« am Ende. Die Rettung sieht er nun in einer Wahlreform, die breitere Massen des Volkes zur Mitbestimmung heranziehen und den nationalen Streit ersticken soll. Damit glaubt er, »die Parteien zu Brei zu zerschlagen«[2]. Franz Joseph gibt sich über den möglichen Erfolg eines solchen Schrittes keiner Selbsttäuschung hin, will aber den Erfordernissen einer neuen Zeit Rechnung tragen und stimmt daher der Erweiterung des Stimmrechtes zu.

[2] Das Wesentliche dieser Wahlreform sollte darin bestehen, daß jeder Staatsbürger nach Vollendung des 24. Lebensjahres, wenn er des Lesens und Schreibens kundig war und nachweisbar einer geregelten Beschäftigung nachging oder als Soldat vor dem Feinde gestanden war, wahlberechtigt sein sollte.

Bei der Vorlage der Wahlreform im Abgeordnetenhause kommt es bei den konservativen wie bei den bürgerlichen Parteien zu heftigen Szenen der Entrüstung. Nur die Tschechen triumphieren und nennen die Wahlreform »einen Keulenschlag in das Genick der Deutschen«. Der Kaiser ist von dieser unerwartet abweisenden Aufnahme der Wahlreform aufs peinlichste berührt.
Eines steht fest: Graf Taaffe ist nicht mehr zu halten. Der Monarch empfängt ihn nochmals zu einer Audienz, die so lange wie eine Ministervorsprache dauert, dann nimmt der österreichische Ministerpräsident seinen Abschied. Sein Nachfolger wird Fürst Windisch-Graetz; er bildet ein neues Kabinett aus Vertretern der »Vereinigten Linken« (deutsche Parteien), des »Hohenwart-Klubs« (Katholisch-Konservative) und der Polen.
Die Wintermonate genießt der Monarch in Gödöllö, aber er fühlt sich dort sehr einsam, denn Elisabeth befindet sich auf einer Mittelmeerreise, und Frau Schratt ist in Wien. An die vertraute Freundin schreibt der Herrscher am 26. Oktober: »Wenn wir jetzt so im lieben Zimmer in der Gloriettegasse zusammensitzen könnten, das heißt, ich würde durch Ihre Güte im herrlichen Fauteuil liegen, und wir könnten zusammen schwatzen, das wäre herrlich! . . .« Und im Neujahrsbriefe an die Kaiserin heißt es: »Ich wünsche Dir in treuer Liebe Glück und des Himmels Segen und bitte um Deine fernere Güte und Nachsicht. Glück ist bei uns eigentlich ein unrichtiger Ausdruck, und es genügt etwas Ruhe, gutes Einverständnis und weniger Unglück als bisher. Habe auch im kommenden Jahr Nachsicht mit meinem Alter und mit meiner zunehmenden Vertrottelung. Deine Güte und Fürsorge und die Freundschaft der Freundin sind die einzigen Lichtpunkte in meinem Leben . . .«
Eine kleine Pause in den Regierungsgeschäften erlaubt es dem Kaiser, seine in Mentone weilende Gattin zu besuchen. Mit der Kriegsjacht »Greif« unternimmt man Ausflüge zu den sehenswerten Örtlichkeiten an der Küste, und dabei wird auch einmal die vor Villefranche ankernde französische Flotte passiert. Der Monarch besichtigt sogar das Spielkasino in Monte Carlo.
In Wien erwarten den Kaiser große innerpolitische Aufgaben. Am 20. März 1894 ist in Turin Ludwig Kossuth, der magyarische Revolutionsheld, gestorben. Die Nachricht von seinem Hinscheiden fällt mitten in den in Ungarn geführten Kampf um die Einfüh-

rung staatlicher Zivilregister, die freie Religionsausübung, die obligatorische Ziviltrauung und die Bestimmung des Glaubensbekenntnisses von Kindern aus gemischt-konfessionellen Ehen durch die Eltern. Die Debatten um diese Fragen werden im Reichstag zusehends schärfer, und die Liberalen erreichen schließlich, daß die Eherechtsreform mit großer Stimmenmehrheit angenommen wird. Als nun die Meldung vom Tode Kossuths in Budapest einlangt, suchen Demonstranten zu verhindern, daß die Theater spielen, und die Menge fordert, daß die öffentlichen Gebäude schwarz beflaggt werden.

Franz Josephs Stimmung ist ein Spiegelbild dieser Ereignisse. Am 6. Juni klagt er aus Budapest seiner mitfühlenden Freundin: »Hier bin ich so einsam und melancholisch, mit so unangenehmen Dingen beschäftigt, daß ich nur einen Wunsch habe: Außi möcht i, zurück in den schönen grünen Tiergarten, zurück in die liebe Gloriettegasse, ja selbst zurück in die heißen Zimmer der Wiener Burg.«

Der Kaiser-König ist innerlich gegen die neuen ungarischen Ehegesetze gestellt, glaubt aber, den Gang der Ereignisse nicht mehr aufhalten zu können, obwohl ihn seine Tochter Marie Valerie eindringlich dazu auffordert.

Wichtiger als die Ehereform ist aber für die Donaumonarchie das Ableben Alexanders III. und die Thronbesteigung durch Nikolaus II. Während die einen den neuen Herrn für geistig gut veranlagt, edeldenkend und besonnen halten, versichern andere, daß er seinen sehr bestimmten eigenen Willen besitze, den er in der ruhigsten Weise zum Ausdrucke bringe. Einig aber sind sich alle in der Ansicht, daß die Zarenwitwe, eine geborene Dänin und unversöhnliche Gegnerin Deutschlands, einen starken Einfluß ausübe. Viele Großfürsten seien franzosenfreundlich.

Entspannung von seinen Sorgen sucht der Monarch in diesem Jahre wieder in Lichtenegg, wo er sich mit den Kindern in rührendster Weise zu unterhalten weiß. Er sitzt bei seinen Enkeln auf dem Boden, spielt mit ihnen Verstecken und freut sich mit ihnen an ihren Weihnachtsgeschenken. Seiner Gattin, die sich in Cap Martin kasteit, schreibt er: »Nur der aufreibende Hunger, den Du mit Fasten bestrafst, statt ihn wie andere vernünftige Menschen zu stillen, stimmt mich traurig, doch da ist Hopfen und Malz verloren, und so wollen wir über dieses Kapitel schweigen.«

Am 7. Jänner 1895 muß Franz Joseph wieder nach Budapest reisen, wo die durch die kirchenpolitischen Gesetze und die drohende Wahlreform erregten Gemüter sich nicht beruhigen wollen. Die vielen Besprechungen mit den führenden Politikern und Ministern ermüden den Kaiser-König sehr, und am 9. Jänner muß er Frau Schratt gestehen: »... abends war ich mit Valerie zwei Stunden lang in der Oper ›Walküre‹, wo ich abwechselnd schlief.«
Im Februar besucht der Monarch seine Gattin in Cap Martin und bemüht sich vergebens, sie zu einer geänderten Lebensweise zu bekehren. Er muß verfrüht nach Wien zurück, weil am 18. Februar Erzherzog Albrecht in Arco verschieden ist.
Am 1. April feiert Fürst Bismarck seinen 80. Geburtstag und legt dabei in einer Ansprache an die ihn beglückwünschende deutsch-österreichische Abordnung seinen Stammesgenossen in Österreich nahe, die Beziehungen zur Dynastie in höherem Maße zu pflegen, als es mitunter in der Vergangenheit geschehen sei. Während der Alt-Reichskanzler versucht, den deutschstämmigen Österreichern den Weg zu einem engen Anschluß an das Erzhaus zu weisen, kommt es wegen der antiklerikalen Bestrebungen des ungarischen Parlaments zu schweren Zusammenstößen zwischen dem Grafen Kálnoky und dem ungarischen Ministerpräsidenten Baron Desiderius Bánffy von Losoncz. Kálnoky sieht sich schließlich zum Rücktritt gezwungen, was in der österreichischen Öffentlichkeit allgemein bedauert wird[3]. Der Kaiser ernennt den polnischen Grafen Agenor Goluchowski zum Nachfolger.
Mittlerweile gibt der Gesundheitszustand des kaiserlichen Neffen, des Erzherzogs Franz Ferdinand, zu ernsten Besorgnissen Anlaß. Der Kaiser empfiehlt dem an der Lunge Geschwächten, ins Gebirge zu gehen und später ein südliches Klima aufzusuchen. Die Unterschrift dieses Briefes lautet: »In treuer Freundschaft Dein Dich innigst liebender Onkel Franz Joseph.«
Einige Wochen später bittet Franz Ferdinand seinen Oheim, ihn seines Kommandos als Brigadier zu entheben, da er noch für längere Zeit abwechselnd an der See oder im Gebirge verweilen müsse und als kranker Mann ja »nichts mehr leisten« könne. Er

[3] Darüber Einzelheiten bei Friedrich Engel-Janosi, Österreich und der Vatikan, I/254 ff.

schreibt diese Zeilen »wirklich blutenden Herzens«. Allgemein wird der Zustand des lungenkranken Erzherzogs als hoffnungslos angesehen, und man beginnt nicht nur am Hofe mit der Möglichkeit zu rechnen, daß Franz Ferdinands leichtlebiger Bruder Erzherzog Otto Thronfolger werde. Dies läßt die Einsichtigen in beiden Reichshälften wie im Auslande für die Zukunft der Monarchie ernstliche Befürchtungen hegen.
Diese Stimmung wird durch die innenpolitischen Schwierigkeiten in der österreichischen Völkergemeinschaft genährt, die ihren Ausdruck im Rücktritt der Koalitionsregierung des Fürsten Windisch-Graetz finden. Ein Beamtenministerium unter dem Grafen Kielmannsegg soll die Zeit bis zur Schaffung eines neuen, politisch wirksameren Kabinetts überbrücken.
Einstweilen erlebt die Christlichsoziale Partei einen jähen Aufstieg. In hellen Scharen strömt ihrem tatkräftigen und volkstümlichen Führer Dr. Lueger das kleinere und mittlere Bürgertum zu. Im Jahre 1894 ziehen neben 66 Liberalen und 8 Parteilosen 64 Christlichsoziale in den Wiener Gemeinderat, aber da sich in ihm keine arbeitsfähige Mehrheit findet, verfügt der Statthalter von Niederösterreich dessen Auflösung. Doch schon im September 1895 zählt man in der Wiener Gemeindestube 92 Christlichsoziale und nur 46 Andersparteiliche. Dr. Lueger, der Judenfeind und Magyarenhasser, soll Bürgermeister werden, aber der Adel, das Großbürgertum und die Finanzkreise stellen sich scharf gegen ihn. Nun wird die Zeit für ein politisches Ministerium reif. Am 2. Oktober ernennt der Herrscher den polnischen Grafen Kasimir Badeni zum österreichischen Ministerpräsidenten, einen »starken Mann«, der als Statthalter von Galizien das Ruthenentum rücksichtslos niedergekämpft hat.
Badeni steht nun vor der Aufgabe, mit der neuen Kräfteverteilung im parlamentarischen Leben fertig zu werden, denn neben die völkische Idee reihen sich nun der Sozialismus und der Antisemitismus. Sie auf einen für die Regierung tragfähigen gemeinsamen Nenner zu bringen, wird das Ziel der Politik des »starken Mannes« sein müssen.

DIE EINKREISUNG DER MITTELMÄCHTE BEGINNT

1895—1898

Trotz seiner noch immer nicht gänzlich überwundenen Krankheit beginnt Franz Ferdinand, der künftige Thronfolger, eine politisch scharf umrissene Persönlichkeit zu werden. In einem Schreiben an den Kaiser aus Lussinpiccolo wendet er sich gegen die ungarische Regierung, die »einen Kossuth verherrlicht und zu ihrem Zwecke benützt und in einem katholischen Lande die Zivilehe einführt«. »Einer solchen Regierung«, schreibt der kaiserliche Prinz, »ist allerdings ein konservativ und dynastisch denkender Mensch, wie ich es bin, ein Greuel[1].« Über die Zustände in Österreich schüttet der Erzherzog dem Grafen Nikolaus Szécsen gegenüber sein Herz aus: »...ganz große Konfusion, Nationalitätenhader, Jungtschechen, allgemeine Unzufriedenheit, unsere auswärtige, noch immer Andrássysche Politik ganz unmöglich. Verbrüderung mit unseren beiden Erbfeinden und Unterstellung in Demütigung unter Preußen!« heißt es in diesem Briefe.

Während der Erzherzog seine Ansichten über die Lage in dieser rückhaltlosen Weise äußert, rüstet in Wien Dr. Karl Lueger zum letzten Sturm auf den Stuhl des Bürgermeisters der Reichshaupt- und Residenzstadt. Der Antisemitismus nimmt zu, die Massen werden mobilisiert. Der Monarch muß befürchten, daß vieles im christlichsozialen Parteiprogramm geeignet sein könnte, die Politik des Grafen Badeni — nationale Versöhnung, Durchführung der Wahlreform und der fällige Ausgleich mit Ungarn — zu behindern. Deshalb versagt er dem christlichsozialen Führer immer wieder die Bestätigung zum Bürgermeister und läßt Wien lieber durch einen Regierungskommissar verwalten. Es bleibt auch wirkungslos, daß Graf Kielmannsegg dem Monarchen vorhält: »Euer Majestät haben nicht so viel schwarzgelbes Kapital auszugeben, um diese Partei vor den Kopf zu stoßen«, und daß die Mehrheit

[1] In den Akten findet sich keinerlei Entgegnung des Kaisers auf das Schreiben seines Neffen.

im Ministerrate die Bestätigung Dr. Luegers als Stadtoberhaupt von Wien befürwortet.
Am 29. November 1895 erhält Dr. Lueger von den 137 Stimmen der Stadtväter deren 93. Doch wieder verfällt der Wiener Gemeinderat der Auflösung, was Straßenunruhen verursacht, die von der Polizei nur mühsam unterdrückt werden können.
Dem Kaiser ist es ein tröstliches Bewußtsein, daß in diesen schweren Wochen sich wenigstens der außenpolitische Himmel ein wenig lichtet. Der deutsche Kaiser hat dem Zaren geschrieben, er könne im Kampfe gegen die gelbe Rasse auf das Deutsche Reich zählen. Franz Joseph sei von seiner Absicht, den Russen im Falle eines ostasiatischen Krieges den Rücken zu decken, unterrichtet und damit einverstanden. Dem k. u. k. Botschafter in Berlin, Szögyény-Marich, erklärt Wilhelm II., er sei überzeugt, Österreich-Ungarn werde sich zu keiner Provokation hinreißen lassen. Wenn aber trotzdem Verwicklungen entstünden und sich die Monarchie in ihrer Machtstellung bedroht sähe, dann hätte nicht Deutschland, sondern Österreich-Ungarn darüber zu entscheiden, ob dieser Fall eingetreten sei. Der deutsche Souverän erklärt klipp und klar, er würde, ohne weiter zu untersuchen, ob laut Allianzvertrag der Bündnisfall vorliege, bei einer solchen Gegebenheit mit der ganzen ihm zur Verfügung stehenden Wehrmacht dem Donaureiche beistehen.
Graf Goluchowski erklärt dem deutschen Botschafter in Wien, Grafen Philipp Eulenburg und Hertefeld, daß die Wandlungen in der deutschen Politik der letzten Zeit vollkommen unverständlich seien. Unerklärlich sei das gegen Großbritannien veranstaltete Kesseltreiben ebenso wie das beständige Kokettieren mit Rußland, das gerade in dem Augenblicke stärker geworden sei, da man in Wien die bindenden Versicherungen der Vertragsleute gegeben habe. In der orientalischen Politik habe Deutschland den Russen überall Vorschub geleistet und die Anregungen des Ballhausplatzes mit leeren Phrasen abgetan. Franz Joseph fügt dem schriftlichen Berichte seines Außenministers über diese Unterredung die Worte bei: »Vollkommen einverstanden mit Ihrer Sprache, die ich Sie ausdrücklich ermächtige, auch bei Ihrem Aufenthalte in Berlin zur Sprache zu bringen.«
Graf Goluchowski hört in Berlin, daß sich die Beziehungen

Deutschlands zu Großbritannien gebessert haben, aber im Auswärtigen Amte wird diese Ansicht nicht geteilt. Dort glaubt man, Englands Stimmung gegen das Reich sei zu sehr gereizt, als daß Lord Salisbury dem geänderten Verhalten Wilhelms II. Rechnung werde tragen können.

Wenige Wochen später wird das Fest des tausendjährigen Bestehens des Königreiches Ungarn gefeiert. Am 2. Mai 1896 eröffnet das Königspaar, stürmisch begrüßt, die Millenniumsausstellung in Budapest. Elisabeth ist gerührt, als ihr der Kardinal-Fürstprimas beim Tedeum in der Krönungskirche vom Altar aus die unendliche Liebe und den Dank der Nation dafür ausspricht, »daß ihre mütterliche, zarte Hand dereinst das goldene Band webte, mit dem nun das magyarische Volk und sein heißgeliebter König unzertrennlich miteinander verbunden sind«.

Am 16. Mai schläft der Bruder des Kaisers, Erzherzog Karl Ludwig, infolge Vergiftung durch den Genuß von Jordan-Wasser sanft in die Ewigkeit hinüber[2]. Nun lebt von den Brüdern des Monarchen nur noch Ludwig Viktor, doch ist der Verkehr des Herrschers mit dem weder militärisch noch sonst irgendwie Tätigen, wissenschaftlich hochgebildeten, in seinem Wesen aber sehr sonderbaren Prinzen, der auf Schloß Kleßheim wohnt, nur ein spärlicher.

In seinem Testament hat Karl Ludwig seinen kaiserlichen Bruder gebeten, seinen Kindern, im besonderen den Töchtern, nur solche Ehen zu gestatten, »welche denselben nicht eine mit in unserer Dynastie und in unserem Staate jetzt maßgebenden Grundsätzen und Übungen in Widerspruch stehende Richtung geben könnten«. Nun ist Franz Ferdinand nach allem geltenden Rechte und nicht nur nach dem Willen des Kaisers der Thronerbe, und mit dieser Tatsache wird Franz Joseph in Hinkunft mehr als bisher zu rechnen haben.

Am 8. Juni findet in der königlichen Burg zu Ofen der feierliche Empfang des ungarischen Reichstages statt. Im Thronsaal sitzt Elisabeth, eine Mater dolorosa, ganz in Schwarz gekleidet und mit marmornem Antlitz, neben ihrem Gatten. Still und unempfind-

[2] Der Erzherzog hatte bei einer Reise in das Gelobte Land von diesem Wasser getrunken und war schon krank in die Heimat zurückgekehrt.

lich scheint sie zu sein, als würde ihr Geist in weite Fernen schweifen. Da beginnt der Präsident des Reichstages, Desider Szilágyi, seine Begrüßungsansprache langsam, bedächtig, voll Ehrfucht vor den Majestäten und der hohen Würde dieser Stunde. Der König horcht auf, sein Blick hängt mit gespannter Aufmerksamkeit an den Lippen des Sprechers. Nun nennt der Redner Elisabeths Namen, die Königin aber bleibt unbeweglich. Plötzlich braust durch den Saal ein »Eljen«-Sturm, wie ihn die Königsburg noch nie gehört hat. Und Elisabeth bewegt sich. Sie sagt ihren Dank mit einem wunderbar anmutsvollen Nicken ihres Hauptes. Noch stärker erdröhnt das »Éljen« und will nicht enden. Die Magnaten schwingen ihren Kalpak, und immer noch zittert das Saalgewölbe vom Willkommensgruß der Nation. Die Königin beugt das Haupt, ein leichtes Rosa färbt ihre Wangen, dann flammt freudige Röte über sie. In ihren Augen schimmert der alte Glanz, und Tränen blinken an den Wimpern; die Nation hat wieder zum Herzen ihrer Herrscherin gefunden. Elisabeth führt ihr Spitzentaschentuch zu den Augen; der Präsident setzt seine unterbrochene Rede fort. Am 27. August 1896 trifft das russische Kaiserpaar in Wien ein. In den Straßen sind Triumphpforten errichtet, und der Volkswitz nennt sie »Moskauer Krempl« (statt Kreml). Vom Théâtre paré weiß die scharfe Wiener Zunge zu berichten, der Zar habe sich gescheut, das Theater zu betreten, weil die Gäste »geladen« gewesen wären.

Nach den Manövern in Galizien und in Ungarn reist Franz Joseph zur feierlichen Eröffnung des Eisernen Tores für die Schiffahrt, wobei er mit den Königen von Rumänien und von Serbien zusammentrifft. Nach einem Abstecher in das aufblühende Herkulesbad verabschiedet sich Alexander von Serbien, während der Kaiser mit dem rumänischen Könige die Reise nach Bukarest fortsetzt. Dort verhandeln Graf Goluchowski, Feldzeugmeister Beck und der rumänische Außenminister Sturdza über einen engeren militärischen Anschluß des Königreiches an die Donaumonarchie. Es werden wohl Abmachungen über verschiedene militärische Angelegenheiten getroffen, aber den Gästen entgeht dabei nicht, daß die Rumänen scharf gegen die Magyaren eingestellt sind. Selbst daß Franz Joseph die ungarische Generalsuniform trägt, wird bekrittelt.

Nach der Rückkehr des Monarchen aus Rumänien hält ein großes politisches Ereignis die Welt in Atem: Zar Nikolaus II. hat Frankreich besucht und dabei für das Verhältnis zwischen Rußland und Frankreich das Wort »Waffenbrüderschaft« gebraucht.
Für den Ballhausplatz ist in diesem Augenblick aber noch unangenehmer, daß Wilhelm II. dem Grafen Goluchowski gegenüber die Wahrheit über den deutschen Rückversicherungsvertrag mit Rußland enthüllt hat. Dieser Vertrag ist in den Akten des Auswärtigen Amtes nicht auffindbar gewesen. Erst nachdem der Souverän und Graf Caprivi auf den Fürsten Bismarck eingewirkt haben, sei vom Alt-Reichskanzler der Akt aus seinem Privatarchiv herausgegeben worden. Da die in diesem Vertrage enthaltenen Abmachungen zwar formell gegen den Geist und die Abmachungen des Zweibundvertrages nicht verstoßen hätten, aber dem Kaiser wie auch Caprivi als dem Bundesgenossen gegenüber unloyal erschienen wären, sei der Vertrag nicht erneuert worden. Eine Woche später enthüllt Bismarck in den »Hamburger Nachrichten« selbst die Geschichte des Vertrages; wie vom Ballhausplatz angenommen wird, aus Rache.
Am 1. März 1897 begibt sich Franz Joseph zur Kaiserin nach Cap Martin. Auch Erzherzog Franz Ferdinand hat an der Riviera Aufenthalt genommen und benützt ihn, um dem Kaiser Vorschläge zur Besserung der Beziehungen zu Rußland zu unterbreiten. Da der Monarch es aber nicht liebt, auf Urlaub und ohne Beiziehung des zuständigen Ministers solche Fragen zu besprechen, kommt es nur zu einem einmaligen Besuchswechsel. Dafür hat diesmal das Herrscherpaar die Freude, auch Frau Schratt in Cap Martin begrüßen zu können.
In Wien gesteht der Monarch dem Botschafter Fürsten Eulenburg, daß die Sorge um die Gesundheit seiner Gattin ihm den ganzen Aufenthalt im Süden verdorben habe. Einige Wochen später wird bei Elisabeth Hungerödem festgestellt. Erschreckt erfährt der behandelnde Arzt, daß die Kaiserin nur von sechs Orangen im Tag lebe.
In der Innenpolitik hat sich mittlerweile Bedeutsames abgespielt. Die Wahlreform des Grafen Badeni hat den Grundbesitz, die Kreise des Handels, die Städte und die Landgemeinden so sehr zuungunsten der »allgemeinen Wählerklasse« begünstigt, daß sie

nicht als demokratisch bezeichnet werden kann. Die auf Grund des neuen Gesetzes erfolgenden Märzwahlen 1897 ergeben eine krasse Umschichtung. Die Deutschliberalen erleiden eine schwere Niederlage, während die Deutschnationalen, die Christlichsozialen und die Sozialdemokraten in beträchtlicher Stärke in den Reichsrat einziehen. Diesem Erdrutsch folgen im April zwei Sprachenverordnungen für Böhmen und Mähren, mit denen die doppelsprachige Amtsführung auch in den rein deutschen Gebieten dieser Länder eingeführt wird.

Im Lager der Deutschen erhebt sich ein Sturm der Entrüstung. Im Sudetenland kommt es zu schweren Unruhen, denn die Deutschen wollen sich nicht behandeln lassen, wie Graf Badeni die Ruthenen in Polen zu Boden gedrückt hat.

In Wien geht der Kampf um den Posten des Bürgermeisters weiter. Da bei den Gemeindewahlen die Mehrheit der Christlichsozialen dauernd wächst, merkt der Monarch, daß er durch seine Ablehnung des beliebten Dr. Lueger bei den Bürgern dieser Stadt an Volkstümlichkeit verloren hat. Nach der nunmehr dritten Wahl des Rechtsanwaltes zum Bürgermeister bittet der Kaiser Doktor Lueger, die Wahl nicht anzunehmen. Wenige Tage später wird der christlichsoziale Abgeordnete Strobach Stadtoberhaupt. Aber als nun auch die »fünfte Kurie« ihre Stimmen in die Wahlurne wirft, die Masse der Arbeiter und Kleinbürger, ziehen 28 Christlichsoziale in das Parlament ein. Strobach tritt zurück, und Doktor Lueger wird zum Bürgermeister gewählt. Am 16. April 1897 gibt der Herrscher seinen von der Geistlichkeit unterstützten Widerstand auf und bestätigt ihn in dieser Funktion, und ganz Wien feiert dieses Ereignis als ein Freudenfest.

Am 28. April begibt sich Franz Joseph nach Petersburg. Nikolaus II. und der Kaiser einigen sich darüber, daß in gemeinsamen Noten den Balkanmächten mitgeteilt werde, Österreich-Ungarn und Rußland seien entschlossen, den allgemeinen Frieden, das Prinzip der Ordnung und den status quo auf dem Balkan aufrechtzuerhalten. Sollte dies nicht möglich sein, würde das Schicksal von Konstantinopel und des Hinterlandes bis zur Maritza dem Spruche der Großmächte vorbehalten bleiben. Graf Goluchowski betont besonders nachdrücklich, daß ein selbständiges Albanien geschaffen werden und das Recht der Donaumonarchie auf die

okkupierten Provinzen sowie der Korridor von Novipazar unangetastet bleiben müßten.
Im September hält Kaiser Wilhelm II. sich in Budapest auf und hält eine Tischrede, die in ihrem Enthusiasmus für die Magyaren viel zu weit geht und den Monarchen verstimmt. Um ihre Begeisterung nicht ungenützt vorbeigehen zu lassen, bewilligt Franz Joseph aus eigenen Mitteln das Geld für die Aufstellung von Statuen für Persönlichkeiten, die als magyarische Nationalhelden des Geistes und des Schwertes gelten.
Unbefangenen Beobachtern erscheint es befremdlich, daß im August der französische Staatspräsident Edgar Faure an Bord des Kreuzers »Pothiau« seinen Gegenbesuch in St. Petersburg unternimmt und in einem Toast von »nos deux nations unies et alliées« spricht. Aber in Wien lenken die innerpolitischen Spannungen von dieser weltpolitischen Begebenheit ab. Die Obstruktion der deutschen Abgeordneten im Reichsrat hat Formen angenommen, die grotesk sind. Die Ministerbänke werden gestürmt, die Papiere des Ministerpräsidenten zerrissen und in den Saal geworfen. Die Vertreter des Volkes werden handgemein und müssen von der Parlamentswache voneinander gelöst werden. Bei den Sitzungen herrscht ein Höllenlärm, Sirenen ertönen, die Pultdeckel werden gegen die Tische geschlagen. Georg Schönerer zerfetzt mit einem mitgebrachten Werkzeug den Bezug der Sitzmöbel und ruft, als ihn die Wache aus dem Sitzungssaale zerrt: »Ich weiche der Gewalt! Heil Germania!«
Der Monarch befindet sich in diesen Tagen auf Schloß Wallsee, dem neuen Heim der Erzherzogin Marie Valerie. Als er wieder in Wien eintrifft, widerhallen die Straßen von der »Wacht am Rhein«, von »Deutschland, Deutschland über alles« und vom Bismarcklied. Die sonst so friedlichen Wiener demonstrieren. Der Kaiser sieht sich gezwungen, das Rücktrittsgesuch des Grafen Badeni zu genehmigen und damit zuzugeben, daß nicht mehr gegen die Deutschen regiert werden kann.
Nachfolger Badenis wird der frühere Unterrichtsminister und Minister des Inneren Paul Freiherr Gautsch von Frankenthurn, und seine Hauptaufgabe ist es, die Ruhe in Zisleithanien wiederherzustellen. Das gelingt wohl in den deutschen Städten, aber in Prag muß der Belagerungszustand verhängt werden. Das Parla-

ment wird geschlossen, und das Beamtenministerium des Freiherrn von Gautsch führt seine Geschäfte mit der Rückendeckung des § 14 der Verfassung[3].

Doch die unruhigen Verhältnisse in der österreichischen Reichshälfte zeitigen auch Gutes. Die Bevölkerung sieht im Monarchen die letzte Instanz für die Entscheidung in lebenswichtigen politischen Fragen. Dem Kaiser wird die Fähigkeit zugeschrieben, dieser Aufgabe völlig vorurteilslos und unparteiisch gerecht zu werden, und daher hat die Krone nach dem Sturze Badenis eher gewonnen als verloren.

Aber Franz Joseph ist verbittert und einsam. Elisabeth ist fast immer ferne von der Heimat und ihrer Familie. Ihr Gemütszustand ist durch den Verbrennungstod ihrer Schwester, der Herzogin von Alençon, in Paris noch mehr als sonst gedrückt; dauernd denkt sie an den Tod und spricht vom Sterben. Der Kaiser ist älter und empfindlicher geworden, die Klagen seiner Gattin und ihre unvernünftige Lebensweise belasten seine Nerven. So wird zum Ausgleich die Freundschaft des Herrschers zu Frau Katharina Schratt immer ausschließlicher.

Im März 1898 empfängt der Monarch die Meldung, daß Franz Ferdinand von seiner Krankheit genesen und wieder voll einsatzfähig sei, worauf ihn der Allerhöchste Kriegsherr zur Disposition seines Oberbefehls über die bewaffnete Macht stellt.

Im selben Monat tritt das Ministerium Gautsch zurück und macht einem aus den Mitgliedern der Rechten (Deutschkonservative, Tschechen und Polen) bestehenden Kabinett unter dem böhmischen Feudalherrn Franz Graf Thun Platz. Dieses Ministerium soll den Versuch zu einer Einigung zwischen den Tschechen und den Deutschen durchführen. Auch der Ausgleich zwischen den beiden Reichshälften soll vorwärtsgetrieben werden. Da aber der Reichsrat lahmgelegt ist und die Magyaren sich weigern, einer Er-

[3] Wortlaut des § 14: »Wenn sich die dringende Notwendigkeit solcher Anordnungen, zu welchen verfassungsmäßig die Zustimmung des Reichsrates erforderlich ist, zu einer Zeit herausstellt, wo dieser nicht versammelt ist, so können dieselben unter Verantwortung der Gesamtregierung durch kaiserliche Verordnung erlassen werden, insofern solche keine Abänderung des Staatsgrundgesetzes, keine dauernde Belastung des Staatsschatzes und keine Veräußerung von Staatsgut bezwecken ...«

höhung ihres Anteils für die gemeinsamen Ausgaben zuzustimmen, muß auch Graf Thun auf Grund des § 14 weiterregieren. Dabei richtet sich gegen die Teilnahme der Katholisch-Konservativen an dem vorwiegend aus Slawen zusammengesetzten Kabinett besonders in den Städten eine sehr scharf antikatholische Bewegung, deren Schlagwort der Kampf gegen die »Ultramontanen« ist. Die Kreise um Schönerer predigen unter dem Leitwort »Los von Rom« den Austritt aus der katholischen Religionsgemeinschaft. Die Christlichsozialen wieder lehnen den slawischen Kurs der Regierung ab.

Wieder besucht der Kaiser seine Gattin im Ausland, diesmal in Kissingen. Auch Marie Valerie fährt auf einige Tage zu ihrer Mutter und ist erschrocken darüber, wie langsam und müde ihr Gang geworden ist. Schmerzerfüllt hört sie Elisabeth davon sprechen, was werden soll, wenn sie vor dem Monarchen sterben würde. Sie beteuert dabei, daß sie sich vor dem Tode nicht fürchte. Es gibt in ihren Stimmungen keinen auch nur vorübergehenden Sonnenblick mehr. Die Worte »hoffen« und »sich freuen« hat die Kaiserin aus ihrem Leben gestrichen.

Am 24. Juni 1898 beginnen die Feierlichkeiten aus Anlaß der fünfzigjährigen Regierungsdauer des Herrschers mit einem Kinderfestzug. Zwei Tage später ehren die österreichischen Jägersleute ihren Allerhöchsten Weidmann. Von all den Festlichkeiten ist der Kaiser sehr müde und klagt zu Beck: »Dieses verfluchte Jubeljahr mit all seinen Unannehmlichkeiten!«

Am 3. Juli eröffnet eine amtliche Mitteilung der Bevölkerung in der Donaumonarchie, daß die Kaiserin an Anämie, Nervenentzündung, Schlaflosigkeit und einem mäßigen Grade von Herzerweiterung leide, was aber keinen Grund zu ernsten Besorgnissen biete. Schon im Frühjahr hat Franz Joseph seiner Gattin geschrieben: »Daß Du Dich wie achtzigjährig fühlst, ist übertrieben, aber alt, immer schwächer und blöder wird man allerdings, und die Nerven lassen immer mehr nach. Das alles fühle ich auch, und die Fortschritte in meinem Verfall sind in diesem Jahr besonders groß ...«

Auch der Verkehr mit Frau Schratt, die nicht gewillt ist, ihre Freiheit, das Bergsteigen, die Hungerkuren, das Spiel in Monte Carlo zu opfern, um immer nur ihren Freundespflichten dem Monarchen gegenüber nachzukommen, ist nicht eine reine Freude für den Alternden. Oft muß sich der Kaiser damit abfinden, daß die Künstlerin seinem Wunsche, wenn nicht seinem Willen entgegenhandelt, und er versucht, sich in melancholischem Selbstbescheiden darüber hinwegzusetzen.

Um so mehr schätzt Franz Joseph daher die Stunden, die ihn bei den Manövern hoch zu Roß mitten unter seinen Truppen sehen. Er liebt die Abende im Custozzazelt, wo er im Kreise seiner Offiziere Soldat und nur Soldat sein darf. Während eines kurzen Zwischenaufenthaltes bei den Truppenübungen in Wien schreibt er an Elisabeth: »Sehr erfreut hat mich die bessere Stimmung, die Deinen Briefen durchweht, und Deine Zufriedenheit mit dem Wetter, der Luft und Deiner Wohnung samt Terrasse, welche einen wunderbaren Ausblick auf Berge und Seen gewähren muß. Daß Du dennoch eine Art Heimweh nach der lieben Villa ›Hermes‹ gefühlt hast, hat mich gerührt!« Und er schließt dieses Schreiben mit den Worten: »Gott befohlen, geliebter Engel!«

Dieser Brief liegt zur Weiterleitung bereits auf des Monarchen Schreibtisch. Aber er wird nicht mehr befördert, denn die Kaiserin weilt zu dieser Zeit nicht mehr unter den Lebenden.

DER TOD DER KAISERIN

1898

Kaiserin und Königin Elisabeth ist am 30. August 1898 im schweizerischen Badeort Caux abgestiegen. Für den 9. September plant sie eine Fahrt nach Genf, obwohl ihr ihre Begleiter, Generalmajor Berzeviczy und die Hofdame Gräfin Sztáray, davon abraten. Auf dem Dampfer, der von Territet nach Genf vier Stunden lang braucht, ist die hohe Frau weicher und freundlicher Stimmung. In Pregny werden die wunderbaren Gärten der Baronin Rothschild besichtigt, und dann geht es zurück in das Hotel »Beau Rivage« in Genf.

Nach der Ankunft im Hotel zieht sich die Kaiserin in ihre Gemächer zurück, erscheint aber nach einer Stunde wieder, um mit ihrer Hofdame einen Rundgang durch die Stadt zu unternehmen. Erst um Viertel nach neun Uhr abends kehren die beiden Damen in das Hotel zurück. Die Nacht ist lärmend, und das wechselnde Licht des Leuchtfeuers wie der silberne Glanz des Vollmondes stören die Monarchin so sehr, daß sie lange nicht einschlafen kann. Am Morgen des 10. September bleibt sie deswegen etwas länger als gewöhnlich liegen. Mit dem Dampfer um ein Uhr vierzig will Elisabeth nach Caux zurückkehren.

Fünf Minuten vor dem Abgang des Schiffes verlassen die beiden Damen das Hotel und betreten den fast menschenleeren Kai. Da eilt ein junger Mann über die Fahrstraße, läuft schräg über den Gehsteig bis zum Geländer am Ufer und geht rasch auf die Kaiserin zu, nachdem er in Kehrtwendung den beiden Damen zuvorgekommen ist. Die Damen bleiben stehen, um einen Zusammenstoß zu vermeiden. Der Mann hält in diesem Augenblick knapp vor der Gräfin in seinem eiligen Schreiten inne, und es sieht so aus, als ob er stolpern würde. Er reißt sich hoch und springt wie eine Katze auf Elisabeth zu. Mit hocherhobener Rechten bückt er sich für einen Atemzug, dann schnellt er auf und bohrt der ahnungslosen Kaiserin einen dolchähnlichen Gegenstand mit aller Kraft in die Brust[1].

Elisabeth stürzt lautlos nach rückwärts zu Boden, während der Attentäter in großen Sätzen davonläuft. Mit einem herbeigeeilten Kutscher richtet die Gräfin ihre Herrin wieder auf. Die Kaiserin müht sich, das durch den Fall in Unordnung geratene Haar wieder zurechtzurichten. Auf ungarisch fragt sie ihre Begleiterin: »Was wollte dieser Mann denn eigentlich?« — »Ich weiß nicht«, antwortete die Hofdame, »aber das weiß ich, daß es ein schrecklicher Mensch sein muß, der so etwas tun konnte. Ist Eurer Majestät wirklich nichts geschehen?« — »Nein, nein«, versichert die Monarchin. Und die beiden Damen gehen weiter zum Dampfer.

Plötzlich werden Elisabeths Wangen kreideweiß. »Jetzt geben Sie mir Ihren Arm, aber schnell!« sagt sie zur Gräfin, während sie

[1] Die Schilderung des Todes der Kaiserin folgt im wesentlichen Corti, Elisabeth, die seltsame Frau.

das Deck des Dampfers betreten. Irma Sztáray umfaßt ihre Herrin, und ein Lakai hilft ihr dabei. Langsam gleitet die Kaiserin zu Boden. Die Gräfin öffnet der Ohnmächtigen die Augenlider und starrt entsetzt in die brechenden Augen einer Sterbenden.
Nun bemühen sich einige Personen um die Bewußtlose. Die Gräfin öffnet ihrer Herrin das Kleid und schiebt ihr ein in Alkohol getauchtes Stück Zucker in den Mund. Die Kaiserin zerbeißt den Zucker, öffnet die Augen und will sich aufsetzen. »Geht es besser, Majestät?« fragt die Hofdame. »Ja, danke«, sagt Elisabeth und fragt, wie aus tiefem Schlafe erwachend: »Ja, was ist denn eigentlich geschehen?« »Majestät waren etwas unwohl, doch jetzt ist es schon besser, nicht wahr?« meint Irma Sztáray, aber die Kaiserin sinkt wieder zurück und hört sie nicht mehr.
Als die Gräfin aus dem Batisthemd ihrer Herrin plötzlich Blut sickern sieht, werden ihr alle Zusammenhänge klar, und sie weiß nun, daß die Kaiserin ermordet worden ist. Das Schiff kehrt mittlerweile nach Genf zurück. Sechs Herren tragen die Sterbende auf einer Tragbahre in das Hotel »Beau Rivage« zurück. Indessen ist ein Geistlicher erschienen und erteilt, während alles niederkniet, die Absolution. Noch ein kurzes Röcheln, dann ist es in den Räumen, die Elisabeth erst vor kurzem verlassen hat, still. Die Kaiserin ist tot. Kurz nachher eilt ein Telegramm in die Wiener Hofburg: »Ihre Majestät die Kaiserin gefährlich verletzt. Bitte Seiner Majestät schonend melden.«
Franz Joseph sitzt bei seinem Schreibtisch und erledigt Akten. Graf Paar, der Erste Generaladjutant, wird sogleich vorgelassen. Der General, sonst in seiner Ruhe unerschütterlich, kann vor Aufregung kaum sprechen. »Majestät«, meldet er, »Majestät werden heute abend nicht abreisen können. Ich habe leider eine sehr schlechte Nachricht erhalten.« Der Kaiser blickt erstaunt auf, als er aber seinem Mitarbeiter in die Augen sieht, erhebt er sich rasch. »Aus Genf!« ruft er und reißt dem Grafen die Depesche aus der Hand. Ein Blick in das Telegramm, und er taumelt zurück. Aber schnell hat er sich wieder in der Gewalt. »Nun muß doch bald eine zweite Nachricht eintreffen; telegrafieren, telefonieren Sie! Trachten Sie Näheres zu hören!« Da meldet sich auch schon der diensthabende Flügeladjutant mit einem zweiten Telegramm. In seiner Aufregung reißt der Monarch es mitten entzwei, doch es

bleibt ihm nicht erspart zu lesen: »Ihre Majestät die Kaiserin soeben verschieden.«
Zuerst bleibt der Herrscher wie vor Schreck erstarrt unbeweglich. Dann sinkt er in seinen Schreibtischstuhl und sagt wie aus weiter Ferne zu sich selbst: »Mir bleibt doch nichts erspart in dieser Welt!« Dann hört Graf Paar, wie sein Herr leise vor sich hin murmelt: »Niemand weiß, wie sehr wir uns geliebt haben ...«
In Genf haben sie mittlerweile den Mörder verhaftet. Es ist ein italienischer Bauarbeiter namens Luigi Lucheni, der sich als einen »individuellen Anarchisten« bezeichnet und erklärt, daß er die Todesstrafe nicht nur erwarte, sondern verlange. Die Tat hat er mit einer alten spitzen Feile vollbracht. Er bereut das Geschehene nicht und ist glücklich, durch sie, seiner Meinung nach, berühmt geworden zu sein.
In der Donaumonarchie trauert die Bevölkerung in der rührendsten Weise um die hohe Frau. Ihre Bilder werden umflort, schwarze Fahnen wehen von den Häusern, selbst in der kleinsten Hütte liegt wenigstens ein schwarzes Tuch auf dem Fenstersims. In Ungarn empfindet man den Heimgang der geliebten Königin als einen schweren Schicksalsschlag für die Nation.
Der Sarg mit Elisabeths entseelter Hülle wird von der Bahn in die Hofburg gebracht. Gedämpfter Trommelwirbel begleitet die sechs Rappen, die mit langsamen, schweren Schritten den Trauerwagen zur Burgkapelle führen. In aufrechter Haltung folgt der Kaiser dem Gefährt und starrt auf den Sarg, als dieser vom Wagen heruntergehoben und in das Kircheninnere getragen wird. Nach der Einsegnung erhebt sich der Monarch von seinem Betschemel, schreitet zum Sarg, kniet an dessen Kopfende nieder und küßt das Holz, das seine geliebte Gattin in sich birgt. Die Familienmitglieder folgen dem Beispiel des Herrschers.
Am 17. September schreitet Kaiser Wilhelm II. neben Franz Joseph hinter dem Sarge, der nun zur Kapuzinergruft getragen wird. Zweiundachtzig allerhöchste und höchste Herrschaften erweisen der toten Kaiserin und Königin die letzte Ehre.
Dann tritt für Franz Joseph wieder der Alltag in seine Rechte. Wie gewöhnlich und nicht um eine Stunde später erledigt er seine Akten und kommt seinen militärischen wie den gesellschaftlichen Pflichten pünktlich nach. In der seelischen Last, die ihm aufgebür-

det ist, findet er in seiner Freundschaft zu Frau Katharina Schratt Trost und Ablenkung. Schon am 11. September empfängt die Künstlerin, die auf einer Gebirgstour weilt, diese aber beim Empfange der Trauerbotschaft sogleich abbricht, die ersten Zeilen des Kaisers: »Teuerste Freundin, das ist schön von Ihnen, daß Sie gekommen sind, mit wem kann ich besser von der Verklärten sprechen als mit Ihnen ...«

Nun unternimmt der Monarch jeden Morgen mit der vertrauten Freundin seinen Spaziergang durch den abgesperrten kleinen Garten beim Schlosse Schönbrunn. Immer wieder sprechen sie von der Verewigten, und dem Kaiser wird dabei leichter ums Herz. Dann muß der Herrscher nach Budapest reisen.

Von dort schreibt er der Schauspielerin: »... Am wohlsten ist es mir doch in Ihrer Gesellschaft, da ich mit Ihnen so gut von der Unvergeßlichen sprechen kann ...«

Langsam gewinnt der gewohnte Werktag wieder seine Macht über das Leben des Einsamen. Aber sein Leibkammerdiener Eugen Ketterl findet ihn oft in den Anblick von Elisabeths Bild über seinem Schreibtisch versunken, als spräche er mit der Dahingegangenen über die früheren glücklichen Zeiten. Vielleicht dankt er in dieser stummen Zwiesprache der geliebten Toten, daß sie so hochsinnig gewesen war, ihm in Frau Schratt eine Freundin zuzugesellen, die ihm nun die beste Stütze in seiner Verlassenheit ist.

BELASTUNGSPROBEN EINER FREUNDSCHAFT

1899

Ministerpräsident Graf Thun war mit der Absicht Kabinettschef geworden, den Kaiser zu bewegen, daß er sich zu Prag in feierlicher Weise die heilige Wenzelskrone auf das Haupt setzen lasse. Aber die Stimmung in den böhmischen Ländern beweist, daß es für diese versöhnliche Geste schon zu spät ist. Den Tschechen gelten die Deutschen als der gemeinsame Feind aller Slawen, und in die-

sem Sinne verbünden sich, während in Westgalizien ein Bauernaufstand ausbricht, die Tschechen mit den Polen. Der Kaiser muß die Schließung des beschlußunfähigen Reichsrates anordnen.
Dies ist ein schweres Hindernis in den Ausgleichsverhandlungen mit Ungarn, weil es die Stellung des österreichischen Ministeriums den Magyaren gegenüber schwächt. Der Reichsrat wird zwar wieder eröffnet, muß aber wegen der Obstruktion der Deutschen wieder vertagt werden. Der 2. Dezember 1898, der Tag, an dem der Monarch das fünfzigste Jahr seiner Regierung feiert, wird damit für Franz Joseph ein so trauriger Tag, daß er beim »Gott erhalte« des festlichen Gottesdienstes bitterlich weint.
Der Kaiser ahnt in dieser Zeit der größten politischen Unruhe nicht, daß man sich mit Heiratsplänen für ihn beschäftigt. In Hofkreisen denkt man dabei an die Witwe des Erzherzogs Karl Ludwig, die dreiundvierzigjährige Erzherzogin Maria Theresia. Auf diese Art würde Franz Ferdinand, der Thronfolger, nicht nur der Neffe des Monarchen, sondern auch ein Stiefsohn werden. Für Marie Valerie würde nur die Schwester Elisabeths, die Gräfin Trani, als zweite Gattin ihres Vaters in Betracht kommen. Frau Schratt muß aus allen Plänen ausgeschlossen bleiben, da sie rechtsgültig verheiratet ist, wenn sie auch von ihrem Gatten getrennt lebt. Eine Lücke im Hausgesetz des Erzhauses würde es allerdings ermöglichen, daß der Herrscher auch eine Frau aus bürgerlichem oder kleinadeligem Herkommen eheliche.
Franz Joseph ist müde. Die innenpolitische Lage ist nicht dazu geeignet, ihn heiter zu stimmen, wenn auch die Deutschen mit Ausnahme der Schönerianer ein wenig Wasser in ihren politischen Wein gießen. Dafür kämpfen die Magyaren um ihre Vorherrschaft in der Donaumonarchie unentwegt weiter.
Immer noch steht das Privatleben des Kaisers unter dem schmerzlichen Eindruck von Elisabeths Tode. Von Ofen schreibt Franz Joseph an Frau Schratt am 9. Mai: ». . . Als ich am letzten Freitag Nachmittag ohne Jagderfolg in Babat war, hörte ich heuer den ersten Kuckuck rufen, den letzten hatte ich mit der Kaiserin in der Villa ›Hermes‹ gehört. Sie hatte eine solche Passion für den Ruf dieses Vogels, und im ersten Augenblick kam mir wieder der Gedanke, ich müsse es ihr schreiben, dann aber erschien mir der gar nicht aufhörende Ruf des Kuckucks wie ein Gruß von ihr . . .«

Am 23. September 1899 legt Graf Thun sein Amt nieder, da ihm der Ausgleich zwischen den Tschechen und den Deutschen nicht gelungen ist. Auch in den Ausgleichsverhandlungen mit Ungarn hat er sich viel zu schwach gezeigt. Seinem Ministerium folgt ein Kabinett unter dem Grafen Manfred Clary-Aldringen. Der neue Ministerpräsident hebt die Badenischen Sprachenverordnungen auf, legt aber schon nach kurzer Tätigkeit sein Amt in die Hände des Monarchen zurück, weil er nicht mit § 14-Notverordnungen regieren will. Am 21. Dezember tritt ein Beamtenministerium unter Dr. Heinrich von Wittek an, weicht aber schon am 14. Jänner 1900 dem Ministerium Ernest von Koerbers, des früheren Handels- und Innenministers. In dieser Amtsperiode finden zur Abwechslung wieder einmal im ungarischen Reichstag die wüstesten Lärmszenen statt, aber die Mehrheit der Bevölkerung billigt das Treiben der Ultranationalen nicht.

In der Politik der Großmächte hat sich mittlerweile ein bedeutungsvolles Ereignis vollzogen. Frankreich war im britisch-französischen Vertrag des Jahres 1899 von Großbritannien gedemütigt worden und hat auf seinen Anspruch auf die Nilquellen verzichten müssen. Nun kehrt es zu seiner gegen Deutschland gerichteten Politik zurück. Großbritannien will sich den Vereinigten Staaten von Amerika und Deutschland nähern, findet aber in Berlin keine Gegenliebe, weil Wilhelm II. auf den Ausbau der Flotte größten Wert legt.

Obwohl das neue österreichische Ministerium eine Besserung in der innerpolitischen Lage erzielt und den Finanzausgleich mit Ungarn erledigt hat, ist es doch kein glückliches Jahr für den Kaiser. In den Beziehungen des Monarchen zu Frau Schratt ist eine für Franz Joseph schmerzliche Note fühlbar geworden. Schon immer hat es den Herrscher verletzt, wenn die Künstlerin, ohne ihn in ihre Pläne einzuweihen, gefährliche Bergtouren unternommen oder in Monte Carlo gespielt hat. Der Monarch hat ihr deswegen schon öfters Mangel an Offenherzigkeit und Folgsamkeit vorgeworfen. Anderseits fühlt sich die Künstlerin in ihrer Handlungsfreiheit zu sehr beengt. Dazu kommt, daß Frau Schratt seit dem Tode der Kaiserin dem Neid, dem Mißtrauen und der üblen Nachrede noch viel mehr ausgesetzt ist als früher und zusehends in eine schiefe Lage gerät. Auch weiß sie um die feindselige Einstellung einflußreicher Hofkreise ihr gegenüber. Selbst Erzherzogin Marie Valerie zeigt sich nicht mehr so entgegenkommend wie früher. Und schließlich ist Frau Schratt in ihrer Eitelkeit und in ihrem Ehrgeiz gekränkt, da sie des Elisabeth-Ordens, den der Kaiser zu Ehren seiner damals noch lebenden Gattin gestiftet hat, nicht teilhaftig geworden ist. Der Herrscher ist der Ansicht, daß eine solche Ehrung nach dem Hinscheiden der Kaiserin dem Rufe der Künstlerin schaden würde.

Für die Schauspielerin fällt überdies ins Gewicht, daß der Burgtheaterdirektor Dr. Paul Schlenther nicht zu bewegen ist, Frau Schratt naturalistische Rollen in den Stücken von Ibsen und Gerhart Hauptmann zu übertragen. Überdies verlangt die Künstlerin Urlaub in einem Maße, das weit über das Gebräuchliche hinausgeht. Als nun der Vertrag mit Frau Schratt erneuert werden soll, zeigt man sich nicht bereit, ihre Wünsche zu erfüllen. Das Rücktrittsgesuch, das die Schauspielerin daraufhin einbringt, wird dem Kaiser vorgelegt. Er nimmt es zur Kenntnis, um sich nicht dem Vorwurf der Parteilichkeit auszusetzen. Daß der Monarch seither das Hofburgtheater nicht mehr besucht, sieht Frau Schratt nicht als eine hinreichende Genugtuung an.

So endet das Jahr 1899 zwischen den beiden Menschen, die einander so viel bedeuten, mit einer gewissen Entfremdung.

VIII

DER ALTE KAISER

FRANZ JOSEPH UND FRANZ FERDINAND

1900

Das Jahr 1900 beginnt mit einem gemeinsamen Diner der kaiserlichen Familie in der Wiener Hofburg. Beim Champagner trinkt der Monarch nach dem Trinkspruch auf das Wohl seiner Angehörigen mit sehr freundlichen Blicken dem noch sehr jungen Erzherzog Karl zu, und es erweckt den Eindruck, als läge in diesem Gruße das Bekenntnis: »Dir gehört ja das kommende Jahrhundert und die Frucht all meiner Arbeit und Sorge. Gott schütze Dich[1]!« Für den rechtlich unmittelbaren Nachfolger Erzherzog Franz Ferdinand mag dies aber ein deutlicher Beweis dafür sein, daß es in dem Verhältnis zwischen seinem Onkel und ihm an jener Herzenswärme fehlt, die vorhanden sein müßte, um sie für das Reich nutzbar zu gestalten. Noch liegt für den Erzherzog-Thronfolger zu viel Bitterkeit in der Erinnerung daran, daß man ihn während seiner Krankheit bei Hof schon abgeschrieben und in seinem Bruder Otto, dem Vater des Erzherzogs Karl, den wahren Thronerben gesehen hatte.

Aber in dem so kalt scheinenden Herzen Franz Ferdinands ist auch Liebe. Sie gilt der Hofdame der Erzherzogin Isabella, Gattin des Erzherzogs Friedrich, Gräfin Sophie Chotek, Tochter des ehemaligen k. u. k. Gesandten in Brüssel und Oberststabelmeisters am kaiserlichen Hofe, des Grafen Bohuslaw Chotek von Chotkowa und Wognin.

Seit vierzehn Monaten kämpft nun der Erzherzog-Thronfolger

[1] Tagebuch Erzherzogin Marie Valerie.

darum, von seinem Oheim die Bewilligung zum Ehebund mit der Gräfin zu erlangen, wobei er aber auf den härtesten Widerstand des Kaisers stößt. Franz Joseph sieht für seinen Neffen nur die beiden Möglichkeiten: Thron *oder* Liebesheirat, der Thronerbe aber will den Thron *und* die Liebe.

Hochstehende Persönlichkeiten versuchen, den Erzherzog von seinen Heiratsplänen abzubringen, bleiben aber in ihren Bemühungen erfolglos. In einem Schreiben an den kaiserlichen Onkel betont Franz Ferdinand, daß er nicht die Absicht hege, für seine künftige Gattin die Rechte einer Angehörigen des Hauses Habsburg in Anspruch zu nehmen, und er schließt diesen letzten Appell an die Einsicht des Monarchen mit den bedeutungsvollen Worten[2]: »... Die Ehe mit der Gräfin ist aber das Mittel, mich für die ganze Zeit meines Lebens zu dem zu stempeln, was ich sein will und soll: zu einem berufstreuen Mann und zu einem glücklichen Menschen. Ohne diese Ehe werde ich ein qualvolles Dasein führen, welches ich ja jetzt schon durchmache und das mich vorzeitig aufzehren muß ...« Dann der Ausklang: »... Unter allen Umständen werde ich mich immer bestreben, eine feste und treue Stütze Eurer Majestät zu sein, soweit Eure Majestät über mich befehlen. Nie werde ich etwas gegen den Willen Eurer Majestät tun, weder offen noch geheim. Mit um so größerem Vertrauen darf ich aber auch an das Herz Eurer Majestät appellieren, mir mein Glück zu gewähren!«

Aber erst auf die Bitte von Franz Ferdinands Stiefmutter, der vom Monarchen sehr geschätzten Erzherzogin Maria Theresia, der Witwe nach des Kaisers Bruder Karl Ludwig, verspricht Franz Joseph das Ehegesuch zu genehmigen, wenn dagegen keine staatsrechtlichen Schwierigkeiten obwalten. Dem Geschick des ehemaligen Staatsrechtslehrers des Erzherzogs, Sektionschef Wladimir Freiherrn von Beck, des Ministerpräsidenten Dr. Koerber und dessen Präsidialchefs Dr. Rudolf Sieghart gelingt es, alle Klippen dieser Art aus dem Wege zu räumen. Am 28. Juni 1900 erfolgt die feierliche »Renunziation« des Thronfolgers. Der Kaiser ist

[2] Zur Lebensbeschreibung des Erzherzogs Franz Ferdinand wurde vor allem Rudolf Kiszling, Erzherzog Franz Ferdinand von Österreich-Este, herangezogen.

dabei sehr ernst und mißgestimmt. Mit fast drohender Stimme verliest er den Text der Verzichtleistung, und Franz Ferdinand spricht die Eidesformel gepreßten Tones nach. Auf alle, die dieser Zeremonie beiwohnen, macht sie den Eindruck einer »bitterernsten Trauerhandlung[3]«.

Drei Tage später wird in der Schloßkapelle zu Reichstadt in Böhmen die Hochzeit gefeiert. Die beiden Brüder Franz Ferdinands fehlen, und auch der Kaiser ist nicht vertreten. Er depeschiert aber als Hochzeitsgruß die Erhebung der Gräfin von Chotek zur »Fürstin von Hohenberg« mit dem Prädikate »Fürstliche Gnaden«.

Der Kaiser und sein Thronerbe sind in ihrem Charakter voneinander sehr verschieden, und dies beeinflußt auch ihre politischen Ansichten. Auf dem Gebiete der Außenpolitik sind die Meinungen von Oheim und Neffe allerdings die gleichen, denn beide wollen das Bündnis mit Deutschland fortsetzen, wenn auch Franz Joseph den Krieg mit Rußland für wahrscheinlich hält, während Franz Ferdinand am liebsten die Wiederkehr des Drei-Kaiser-Bündnisses sähe. Dafür klafft in den innerpolitischen Anschauungen der beiden Höchsten im Reiche eine schier unüberbrückbare Kluft. Franz Joseph hält am Ausgleich mit Ungarn des Jahres 1867, wenn auch unter Opfern, unverrückbar fest. Sein Neffe hingegen ist der erbittertste Feind der dualistischen Staatsform und der magyarischen Überheblichkeit. Der Erzherzog ist, anders wie der eher zur josephinischen Liberalität neigende Monarch, streng klerikal und in religiösen Dingen geradezu fanatisch. Der Kaiser ist populär, der Thronfolger ist und bleibt dem Volke fremd, ja unheimlich. Der künftigen Zusammenarbeit zweier so verschiedener Naturen ist keine gute Prognose zu stellen.

Hat den Herrscher schon die Zeit vor der Eheschließung seines Neffen seelisch arg mitgenommen, bleiben ihm Schatten über seiner Freundschaft zu Frau Schratt nicht erspart. Die Künstlerin und der Kaiser haben zum Märzbeginn 1900 eine sehr ernste Aussprache. Frau Schratt scheint in ihr dem Monarchen den Beschluß bekanntgegeben zu haben, die jahrelange und für den Herrscher in seinem einsamen Altern so wichtige Freundschaft aufzugeben, denn Franz Joseph schreibt ihr am 7. März einen rührenden Bitt-

[3] Viktor Bibl, Von Revolution zu Revolution, S. 403.

brief. Doch die flehenden Worte des fast Siebzigjährigen finden den Weg zum Herzen der Schauspielerin nicht. Frau Schratt verreist, und der Kaiser muß sich damit begnügen, von ihr zuweilen eine kurze Nachricht zu empfangen und ihr über sein Leben schriftlich zu berichten.
Dieses Leben aber ist nicht erquicklich. Auch Ministerpräsident von Koerber vermag nicht, in das zisleithanische Chaos Ordnung zu bringen. Schon spricht man offen von dem »politischen Morphinismus« und von der »Agonie des Habsburgerreiches«. Der Ministerpräsident muß nach Handgreiflichkeiten der Abgeordneten im Reichsrat die Schließung der Session dieser Volksvertretung der Königreiche und Länder der österreichischen Reichshälfte erbitten. Auch in Ungarn gehen die politischen Wogen hoch, denn immer mehr wird im Reichstag die Meinung vertreten, daß die finanziellen Lasten des Dreibundes auf Österreich-Ungarn fielen, alle seine Vorteile aber von Deutschland geerntet würden. Dieses Bündnis entspreche in keiner Weise den politischen und wirtschaftlichen Interessen Ungarns.
Seinen siebzigsten Geburtstag feiert der Kaiser in Ischl im Kreise der Familie; seinem ausdrücklichen Wunsche entsprechend, wird an diesem Tage auch der Feldzeugmeister Beck der Familientafel beigezogen. Überraschenderweise befindet sich auch Frau Schratt zu dieser Zeit in Ischl, aber der Monarch bedeutet seiner Lieblingstochter, daß er die Künstlerin zwar besuchen wolle, daß es aber, wie er fast mit Tränen in den Augen sagt, ein Abschied auf »Nimmerwiedersehen« sein werde.
Tags darauf schreibt der Kaiser an die Schauspielerin: »... Vor vierundzwanzig Stunden verließ ich mein Zimmer zum letzten Gange zu Ihnen, mein heißgeliebter Engel! Nachdem Sie gestern meinen Blicken entschwunden waren, begegnete ich einem Rauchfangkehrer, der bei der Schmiede stand. Sie halten so etwas für ein Glückszeichen, vielleicht bringt mir diese Begegnung Glück, und Glück heißt für mich: Wiedersehen. Über meine Stimmung kann ich Ihnen nicht schreiben, denn das ginge über meine Kräfte und dann wäre es zu traurig, während Sie beruhigt und aufgeheitert werden sollen. Ruhiger, dumpfer Kummer ist das einzige, was ich sagen kann. Ich glaube zu träumen ...«
Bei den galizischen Manövern im Herbst bezeichnet der Aller-

höchste Kriegsherr den Chef des Generalstabes, Baron Beck, als »seinen alten Freund und langjährigen Mitarbeiter«. Und der Kaiser braucht Freunde, denn er ist einsamer denn je.

HOFBURG UND BELVEDERE

1900—1902

Am 6. September 1900 empfängt der Kaiser den Thronfolger und die Fürstin Hohenberg zum ersten Male gemeinsam. Die Zweiunddreißigjährige wirkt auf den Monarchen einfach und bescheiden, doch findet er, daß sie nicht mehr jung aussehe.

Dann muß Franz Joseph sich einem hohen und exotischen Gast widmen, dem Schah Muzzafer ed Din von Persien. Der östliche Potentat wird in Wien mit allem höfischen Prunke empfangen, und der Kaiser ist schließlich froh, daß sich der Aufenthalt des persischen Souveräns für ihn weniger anstrengend gestaltet, als er befürchtet hat.

Das Jahr 1900 beschließt der Herrscher mit einem Schreiben an Frau Schratt, in dem er ihr Beruhigung und Kraft zur Überwindung, sich selbst aber ihre Freundschaft und Güte durch eine mildere Auffassung der Verhältnisse, noch ein wenig Glück und einige frohe Stunden in seinen einsamen Tagen wünscht.

Das neue Jahr — 1901 — beginnt mit einer Reihe von Trauerfällen. Am 22. Jänner stirbt Königin Viktoria von Großbritannien, und der Prinz von Wales folgt ihr als Eduard VII. auf den Thron. Am 14. Februar haucht in seiner Wiener Wohnung Exkönig Milan von Serbien seine Seele aus.

Trotzdem ist der Monarch besserer Stimmung als früher, denn seit kurzer Zeit weilt Frau Schratt wieder in Wien. Politisch aber liegt keinerlei Ursache zur Zufriedenheit vor. Die Lärmszenen im wieder tagenden Parlament gehen weiter, und besonders die Tschechen erweisen sich in der Obstruktion als wahre Meister. Außenpolitisch erweckt Sorge, daß Deutschland in einer die Türkei betreffenden, allerdings nicht sehr wichtigen Angelegenheit nicht gemeinsam mit Österreich-Ungarn handelt. Verärgert setzt Franz Joseph auf eine darauf bezügliche Depesche die Randbemerkung: »Im Orient läßt uns Deutschland immer sitzen.«

Wieder werden im Kaiser alte Wunden aufgerissen, als Frau Schratt ihm von einer Orientreise brieflich die Frage stellt, warum alles habe so kommen müssen. Der Monarch antwortet darauf: »... Ich möchte aber Ihre Frage an Sie richten, denn Sie haben ja selbst gewollt, daß es so komme... Meine Stimmung ist eine unendlich traurige in meiner trostlosen Einsamkeit, das Alter macht sich besonders in der letzten Zeit immer fühlbarer, und ich bin sehr müde...«

Es ist für den Kaiser ein ihm gleichsam aus dem Jenseits von Elisabeth gesandtes Geschenk, daß er der Künstlerin am 10. Juni zufällig in der Inneren Stadt begegnet. Aber noch ist die frühere Freundschaft zwischen Franz Joseph und Frau Schratt nicht wiederhergestellt, denn die Schauspielerin verläßt ohne Angabe eines Reisezieles Wien von neuem. Der Monarch ist sich dessen bewußt, daß der Gedanke an Elisabeth und die Liebe zu ihr das letzte Bindeglied zwischen ihm und der einst so sehr vertrauten Freundin ist.

Bisher hat sich Erzherzog Franz Ferdinand, der samt Familie seinen Wohnsitz im Wiener Belvedere hat, von jeglichem öffentlichen Hervortreten in politischen Dingen zurückgehalten. Als er aber schriftlich erklärt, daß die »Los-von-Rom«-Bewegung gleichzeitig auch eine »Los-von-Österreich«-Bewegung sei und gar nicht genug bekämpft werden könne, richtet der Kaiser an seinen Neffen ein Schreiben, in dem er ihm in der Sache wohl recht gibt, aber hinzusetzt: »Dessenungeachtet war Dein sogar etwas demonstratives Vorgehen mit Rücksicht auf Deine ganz exzeptionelle Stellung, mit Rücksicht auf Deine Zukunft und auch mit Rücksicht auf die im Abgeordnetenhause bevorstehende Verhandlung der bei Deiner Heirat abgegebenen Erklärung in hohem Grade unüberlegt und ganz besonders geeignet, nach kaum beginnender teilweiser Beruhigung und Besserung der Lage neue Störungen und Aufregungen im Reiche herbeizuführen.«

Eine im Juni unternommene Reise beweist dem Monarchen, daß ein Großteil des tschechischen Volkes und der Deutschböhmen ihm die Treue hält. Aber der Herrscher sieht auch strenge darauf, daß keine Nationalität bevorzugt werde, und er bemüht sich zu beweisen, wie nahe im die Frage der Nationalitäten stehe. Er weiß nur zu gut, daß der unglückliche Völkerstreit den Einfluß und die Stellung des Kaiserstaates im Dreibunde gefährdet.

Während seines Sommeraufenthaltes in Ischl nimmt Franz Joseph die Besuche in der Villa »Felicitas« der Frau Schratt wieder auf, aber seine Stimmung bleibt gedrückt.

In das Jahr 1901 fällt der Abschluß eines Verteidigungsbündnisses zwischen Österreich-Ungarn und Rumänien gegen Rußland, das aber von Kennern in seinem Werte nicht sehr hoch eingeschätzt wird, da es mit dem deutschfreundlichen König Carol steht und fällt.

Der Beginn des Jahres 1902 ist gekennzeichnet durch die zwischen Deutschland und Großbritannien anwachsende Gereiztheit, während sich zwischen Berlin und Wien eine gespannte Stimmung anzubahnen scheint, weil sich der deutsche Kaiser viel zuviel in österreichisch-ungarische Angelegenheiten einmischt. Dafür unternimmt der Wiener Hof alles, um den Zaren freundlich zu stimmen. Franz Ferdinand stattet in Vertretung des Kaisers einen Besuch in Sankt Petersburg ab. Franz Joseph selbst ist reisemüde, und seine Stimmung ist auf den Nullpunkt gesunken, was auch in den Briefen an Frau Schratt seinen Niederschlag findet. »Ich denke viel über die Vergangenheit nach und viel an die traurige, hoffnungslose Zukunft und viel an den Tod«, schreibt er der Künstlerin. »Letzteres ist nützlich, denn man kann sich auf den letzten Augenblick nicht genug vorbereiten.«

Der Blick auf die innerpolitische Schaubühne kann den Monarchen nur noch trauriger stimmen. Es ist so arg, daß der Thronfolger am 2. April 1902 aus Konopischt an den k. u. k. Botschafter in St. Petersburg, Baron Aehrenthal, berichtet: »Hier geht es drunter und drüber, kein Mensch kennt sich mehr aus, Ungarn wird immer frecher und präpotenter, und wir Österreicher leiden an dem Mangel energischer und charaktervoller Männer, die S. M. einmal die Wahrheit sagen würden und die Bewilligung zum Eingreifen sich erringen würden.«

Merkwürdigerweise zeitigt aber der Wettbewerb der Nationalitäten wenigstens auf den Gebieten der Wirtschaft und Kultur

einen regen Aufschwung. Ministerpräsident von Koerber leitet eine neue industrielle und gewerbliche Blüte Österreichs ein, indem er große Eisenbahnbauten durchführen läßt. Die Wiener Hochschulen werden zu international geachteten Mittelpunkten der Wissenschaftspflege; österreichische Ärzte, Rechtsgelehrte und Historiker, Techniker und Forscher erlangen Weltruf und sammeln Studierende aus aller Herren Ländern um ihre Lehrstätte. Die Kunst wird durch die Spannungen dieser Jahre befruchtet; die Literatur nimmt zwar mit Vorliebe Weltschmerz und Neurotik zum Gegenstand ihrer Betätigung und gefällt sich in der bitteren Dekadenz der Fin-de-siècle-Stimmung; aber sie ist trotz dieser Schönheitsfehler, ebenso wie die ihr brüderlich verschwisterte Musik, die Malerei und die Bildhauerei, fruchtbar und erfolgreich. Neue Erfindungen beflügeln den Fortschritt der Technik, die Städte erhalten ein neues Antlitz. Der Mittelstand blüht auf, und die Arbeiterschaft steigt zu sozialer Geltung empor.
Was für Österreich gilt, ist auch für Ungarn festzustellen. Während sich die Politiker streiten, geht es wirtschaftlich, kulturell und sozial aufwärts. Doch im Gegensatze zu Zisleithanien ist in Ungarn immer ein einheitlicher Wille des gesamten Volkes vorhanden. Er gipfelt in dem Bestreben, Ungarn gegen die »im Reichsrate vertretenen Königreiche und Länder« zu stärken, die Kronrechte zu vermindern und aus jeder Forderung des gemeinsamen Ministeriums politisches Kapital für sich selbst zu schlagen. Das letzte Ziel dabei ist die Personalunion als Rest der Gemeinsamkeit, und das heißt gleichzeitig auch die schärfste Trennung der ungarischen von den österreichischen Truppenkontingenten.
Auch die Außenpolitik bietete wenig Erfreuliches. Die dritte Erneuerung des Dreibundes ist nur eine Angelegenheit diplomatischer Routine. Wichtiger ist die Annäherung Italiens an Frankreich. Wenn man auch von dem Geheimvertrag dieser beiden Staaten vom 1. November 1902 nichts erfährt, so erkennt man doch, daß zwischen den beiden romanischen Schwestern sich Beziehungen anknüpfen, die den Dreibund entwerten. In den französischen wie in den italienischen Akten würden die Eingeweihten finden, daß sich Italien verpflichtet hat, im Falle eines deutsch-französischen Krieges neutral zu bleiben. Dafür sichert Frankreich dem Königreich zu, den italienischen Hoffnungen auf die türkischen Gebiete in

Nordafrika — Tripolis und die Cyrenaika — wohlwollend gegenüberzustehen. Großbritannien hat am 30. Jänner 1902 ein Bündnis mit Japan geschlossen und beginnt nun, auch mit Frankreich zu liebäugeln.

Die Haltung der italienisch Sprechenden in Welschtirol, in Triest und in Istrien versteift sich zusehends. Daher finden im September große Landungsmanöver der k. u. k. Flotte und des Heeres in Istrien statt, an denen der Kaiser teilnimmt.

Das Jahr 1902 schließt mit dem Besuche Kaiser Wilhelms II. in England, ohne daß hiedurch die Spannung zwischen den beiden Großmächten entschärft wird. Der deutsche Souverän überzeugt sich dabei davon, daß Joseph Chamberlain ein unversöhnlicher Feind des Reiches ist und daß auch Königin Alexandra, eine dänische Prinzessin, keine Sympathien für Deutschland hegt.

Zum Jahresende vollzieht sich auch im Erzhaus ein wichtiges Familienereignis. Erzherzog Leopold Ferdinand aus der Linie Toskana verzichtet auf seine Stellung und seinen Rang und nimmt den bürgerlichen Namen eines »Leopold Wölfling« an. Der Prinz hat sich sowohl militärisch als auch in seinem Verhalten bei der Flucht seiner Schwester Luise, der Kronprinzessin von Sachsen, innerhalb der Familie wie auch der Öffentlichkeit gegenüber in eine Lage versetzt, die es ihm nicht mehr erlaubt, Erzherzog zu sein. Auch in diesem Falle verbietet der Kaiser dem Abtrünnigen, der sich in Brüssel aufhält, ohne seine Erlaubnis in die Heimat zurückzukehren.

Der Monarch hat auf diese Weise so viele äußere und innere Fronten auf einen gemeinsamen Nenner zu bringen, daß er seine Aufgabe, wenn überhaupt, nur mit äußerster Geduld, Zähigkeit und mit seinem unermüdlichen Arbeitseifer zu meistern versuchen kann. Aber er zählt zweiundsiebzig Jahre, und das Alter, zu dem sich die Einsamkeit gesellt, lastet schwer auf seinem Gemüt.

WEHRREFORM UND WAHLRECHTSVORLAGE

1903—1906

Zum Beginn des Jahres 1903 erweckt im ungarischen Reichstag selbst die Einberufung der altgewohnten Rekrutenzahl heftigsten Widerstand. Um die Friedensstärke des Heeres halbwegs aufrechtzuerhalten, muß zu den sonderbarsten Maßnahmen Zuflucht genommen werden. Dazu verlangen die Magyaren aber auch noch die magyarische Kommandosprache, ungarische Fahnen und Wappen und eine Offiziersausbildung in rein ungarischem Geiste für ein selbständiges ungarisches Heer. Gleichzeitig fordert der Reichstag die Aufhebung der Delegation sowie die Schaffung eines eigenen ungarischen Zollgebietes und einer eigenen ungarischen Notenbank. Die Ultranationalen behaupten, daß für Ungarn die Gemeinschaft mit Österreich von viel größerem Übel sei als die seinerzeitige türkische Besetzung des Landes.

Unglücklicherweise entspricht das Bild, das den Berliner Kreisen vom Lande der heiligen Stephanskrone vorschwebt: daß Ungarn sich nach Südosten erweitere, die ehemalige Aufgabe der Donaumonarchie übernehme und volle Unabhängigkeit erlange, den Wünschen der Magyaren.

Dem Herrscher erscheint unter den magyarischen Forderungen das Verlangen nach der nationalen Armee als die gefährlichste. Auch Feldzeugmeister Baron Beck erblickt in ihr eine solche Bedrohung des Staatsgedankens, daß er seinem Herrn empfiehlt, einige k. u. k. Divisionen nach Ungarn zu verlegen. Doch Franz Joseph hält die Zeit für derart einschneidende Maßnahmen für noch nicht gekommen. Er schränkt aber seinen Aufenthalt in der Ofener Burg, wo er nur mit innerem Widerstreben weilt, soviel wie möglich ein. In einem Armeebefehl während der Kavalleriemanöver zu Chlopy in Galizien gibt er seinen Standpunkt zur Wehrfrage öffentlich kund: »Mein Heer insbesondere — dessen gediegenes Gefüge einseitige Bestrebungen in Verkennung der hohen Aufgabe, welche dasselbe zum Wohle beider Staatsgebiete der Monarchie zu erfüllen hat, zu lockern geeignet wären — möge wissen, daß Ich nie der Rechte und Befugnisse Mich begebe, welche seinem Obersten

Kriegsherrn verbürgt sind. Gemeinsam und einheitlich, wie es ist, soll Mein Heer bleiben, die starke Macht zur Verteidigung der Österreichisch-Ungarischen Monarchie gegen jeden Feind.«

Dieser Armeebefehl verdankt sein Entstehen nicht nur der Empörung des Kaisers über das unpatriotische Verhalten der Ungarn. Ihm war ein Briefwechsel zwischen dem Thronfolger und dem Monarchen vorausgegangen, in dem Franz Ferdinand seinen Oheim beschworen hatte, den Ungarn, wenn überhaupt, Zugeständnisse erst zu einem späteren Zeitpunkte und nur allmählich zu machen[1]. Der Erzherzog hatte darauf hingewiesen, daß die Armee in den politisch-parlamentarischen Strudel hineingezogen werden könnte. Der Herrscher hatte geantwortet, daß er den Geist des Heeres für »nahezu tadellos« halte und daß er den vom nationalen Hader und Größenwahn vergifteten Zuständen fremd geblieben sei. Im übrigen dürfe nicht von einer »Fahnenfrage«, sondern vielmehr von der Frage des »gemeinsamen Wappens« die Rede sein. Aber auch eine leise Mahnung an den Thronfolger zur Einsicht und Geduld enthält das kaiserliche Schreiben: »Ist für Mich der Rückblick auf die Vergangenheit ebenso inhaltsreich, als der Ausblick auf die Zukunft nicht frei von schweren Sorgen: die Erfahrung Meines Lebens läßt Mich doch immer wieder das richtige Mittelmaß schätzen, mit welchem Menschen und Dinge im Leben des einzelnen wie des großen Ganzen gemessen sein wollen. Du darfst also überzeugt sein, daß in allen von Dir gekennzeichneten Richtungen mit aller Überlegung, ruhiger Festigkeit und unter Bedachtnahme auf die Zukunft vorgegangen werden soll ...«

Die österreichische Reichshälfte ist vom Armeebefehl zu Chlopy begeistert, die Magyaren aber sind entrüstet. Die Liberale Partei unter Führung Stephan Tiszas, des Sohnes von Koloman Tisza, bildet einen »Neuner-Ausschuß«, der am 18. Oktober 1903 die Änderung der Fahnen und Embleme der Armee im Sinne der dualistischen Verfassung, die Einführung eines neuen Militärstrafgesetzes mit magyarischer Verhandlungssprache bei den Militärgerichten in Ungarn, Erweiterung der Befugnisse des Honvéd-

[1] Rudolf Kiszling, Erzherzog Franz Ferdinand von Österreich-Este, S. 74.

ministers, Versetzung ungarländischer Offiziere zu ungarischen Regimentern, erhöhte Heranziehung von Magyaren zum Offiziersstande im gemeinsamen Heer und Erweiterung des Geltungsbereiches der magyarischen Sprache an den Mittelschulen fordert. Nur am Verlangen der magyarischen Dienst- und Kommandosprache wird nicht mehr festgehalten.

Franz Joseph stimmt dem Wunschprogramm des »Neuner-Ausschusses« zu und ernennt am 3. November 1903 Stephan von Tisza zum ungarischen Ministerpräsidenten.

Auch in Österreich gehen die Wogen des parlamentarischen Lebens hoch, denn die Polen und die Deutschnationalen entfremden sich in ihrer »Reichsverdrossenheit« dem Staate immer mehr. Ja selbst die Christlichsozialen sind im Grunde genommen staatsfeindlich, da sie, indem sie ein »Groß-Österreich« verlangen, sich gegen den Dualismus, also gegen den eigentlichen Staatsgedanken, stellen.

Als Ministerpräsident von Koerber gegen das herrschsüchtige Magyarentum auftritt, nennt ihn Tisza in öffentlicher Sitzung des ungarischen Reichstages einen »distinguierten Fremden«. Erzherzog Franz Ferdinand schreibt daraufhin an Koerber als »Mitglied der gänzlich im Aussterben begriffenen Rasse der Alt-Österreicher« einen Brief, in dem er die magyarischen Abgeordneten eine »Bande« nennt und den er mit den Worten schließt[2]: ». . . Nun weiß der Himmel, was noch alles für Unglücke geschehen werden, und was die Patenthochverräter noch zum Verderben der Monarchie durchsetzen werden, bis der dringend notwendige Krach endlich eintritt!«

Doch auch die Außenpolitik hat sich mit ungewöhnlichen Ereignissen zu beschäftigen. In der Nacht vom 10. zum 11. Juni 1903 werden in Belgrad König Alexander, Königin Draga, geschiedene Frau Maschin, und alle ihre getreuen Anhänger und Diener von meuternden Offizieren in grausamster Weise ermordet. Wenige Tage später meldet Peter Karageorgević dem Monarchen, daß er zum König von Serbien gewählt worden sei. Der Kaiser nennt in seinem Antwortschreiben das, was in Belgrad geschehen ist, ein »einzig dastehendes und verabscheuungswürdiges Verbrechen«.

[2] »Arbeiter-Zeitung« vom 10. März 1929: »Der Häuptling der schwarzgelben Rasse. — Ein Buch über den Erzherzog Franz Ferdinand.«

Deutsche Kreise legen es der Doppelmonarchie nahe, die serbischen Ereignisse als Anlaß zur Besetzung von Belgrad und des serbischen Donauufers zu benützen. Kaiser Franz Joseph lehnt aber den Gedanken eines bewaffneten Einschreitens ab.

Im Juli stirbt Papst Leo XIII., und es besteht die Möglichkeit, daß sich im Konklave die Mehrheit der Stimmen auf den franzosenfreundlichen, der Donaumonarchie wenig geneigten Kardinal-Staatssekretär Rampolla vereinigen werde. Franz Joseph macht aber von seinem Vetorecht Gebrauch, und so gelangt der Patriarch von Venedig als Pius X. auf den Stuhl Petri.

Vom 28. August bis zum 3. September weilt König Eduard VII. von Großbritannien in Wien, und nach den Manövern besucht auch Wilhelm II. den Monarchen. Noch mehr Interesse erweckt in Wien der Besuch des Zaren, der zu Ende September sich auch nach Mürzsteg begibt. Während sich die beiden Souveräne dem Jagdvergnügen hingeben, schließen Graf Goluchowski und Graf Lambsdorff, der russische Außenminister, ein Übereinkommen, in dem der westliche Teil des Balkans dem österreichisch-ungarischen, der östliche dem russischen Einfluß unterworfen wird. Für Mazedonien sieht das Mürzsteger Übereinkommen einen Finanzplan und ausländische Offiziere für die dortige Gendarmerie vor. Rußland läßt Serbien also im Stich. Aber das Zarenreich bereitet sich auf den Krieg mit Japan vor und braucht in Europa eine Rückendeckung.

Das Jahr 1904 zeigt noch immer keine Besserung in den innerpolitischen Verhältnissen der beiden Reichshälften. Bemerkenswert aber ist, daß die reichsdeutschen Kreise ihre Meinung über Ungarn zu ändern beginnen. Sie finden es unverständlich, daß die Magyaren die Lockerung des staatsrechtlichen Verhältnisses zwischen den beiden Teilstaaten der Monarchie anstreben und hiedurch die Großmachtstellung Österreich-Ungarns auf das Spiel setzen. Die Haltung der Magyaren erscheint um so unverständlicher, als durch den Russisch-Japanischen Krieg eine mittelbare Stärkung in der außenpolitischen Geltung der Donaumonarchie eingetreten ist.

Auch der österreichische Reichsrat ist von Schuld nicht freizusprechen. Die »Jung-Tschechen« verlangen stürmisch die Einheit aller Länder der heiligen Wenzelskrone, die Errichtung einer eigenen Universität in Brünn und tschechischer Volksschulen in Niederösterreich und schließlich die tschechische Regimentssprache in den böhmischen Truppenteilen. In Prag raufen die tschechischen Studenten mit ihren deutschen Kollegen, und an der Wiener Universität veranstalten die Tschechen lärmende Kundgebungen. Auch die Polen, Kroaten und die Italiener stellen Forderungen. Nicht einmal der Krieg im Fernen Osten vermag von den inneren Unruhen im Reiche abzulenken.

Auch im Ausland ist die Politik in eine Phase weltweiter Unruhe eingetreten. Am 8. April 1904 wird zwischen Großbritannien und Frankreich ein Vertrag abgeschlossen, in dem Ägypten den Briten, Marokko den Franzosen zugewiesen wird. Nach der Absicht seiner Schöpfer richtet sich dieser Vertrag unzweifelhaft gegen das Deutsche Reich. Franz Joseph sieht sich angesichts dieser Tatsache veranlaßt, im Ministerrate zu erklären, daß er es mit seiner Verantwortung unvereinbar finde, den wehrlosen Zustand der Donaumonarchie noch weiter bestehen zu lassen; denn Italien habe seine Front geändert, und Österreich-Ungarn dürfe nicht einer ähnlichen Überrumpelung preisgegeben werden wie Rußland durch Japan.

Mittlerweile sind Frankreich und Italien einander noch näher gekommen. Der Präsident der Französischen Republik, Emile Loubet, ist bei einem Besuche in Rom überschwenglich gefeiert worden. Die Lage wird auch für Großbritannien günstiger, da Rußland gegen Japan unterliegt und das siegreiche Land der aufgehenden Sonne Englands Verbündeter ist. Frankreich und Italien sind nun schon in den großen Einkreisungsring um Deutschland eingegliedert, nur Österreich-Ungarn fehlt noch.

Nachdem Franz Joseph Eduard VII. in Marienbad besucht, politische Gespräche aber vermieden hat, ist der König von Großbritannien und Irland während der Kieler Woche bei seinem Neffen Wilhelm II. zu Gaste. Der deutsche Kaiser gewinnt dabei den Eindruck, daß der britische Souverän weitere Reibungsflächen zwischen den Großmächten vermeiden wolle.

Die Kabinette von Wien und St. Petersburg haben einstweilen ein Übereinkommen vorbereitet, in dem sich die beiden Kaiserreiche strenge und loyale Neutralität für den Fall versprechen, daß eine dieser beiden Mächte ohne Herausforderung ihrerseits mit einer dritten Macht in einen Krieg verwickelt wird. Diese Verständigung erstreckt sich aber nicht auf den Balkan und die mit ihm zusammenhängenden Fragen. Diese sollen von Fall zu Fall einer besonderen Übereinkunft vorbehalten bleiben. Franz Joseph setzt den deutschen Kaiser von diesem Abkommen in Kenntnis, und dieser schließt sich dem Standpunkte seines Bundesgenossen an.

Mehr als durch die Außenpolitik wird die Öffentlichkeit der Donaumonarchie durch die Vorgänge in den beiden Parlamenten in Atem gehalten. Die Unabhängigkeitspartei in Ungarn betreibt wieder Obstruktion; vergeblich bezeichnet Tisza die Großmachtstellung Österreich-Ungarns als eine Lebensfrage auch für Ungarn, erfolglos bricht er eine Lanze für die Annahme der Armeegesetznovelle. Schließlich bringt der ungarische Ministerpräsident einen Entwurf über die Vereinfachung der Geschäftsordnung des Reichstages ein. Damit soll jede Obstruktion schon in ihren Anfängen mundtot gemacht werden. In einer äußerst bewegten Reichstagssitzung erklärt Tisza sich bereit, den Entwurf über die Geschäftsordnung zurückzuziehen, wenn die Armeegesetznovelle in kürzester Zeit verabschiedet werde. Die Obstruktion scheint besiegt zu sein.

Um ihr den Wind aus den Segeln zu nehmen, erwirkt der ungarische Kabinettschef einen Erlaß, mit dem die Heimführung der sterblichen Überreste des Habsburgerfeindes Franz Rákóczi und seiner Kampfgenossen verheißen wird. Die Pensionsbeträge der Veteranen aus dem Jahre 1848 werden erhöht, die Magyarisierung der Hofhaltung versprochen, und außerdem wird erreicht, daß der Herrscher sich wochenlang in Budapest aufhält.

Da Tisza sich nun stark genug fühlt, schreibt er Neuwahlen aus, weil er hofft, daß aus ihnen seine Liberale Partei noch stärker als bisher hervorgehen werde. Seinen Wählern verkündet er den unverbrüchlichen Willen, die Geschäftsordnungs-Änderung trotzdem in ihrem ursprünglichen Plane zu erzwingen.

Am 18. November 1904 erlebt der ungarische Reichstag Szenen von noch nie dagewesener Heftigkeit. Die Oppositionellen stürmen die Präsidententribüne und die Ministersitze, und nur die geschlossenen Reihen der Majorität vermögen die Tobenden zurückzudrängen. Durch ein königliches Reskript wird die Session bis zum 13. Dezember vertagt. Als aber an diesem Tage die einhundertfünfzig Abgeordneten der Opposition mit Franz Kossuth an der Spitze in das Parlament einziehen, finden sie es von einem starken Polizeiaufgebot bewacht. Im Innern des Hauses halten bejahrte Reservisten der Honvéd und Gendarmen Wache. Über diese Vorsichtsmaßnahmen erzürnt, stürzen sich die Volksvertreter auf die unbewaffneten Wachleute, schlagen sie blutig und zertrümmern die Einrichtung des Verhandlungssaales. Am nächsten Tage verkündet Tisza unter einer Schimpforgie der Opposition, daß der rechtliche Teil der Geschäftsordnung durch den Mehrheitsbeschluß des Parlaments entschieden sei; über den politischen Teil werde die Nation entscheiden.

Und der österreichische Reichsrat? Der Abgeordnete Graf Coronini nennt ihn einen »Tandelmarkt«, auf dem wirtschaftliche und nationale Vorteile verhandelt werden. Da der Regierungskarren hoffnungslos verfahren ist, tritt das Ministerium Koerber am Ende des Jahres zurück. Am 2. Januar 1905 folgt ihm das zweite Ministerium des Freiherrn von Gautsch. In Ungarn haben die Wahlen einen Erdrutsch von unvorstellbarem Ausmaß zur Folge. Die Liberale Partei Tiszas rettet von ihren 250 Mandaten in das neue Haus nur 159. Hingegen schart sich um Franz Kossuth nunmehr eine Phalanx von 166 Gesinnungsgenossen. Der Volkswille hat das Gewaltregime Tiszas abgelehnt.

Am 22. Februar empfängt der Kaiser-König Franz Kossuth, den Sohn des Rebellen, als Führer der stärksten ungarischen Partei zu einer einstündigen Audienz in der Wiener Hofburg. Was sie miteinander sprechen, bleibt ein Geheimnis. Wenn sich auch kein Erfolg der Aussprache erkennen läßt, scheiden König und politischer Gegner doch ohne Bitterkeit.

Wieder erhebt Franz Ferdinand seine warnende Stimme. Er legt dem Kaiser eine Staatsschrift vor, die eine Art Programm für den Widerstand der Krone darstellt[3]. Der Oheim antwortet zwar zustimmend, schließt aber mit den Worten: ». . . Hierzulande den richtigen Weg zu finden ist bei den herrschenden unglaublichen Begriffsverhältnissen und bei dem Mangel an nur halbwegs mutigen Leuten eine kaum zu lösende Aufgabe . . .[4]«

[3] Dem Kaiser am 18. März 1905 überreicht. Siehe auch Kiszling, Franz Ferdinand, S. 85.

[4] Ofen, 25. März 1905. Franz-Ferdinand-Nachlaß.

Während sich die Parteien in der Donaumonarchie um die Macht im Staate streiten, zieht der Pope Gabon mit seinen Anhängern gegen das Winterpalais des Zaren in St. Petersburg, wobei es zu blutigen Zusammenstößen des Militärs mit den aufrührerischen Massen kommt. Und in Ostasien unterliegen die Zarenarmeen den Soldaten Japans. Über die Mißerfolge der russischen Truppen ist man in Österreich-Ungarn enttäuscht, während in Deutschland die öffentliche Meinung durch die Presse in einem rußlandfeindlichen Sinne beeinflußt wird.

An Rußlands Prestigeverlust wächst die Stellung Großbritanniens im Konzert der Völker. Von Marienbad, wo er die Kur gebraucht, besucht Eduard VII. den Kaiser in Ischl, um ihm zum fünfundsiebzigsten Geburtstage seine Glückwünsche darzubringen. Auf einer Wagenfahrt nach Hallstatt horcht Eduard seinen Gastgeber aus, wie weit Österreich-Ungarn im Dreibund verankert ist. Dem gedanklichen Aufbau einer neuen Machtverteilung in Europa will und kann Franz Joseph nicht folgen. Der König verläßt den Monarchen mit dem Bewußtsein, daß dieser »ein sehr alter Mann« sei.

Als ein trübes Leitmotiv zieht sich durch diese Monate die Besorgnis des Kaiser-Königs wegen der Verhältnisse in Ungarn. Um sie zu ordnen, ernennt der Herrscher den ehemaligen Honvédminister Freiherrn von Fejérváry zum Ministerpräsidenten. Der General genießt das besondere Vertrauen des Königs und steht ihm auch menschlich nahe. Fejérváry bildet ein Kabinett, und dies trägt ihm den besonderen Haß der Parlamentarier, die nun von einer »Trabanten-Regierung« sprechen, ein.

In Wien läßt der Chef des Generalstabes Pläne für den Kriegsfall »Ungarn« vorbereiten, und der Monarch nimmt die Gedankengänge des Sektionschefs Max Wladimir Freiherrn von Beck, die Vorherrschaft der politischen Cliquen in Transleithanien durch das allgemeine Wahlrecht zu brechen, auf. So dringt die Stimme des Erzherzog-Thronfolgers immer mehr durch. Es ist auch kein Zufall, daß der Kaiser das Prädikat der Fürstin von Hohenberg auf »Durchlaucht« erhöht und ihr bei Hofe den Rang vor der mit den Funktionen einer Obersthofmeisterin betrauten Palastdame zuweist. Dem Erzherzog wird bedeutet, daß er im Kriege das Kommando einer der sechs Armeen zu übernehmen habe.

In Ungarn erfaßt man den Zweck des Wahlrechtsvorstoßes, und die politischen Leidenschaften geraten in Siedehitze. In Wien aber hat man aufgehört, sich vor dem »ungarischen Globus« zu fürchten, und ist zur Überzeugung gelangt, daß man mit der Nachgiebigkeit gegen die ungerechtfertigten magyarischen Forderungen Schluß machen müsse. Außerdem bedeutet der Name »Franz Ferdinand« eine Warnung, wenn nicht Drohung gegenüber Ungarn für die Zeit nach Franz Joseph. Der Monarch darf sich nun stark genug fühlen, um im September 1905 Franz Kossuth, die Grafen Apponyi, Andrássy und Zichy sowie den Baron Bánffy in einer Audienz zu empfangen. Sie währt nur fünf Minuten; der König verlangt von ihnen vor allem den Verzicht auf die magyarische Kommandosprache, die Bewilligung der Rekrutenerhöhung und die wirtschaftliche Verständigung mit Österreich. Damit hat der Herrscher sein »Bis hieher und nicht weiter!« unmißverständlich ausgesprochen.
In Zisleithanien liefern die Tschechen und die Deutschen einander förmliche Schlachten; Steinbombardements und Verwüstungen des gegnerischen Eigentums werden zu alltäglichen Erscheinungen. Aber die in Aussicht genommene Wahlrechtsreform schreckt nur den Großgrundbesitz.
Doch nicht nur bei den Tschechen gärt es. Vom Zukunftstraum südslawischer Gemeinschaft erfüllt, gehen die Slawen Kroatiens und Dalmatiens, da sie sich von Österreich zurückgesetzt fühlen, daran, sich mit den Kroaten und Serben in Ungarn enger zu verbinden. Sie versprechen sich von den ungarischen Unabhängigkeitsbestrebungen auch für sich Vorteile und erwarten als Belohnung für ihre Schützenhilfe die eigene nationale Selbständigkeit. Am 3. Oktober 1905 gehen sie eine durch die »Fiumaner Resolution« besiegelte Waffenbrüderschaft mit den Magyaren und Serben ein. Nur die streng Katholischen unter den Kroaten wehren sich gegen die Anlehnung an die orthodoxen Serben.
Am wohlsten fühlt sich der Kaiser noch unter seinen Soldaten. Bei den südböhmischen Manövern dieses Jahres, an denen keine ungarischen Truppen teilnehmen, äußert der Monarch mit Tränen in den Augen seine Freude darüber, in diesen Krisentagen unter seinen Soldaten gewesen zu sein, auf deren Treue er bauen dürfe.

In das Jahr 1906 reichen die innerpolitischen, von der geplanten Wahlrechtsreform überschatteten Auseinandersetzungen ungeschwächt hinüber. Genau besehen leidet aber auch die Wahlrechtsfrage am Dualismus. Denn während der Kaiser sie mehr von der Gesamtschau des Doppelreiches aus betrachtet, ist Franz Ferdinand mit dem gleichen Eifer, mit dem er in Ungarn *für* das allgemeine Wahlrecht eintritt, in Österreich *dagegen.*

Den Streit der Meinungen in Ungarn entscheidet schließlich die militärische Gewalt. Der Kaiser-König geht bis an die äußerste Grenze seiner verfassungsmäßigen Rechte, indem er nach altungarischem Staatsrecht den Honvéd-Generalmajor Alexander von Nyiri zum königlichen Kommissär für Ungarn ernennt; gleichzeitig erscheint im Reichstag, nachdem der Präsident die Sitzung geschlossen hat, der Honvéd-Oberst Fabricius mit einem Militär- und Polizeiaufgebot im Saale und liest das Dekret über die Auflösung des Reichstages vor. Dann wird das Parlamentsgebäude von den Volksvertretern geräumt.

Nun verhandelt Baron Fejérváry mit Franz Kossuth wegen der Bildung einer Parlaments-Koalition, die aus der Unabhängigkeitspartei und der Verfassungs- und Volkspartei bestehen soll. Schließlich gibt ein Übereinkommen zwischen der Krone und der Koalition die Bahn frei für die Übernahme der Regierung durch Koalitionsmänner. Diese verpflichten sich, nach abermaligem Zusammentritt des Parlaments zuerst das allgemeine Wahlrecht einzuführen. Der nach dieser Neuordnung gewählte Reichstag soll dann über die militärischen Forderungen endgültig beschließen.

Fejérváry kann am 8. April 1906 sein Amt an den schon in gleicher Tätigkeit erprobten Alexander von Wekerle übergeben. Graf Apponyi wird Unterrichtsminister, Kossuth Finanzminister. In Österreich fragt man sich, ob man damit nicht die Böcke zu Gärtnern gemacht habe.

Die Wahlen ergeben 252 Mandate für die Kossuthpartei; Andrássys Verfassungspartei erzielt 73 Sitze; die Volkspartei, in die sich die meisten früheren Liberalen geflüchtet haben, ist auf 35 Vertreter zusammengeschrumpft. Es gibt keine Opposition mehr, aber die Politiker sind untereinander uneinig, und über dem »ungarischen Globus« liegt auch weiterhin ein politisches

Sturmtief. Am 2. Mai schreibt Franz Joseph an Frau Schratt: »... In diese letzten Wochen fiel die sogenannte Lösung der ungarischen Krise mit der Ernennung des neuen Ministeriums, welches Ihnen nicht gefällt (mir auch nicht), aber nachdem die Leute meine Forderungen angenommen haben, mußte ich ihnen die Durchführung derselben übertragen ...«
In Österreich sind sowohl die Tschechen als auch die Polen und die Deutschen mit den Vorschlägen zur Einführung des allgemeinen Wahlrechts unzufrieden. Nun fordern auch die Polen Autonomie. Sie, die unter den Slawen Österreichs immer eine Ausnahmsstellung eingenommen haben, träumen von ihrem eigenen Königreich und bekennen sich plötzlich zum »Neoslawismus«. Allerdings wirkt ihr Verhalten zu den Ruthenen keineswegs in diesem Sinne, denn die Ruthenen sind rußlandfreundlich gesinnt. Das Verhältnis der Polen zu den deutschsprachigen Österreichern ist jedoch ein gutes; so erreichen die Polen, daß sie bei wichtigen politischen Entscheidungen zum Zünglein an der Waage werden und damit einen großen Einfluß auf die Politik der »namenlosen Reichshälfte« erlangen. Deshalb erfreuen sie sich auch der Gunst der Dynastie und der jeweiligen Regierung.
Freiherr von Gautsch sieht sich infolge der wachsenden Schwierigkeiten gezwungen, das Ministerpräsidium an den ehemaligen Statthalter von Triest, Konrad Prinzen Hohenlohe-Schillingsfürst, abzugeben. Dieser aber erkennt bald, daß sein guter Wille für diese schwierige Aufgabe nicht ausreicht, und ist froh, sein Amt an den Vertrauensmann des Erzherzog-Thronfolgers, Freiherrn von Beck, abtreten zu können.
Während eines Besuches in Ischl versucht Napoleons Witwe Eugénie, den Monarchen für den Westen zu gewinnen, bleibt aber in diesem Bemühen ebenso erfolglos wie vor ihr Eduard VII. Dem Kaiser erscheint es ungleich wichtiger, in seinem Reiche den inneren Frieden zu sichern, und das heißt, die den Nationalitäten innewohnende Fliehkraft durch die vom allgemeinen Wahlrecht erhoffte zentralistische Anziehungskraft zu binden.
In diesen Tagen wird in Sarajevo das fünfundzwanzigjährige Jubiläum des Feldzeugmeisters Freiherrn von Beck, der dort den Manövern beiwohnt, als Chef des Generalstabes gefeiert. Oberst Marterer von der k. u. k. Militärkanzlei überbringt ein Glück-

wunschschreiben des Kaisers und die Erhebung des vielbewährten Weggefährten in den Grafenstand. Erzherzog Franz Ferdinand hingegen grollt dem General, der bei den Manövern in Teschen fehlerhafte Verfügungen getroffen hat, so daß es just vor den Augen des Allerhöchsten Kriegsherrn und seines Neffen zu einem unerquicklichen Durcheinander von Freund und Feind gekommen war. Bei den großen gemeinsamen Übungen von Heer und Flotte in Dalmatien hatte es gleichfalls manches dem Chef des Generalstabes anlastbare Mißgeschick gegeben.

Kurz nach den Manövern wird Graf Beck unter Enthebung von seinem Posten an der Spitze des Generalstabes zum Kapitän der Arcièrenleibgarde ernannt. Ein Neuer tritt an seine Stelle: Feldmarschalleutnant Franz Conrad von Hötzendorf. Der Kriegsminister Freiherr von Pitreich muß dem Freiherrn von Schönaich weichen, und Graf Goluchowski, gegenüber Ungarn zu nachgiebig, wird vom Freiherrn von Aehrenthal abgelöst.

Noch bedeutungsvoller aber ist, daß am 1. Dezember 1906 das Abgeordnetenhaus in Wien den Gesetzentwurf für das allgemeine Wahlrecht annimmt. Am 20. Dezember dringt das Gesetz durch. Die Scylla der österreichischen Wahlreform ist umschifft, aber die Charybdis der ungarischen noch nicht.

ENTSCHEIDENDE JAHRE
DIE ANNEXIONSKRISE

1907—1908

Am 26. Jänner 1907 gibt der Kaiser dem Gesetze des allgemeinen Wahlrechts seine Zustimmung. Die Maiwahlen verleihen dem österreichischen Parlament ein völlig neues Antlitz: in den neuen Reichsrat ziehen 233 Deutsche, 107 Tschechen, 82 Polen, 33 Ruthenen, 24 Slowenen, 19 Italiener, 13 Kroaten und 5 Rumänen ein. Die größte Partei bilden die Christlichsozialen Dr. Luegers, die mit den Altklerikalen zusammen 98 Mandate zählt. Ihnen folgen die Sozialdemokraten aller Nationalitäten mit insgesamt 87 Sitzen. Der Rest verteilt sich auf Deutschnationale, Deutschfortschrittliche und Deutschradikale (zusammen 79), Tschechen (82), Polen (71), Kroaten und Slowenen (37), Ruthenen (30) und Italiener (18). Die übrigen 14 Stimmen fallen auf Unabhängige und Splittergruppen.

Dieses Parlament zeigt unter seinem Ersten Präsidenten Dr. Richard Weiskirchner ein starkes österreichisches Gesamtbewußtsein. Die Christlichsozialen und die Deutsch-Liberalen denken gesamtstaatlich, die Sozialdemokraten wollen, daß auch in Ungarn das allgemeine Wahlrecht durchdringe, die Slawen sehen in Budapest die den Kroaten feindliche Zentralstelle. Aber der Nationalitätenkampf wird nur in seinem Wesen, nicht in seiner Heftigkeit verändert. Nunmehr stehen nationale Parteienverbände einander gegenüber, in denen alle politischen Richtungen sich vereinigen; die Sozialdemokraten vertreten zwar soziale Forderungen, handeln aber sonst gleichfalls als Angehörige ihres Volksstammes im nationalen Sinne.

In Ungarn wird, um die Wahlrechtsreform möglichst weit hinauszuschieben, das Hauptgewicht nicht mehr auf die Zugeständnisse in militärischen Fragen gelegt. Wichtiger sind die Wirtschaftsverhandlungen zwischen den beiden Reichshälften, wobei die Ungarn ein selbständiges ungarisches Zollgebiet fordern. Im neuen »Ausgleich« vom 8. Oktober 1907 übernimmt Ungarn 34,6 Prozent der gemeinsamen Auslagen, während das seit 1867 bestehende Zoll- und Handelsbündnis zwischen den beiden Teilstaaten durch einen bloßen Handelsvertrag und zwei gleichlautende Zolltarife ersetzt wird. Die Gemeinsamkeit des Heeres bleibt aufrecht.

Währenddessen hat König Eduard VII. sich weiter bemüht, Deutschland einzukreisen. Er besucht die Könige von Spanien, Griechenland und Italien und ermutigt Frankreich in dessen Liebeswerben um Rußland. Das Zarenreich steht im Begriffe, sich mit Großbritannien zu verständigen. Die Einflußgebiete Rußlands und Großbritanniens in Tibet, Persien und Afghanistan werden im August 1907 vertraglich festgelegt.

In dieser unruhigen Welt lebt Franz Joseph seiner einsamen Pflichterfüllung. Frau Schratt ist viel auf Reisen und hält sich besonders gerne in Monte Carlo auf. Der Kaiser lernt einsehen, daß alle seine brieflichen Ermahnungen gegen die Spielleidenschaft der fernen Freundin vergeblich sind. Als sich die Künstlerin ein Auto anschafft, schreibt ihr der Monarch am 23. März: »Wenn es, wie ich immer hoffe, kein Malheur gibt, will ich nichts sagen, aber heimlich ist die Sache doch nicht.« Und am 7. April: »Spielen Sie künftig vorsichtig und suchen Sie ja nicht durch das hohe Spiel das Verlorene hereinzubringen. Daß Sie einen Autounfall hatten, ist auch beängstigend, war aber vorauszusehen ...«

Anläßlich des vierzigsten Jahrestages seiner Krönung zum König von Ungarn wird Franz Joseph in Budapest sehr gefeiert. Aber als der Erzherzog-Thronfolger, der sich in seiner Begleitung befindet, ihm gesteht, daß er nicht gerne in Budapest sei, erwidert der Monarch leise: »Ich ebensowenig!«

Der diesjährige Aufenthalt des Kaisers in Ischl wird dem so sehr Erholungsbedürftigen durch eine schwere Erkältung verleidet. Kaum gesundet, muß er König Eduard VII. empfangen, der ihn zu bewegen sucht, den deutschen Souverän zu Einschränkungen im Ausbau seiner Kriegsflotte zu bewegen. Aber wieder stellt sich der Herrscher dem Verlangen des Königs taub. Dann werden der italienische Außenminister Tittoni und sein Kabinettschef Bollati empfangen und sind von der Liebenswürdigkeit des Gastgebers bezaubert.

Anders als sein kaiserlicher Oheim macht Erzherzog Franz Ferdinand aus seiner Abneigung gegen die Italiener kein Hehl und findet dabei in Conrad von Hötzendorf den überzeugtesten Bundesgenossen. Conrad, der nun den Generalstab leitet, ist ein berühmter Taktiker, ein Stürmer und Dränger, in seinem Wesen zwar bescheiden, in militärischen Dingen aber unerbittlich, mehr Romantiker als Realist, doch von unbestechlicher Ehrlichkeit und Überzeugungstreue. Seiner Gesinnung nach ein Deutscher, ist er durch und durch ein patriotischer Österreicher; der Mann, auf dessen Verständnis der Thronfolger rechnen kann, wenn er sagt, ginge es nach ihm, würde er ganz Österreich-Ungarn schwarz-gelb anstreichen. Politisch tritt der neue Chef des Generalstabes für eine eheste Abrechnung mit Italien ein. Österreich-Ungarn soll dem Zeitpunkt, in dem das Königreich seine Kriegsvorbereitungen beendet hat und der Donaumonarchie mit offener Feindschaft entgegentritt, durch einen Angriff zuvorkommen. Aber der

Außenminister will von diesem Plan nichts wissen, und auch der Kaiser ist vom Ungestüm des Generals unangenehm berührt.
Derzeit wird der Monarch von der Außenpolitik durch die Verhältnisse in Ungarn abgelenkt. Der Innenminister Graf Andrássy, Sohn des früheren Außenministers, erhebt für die Verwaltung in Transleithanien so weitgehende, die Rechte der Krone einschränkende Forderungen, daß der Thronfolger fürchtet, der Herrscher könnte nachgeben und damit seine Macht im Lande für immer verlieren. Er schreibt darüber an Baron Aehrenthal und beschließt seinen Brief mit den Worten[1]: »... Ich verbleibe daher auf meinem Standpunkt, daß ich die Verfassungsgarantien, in welcher Form immer, perhorresziere, daß ich sie für ein nicht mehr gutzumachendes Unglück für jetzt und immer halte (denn gegeben ist etwas schnell, aber genommen nicht) und daß ich darauf bestehen muß, daß ein Schriftstück oder Akt verfaßt und beglaubigt wird, in dem ich gegen diese meinem allergnädigsten Kaiser abgepreßte Einschränkung seiner Macht protestiere und mich dagegen salviere, daß dem Herrscher und allen seinen Nachfolgern die Hände vollkommen gebunden werden ...«
Mitte Oktober 1907 erkrankt der Kaiser neuerlich an einem nicht ungefährlichen schweren Bronchialkatarrh, aber am 21. Dezember sehen die Wiener mit großer Freude, daß der Monarch so wie früher von Schönbrunn in die Hofburg fährt.
Der Beginn des Jahres 1908 steht unter dem Vorzeichen einer Verschärfung der nationalen Auseinandersetzungen. In Österreich befaßt man sich mit der Frage eines föderalistischen Umbaues der »namenlosen Reichshälfte«. Ministerpräsident Beck will diese Frage im Verhandlungswege regeln, aber die Zeit arbeitet gegen ihn. Im Frühjahr beginnen seine Gegner ihn zu bekämpfen, die Konservativen können ihm die Wahlreform nicht verzeihen, und der Erzherzog-Thronfolger steht auf ihrer Seite. Der Thronerbe wirft seinem ehemaligen Vertrauensmann auch den Ausgleichserfolg mit Ungarn vor. Doch auch die ungarische Opposition fordert den Rücktritt des österreichischen Ministerpräsidenten, weil er durch eben diesen Ausgleich die verhaßte Regierung Wekerle gefestigt hat. Der Herr des Belvedere mobilisiert die Christlich-

[1] Schloß Blühnbach, 8. September 1907. Franz-Ferdinand-Nachlaß.

sozialen und ihre Presse gegen den Kabinettschef, schürt die Abneigung Aehrenthals gegen ihn und bewegt einige ihm nahestehende Persönlichkeiten dazu, gegen Beck aufzutreten. Der Ministerpräsident muß diesen Strömungen Rechnung tragen und verteilt einige seiner Ministerien an seine Widersacher, die Beamtenstellen werden vermehrt, um Parteischützlinge unterzubringen. Trotzdem wird der Nationalitätenhader nicht geringer.

Auch in Ungarn wird die Nationalitätenfrage wieder brennend. Franz Kossuths Flitterwochen zwischen den Magyaren und den Südslawen sind vorbei, denn mittlerweile ist Agram der Mittelpunkt für die Einigungsbestrebungen der Südslawen geworden. Die Lage wird durch die Einführung der ungarischen Sprache auf den kroatischen Eisenbahnen noch ernster. Das ungarische Kabinett versucht nun eine Annäherung an das serbische Element. Gleichzeitig aber schließt sich Ungarn gegen die für Serbien lebenswichtigen Ausfuhren aus diesem Lande, vor allem der Schweine, ab und schädigt dadurch die Wirtschaft seines Nachbarn auf das empfindlichste. Nun ist die südslawische Frage neben dem deutsch-tschechischen Ausgleich zu einem der wichtigsten Probleme des Gesamtreiches geworden.

Unter solchen Verhältnissen tritt Franz Joseph in das sechzigste Jahr seiner Regierung ein. Den Auftakt der Ehrungen bildet die Huldigung aller in Deutschland residierenden Könige und Fürsten unter der Führung Wilhelms II. am 8. Mai 1908. Am 21. Mai folgt der Vorbeimarsch von 82.000 Schulkindern auf dem Parterre vor dem Schönbrunner Schlosse. Der Kaiser sagt zu seiner Umgebung: »Die Kinder sind für mich das schönste und liebste; je älter ich werde, desto mehr liebe ich die Kinder.« Den Gipfelpunkt der Feierlichkeiten bildet der Festzug, an dem mit Ausnahme der Tschechen alle Völker Österreichs mit insgesamt 12.000 Menschen und 4000 Pferden beteiligt sind. In der Diplomatenloge auf der Ringstraße hört man sagen: »In der ganzen Welt gibt es kein Land, wo die Dynastie so fest steht wie hier und wo man so etwas zusammenbrächte[2].« Kurz nachher wird

[2] Einen wesentlichen Anteil an dem Zustandekommen des Festzuges hatten auch Graf Hans Wilczek und der spätere k. u. k. Generalmajor Hugo Kerchnawe. (Elisabeth Kinsky-Wilczek, Hans Wilczek erzählt seinen Enkeln Erinnerungen aus seinem Leben, S. 445.)

auf der Schmelz eine Kaiserparade abgehalten. Die Armee beglückwünscht ihren Allerhöchsten Kriegsherrn zu seinem Jubeltag, und der Erzherzog-Thronfolger hält als ranghöchster Offizier eine kernige Ansprache.
Während in Österreich die Festlichkeiten einander folgen, wird die Spannung zwischen Deutschland und Großbritannien immer schärfer. In Berlin glaubt man, daß Rußland sich gezwungen sehen würde, sich wieder fester an das Reich und an Österreich-Ungarn anzulehnen, und in der nächsten Zeit keine aggressive Politik betreiben werde. Doch ändert sich diese Meinung sehr bald, denn der französische Staatspräsident Armand Fallières besucht den britischen König in London, und am 9. Juni 1908 trifft Eduard VII. in Reval ein. Zwei Wochen später erscheint der französische Staatschef an Bord eines Kriegsschiffes im selben Hafen. Der Zweck beider Besuche ist klar: die Tripelallianz Großbritannien-Frankreich-Rußland anzubahnen und damit die Mittelmächte einzukreisen.
In Kronberg versucht Eduard VII. seinen Neffen Wilhelm II. zu einer Einschränkung seines Flottenbauprogramms zu bewegen, hat dabei aber keinen Erfolg. Am 13. August ist der britische Monarch bei Franz Joseph in Ischl zu Gast, um neuerlich wegen der deutschen Marinerüstung vorzufühlen, stößt aber wieder auf das »Nein« des Kaisers.
Mittlerweile hat die Wiener Regierung die Verlängerung der bosnischen Bahn durch den Sandschak Novipazar verkündet, wozu ihr der Berliner Vertrag vom Jahre 1878 das Recht verliehen hat. Trotzdem trifft diese Maßnahme in Belgrad wie in St. Petersburg auf heftigsten Widerstand, weil die Serben eine Bahn von Nisch über Mitrowitza nach dem albanischen Hafen Durazzo bauen wollen. Noch bevor es zur Verwirklichung der beiden Bauvorhaben kommt, bricht am 3. Juli 1908 die jungtürkische Revolution aus. Der Sultan muß Wahlen ausschreiben, und es besteht die Gefahr, daß auch Abgeordnete aus Bosnien und der Herzegowina in das türkische Parlament entsandt werden.
Einen Tag vor dem Beginn der jungtürkischen Revolution fragt der russische Außenminister Iswolski in Wien an, ob Österreich-Ungarn Rußland die freie Durchfahrt durch die Dardanellen zugestehen würde. Dafür bietet St. Petersburg die Einwilligung zur

Eingliederung Bosniens und der Herzegowina in die Donaumonarchie an. Das Wiener Kabinett geht auf dieses Ansinnen ein.
Erzherzog Franz Ferdinand ist ein Gegner der Annexion. Er nennt sie ein »Kraftstückel« und will, daß sie, wenn überhaupt, nicht für Ungarn und ohne Erhöhung der Heeresstände durchgeführt werde. Am 15. und 16. September beraten Aehrenthal und Iswolski gemeinsam im Schlosse Buchlau des Grafen Berchtold. Iswolski erklärt sich nach langem Widerstreben bereit, der Eingliederung der beiden Provinzen gegenüber eine freundliche und wohlwollende Haltung einzunehmen. Dafür stimmt Aehrenthal der freien Durchfahrt russischer Kriegsschiffe durch die türkischen Meerengen zu.
Von Buchlau nach London, Paris und Berlin weiterreisend, muß Iswolski zu seinem Schrecken wahrnehmen, daß man in London und in Paris gar nicht daran denkt, den Kriegsschiffen des Zaren die Durchfahrt durch den Bosporus zu gewähren.
Obwohl Aehrenthal dem russischen Außenminister in Buchlau zugesagt hat, ihn noch vor dem Vollzug der Annexion zu verständigen, eröffnet Franz Joseph am 5. Oktober 1908 in einem Handschreiben an Aehrenthal, daß er nunmehr seine Souveränitätsrechte auf Bosnien und die Herzegowina erstrecke und die für sein Haus geltende Erbfolge auch auf diese Länder in Wirksamkeit setze. Gleichzeitig wird der Sandschak von den dort garnisonierenden k. u. k. Truppen geräumt. Iswolski fühlt sich durch diesen Schritt der österreichisch-ungarischen Regierung bloßgestellt, und sein ganzer Groll sammelt sich auf Aehrenthal, dem er »unfaires« Benehmen vorwirft, weil er ihn »geprellt« habe. Er läßt im »Temps« eine Erklärung erscheinen, daß die Annexion als europäische Angelegenheit der Zustimmung der Signatarmächte des Berliner Kongresses unterworfen werden müsse. Auch darauf weist er hin, daß sich die Lage durch den Gewaltstreich der Bulgaren, wo Fürst Ferdinand am 5. Oktober den Titel »König« angenommen hat, geändert habe.
Die Großmächte nehmen zur Annexion eine Haltung ein, die deutlich beweist, wie verstimmt sie über diesen Vorgang sind. Aber nur Rußland erklärt sich insofern gegen die Eingliederung, als Iswolski in Abrede stellt, daß die Donaumonarchie die Anne-

xion im Einvernehmen mit Rußland ausgesprochen habe. In Belgrad und in Cetinje löst die Einverleibung eine wüste Kriegshetze aus. Serbien beruft Reservisten ein, und die Komitadschi verlegen ihre Tätigkeit an die türkischen Grenzen. Die Türkei boykottiert die Einfuhr österreichischer und ungarischer Waren. Nur Wilhelm II. würdigt die Gründe, die zur Eingliederung geführt haben, und betont seine Bundestreue.

In Österreich bemüht sich Conrad von Hötzendorf, die führenden Kreise für ein militärisches Vorgehen gegen Italien zu gewinnen, aber immer noch stehen der Kaiser und Aehrenthal diesem Vorhaben ablehnend gegenüber. Nun hält der Chef des Generalstabs den Augenblick für gekommen, um wenigstens mit Serbien und Montenegro abzurechnen. Trotz des Widerstandes des Außenministers erreicht er zumindest die Bereitstellung von 15 Bataillonen, die notfalls gegen die Montenegriner geworfen werden könnten, um einen raschen Anfangserfolg zu erzielen. Franz Ferdinand erklärt sich bereit, im Ernstfalle das Oberkommando zu übernehmen.

Da der Winter kriegerische Handlungen verhindert, muß sich Conrad von Hötzendorf mit der Politik Aehrenthals abfinden und damit begnügen, die Operationsbereitschaft des Heeres für den 1. März sicherzustellen.

Die außenpolitische Unruhe benützen die Tschechen, um eine rege militär- und dynastiefeindliche Tätigkeit zu entwickeln. Die tschechischen Rekruten erscheinen zur Assentierung mit dem Trauerflor, und das Hauptaugenmerk der tschechischen Radikalen richtet sich vor allem auf die moralische Zersetzung der Wehrmacht. Aber die Armee bleibt kaisertreu, und daran können auch die Zusammenstöße der Tschechen mit den Deutschen in allen gemischtsprachigen Orten Böhmens und Mährens nichts ändern.

In Ungarn hat die Annexion maßlose Verblüffung erregt. Kurz nach dem Ausbruche der Krise tritt Graf Andrássy mit seinem Wahlrechtsentwurf hervor. Da dieser aber nicht auch das *geheime* Wahlrecht und auch sonst Mängel enthält, tritt die Budapester Arbeiterschaft in einen Massenstreik. Dem Rufe zu den Waffen leisten die ungarischen Reservisten aber widerspruchslos Folge.

Am 15. November 1908 enthebt der Kaiser den Ministerpräsidenten Freiherrn von Beck seines Amtes und beruft den bisherigen Innenminister Richard Freiherrn von Bienerth-Schmerling an dessen Stelle. Am 19. November bewilligt der Monarch dem Erzherzog-Thronfolger eine eigene Militärkanzlei.

Schließlich fällt auf den 2. Dezember der eigentliche Tag des sechzigjährigen Regierungsjubiläums des greisen Herrschers. Am Nachmittag des 1. Dezember zaubern die jugendlichen Mitglieder des Hauses Österreich dem Kaiser und König auf der Bühne des Schönbrunner Schloßtheaters seine Kindheit zurück und führen in vormärzlichen Kostümen Alt-Wiener Tänze vor. Erzherzog Karl Franz Joseph spricht den Prolog. Schließlich marschieren die dreiundvierzig Mitwirkenden zur Loge des zu Tränen gerührten Monarchen und überschütten ihn mit Blumen.

Am Abend wird Wien festlich beleuchtet. Am Jubiläumstage selbst werden überall feierliche Gottesdienste abgehalten und die Jubiläumskreuze verteilt. Die Töchter Gisela und Marie Valerie beglückwünschen mit ihren Kindern das Familienoberhaupt, indem sie ihm 24 Porzellanteller mit den Bildern seiner Enkel und Urenkel überreichen. Dann versammelt sich das gesamte Erzhaus, und Erzherzog Franz Ferdinand hält eine Rede, die die Anwesenden tief beeindruckt. Den Abschluß der Feier bildet eine Galavorstellung in der Hofoper, wobei die Volkshymne von allen Besuchern des Hauses begeistert mitgesungen wird. Doch gleichsam als wären die Ereignisse aufeinander abgestimmt, empfängt der Kaiser in diesem Augenblick die Nachricht, daß es in Böhmen zu schweren Ausschreitungen gegen die Deutschen gekommen sei und daß man in Prag die Dynastie öffentlich schmähe.

Am 17. Jänner 1909 eröffnet Freiherr von Aehrenthal dem Chef des Generalstabes, daß er seine Meinung über Österreich-Ungarns Haltung gegen Serbien geändert habe. Das Königreich könne von der Donaumonarchie nie »verdaut« werden, weshalb man sich damit begnügen wolle, die Annexion zu sichern. Damit kommt der Minister des Äußeren den Wünschen der ungarischen Koalition entgegen. Conrad bleibt aber überzeugt, daß der März 1909 der letzte Zeitpunkt für ein aussichtsreiches Vorgehen gegen Serbien und Montenegro sei. Er setzt beim Monarchen und beim Thronfolger durch, daß die dalmatinischen Truppen und das XV. Korps voll mobilisiert werden, womit der Aufmarsch genügend stark wird. Bald aber ändert Franz Ferdinand seine Anschauung wieder und tritt für eine friedliche Regelung der Krise ein.

Mittlerweile erreicht der Außenminister die Beilegung der Spannungen. Die Türkei wird mit zweieinhalb Millionen türkischer Pfund für die bosnischen Forste, die dem mohammedanischen Religionsfonds gehören, abgefunden. Italien verhält sich still. Bulgarien erhält von Rußland eine Anleihe und geht in das allslawische Lager über. Serbien will zwar noch immer nicht einlenken; bevor aber die teilweise Mobilisierung der österreichisch-ungarischen Truppen erfolgt, gibt das Königreich auf Grund der Einflußnahme Rußlands und anderer Großmächte klein bei. Es erkennt die Annexion an, will wieder friedliche Beziehungen zur Donaumonarchie unterhalten, sein Heer auf Friedensstärke versetzen, die Banden auflösen und die Bildung neuer Freischärengruppen verhindern. Auch der Zollkrieg zwischen der Doppelmonarchie und Serbien hört auf.

Dies wird als ein Erfolg für die Donaumonarchie gefeiert. Conrad und der Chef des deutschen Generalstabes sind aber unzufrieden und nach wie vor überzeugt, daß eine aussichtsreiche Möglichkeit für Österreich-Ungarn versäumt wurde. Sie fürchten, daß die Doppelmonarchie, nie entschlossen, den ihr günstigen Augenblick zu erfassen, dem Unheil zuwankt.

ZWISCHEN DEN KRISEN

1909—1913

Angesichts der schwierigen außenpolitischen Lage der Donaumonarchie greifen die Magyaren auf ihre alten Forderungen an die Krone, vor allem auf militärischem Gebiete, zurück. Wieder beschwört der Thronfolger den Monarchen, die ungarische Sprache in der Armee nicht einzuführen, weil dies die Trennung und Zweiteilung der Armee bedeuten würde. Dem Chef des Generalstabes vertraut der Erzherzog an, daß er sofort alle Würden niederlegen würde, falls Konzessionen gewährt werden sollten. Vor anderen Persönlichkeiten erklärt er, er werde in diesem Falle seinen Waffenrock ausziehen und mit dem Zylinder auf dem Kopfe demonstrativ auf der Ringstraße spazierengehen.

Die Lösung der Wehrfrage wird um so dringlicher, als Conrad von Hötzendorf den Standpunkt vertritt, die Gegensätze zu Serbien seien nur aufgeschoben, und deshalb sei eine großzügige Ausgestaltung der Wehrmacht notwendig. Der Reichskriegsminister Baron Schönaich und der Außenminister sind allerdings nicht dieser Meinung, wenn sich auch der General darüber beklagt, daß die Armee »verdorre«.

Auch die Bankfrage steht neuerlich zur Verhandlung. Der Thronfolger spricht sich für ein gemeinsames Geldinstitut als Grundlage des einheitlichen Wirtschaftsgebietes aus, ist aber bereit, die Österreichisch-Ungarische Bank eher zu opfern, als militärische Zugeständnisse zu gewähren. Im übrigen läßt Franz Ferdinand den ungarischen Kabinettschef nicht im Zweifel darüber, daß er den Begriff »Doppelmonarchie« nicht anerkenne und daß er, sollten die chaotischen Zustände in Ungarn noch weiter dauern, vor dem Föderalismus nicht zurückschrecken werde.

Nicht viel besser liegen die Verhältnisse in Zisleithanien. Die tschechische Obstruktion im Reichsrat leistet sich, als Freiherr von Bienerth den Entwurf eines Sprachengesetzes einbringt, ein Sirenenkonzert, lärmt mit »Ratschen«, Kindertrompeten und verwendet sogar zur Vervollständigung des Orchesters eine Ziehharmonika und eine Posaune. Die Schwierigkeiten im Parlament werden noch dadurch vertieft, daß sich im Sommer 1909 eine zunehmende Teuerung erkennen läßt, während die Staatsgesinnung in bedenklichem Maße schwindet.

Den Staaten, die den Mittelmächten feindlich gesinnt sind, wird durch diese Verhältnisse der Zusammenschluß erleichtert. Am 24. Oktober 1909 schließen Rußland und Italien einen Vertrag über die Aufrechterhaltung des status quo auf dem Balkan, der Österreich-Ungarn ein weiteres Vordringen nach dem Südosten verwehren soll.

Dem Monarchen bleibt inmitten dieser unruhigen Zeit für sein Privatleben nur wenig übrig. Sein Verhältnis zum Thronerben ist ein kühles, dienstlich ein fast »gespannt« zu nennendes. Bezeichnend dafür ist ein Brief des Kaisers an den Erzherzog vom 31. Juli[1]: »... Was Deine Frau anbelangt, über deren Teilnahme an den Festlichkeiten Du mich befragst, so betrachte ich zwar deren Einladung als eine natürliche Selbstverständlichkeit des Tyroler Landeskomités, bin aber der Meinung, daß die Fürstin zu dieser ganz offiziellen Feier nicht kommen sollte. Es ist, wie Du ja weißt, prinzipiell feststehend, daß Deine Frau in unseren Familienkreis gehört, und ich sehe sie mit großer Freude im engen verwandtschaftlichen Verkehr mit uns, aber bei offiziellen Gelegenheiten ist die Anwesenheit der Fürstin mit den Zeremoniell-Schwierigkeiten schwer vereinbar ...« Dafür erhöht aber der Herrscher am 4. Oktober 1909 die Fürstin zur Herzogin mit dem Prädikat »Hoheit«. Am Hofe erhält sie den Rang »nach der jeweils jüngsten, mit dem Sternkreuzorden ausgezeichneten Erzherzogin«.

Am 31. August unternimmt der Kaiser eine Bodensee-Rundfahrt und berührt dabei in Rorschach auch das schweizerische Ufer. Im Herbst wohnt er den Manövern in Groß-Meseritsch bei und reitet trotz seiner fast achtzig Jahre noch im Jagdgalopp querfeldein. Auch Wilhelm II. befindet sich auf dem Manöverfelde, doch behagt dem Monarchen die Art, wie der deutsche Souverän tafelt, statt bei der Truppe zu sein, keineswegs.

Zum Beginn des Jahres 1910 gibt eine Volkszählung das klare Bild über die Stärke der Nationalitäten[2]. Ihre nackten Ziffern beweisen, wie schwer es für die Deutschen wäre, selbst wenn sie zusammenhielten, durch ihre kulturelle Überlegenheit auch das politische Übergewicht über die anderen Völkerschaften zu erringen und das Staatsvolk zu sein. Jedenfalls geht der Kampf der Nationalitäten, besonders der Tschechen mit den Deutschen, weiter. In Ungarn arbeitet sich Tisza wieder in die vorderste poli-

[1] Franz Joseph an Franz Ferdinand, Ischl, 31. Juli 1909. Franz-Ferdinand-Nachlaß.

[2] Bei Berücksichtigung der Einwohnerzahl für Bosnien und die Herzegowina von 1,9 Millionen stellt sich der Anteil der einzelnen Nationen am Gesamtreiche folgendermaßen dar: 23,4 Prozent Deutsche, 16,9 Prozent Magyaren, 16,4 Prozent Tschechen, Slowaken, 10,8 Prozent Serben, Kroaten, 9,7 Prozent Polen, 7,8 Prozent Ruthenen, 6,3 Prozent Rumänen, 2,4 Prozent Slowenen, 1,6 Prozent Italiener, 2 Prozent sonstige.

tische Reihe. Mitte Februar 1910 gründet er die »Nationale Arbeitspartei« als Nachfolgerin der Liberalen Partei. Ihr Programm umfaßt das Festhalten am Ausgleich vom Jahre 1867, die Lösung der Nationalitätenfrage, die Unerläßlichkeit eines stärkeren Heeres, Abkehr von der Politik der Achtundvierziger, Gesundung des Parlamentarismus und Rückkehr zu fruchtbringender Arbeit. Das Wahlrecht soll erweitert werden, aber »national« bleiben, also keinesfalls allgemein sein. Mittlerweile ist Graf Khuen-Belasi-Hédervráy an die Stelle Wekerles getreten. Er kündet sogleich eine Wahlreform an, stößt dabei aber auf allgemeine Ablehnung, so daß nach Auflösung des Reichstages Neuwahlen ausgeschrieben werden müssen.

Tiszas Werbefeldzug für seine Partei vor der Wahl trägt reiche Früchte, denn sie erwirbt 258 Mandate, denen insgesamt nur 200 Vertreter der anderen Partei gegenüberstehen. Tisza, Andrássy und Khuen haben sich vor der Wahl geeinigt, die rumänischen und die slawischen Volksvertreter durchfallen zu lassen, weil sie zum Teil Vertrauensleute des Erzherzog-Thronfolgers sind. Nun kann die »Nationale Arbeitspartei« jede Obstruktion brechen, und die Gesetzgebungsmaschine vermag endlich reibungslos zu arbeiten. Die Bankfrage wird erledigt, indem der Status der Österreichisch-Ungarischen Bank verlängert wird; die Staatsnotwendigkeiten werden bewilligt. Aber der Wahlrechtsvorschlag wird vertagt. Am 17. Februar wird für Bosnien und die Herzegowina eine eigene Verfassung erlassen, durch die diese Provinzen fortan eine Sonderstellung erhalten. Sie werden in ihrer Verwaltung dem gemeinsamen k. u. k. Finanzminister unterstellt und keiner der beiden Reichshälften angeschlossen.

Langsam aber stetig wird zur gleichen Zeit der Einkreisungsring um die Mittelmächte immer enger. Eine russisch-bulgarische Militärkonvention schließt seine letzte Lücke. Der Plan geht dahin, durch einen Bund der Balkanmächte zuerst die Türkei zu zertrümmern und dann mit russischer Hilfe die Donaumonarchie niederzuzwingen und zu zerstückeln. Nur Rumänien bleibt noch als ein scheinbarer Verbündeter der Zweibundmächte übrig. Aber auch dort sind starke Mächte, besonders der englandfreundliche Kronprinz, am Werk, um das Land für die Tripelallianz zu gewinnen.

Um die Jahreswende 1909/1910 zeichnet sich das Entstehen eines Balkanbundes deutlich ab. Gleichzeitig folgt dem deutschen Reichskanzler Fürsten Bülow Herr Theobald von Bethmann Hollweg in der Führung der Reichsgeschäfte, in Rußland Sergej Dimitriewitsch Sasonow dem Minister des Äußern Iswolski. Auch die neuen Männer können dem Lauf der Ereignisse nicht Einhalt gebieten. Daß der Fürst von Montenegro am 29. August 1910 den Königstitel angenommen hat, ist ohne tiefere Bedeutung, wichtiger für die Zukunft der Donaumonarchie aber ist, daß Baron Aehrenthal Italien gegenüber vertrauensseliger denn je ist. Er glaubt den Versicherungen aus Rom, daß das Königreich niemals daran denken werde, sich albanischen Boden anzueignen. Er hält es sogar für möglich, daß Italien bestrebt sei, sich enger an Österreich-Ungarn anzuschließen. Conrad von Hötzendorf macht ihn aber brieflich auf die sich verstärkenden italienischen Rüstungen zu Lande und zur See aufmerksam. Ende April 1912 werde Italien die angestrebte Schlagfertigkeit erreicht haben[3].

Am 7. Mai 1910 stirbt König Eduard VII., und sein Sohn besteigt als Georg V. den britischen Thron. Von ihm ist bekannt, daß er sich in inniger Freundschaft zum Zaren hingezogen fühlt.

Ende Mai unternimmt Franz Joseph eine Reise nach Bosnien und in die Herzegowina. Überall wird er mit aufrichtiger Herzlichkeit begrüßt; er schlägt sein Hoflager im Konak von Sarajevo auf. Auf dem Rückwege von Mostar, wohin sich der Monarch anschließend begeben hat, erlebt der Kaiser auf der Fahrt durch Ungarn zahlreiche Huldigungen und Kundgebungen als Beweise der Anhänglichkeit seiner Untertanen im Reiche der heiligen Stephanskrone.

Seinen achtzigsten Geburtstag feiert der Herrscher im Kreise seiner Familie in Ischl. An diesem Tage schreibt die Erzherzogin Marie Valerie in ihr Tagebuch: »Nur wer sich in seinem richtigen Berufe weiß und ihn nach besten Kräften (Irren ist ja doch von allem menschlichen Streben unzertrennlich) in rastloser Arbeit zu erfüllen strebt — nur der kann die Kraft haben, durch die langen Jahre *so* auszuharren.«

[3] Deutsche Dokumente zum Kriegsausbruch 1914, herausgegeben von Kautsky, Montgelas und Schücking, S. 808.

Im September ist der deutsche Kaiser in Schönbrunn und hält im Rathaus eine Stegreifrede, in der er zum ersten Male von der »schimmernden Wehr« spricht. Franz Joseph sieht, wie er sich zu seiner Umgebung äußert, in »dieser ostentativen Hervorhebung der Schärfe des deutschen Schwertes« eine Gefahr[4].

Am 30. März 1911 muß der wieder einmal nicht mehr arbeitsfähige österreichische Reichsrat aufgelöst werden. Nach den Neuwahlen erweist es sich, daß es unter den Parteien keinen übernationalen Block mehr gibt, denn auch bei den Sozialdemokraten vertiefen sich die nationalen Gegensätze. Vor allem lehnen es die Tschechen ab, Weisungen von den »Deutschen und Juden« aus Wien zu empfangen. Da auch Ministerpräsident Dr. Bienerth den Ausgleich zwischen den Tschechen und den Deutschen nicht zustande bringt, beruft der Monarch im Juni 1911 den Freiherrn von Gautsch neuerlich an die Spitze der Regierung. Aber auch unter ihm kommen die Ausgleichsverhandlungen nicht weiter, weshalb im November Graf Stürgkh zum Kabinettschef ernannt wird.

Die innenpolitischen Kämpfe werden aber von den Spannungen überschattet, die sich aus dem stetig wachsenden Einflusse des Erzherzog-Thronfolgers ergeben. Die Wehrfrage hat zu einem Tauziehen zwischen der Hofburg und dem Belvedere geführt, da die beiden Militärkanzleien zwei verschiedene Ansichten vertreten, für die sie Persönlichkeiten des öffentlichen Lebens zu gewinnen trachten oder, wenn dies nicht möglich ist, sie bekriegen. Der »innere Dualismus« der Regierungsführung wird immer deutlicher.

Beim Chef des Generalstabes prallen die einander entgegengesetzten Meinungen aufeinander. Schon am 15. April 1909 hat deshalb der Kaiser schriftlich verfügt: »Es ist Mein Wille, daß nach wie vor durch harmonisches Zusammenwirken aller berufenen leitenden Faktoren die Wehrkraft derart ausgestaltet und vervollkommnet werde, daß sie allen Anforderungen, welche ihrer zur Wahrung der Sicherheit und der Machtstellung der Monarchie harren mögen, zuverlässig gerecht werden kann.« In diesem Sinne hatte Conrad von Hötzendorf schon Ende 1909 einen groß-

[4] Albert Margutti, Vom alten Kaiser, S. 324.

zügigen Ausbau der k. u. k. bewaffneten Macht beantragt, aber von seinen Plänen war nur die Vergrößerung der Kriegsflotte in vollem Maße verwirklicht worden. Erzherzog Franz Ferdinand war schon bei den dalmatinischen Landungsmanövern des Jahres 1906 dafür eingetreten, daß ihre Schiffe nicht nur für die Küstenverteidigung, sondern auch für den Angriff bestimmt sein sollten. Hingegen fehlt es bei der Armee an Mann und Pferd.

Darum wird seit 1911 über ein neues Wehrgesetz verhandelt. Als General von Schönaich von den Delegationen ohne Wissen Conrads einen außerordentlichen Rüstungskredit von 200 Millionen Kronen statt des vom Chef des Generalstabes verlangten Fünffachen dieser Summe fordert, stellt Conrad die Kabinettsfrage. Gleichzeitig ist der Kampf zwischen Aehrenthal und Conrad auf seinem Höhepunkt angelangt. Der Thronfolger setzt sich jedoch beim Kaiser für den nackensteifen General ein, und der Monarch will Conrad die Möglichkeit bieten, seine Forderungen vor einem Ministerausschusse zu vertreten.

Gleichzeitig betreibt der Thronfolger auch den Ersatz des Reichskriegsministers durch einen Mann, der dafür Gewähr bietet, daß die Wehrreform auch in Ungarn durchgesetzt wird, ohne daß die Magyaren dafür Zugeständnisse eintauschen. Nach einer erregten Aussprache zwischen dem kaiserlichen Oheim und dem ungestümen Neffen tritt General Moritz Ritter von Auffenberg an die Spitze des Reichskriegsministeriums, allerdings nur mit dem Titel »Kriegsminister« und nicht ohne daß Franz Ferdinand gegen diese Änderung in der Bezeichnung protestiert hätte.

In diese Spannungen fallen die Meldungen von den italienischen Vorbereitungen für den Einmarsch in die türkische Provinz Tripolis. Wieder will Conrad gegen das Königreich aktiv vorgehen oder sich zumindest auf einem anderen Gebiete schadlos halten. Es kommt zu einem scharfen Konflikt zwischen dem General und dem Außenminister, wobei Conrad das ihm gestellte Ansinnen, sich bei Aehrenthal wegen seiner Einmischung in dessen Geschäftsbereich zu entschuldigen, ablehnt.

Am 27. September bricht zwischen Italien und der Türkei der Krieg aus. Am 15. November fordert der Chef des Generalstabes in einem Memorandum an den Kaiser neuerlich den Vorbeugungskrieg gegen Italien, gegen Serbien und Montenegro sowie Schritte

in St. Petersburg, um die Gegnerschaft Rußlands gegen die Donaumonarchie aufzuheben.
In der Audienz, die Conrad zur Überreichung dieses Memorandums erbittet, fühlt er, daß seine Stellung unhaltbar geworden ist, weil der Monarch die Forderungen des Generals nach einem Eingreifen gegen die Italiener und auf dem Balkan als gegen sich selbst und seine Politik gerichtet betrachtet. In der nächsten Audienz, am 30. November, enthebt der Kaiser den Chef des Generalstabes von seinem Posten und ernennt ihn zum Armeeinspektor. Für den General bedeutet dies ein Aufatmen nach schweren Jahren.
Und der Kampf um die Wehrreform geht weiter. In Ungarn ist Stephan Tisza ihr tatkräftiger Fürsprecher, aber die Nationalitätenfrage ist für die Magyaren einstweilen wichtiger geworden als die Armee. Am Agramer Landtag herrscht Obstruktion, und sie gipfelt in der Verweigerung des Landesbudgets. Der Landtag muß daher aufgelöst werden.
Auch in der Außenpolitik geht es durchaus nicht friedlich zu. Zwar glaubt Baron Aehrenthal mehr denn je, daß man in Rom den Frieden gewahrt wissen wolle, und er versichert im Ministerrate, daß man es dem Königreiche nicht verübeln dürfe, wenn es als Großmacht manches noch zu erreichen wünsche. Jedenfalls wolle es in der nächsten Zukunft an der Seite der Donaumonarchie verbleiben. Die Spannung zwischen Großbritannien und Deutschland habe nachgelassen. Rußland wolle die aggressive britische Politik nicht unterstützen. Aber der k. u. k. Botschafter in St. Petersburg meldet, daß Iswolski überall dahinterstehe, wo Unfrieden gestiftet werde.
Im Italienisch-Türkischen Kriege stehen Österreich-Ungarn und das Deutsche Reich abseits, während Frankreich seinen italienischen Nachbarn politisch unterstützt. Franz Joseph ist entgegen den Ansichten seines Außenministers und des Hofes auf der Seite des Königreiches. Trotzdem gibt er den magyarischen Wünschen nach und veranlaßt Italien, daß es von allen Operationen in der Adria und in den benachbarten Gewässern absehe. In Konstantinopel verleitet der deutsche Botschafter Marschall im Gegensatz zu den Interessen der Donaumonarchie die Pforte zu hartnäckigem Widerstande gegen das Apenninenreich. Am 5. Novem-

ber 1911 spricht Italien die Annexion von Tripolitanien aus. Auf dem Balkan sieht es zu dieser Zeit verhältnismäßig ruhig aus, nur zeigt sich bei einem neoslawischen Journalistenkongreß im Sommer 1911 in Belgrad die Brüchigkeit der panslawistischen Idee, denn diese Versammlung endet mit einer erbitterten Prügelei der »slawischen Brüder«.

Inmitten dieser Ereignisse führt der Kaiser sein freudloses, nur der Pflichterfüllung gewidmetes Leben. Frau Schratt weilt viel auf Reisen, und als sie Ende April wieder nach Wien heimkehrt, gesteht ihr der Monarch brieflich: »Ich bin sehr müde, und die Altersschwäche nimmt sehr zu, Stimmung traurig und langweilig.« Immer wieder wird der Herrscher von Erkältungen und quälendem Husten heimgesucht, aber die Ärzte setzen ihre Hoffnung auf die Widerstandsfähigkeit des ausnehmend gesunden Herzens ihres hohen Patienten.

Am 21. Oktober 1911 findet auf dem Schlosse Schwarzau im Steinfelde bei Wiener Neustadt, dem österreichischen Wohnsitze der Familie Bourbon-Parma, die Hochzeit des Erzherzogs Karl mit der Pinzessin Zita von Bourbon statt. Franz Joseph ist in glänzender Laune, und die Stimmung wird immer gehobener. In der Essenspause werden von den Hochzeitsgästen auf der Terrasse Lichtbilder aufgenommen. Es weht der übelbeleumundete Steinfeldwind, und niemand denkt daran, dem Kaiser einen Mantel zu bringen. So verkühlt sich der Monarch wieder und leidet lange unter beängstigender Atemnot. Sein Altern wird nun doch augenfällig, aber es beeinträchtigt in keiner Weise seinen Arbeitswillen und seine Tatkraft. Er denkt auch schon an einen möglichen Heimgang. Daher weist er am 13. November die Generaldirektion des ah. Privat- und Familienfonds an, den Betrag von zweieinhalb Millionen Kronen österreichischer Kronenrente an Frau Schratt zu freien Händen auszubezahlen. Er läßt von Hofrat Lammasch die Erklärung des Thronfolgers anläßlich seiner Vermählung dahin überprüfen, ob bei der Thronbesteigung Franz Ferdinands die Herzogin von Hohenberg zur Kaiserin-Gemahlin mit dem Titel »Königliche Hoheit« erhoben werden könnte.

Auch im Jahre 1912 setzt sich der Nationalitätenstreit fort, und immer mehr wird erkennbar, daß die Voraussetzung für die Verständigung unter den Volksstämmen die Absage an den Dualismus wäre. Da man aber in Ungarn nicht gewillt ist, den Nichtmagyaren die gleichen Rechte zuzuerkennen wie dem magyarischen Herrenvolke, bekämpft man dort den Gedanken einer trialistischen Umformung des Staates aufs heftigste. Wieder steht in Budapest die Wehrfrage in Behandlung, und wieder wird sie zur politischen Erpressung ausgenützt. Man verlangt, daß der König auf sein Recht verzichte, notfalls den ersten Reservistenjahrgang und die drei jüngsten Jahrgänge der Ersatzreserve einzuberufen. Doch der Monarch erklärt, er werde eher dem Throne entsagen als diesem Ansinnen Folge geben.

Der kroatisch-slawonische Landtag muß wegen seiner heftigen Kundgebungen gegen die Magyaren suspendiert und Eduard Baron Cuvaj als königlicher Kommissär eingesetzt werden. Graf Khuen wird durch Ladislaus von Lukács, der dem Belvedere nahesteht, ersetzt, Graf Tisza zum Präsidenten des Reichstages gewählt. Die obstruierenden Abgeordneten werden kurzerhand mit Brachialgewalt aus dem Hause entfernt, so daß die Wehrvorlage am 5. Juni angenommen wird. Nun können endlich die Heeresstände erhöht und wichtige Anschaffungen, besonders bei der Artillerie, vorgenommen werden. Die Verstärkung der Schlagkraft der Armee und der Kriegsmarine erfolgt just zu dem Zeitpunkte, da sich der außenpolitische Horizont neuerlich verdüstert. Serbien und Bulgarien haben ein Bündnis geschlossen, dem auch Montenegro und Griechenland beitreten. Dieser »Balkanbund«, der seine Mitglieder verpflichtet, sich gegen jede Besetzung türkischen Gebietes durch eine Großmacht zu wenden, richtet sich offensichtlich gegen Österreich-Ungarn.

Inzwischen hat der todkranke Freiherr von Aehrental zum Beginn des Februar 1912 sein Ministerium an den Grafen Leopold Berchtold abgeben müssen. Es wird die Aufgabe des neuen Herrn am Ballhausplatz sein, die Lage auf dem Balkan zu meistern, wobei die Berichte der Botschafter aus Belgrad und aus Konstantinopel ihm ein klares Bild der dortigen Lage vermitteln, die Meldungen aus St. Petersburg und Rom aber unerschütterlich optimistisch lauten. Bei einem kurzen Besuche in Wien meint Kaiser Wilhelm II., daß Italien sich nun in Tripolitanien festgerannt habe, dadurch aber in Gegensatz zu Frankreich gerate und von der Adria abgelenkt sei. Der »schöne Moment« der Annexion habe Bismarcks Worte bestätigt, daß die Völker der österreichisch-ungarischen Monarchie zusammenhalten, »wenn sich Franz Joseph aufs Pferd setze«. Auch über Rußland denkt der deutsche Souverän zuversichtlich.

Graf Berchtold sieht die Lage als sehr ernst an, um so mehr, als Kriegsminister von Auffenberg erklärt, daß die Aufgabe, sowohl im Norden als auch gegen den Balkan gleichzeitig Krieg zu führen, militärisch nicht zu lösen sei. Die Chancen für die Monarchie würden sich wie 2 : 3 stellen. Die Ungarn erklären überdies weitere finanzielle Belastungen für militärische Zwecke als untragbar. Am 30. September 1912 mobilisiert der Balkanbund gegen die Türkei. Am 8. Oktober erheben Österreich-Ungarn und Rußland im Namen der Großmächte diplomatische Vorstellungen in Belgrad, Cetinje, Sofia und Athen. Montenegro hat kurz vorher an die Türkei den Krieg erklärt und seine Truppen gegen Skutari in Marsch gesetzt. Die übrigen Balkanmächte lassen die Note unbeantwortet und stellen am 13. Oktober an die Türkei Forderungen, die wieder von der Pforte nicht beantwortet werden. Am 17. Oktober, dem Tage, an dem in Lausanne die Türkei die Cyrenaika an Italien abtritt, erklären Serbien, Bulgarien und Griechenland der Pforte den Krieg.

Nun vollziehen sich die Ereignisse infolge der militärischen Schwäche des Osmanenreiches in rascher Folge. Bald stehen die Balkanverbündeten an der Tschadaldscha-Linie, nur 80 Kilometer von Konstantinopel entfernt. In Österreich-Ungarn aber wendet sich Graf Berchtold gegen die von Feldmarschalleutnant von Schemua, dem Nachfolger Conrads, geforderte Mobilisierung von zwei Korps. Hingegen befürwortet der Außenminister eine engere Fühlungnahme mit dem Deutschen Reiche. Der Erzherzog-Thronfolger fährt daraufhin nach Springe in Westfalen, um mit dem deutschen Souverän über die schwierige Lage Österreich-Ungarns zu sprechen und ihm Vorschläge für ein weiteres Vorgehen im Balkankonflikt zu unterbreiten. Dem Erzherzog gelingt es, Wilhelm II. zum Versprechen vollster Unterstützung seines Bundesgenossen zu veranlassen und von ihm sogar die Erklärung zu empfangen, daß, käme das Prestige der Donaumonarchie in Frage, der deutsche Kaiser sich auch nicht vor einem Weltkriege fürchten würde.

Mittlerweile wird General Conrad von Hötzendorf nach Bukarest entsandt, um vor allem das militärische Verhältnis der Doppelmonarchie zu Rumänien klarzustellen. Conrad findet die rumänische Öffentlichkeit keineswegs schon völlig im Banne der Westmächte, sondern viel eher an Gebietsabtretungen interessiert, die man von Bulgarien erwartet. König Carol ist durchaus bundestreu. Mit dem rumänischen Generalstabe werden Einzelheiten eines gemeinsamen Aufmarsches gegen Rußland besprochen. Nach seiner Rückkehr wird der General neuerlich an die Spitze des Generalstabes berufen.

Am 17. Dezember 1912 treten in London die Botschafter der Großmächte zusammen, um auf dem Balkan neue Staatsgrenzen zu ziehen sowie die Spannungen zwischen Österreich-Ungarn und Rußland beizulegen. Einstweilen belagern die Montenegriner und die Serben die türkischen Festungen Janina und Skutari, womit der Österreich-Ungarn und Italien gemeinsame Wunsch nach der Schaffung eines albanischen Staates in seiner Verwirklichung gefährdet wird.

In den ersten Dezembertagen wird der Dreibund erneuert, aber Bethmann Hollweg stellt fest, daß Deutschland es seinem Verbündeten überlassen müsse, dessen Forderungen selbst zu verwirklichen. Das Reich würde die Donaumonarchie nur im Falle einer gegen sie gerichteten Aggression unterstützen. Damit wird Graf Berchtold in seinem Widerstande gegen Conrads Drängen zu einem militärischen Vorgehen, das auch der Monarch ablehnt, bestärkt. Allerdings hat in St. Petersburg die Friedenspartei die Oberhand gewonnen. Rußland fordert Serbien auf, der Errichtung eines selbständigen Albaniens zuzustimmen und gegen Österreich-Ungarn Zurückhaltung zu üben. Belgrad ist daraufhin bereit, dem Willen der Großmächte zu gehorchen. Anderseits aber teilt Italien in Wien mit, daß es in einem Kriege zwischen dem Dreibund und der Tripelallianz die bisher dem Deutschen Reiche für die Rheinfront zugesagte Armee nicht beistellen könne.

In London wird die Arbeit der Botschafter durch die Quertreibereien des russischen Vertreters erschwert, weshalb Conrad neuerlich die kriegerische Niederwerfung Serbiens verlangt. Als zu Weihnachten das Zarenreich eine Probemobilisierung durchführt, die Franzosen zum Kriege hetzen und die Serben an die

Drina marschieren, während um Skutari gekämpft wird, schreibt Conrad drängend an den Erzherzog-Thronfolger. Aber Franz Ferdinand schweigt, denn nun ist der Thronerbe, wie der Kaiser, für die Erhaltung des Friedens, selbst unter Opfern.

In Ungarn ist inzwischen als Nachfolger von Lukács Tisza Ministerpräsident geworden. »Allen Respekt vor Tisza«, äußert sich Franz Joseph zu seiner Umgebung, »er ist der fähigste Ungar unserer Tage, aber, bitte, Ungar! Mehr kann ich schließlich nicht von ihm verlangen[5]!« Der mächtigste Gegner und Hasser dieses Mannes aber ist Franz Ferdinand. Er weiß jedoch, daß er bis zu seinem Regierungsantritt warten muß, um dann in Transleithanien Ordnung zu machen.

So wie Tisza ist zwar auch der Thronfolger für die Schaffung eines freien Albanien, aber der magyarische Politiker ist im Gegensatze zum Erzherzog gegen die Überlassung eines Adriahafens an die Serben. Den ungarischen Serben ist Tisza entgegenkommend, mit den Rumänen im Lande kann er sich nicht befreunden, obwohl Franz Ferdinand dies gerne sähe. Verständlicherweise treibt ein solches Verhalten die ungarländischen Rumänen in die Arme ihres Brudervolkes jenseits der Grenze. Trotzdem wird Rumäniens Bündnis mit den Zweibundmächten erneuert.

Um Rußlands Gereiztheit zu überwinden, richtet Franz Joseph an den Zaren Nikolaus II. ein versöhnliches Handschreiben, aber der gute Wille des Kaisers verfehlt seinen Zweck. Kaiser Wilhelm II. verfolgt alle Vermittlungsversuche mit größter Aufmerksamkeit, glaubt aber nicht, daß Skutari, so wie Österreich-Ungarn es vertritt, von besonderer Wichtigkeit sei. Der unbedingte Friedenswille des deutschen Monarchen findet beim Erzherzog-Thronfolger und beim Grafen Berchtold williges Gehör. In Deutschland glaubt man, daß Großbritannien sich dem Reiche gegenüber freundlich verhalte und für die Donaumonarchie Sympathien hege. Deshalb kommt aus Berlin die Bitte, Österreich-Ungarn möge zurückhaltend sein, damit »das zarte Pflänzchen der Annäherung nicht erdrückt werde«. Nur Conrad weist unermüdlich darauf hin, daß der letzte Augenblick zum Losschlagen nicht versäumt werden dürfe. Aber der Thronfolger ist entschiedener denn

[5] Josef Schneider, Kaiser Franz Joseph I. und sein Hof, S. 144.

je für den Frieden, und der Monarch kommt den Wünschen seines Neffen entgegen, indem er am 11. März 1913 die Annahme der Friedensstärke bei den mobilisierten Korps verfügt. Damit soll Rußland gegenüber die Friedensbereitschaft der Donaumonarchie bezeugt werden.

Trotzdem geht es mit der Schaffung eines neuen albanischen Staates nicht weiter. Im Gegenteil: am 12. März landen serbische Truppen bei San Giovanni di Medua, um gegen Skutari zu marschieren. Obwohl k. u. k. Kriegsschiffe an den montenegrinisch-albanischen Küsten demonstrieren und obzwar sowohl der Ballhausplatz als auch die Londoner Botschafterkonferenz Montenegro auffordern, die Belagerung dieser Stadt aufzugeben, bleibt König Nikolaus bei seiner Absicht, diese Stadt zu erobern und nicht dem künftigen Albanien zu überlassen. Am 1. April beginnt an den Küsten des Königreiches der Schwarzen Berge ein internationaler Flottenaufmarsch, aber Nikolaus sieht sich noch immer nicht zum Nachgeben veranlaßt. Doch am 11. April verlassen die Serben ihre Stellungen vor Skutari, weil Belgrad und Sofia miteinander wegen der Aufteilung Mazedoniens streiten. Da sich die Bulgaren überdies von den Rumänen bedroht fühlen, schließen sie mit der Türkei einen Waffenstillstand. Am 28. April kapituliert Skutari vor den Montenegrinern, und nun muß auch Österreich-Ungarn aktiver eingreifen. Der König von Montenegro wird zur Räumung Skutaris aufgefordert. Um ihm den Ernst der Lage zu beweisen, wird gegen das kleine Bergland mobilisiert. Am 4. Mai legt der Herr der Schwarzen Berge das Schicksal der Stadt in die Hand der Großmächte; zehn Tage später besetzen Landungsabteilungen des alliierten Geschwaders die Festung.

Die Serben haben mittlerweile den größten Teil Mazedoniens ihrem Staatsgebiete einverleibt; nicht zuletzt deshalb, weil der Einfluß des deutschen Kaisers auf das Belvedere und das k. u. k. Außenministerium sich immer mehr in einer Weise durchsetzt, die ein kräftiges Vorgehen der Donaumonarchie auf dem Balkan verhindert. Dies zeigt sich besonders deutlich nach einem Zusammentreffen Kaiser Wilhelms II. mit König Georg V. von Großbritannien und dem Zaren in Berlin anläßlich der Vermählung der Prinzessin Viktoria Luise, der Tochter des deutschen Kaisers, mit dem Prinzen Ernst August von Braunschweig. Bei diesem

Monarchentreffen wird vereinbart, daß Bulgarien zur Ruhe gebracht, die Türkei wieder gestärkt und Konstantinopel befestigt werden soll. Der Zar übernimmt das Schiedsrichteramt zwischen Serbien und Bulgarien. Griechenland ist in seinen Wünschen zu unterstützen.

Am 30. Mai 1913 kommt in London ein Präliminarfriede zustande, in dem die neuen Grenzen auf dem Balkan festgelegt werden. Infolge des serbischen Machtzuwachses besteht nun die Gefahr, daß die südslawische Frage in der Donaumonarchie nur noch bedrohlicher werde. Conrad von Hötzendorf tritt daher für eine Unterstützung Bulgariens gegen die Serben ein. Sofia soll aber veranlaßt werden, den Rumänen Grenzverbesserungen in der Süd-Dobrudscha zu bewilligen. Der Kaiser stimmt diesen Gedankengängen seines Generalstabschefs zu.

Doch auf dem Balkan gärt es weiter. Am 3. Juli erklären Serbien, Rumänien und Griechenland, am 21. Juli auch die Türkei den Bulgaren den Krieg. Schließlich muß dieses Land fast alle mit bewaffneter Hand eroberten Gebiete seinen nunmehrigen Gegnern überlassen. Damit ist gegen Österreich-Ungarns Willen erst recht ein Groß-Serbien geschaffen. Belgrad bricht sogar in Albanien ein und weigert sich, die besetzten Landesteile wieder zu verlassen. Erst nach einer scharfen befristeten Note des Ballhausplatzes entschließen sich die Serben zum Rückzug.

In dieser Zeit besucht Wilhelm II. den Erzherzog-Thronfolger auf Schloß Konopischt. Graf Berchtold spricht mit dem Souverän über die Lage und erfährt dabei, daß Rußland dem deutschen Kaiser keine Sorge einflöße, weil es vor sechs Jahren nicht schlagbereit sein könne.

Auch die zweite Balkankrise ist nun zu Ende, aber ihr Ausgang ist für die Donaumonarchie keineswegs günstig. Zweifellos ist die Bewahrung des Friedens auf der Halbinsel letzten Endes dem greisen Franz Joseph zu verdanken, aber erst die Zukunft wird erweisen können, ob der dafür bezahlte Preis nicht zu hoch gewesen ist.

Noch ist der Kaiser und König die letzte Instanz für alle wichtigen inner- und außenpolitischen Entscheidungen. Sein Privatleben wird dabei immer ärmer. Es wird sehr still um den Herrscher, der sich kaum noch in der Öffentlichkeit zeigt, langsam zu einer legendären Gestalt wird und im Volksmund nicht mehr anders als »der alte Kaiser« genannt wird. Dafür tritt der Erzherzog-Thronfolger immer deutlicher in den Vordergrund des politischen Geschehens. Am 17. August 1913 wird er zum Generalinspektor der gesamten bewaffneten Macht ernannt, so daß er fortan über Heer und Flotte die höchste Befehlsgewalt ausübt. Der Kaiser bleibt nun winters- und sommersüber in Schönbrunn, fährt nicht mehr in die Hofburg und hat nur noch mit seinem engsten Dienstgefolge Fühlung. Es gibt keine allgemeinen Audienzen mehr, aber das gewaltige tägliche Ausmaß an Arbeit wird pünktlich wie immer erledigt. Alle wichtigen Berichte werden mit größtem Eifer gelesen, und die Ereignisse im In- wie im Auslande finden keinen aufmerksameren Beobachter als den greisen Monarchen.

IX

DAS ENDE

DIE LETZTE KRISE

1914

Der Bevölkerung zeigt sich der Gegensatz zwischen der Hofburg und dem Belvedere immer klarer. Franz Ferdinand nennt sich im vertrauten Kreise gerne »Seiner Majestät getreueste Opposition«, aber diese Gegenstellung äußert sich eher schriftlich als im gesprochenen Worte. Vor seinem Allerhöchsten Kriegsherrn stehend, findet der Thronerbe gewöhnlich nicht den Mut, mit jenem Nachdruck aufzutreten, den er sich vorgenommen hat.

Am besten erkennt das Fortschreiten der Gegensätze der Chef des Generalstabes, dem sogar der Kaiser bisweilen zugibt, daß sich der Thronfolger sowohl in militärische wie in zivile Angelegenheiten einmische, für die er nicht zuständig sei. Die stille Opposition des Erzherzogs äußert sich besonders scharf in den Plänen für die zukünftige Reichsgestaltung. Er fühlt sich nicht wie sein Oheim durch den Ausgleich des Jahres 1867 gebunden. Er will die dualistische Staatsform durch die Schaffung eines Südslawenstaates umgestalten und damit auch die magyarische Oligarchenherrschaft brechen. Neben Österreich und Ungarn soll dieser Südslawenstaat der dritte Träger eines trialistischen Staatsgebäudes sein. Aber noch vor den Balkankriegen rückt der Erzherzog von diesen Gedankengängen ab und plant die »Vereinigten Staaten von Groß-Österreich«. Die Donaumonarchie soll ohne Rücksicht auf die historischen Grenzen der Kronländer in sechzehn Nationalstaaten aufgegliedert werden. Ein Bundesrat, in dem die Völkerschaften nach der Zahl der ihnen Angehörigen mitzuwirken hätten, wäre für die gemeinsame Gesetzgebung zuständig, während die Teilstaaten ihre eigene Regierung und eine eigene Volksvertretung haben sollten. Auch andere Vorschläge, so von Conrad, von den Sozialdemokraten und von Freiherrn von Spitzmüller-Harmersbach, liegen vor, deren gemeinsamer Nenner der Wunsch ist, daß das Kaiserreich aufhöre, eine »Monarchie auf Kündigung« zu sein. Schließlich wird der Ministerialrat Freiherr von Eichhoff damit betraut, einen Vorschlag für die Erreichung des innerpolitischen Friedens auszuarbeiten, durch den der »Kronländer-Patriotismus« nicht zerstört wird. Der Leitgedanke Eichhoffs bei dieser Arbeit ist: »Wirtschaftliche Freiheit des einzelnen — politische Freiheit der Nationen«, oder »Gegenseitige Abhängigkeit auf wirtschaftlichem, Unabhängigkeit auf politischem Gebiete«. Grundsätzlich sollen Zentralismus und Föderalismus harmonisch miteinander verbunden werden.

Der Kaiser freilich weiß auf Grund seiner Erfahrungen, daß Zeiten und Menschen sich durch die Technik und die sozialen Errungenschaften verändert haben. Überdies will und wird er nicht brechen, was er auf die ungarische Verfassung geschworen hat. Dem Monarchen ist es klar, daß die von seinem ungeduldigen Neffen geforderten innerpolitischen Umwälzungen, wenn überhaupt, nur durch Gewalt zu erreichen sein werden. Diese aber hieße zumindest in Ungarn offener Bürgerkrieg. Franz Joseph will bis zu seinem Lebensende verfassungstreu bleiben. Mag kommen, was wolle.

Die Tschechen sind nun in hellem Aufruhr gegen die Wiener Regierung, die Ruthenen gegen die Polen, die Italiener gegen Österreich. Überall herrscht Obstruktion, und die Regierungskunst des »Fortwurstelns« wird immer schwieriger. Im März 1914 muß der Reichsrat vertagt und wieder zum § 14 Zuflucht genommen werden. In Ungarn stellt Graf Tisza wohl zu den Kroaten bessere Beziehungen her, aber er widersetzt sich verbissen allen trialistischen Planungen. Er unterschätzt dabei wie seine Landsleute auch die außenpolitische Seite der Nationalitätenfrage und die Gefahr, die von Rumänien und Serbien her droht.

Nach dem zweiten Balkankrieg setzen die Slawen der Donaumonarchie ihre Hoffnungen auf Rußland. Diese Tatsache, die italienische Irredenta und die schlechte Behandlung der ungarländischen Rumänen durch die Magyaren, all diese an den Kräften des Gesamtreiches zehrenden innerpolitischen Kämpfe wirken sich naturgemäß auf die Außenpolitik Österreich-Ungarns aus. Es ist schon so weit, daß die Donaumonarchie nur noch Großbritannien ohne Gegensätze gegenübersteht, außer jenen, die sich aus dem Bundesverhältnisse des Donaureiches mit Deutschland ergeben.

Langsam, aber mit unerbittlicher Folgerichtigkeit schließt sich die Reihe der Feindstaaten um die beiden Mittelmächte. Die russische Regierung erhält von Frankreich eine Anleihe von 550 Millionen Francs zum Ausbau des Bahnnetzes gegen den Westen. Trotzdem bleibt man in Berlin optimistisch. Diese Einstellung wird noch dadurch verstärkt, daß König Viktor Emanuel III. den deutschen Kaiser in Venedig trifft und von seiner Treue zum Dreibund zu überzeugen weiß. Von Italien fährt Wilhelm II. nach Miramar weiter, wo ihn der Erzherzog-Thronfolger erwartet. Seine Meinung über die von Österreich-Ungarn weiterhin zu verfolgende Innenpolitik faßt der deutsche Souverän in den Rat zusammen, »die österreichische Innenpolitik müßte ›germanisch‹ orientiert werden und man solle den Tschechen einmal ›wirklich den Kopf waschen‹«.

Die Gewitterwolken über dem Balkan werden immer drohender. Besorgt meldet der k. u. k. Gesandte in Bukarest, Graf Ottokar Czernin, daß Rumänien eher ein Gegner denn ein Freund der Zentralmächte sei. Man müsse sich in Wien entschließen, ob man bulgarische oder rumänische Politik machen wolle, sonst setze man sich bestimmt zwischen zwei Stühlen auf den Boden. Noch klarer aber sieht Conrad die Dinge in ihrer wahren Gestalt und in ihren Zusammenhängen. Energisch fordert er finanzielle Opfer für Rüstungszwecke und weist auf die militärischen Vorkehrungen hin, die getroffen werden müßten. Seine Mahnungen werden um so dringlicher, als sich der von den Dreibundmächten als Fürst von Albanien eingesetzte deutsche Major Fürst Wilhelm von Wied in diesem ihm völlig fremden Lande großen Widerständen gegenübersieht, die von Italien her geschürt werden.

Inmitten all dieser Unruhen arbeitet der greise Monarch unverdrossen weiter, wenn ihn auch Erkältungsanfälle und ein trockener, schmerzhafter Husten plagen. Seine einzige Erholung sind die kleinen Spaziergänge mit Frau Schratt in dem abgeschlossenen

Gartenteile von Schönbrunn und die entspannenden Besuche in der Hietzinger Villa der Künstlerin.

Am 4. Juni 1914 erscheint Franz Ferdinand zur Audienz beim Oheim, um sich zum Besuche der Manöver in Bosnien und in der Herzegowina abzumelden. Wohl war schon vorher in der zu Chicago erscheinenden Zeitung »Srbobran« ein Aufruf zu lesen gewesen, der den Habsburgern den Tod, und den Helden, die ihre Hand gegen den Thronfolger bei seinem Besuche in Sarajevo erheben würden, ewiges Gedenken verheißen hatte. Am 5. Juni weist auch der serbische Gesandte in Wien auf die Möglichkeit eines Anschlages gegen den Erzherzog hin. Aber diese Warnungen werden nicht beherzigt; im Gegenteil, obwohl der immer ritterliche Kaiser es seinem Neffen, der die südliche Hitze fürchtet, freistellt, die Reise nicht anzutreten, verharrt Franz Ferdinand auf seinem Willen, den Manövern beizuwohnen. Allerdings wird sein Beschluß dadurch erleichtert, daß ihm der Monarch erlaubt hat, auch seine Gattin mitzunehmen.

Vorerst ist Franz Ferdinand auf S. M. S. »Viribus Unitis«, mit dem er die Fahrt von Triest bis zur Narentamündung unternimmt, noch allein. Die Jacht »Dalmat« führt ihn nach Metković, von wo die Reise über Land nach Mostar weitergeht. Am 25. Juni trifft der Thronfolger die Herzogin von Hohenberg in Ilidze; das Wetter ist schön, die Stimmung gut. Am nächsten Tag ist der Erzherzog bei den Truppen, die westlich von Sarajevo Manöver durchführen. Unter dem Befehl des Armeeinspektors Feldzeugmeister Oskar Potiorek sind an ihnen 20.000 Mann beteiligt. Am Abend findet zu Ehren der hohen Gäste im Hotel »Bosna« ein Festessen statt. Der 28. Juni beginnt mit einer stillen Messe in Ilidze, worauf die Autofahrt nach Sarajevo angetreten wird. Nur wenige Polizisten halten die Fahrbahn frei, denn die Truppen werden absichtlich im Manövergelände zurückbehalten, um die Einwohnerschaft der Landeshauptstadt nicht zu reizen.

Als die Wagen auf der Miljačka die Cumurja-Brücke passieren, wirft ein junger Mann — er heißt Nedjelko Čabrinović, ist neunzehn Jahre alt und Angestellter der Belgrader Staatsdruckerei — eine Bombe in das Auto des Erzherzogs. Die explodierende Sprengkapsel ritzt die Herzogin am Halse, doch die Bombe kollert, ohne weiteren Schaden anzurichten, auf die Straße und zerspringt erst unter dem nächsten Auto, dessen Insassen durch sie verletzt werden. Franz Ferdinand hat kurz halten lassen, um sich nach dem Vorfall zu erkundigen, setzt dann aber die Fahrt zum Rathause fort.

Nach der Begrüßung durch den Bürgermeister wünscht der Thronerbe, trotz der Warnungen aus seiner Umgebung, mit seiner Gemahlin den im Spital liegenden, durch die Bombe des Čabrinović schwerverletzten Oberstleutnant des Generalstabes Erik von Merizzi zu besuchen. Der Vorschlag eines Herrn des Gefolges, vorerst die Straßen und Plätze durch Militär räumen zu lassen und sie dann mit Soldaten zu besetzen, wird nicht befolgt. Es wird befohlen, über den Appelkai zum Garnisonsspital zu fahren.

Als das Führerauto, entgegen den erhaltenen Weisungen, schon bei der Lateinerbrücke zur Franz-Joseph-Straße abbiegen und der Wagen des Erzherzogs ihm folgen will, ruft Feldzeugmeister Potiorek dem Fahrer zu, doch über den Appelkai zu fahren. In diesem Augenblick krachen zwei Schüsse gegen den Wagen des Thronfolgers. Der Erzherzog und seine Gattin sinken nach vorne; während Potiorek die Herzogin in seinen Armen auffängt, hört er, wie Franz Ferdinand, dem das Blut aus dem Munde quillt, flüstert: »Sopherl, Sopherl, stirb nicht! Bleib am Leben für die Kinder!« Zum Grafen Harrach sagt der Sterbende mit verlöschender Stimme: »Es ist nichts.«

Die ärztliche Hilfe kommt zu spät. In Sarajevo läuten die Glokken, als wäre es das Grabgeläute für die Monarchie.

Am späten Nachmittage dieses unruhigen 28. Juni empfängt der Generaladjutant des Kaisers, Graf Paar, die telegraphische Nachricht von dem Geschehen. Wie vor sechzehn Jahren muß der General seinem Herrn wieder eine unendlich schwerwiegende Trauerbotschaft überbringen. Im ersten Augenblick ist der Monarch wie vom Schlage gerührt, er schließt die Augen und bleibt in Gedanken stumm. Dann spricht er leise zu sich selbst, leise und schwer atmend: »Entsetzlich! Der Allmächtige läßt sich nicht herausfordern ... Eine höhere Gewalt hat wieder jene Ordnung hergestellt, die ich leider nicht zu erhalten vermochte ...[1]«

[1] Margutti, Vom alten Kaiser, S. 148

Die Leichen der Märtyrer-Toten von Sarajevo werden auf S. M. S. »Viribus Unitis« in die Heimat zurückgebracht. Fürst Montenuovo, der Obersthofmeister, hat nicht vergessen, daß ihm der Erzherzog nicht wohlgesinnt gewesen war. Obwohl der Verstorbene Generalinspektor der bewaffneten Macht gewesen ist, wird ihm, da die Totenfeier des hohen Paares gemeinsam erfolgen soll, nur ein Leichenbegängnis einfacher Art zugebilligt. Die Armee, der Adel und die Öffentlichkeit billigen diese allzustrenge und herzlose Auslegung des Hofzeremoniells keineswegs. So muß es Fürst Montenuovo als moralische Zurechtweisung hinnehmen, daß dem Leichenzuge von der Hofburg zum Westbahnhofe, von wo die Särge nach Artstetten übergeführt werden, entgegen den Anweisungen des Obersthofmeisteramtes viele Aristokraten und Offiziere in Uniform folgen.

Als sich Oberst des Generalstabes Dr. von Bardolff, der Vorstand der Militärkanzlei des Dahingegangenen, beim Kaiser zur Berichterstattung über den Doppelmeuchelmord meldet, stellt der Monarch in gedämpftem Tone die Frage: »Und wie hat sich der Erzherzog gehalten?« »Wie ein Soldat Eurer Majestät«, antwortet Bardolff. »Das war von Seiner Kaiserlichen Hoheit auch nicht anders zu erwarten«, erwidert der Monarch[2].

Graf Tisza macht den Herrscher darauf aufmerksam, daß Österreich-Ungarn keine genügenden Anhaltspunkte dafür besitze, Serbien für den Thronfolger-Mord verantwortlich zu machen und allenfalls einen Krieg mit diesem Lande zu provozieren. Vorerst müsse auf dem Balkan ein für die Monarchie erträgliches Kräfteverhältnis geschaffen werden.

Am 2. Juli teilt Franz Joseph seinen deutschen Bundesgenossen mit, daß seine Regierung in Hinkunft auf die Isolierung und Verkleinerung Serbiens, auf die Stärkung Bulgariens und auf die Ausschaltung Serbiens als eines politischen Machtfaktors hinarbeiten müsse. Am 5. Juli wird dem deutschen Kaiser in einem Handschreiben des Monarchen mitgeteilt, daß die Fäden der Verschwörung nach Belgrad reichen. Die k. u. k. Regierung werde mit der Forderung nach weitestgehender Genugtuung an Serbien herantreten und, sollte diese nicht gegeben werden, ihre Truppen in

[2] Carl Freiherr von Bardolff, Soldat im alten Österreich, S. 183.

Serbien einmarschieren lassen. Einen Tag später wird dem Grafen Tisza mitgeteilt, der deutsche Souverän habe den Kaiser benachrichtigt, daß Österreich-Ungarn bei einer Aktion auf die volle Unterstützung durch Deutschland rechnen könne. Im Ministerrate vom 7. Juli einigt man sich auf eine »diplomatische Aktion« gegen Serbien durch eine scharfe und befristete Note. Graf Tisza ist nicht grundsätzlich gegen einen Krieg, doch dürfe dieser nicht der Vernichtung, sondern nur der Verkleinerung Serbiens dienen. Am gleichen Tage kehrt der Herrscher von Ischl nach Wien zurück. Einen Tag später läßt Wilhelm II. dem Kaiser mitteilen, daß das Reich auch im Falle »einer europäischen Komplikation« auf der Seite der Donaumonarchie stehen würde.
Unter diesen Gegebenheiten läßt Graf Tisza seine Bedenken gegen einen Krieg fallen, und auch der Monarch ist überzeugt, daß man nun zu einem Beschlusse gelangen müsse. Im Ministerrate vom 12. Juli wird der Inhalt der an Serbien zu richtenden Note genehmigt und beschlossen, sie am 23. Juli, fünf Uhr nachmittags, in Belgrad zu übergeben. Die Antwort muß binnen 48 Stunden erfolgen. Auf Verlangen des Grafen Tisza erklärt der Ministerrat einstimmig, daß mit der Aktion gegen Serbien keine Eroberungspläne für die Monarchie verknüpft seien und daß sie, bis auf Grenzberichtigungen aus militärischen Gründen, kein Stück serbischen Landes annektieren werde.
In der an Belgrad übergebenen Begehrnote wird verlangt, daß die serbische Regierung die in ihrem offiziellen Presseorgan gegen Österreich-Ungarn gerichtete Propaganda verurteile, die Folgen aus solchen Handlungen bedaure und erkläre, daß an dieser Propaganda serbische Offiziere und Beamte teilgenommen und damit die freundnachbarlichen Beziehungen verletzt haben. Die serbische Regierung muß sich verpflichten, in Hinkunft gegen jene Personen, die sich solcher Handlungen schuldig machen, mit äußerster Strenge vorzugehen, was auch durch königlichen Tagesbefehl der Armee zu verlautbaren sei. Die serbische Regierung solle sich überdies verpflichten, jede Veröffentlichung zu unterdrücken, die gegen die Monarchie aufreize und gegen deren territoriale Integrität gerichtet sei. Die »Narodna Odbrana« ist aufzulösen, und auch gegen die anderen Vereine, die sich mit der Propaganda gegen Österreich-Ungarn beschäftigen, ist einzuschreiten. Aus dem

Militärdienst und der Staatsverwaltung sollen alle Personen entfernt werden, die der Propaganda gegen die Donaumonarchie schuldig sind. Die serbische Regierung hat einzuwilligen, daß k. u. k. Organe bei der Unterdrückung der gegen die territoriale Integrität der Donaumonarchie gerichteten umstürzlerischen Bewegung mitwirken. Gegen die am Komplott vom 28. Juni beteiligten Personen ist eine gerichtliche Untersuchung einzuleiten, wobei sich k. u. k. Organe an den bezüglichen Erhebungen beteiligen. Mit aller Beschleunigung sollen Major Tankosić und der Staatsbeamte Milan Ciganović verhaftet werden. Fernerhin soll verhindert werden, daß Waffen und Explosivkörper in das Land geschmuggelt werden. Die Beamten, die den Urhebern des Verbrechens von Sarajevo beim Grenzübertritt geholfen haben, sind aus dem Dienste zu entlassen und strenge zu bestrafen. Über die monarchiefeindlichen Äußerungen hoher serbischer Funktionäre nach dem Attentat hat die serbische Regierung der k. u. k. Regierung Aufklärung zu geben und diese von allen in der Begehrnote verlangten Maßnahmen zu verständigen.

Nur Deutschland stimmt dem Inhalte dieses Schriftstückes vorbehaltlos zu. Sasonow ist über die Note empört und erklärt, daß sie internationaler Behandlung bedürfe. Rußland und Großbritannien drängen darauf, daß die den Serben gestellte Frist für die Antwort verlängert werde, doch Österreich-Ungarn lehnt dieses Ansinnen ab. London fürchtet, daß Rußland einen Krieg übereilt herbeiführen könnte, und mahnt zur Vorsicht. Frankreich meint, das Zarenreich solle bei seinen Vorsichts- und Vorbereitungsmaßnahmen Deutschland keinen Vorwand zum Eingreifen bieten. Am 24. Juli fleht der serbische Kronprinz den Zaren um schleunigste Hilfe an.

Am 25. Juli, sieben Uhr fünfzehn, langt aus Semlin die Telephondepesche ein, daß Serbien zwei Minuten nach sechs Uhr die Antwort auf die Note übergeben habe, diese aber in manchen Punkten nicht befriedigend sei. Baron Giesl, der k. u. k. Gesandte in Belgrad, habe daher die Beziehungen abgebrochen und sei von Belgrad nach Semlin abgereist. In Serbien sei die allgemeine Mobilisierung angeordnet worden.

Als diese Meldung dem Kaiser durchgegeben wird, sagt der Monarch mit umflorter Stimme: »Also doch!« Nachdem er das Telegramm aber nochmals durchgelesen hat, meint er: »Nun, der Abbruch der diplomatischen Beziehungen bedeutet noch immer nicht den Konflikt.« Im Herzen des greisen Herrschers lebt noch eine kleine Hoffnung auf die Bewahrung des Friedens[3].

Am Abend dieses Tages gibt der Allerhöchste Kriegsherr dem Kriegsminister zögernd den Befehl zur Mobilisierung von acht Korps gegen Serbien und Montenegro (Kriegsfall B). Der General wagt eine Gegenvorstellung, aber der Monarch sagt mit dem Ausdrucke schmerzlicher Pein: »Gehen Sie, ich kann nicht anders.« Die Entscheidung ist gefallen[4].

Am 28. Juli wird der serbischen Regierung über Bukarest telegraphisch der Kriegszustand bekanntgegeben. Am nächsten Tage wird in der »Wiener Zeitung« das Manifest des Kaisers und Königs an seine Völker veröffentlicht:

»... So muß Ich denn daran schreiten, mit Waffengewalt die unerläßlichen Bürgschaften zu schaffen, die Meinen Staaten die Ruhe im Innern und den dauernden Frieden nach außen sichern sollen. In dieser ernsten Stunde bin ich Mir der ganzen Tragweite Meines Entschlusses und Meiner Verantwortung vor dem Allmächtigen bewußt.

Ich habe alles geprüft und erwogen.

Mit ruhigem Gewissen betrete Ich den Weg, den die Pflicht Mir weist.

Ich vertraue auf Meine Völker, die sich in allen Stürmen stets in Einigkeit und Treue um Meinen Thron geschart haben und für die Ehre, Größe und Macht des Vaterlandes zu schwersten Opfern immer bereit waren.

Ich vertraue auf Österreich-Ungarns tapfere und von hingebungsvoller Treue erfüllte Wehrmacht.

Und Ich vertraue auf den Allmächtigen, daß Er Meinen Waffen den Sieg verleihen werde.«

Inzwischen hat sich Großbritannien bereit erklärt, zu vermitteln, und Deutschland empfiehlt seinem Bundesgenossen dringendst, dieses Angebot anzunehmen. Das Prestige der Donaumonarchie,

[3] Margutti, Vom alten Kaiser, S. 403.

[4] Steinitz, Erinnerungen an Franz Joseph I., Kapitel: »Aus meinen Erinnerungen an den Kaiser« von Krobatin, S. 325.

seine Waffenehre und seine berechtigten Ansprüche gegen Serbien könnten durch die Besetzung Belgrads berücksichtigt werden. Es wäre für die Mittelmächte schwer, die Verantwortung für die Folgen einer ablehnenden Haltung zu tragen.
Unter Zustimmung des Monarchen wird beschlossen, den Krieg gegen Serbien weiterzuführen. Der britische Vorschlag soll verbindlich beantwortet, sachlich aber nicht angenommen werden. Auf Conrads Vorschlag unterstellt der Kaiser sämtliche Armeen dem Erzherzog Friedrich. Der Herrscher ist in dieser schweren Stunde von tiefstem Ernste und ruhiger Entschlossenheit beseelt.
Nun folgt ein diplomatischer Bewegungskrieg, bei dem vor allem bedeutungsvoll ist, daß die italienische Regierung erklärt, Österreich-Ungarn habe durch »sein violentes Vorgehen gegen Serbien« die europäische Konflagration provoziert und sich überdies nicht vorher mit der italienischen Regierung ins Einvernehmen gesetzt. Da der Dreibund reinen Verteidigungscharakter habe, obliege dem Königreiche keine Verpflichtung, an dem Kriege teilzunehmen. Auch die Kompensationsfrage auf Grund des Artikels VII des Dreibundvertrages wird berührt.
Am Nachmittag des 1. August macht Deutschland gegen Rußland und Frankreich mobil. Die Republik antwortet auf eine deutsche Anfrage bezüglich ihrer Haltung: »Frankreich wird im Falle eines deutsch-russischen Krieges das tun, was seine Interessen erfordern.«
Die Lawine ist ins Rollen geraten.

DER WELTKRIEG

1914—1916

Plötzlich bietet die Monarchie ein neues Bild, ein Bild einheitlichen und mutigen Wollens, gänzlich verschieden von alldem, was man nach den letzten Jahrzehnten österreichischer und ungarischer Innenpolitik füglich hätte erwarten können. Elf verschiedene Nationen haben in einer Sternstunde ihrer gemeinsamen Heimat den letzten, verpflichtenden Sinn des Wortes »Vaterland« erfaßt. Selbst die meisten Sozialdemokraten unterliegen dem Zauber dieses Wunders, und sogar für die Magyaren wird der Verteidigungskrieg gegen Rußland eine von der nationalen Idee getragene Selbstverständlichkeit. Überall berdeutet nun das »Gott erhalte« die große Huldigung an den Herrscher, die es ermöglicht, die letzten Kräfte der Gesamtheit aller Staatsbürger in Anspruch zu nehmen. Auch im Deutschen Reiche herrscht die gleiche Stimmung rückhaltloser Hingabe an die Forderungen des Krieges. Feierlich verkündet Wilhelm II. in seiner Thronrede am 4. August: »Uns treibt nicht die Eroberungslust... ich kenne keine Parteien mehr, ich kenne nur Deutsche.«

Eine Kriegserklärung folgt der anderen in unheimlicher Wechselwirkung. Am Tage der österreichisch-ungarischen Kriegserklärung an das Zarenreich legt Franz Joseph in bitterem Weh eine Auszeichnung ab, die, wann immer er in Uniform erschienen ist, an seinem Waffenrocke nicht fehlen durfte: das ihm vom Zaren Nikolaus I. nach der Einnahme von Raab im Jahre 1849 verliehene St.-Georgs-Kreuz.

Zum gemeinsamen Schicksalskampfe an der Seite Deutschlands treten sechs k. u. k. Armeen und eine Armeegruppe sowie die k. u. k. Kriegsmarine an. Im Süden ist der Führer der 6. Armee, Feldzeugmeister Potiorek, mit der selbständigen Leitung der Operationen gegen Serbien und Montenegro betraut, wobei ihm auch die 5. Armee unterstellt ist. Erzherzog Friedrich und der Chef des Generalstabes Conrad von Hötzendorf bleiben daher zunächst auf die Führung des Krieges gegen Rußland im Zusammenwirken mit dem deutschen Ostheer beschränkt[1].

Conrad setzt gegen die russische »Dampfwalze« drei Armeen und eine Armeegruppe an und verstärkt sie Ende September durch die aus Serbien heranrollende Armee Böhm-Ermolli. Die 1. Armee (Dankl) schlägt die Russen bei Krásnik, die 4. Armee (Auffenberg) bei Komarów. Die deckenden Truppenverbände werden von der russischen Übermacht an die Gnila Lipa zurückgezwungen.

[1] Die Schilderung der Kriegsereignisse folgt im wesentlichen Rudolf Kiszling, Österreich-Ungarns Anteil am Ersten Weltkrieg. Graz, 1958.

Die Armee Böhm-Ermolli wird vom Feinde durchbrochen. Lemberg muß preisgegeben werden. Indessen hat der preußische Generaloberst von Hindenburg die russische 2. Armee bei Tannenberg vernichtet und rückt gegen Königsberg vor.
Da die Deutschen zu sehr an ihre eigenen militärischen Vorhaben gebunden sind, versucht Conrad, dem Feldzug mit eigenen Mitteln eine neue Wendung zu erteilen. Die 2. und die 3. Armee sollen östlich der Grodeker Teichlinie den Gegner im Stirnangriff binden, Teile der 4. Armee haben den Gegner nach dessen Niederlage zu verfolgen; die Masse soll der 3. russischen Armee in die Flanke fallen. Aber unter dem Druck des russischen Übergewichts an Mann und Material müssen die k. u. k. Truppen an den San und dann, bei Aufgabe der Festung Przemysl, nach Westgalizien und in die Karpaten zurückgenommen werden. Auf den galizischen Schlachtfeldern ist jedoch die Blüte des aktiven Offizierskorps und der jungen Mannschaften geblieben; zu 75 vom Hundert sind es deutschstämmige Offiziere, die dort den Tod gefunden haben, gerade sie, die als Klammer das vielsprachige Heer zusammengehalten haben. Einen Erfolg kann der Vorstoß der k. u. k. Armeen immerhin für sich buchen: er hat die deutschen Operationen in Ostpreußen sehr wesentlich unterstützt, womit sich das österreichisch-ungarische Heer ein nicht zu unterschätzendes Verdienst und das Anrecht auf spätere Hilfeleistungen durch den deutschen Bundesgenossen erworben hat.
Inzwischen ist die 5. Armee (Frank) in Serbien über die untere Drina in die Mačva vorgedrungen, doch muß sie wegen des harten serbischen Widerstandes wieder hinter die Grenzflüsse zurückgenommen werden. Die 6. Armee hat sich inzwischen bei Višegrad festgesetzt. In der Adria beteiligen sich die Einheiten der k. u. k. Kriegsmarine am Artillerieduell gegen den Lovčen im Golf von Cattaro und blockieren die montenegrinischen Küsten. Die deutsche Mittelmeerdivision bricht nach Konstantinopel durch und beschleunigt den türkischen Entschluß, an der Seite der Mittelmächte in den Krieg einzutreten.
Während dieser Wochen wechselnden Kriegsglückes lebt der Kaiser in stiller Zurückgezogenheit in Schönbrunn. Da der Erste Obersthofmeister Fürst Montenuovo in bestgemeinter Absicht den unmittelbar an das Schloß angrenzenden Parkteil absperren

läßt, ist des Monarchen Aufenthalt in seinem Alterssitz einer Gefangenschaft nicht unähnlich. Für die Außenwelt ist Franz Joseph zu einer fast mythischen Persönlichkeit geworden. In seiner geistigen Beweglichkeit ist der Herrscher unter seiner mit ihm altgewordenen Umgebung noch immer der Jüngste. Er ist bis in die geringsten Kleinigkeiten der Truppenverteilung ständig auf dem laufenden, hält sich aber in strenger Korrektheit jedem Einfluß auf das Frontgeschehen ferne.

Am 19. August wird im Ministerrate vorsorglich beschlossen, die Donaulinie auszubauen und die italienische Grenze, soweit dies möglich ist, zu schützen. Am 23. August wird der italienischen Regierung eröffnet, daß man im Falle einer zeitweiligen oder dauernden Besitzergreifung auf dem Balkan mit dem Königreiche über die Kompensationsfrage verhandeln wolle. Doch die italienische Regierung antwortet auf diesen Vorschlag nicht und verstärkt ihre Truppen an der österreichischen Grenze. Gleichzeitig beginnt sie, Stützpunkte in Albanien zu verlangen, wobei sich der deutsche Botschafter in Rom in italienfreundlichem Sinne einschaltet. Der königliche Außenminister Sidney Sonnino verlangt schließlich österreichisches Reichsgebiet. Als der Sondergesandte Wilhelms II., Graf Wedel, Franz Joseph zur Erfüllung dieser Forderung veranlassen will, antwortet ihm der Monarch: »Ich ziehe es vor, alles zu verlieren und in Ehren ganz zugrunde zu gehen; lieber das, als daß ich mich auf diesen schmählichen Räuberhandel einlassen soll!« Der Kaiser glaubt nicht mehr daran, daß Italien neutral bleiben wolle.

Im Westen sind die deutschen Truppen trotz ihrer Siege über die Franzosen an der Marne ohne hinreichenden Grund zurückgenommen worden. Die Zusage des deutschen Generalstabschefs Moltke, etwa sechs Wochen nach dem Beginne der Operationen starke Kräfte für den Osten freizumachen, kann wegen der offenen deutschen Nordflanke in Frankreich nicht eingehalten werden. Deshalb schlägt Conrad, der nun im Angriff die Möglichkeit sieht, sich der russischen Übermacht zu erwehren, ein gemeinsames Handeln mit Generaloberst von Hindenburg vor. In den ersten Novembertagen 1914 müssen die k. u. k. Truppen unter neuerlicher Preisgabe von Przemysl auf ihre Ausgangsstellungen zurückgehen.

Der mittlerweile zum Oberbefehlshaber aller deutschen Streitkräfte im Osten ernannte Generaloberst von Hindenburg löst nun die unmittelbare Fühlungnahme mit dem k. u. k. Heer, so daß Conrad durch die 1. und 2. Armee das Vordringen des Feindes in den oberschlesischen Industriebezirk verhindern muß. Die 4. Armee (nunmehr Erzherzog Joseph Ferdinand) hat von Krakau aus in die russische Südflanke vorzustoßen.
Im Südosten hat Potioreks Offensive beim zweiten Ansatz an Raum gewonnen. Im Westen aber ist der deutsche Angriff auf Ypern fehlgeschlagen; deutsche Truppen können nicht an den Ostabschnitt freigegeben werden. Da nun die Russen die Verbindung der nördlich von Krakau kämpfenden k. u. k. Heeresteile bedrohen, zwingt Conrad sie in der genial durchgeführten Schlacht bei Limanowa und Lapanów, bis an den Dunajec zurückzuweichen. Die Heimat bleibt vor der Überflutung durch die Russen bewahrt.
Ohne den Eintritt der Bulgaren in den Krieg abzuwarten, will Potiorek die Serben aus eigener Kraft niederwerfen. Er drängt den Feind bis in die Mitte des Landes zurück, aber der Gegenschlag der Serben bei Arangjelovac wirft die erschöpften österreichisch-ungarischen Verbände bis hinter die Save und die Drina zurück. Das am 2. Dezember eroberte Belgrad muß wieder geräumt werden. An Potioreks Stelle tritt Erzherzog Eugen.
Die Russen versuchen nun, sich von der Flankenbedrohung aus dem Süden zu befreien, und schieben die 3. und die 7. k. u. k. Armee auf den Hauptkamm der Karpaten zurück. Um dem Schrekken des Karpatenwinters zu entgehen, brechen nach den Plänen Conrads am 25. Jänner 1915 zwischen der Dreiländerecke und dem Uzsokerpaß die durch drei Korps verstärkten Armeen Pflanzer-Baltin und Boroëvić gemeinsam mit der »Deutschen Südarmee« unter General Linsingen aus ihren verschneiten Stellungen vor, müssen aber nach größeren Anfangserfolgen und trotz des Einsatzes der 2. Armee nach einem Gegenstoß des Feindes zum Teil bis an den Dukla-Paß zurück. Przemysl muß kapitulieren, 120.000 Mann ziehen unbesiegt, aber vom Hunger bezwungen, in die russische Kriegsgefangenschaft. Doch am Dukla-Paß halten die k. u. k. Truppen stand; der Kriegsverlauf steht an einem Wendepunkt.

Mit Italien werden die Kompensationsverhandlungen fortgesetzt. Auch Papst Benedikt XV. spricht sich für die Erfüllung der italienischen Forderungen aus. Franz Joseph ist, wie er sich Marie Valerie gegenüber äußert, darüber verärgert, daß der Heilige Vater ihm zumute, Welschtirol abzutreten, um damit den Frieden des »Bundesgenossen« zu erkaufen. Ihm sei ein Krieg mit dem Königreich fast lieber.

In Rom steift der deutsche Botschafter Fürst Bülow den Italienern den Nacken, in Deutschland bemüht sich vor allem der Zentrumsabgeordnete Matthias Erzberger darum, Österreich-Ungarn zur Nachgiebigkeit zu bewegen. Am 9. März 1915 erklärt der Nachfolger des Grafen Berchtold als Außenminister, Stephan Burián de Rajecz, daß die Donaumonarchie grundsätzlich zur Abtretung eigenen Gebietes an Italien bereit sei.

Unterdessen tritt auf dem nördlichen Kriegsschauplatz ein gewaltiger Umschwung ein. Da für die Deutschen eine Entscheidung im Westen kaum noch möglich ist, wird der Schwerpunkt nach Osten verlegt. Am 2. Mai brechen nach dem Leitgedanken Conrads von Hötzendorf deutsche und österreichisch-ungarische Truppen unter dem Befehle des Generalobersten von Mackensen nach wuchtiger Artillerievorbereitung im Raume von Gorlice zum Angriff vor. Schon nach zwei Wochen stehen die Verbündeten am San, am 3. Juni erobern sie Przemysl zurück, am 22. Juni zieht die 2. Armee in Lemberg ein. West- und Mittelgalizien ist für die Russen verloren, 420.000 ihrer Soldaten wandern in Kriegsgefangenschaft.

Schlechter steht es um die Verhandlungen mit Italien. Am 27. März ist Österreich-Ungarn bereit, fast ganz Welschtirol abzutreten. Aber das Königreich verlangt *ganz* Welschtirol, Bozen, das obere Isonzotal samt Görz und dem Küstengebiet, einen Streifen von Kärnten, die Inseln Lissa, Lesina, Curzola, Lagosta, die Errichtung von Triest und Umgebung als autonomen Staat, Anerkennung der italienischen Oberhoheit über Valona und das völlige Desinteressement der Monarchie an Albanien. Alle Abtretungen sollen sogleich durchgeführt werden.

Bevor der Ballhausplatz noch antwortet, erklärt Rom, daß Österreich-Ungarn den Bündnisvertrag verletzt habe, Italien ihn daher als hinfällig betrachte, alle seine Vorschläge zurückziehe und

seine volle Handlungsfreiheit wieder erlangt habe. Noch versucht Wien durch Erweiterung seiner Angebote Italien zu befriedigen, begegnet aber eisigem Schweigen.
Am 23. Mai 1915 erklärt Italien der Donaumonarchie den Krieg. Überall im Reiche des Kaiser-Königs flammt Patriotismus auf, wieder sind alle Nationen Österreich-Ungarns eine gleichfühlende und vom gleichen Willen beseelte Völkerfamilie. Franz Joseph erläßt an seine Untertanen ein Manifest, das zu den ergreifendsten Geschichtsdokumenten dieser Zeit gehört.
»Der König von Italien hat Mir den Krieg erklärt.
Ein Treubruch, dessengleichen die Geschichte nicht kennt, ist von dem Königreich Italien an seinen beiden Verbündeten begangen worden.
Nach einem Bündnis von mehr als dreißigjähriger Dauer, während dessen es seinen Territorialbesitz mehren und sich zu ungeahnter Blüte entfalten konnte, hat Uns Italien in der Stunde der Gefahr verlassen und ist mit fliegenden Fahnen in das Lager Unserer Feinde übergegangen.
Wir haben Italien nicht bedroht, sein Ansehen nicht geschmälert, seine Ehre und seine Interessen nicht angetastet. Wir haben Unserer Bündnispflicht stets getreu entsprochen und ihm Unseren Schirm gewährt, als es ins Feld zog.
Wir haben mehr getan: Als Italien seine begehrlichen Blicke über Unsere Grenzen sandte, waren Wir, um das Bundesverhältnis und den Frieden zu erhalten, zu großen und schmerzlichen Opfern entschlossen, zu Opfern, die Unserem väterlichen Herzen besonders nahegingen.
Aber Italiens Begehrlichkeit, die den Moment nützen zu sollen glaubte, war nicht zu stillen.
Und so mußte sich das Schicksal vollziehen.
Dem mächtigen Feinde im Norden haben in zehnmonatigem gigantischem Ringen und in treuester Waffenbrüderschaft mit den Heeren Meines erlauchten Verbündeten Meine Armeen siegreich standgehalten.
Der neue heimtückische Feind im Süden ist ihnen kein neuer Gegner.
Die großen Erinnerungen an Novara, Mortara, Custozza und Lissa, die den Stolz Meiner Jugend bilden, und der Geist Radetz-

kys, Erzherzogs Albrecht und Tegetthoffs, der in Meiner Land- und Seemacht fortlebt, bürgen Mir dafür, daß Wir auch gegen den Süden hin die Grenzen der Monarchie erfolgreich verteidigen werden.
Ich grüße Meine kampfbewährten, siegerprobten Truppen, Ich vertraue auf sie und ihre Führer! Ich vertraue auf Meine Völker, deren beispiellosem Opfermute Mein innigster väterlicher Dank gebührt.
Den Allmächtigen bitte Ich, daß er Unsere Fahnen segne und Unsere gerechte Sache in seine gnädige Obhut nehme!«
Noch in der Nacht vom 23. auf den 24. Mai gibt die k. u. k. Kriegsmarine mit den Salven ihrer Geschütze und den Bomben ihrer Seeflieger der apenninischen Halbinsel von Venedig bis zur Südspitze die dem Treubruch gebührende Antwort[2]. An der Landfront steht eine dünne Kette von Landsturm- und Marschbataillonen, alpenländischen Freiwilligen und Tiroler Standschützen sowie eine Sperrfortlinie dem Vormarsche der Italiener entgegen. Zwei von Serbien herangeführte Divisionen bilden wenigstens am Isonzo eine Abwehrfront unter General Boroëvić. Den Oberbefehl über die gesamte Südwestfront übernimmt Erzherzog Eugen.
Im Norden unterliegen die verbündeten Armeen wechselvollen Schicksalen, aber zuletzt werden in einem mächtigen Vormarsche der deutschen und der österreichisch-ungarischen Verbände Lublin, Cholm, Iwangorod, Warschau, Nowogeorgiewsk und Brest-Litowsk erobert. Ein Schlachtfeld von 520 km Tiefe ist siegreich durchschritten, Zuversicht und Selbstbewußtsein des k. u. k. Nordheeres haben sich gefestigt.
Die Südwestfront setzt dem Ansturme der Italiener heldenhaften Widerstand entgegen. In vier Isonzoschlachten erringen die königlichen Truppen unter schwersten Verlusten nur einen schmalen Streifen am westlichen Rande der Karsthochfläche.
Die Verkürzung der Ostfront um 140 km ermöglicht die Wiederaufnahme der Offensive auf dem Balkan, um den Donauweg zur Türkei zu öffnen. Mittlerweile ist Bulgarien an die Seite der Mittelmächte getreten. Am 5. Oktober 1915 beginnt der Übergang

[2] Hans Sokol, Österreich-Ungarns Seekrieg 1914—1918.

der deutschen und der k. u. k. Truppen im Vereine mit bulgarischen Verbänden unter dem Oberbefehl des Generalfeldmarschalls von Mackensen über die Donau und die Save. Am 9. November ist die Verbindung mit dem türkischen Bundesgenossen freigekämpft. Die Serben vermögen sich zwar der vernichtenden Einkreisung zu entziehen, gelangen aber nur mit erschöpften und zerlumpten Trümmern ihres Heeres zur albanischen Küste, von der sie nach Korfu gebracht werden. Montenegro und die albanische Stadt Durazzo werden von den Truppen des Generals Freiherrn von Kövess erobert.
Der Donner der Kanonen an der Front beeinflußt die Innenpolitik günstig. Die Tschechen zeigen sich wohl zurückhaltend, sind aber ruhig. Die monarchiefreundlichen tschechischen Politiker werden von den ins Ausland geflüchteten Führern Dr. Eduard Beneš und Dr. Thomas G. Masaryk heftig bekämpft, aber zahlreiche tschechische und mährische Gemeinden sprechen die letzteren ihrer Ehrenbürgerrechte verlustig. Andererseits ist aber in Österreich die Mißstimmung über die absolutistische Regierungsart des Ministerpräsidenten Grafen Stürgkh groß. In Ungarn führt Graf Tisza die Regierungsgeschäfte mit harter Hand, gibt sich aber den nichtmagyarischen Völkerschaften Transleithaniens doch auch wieder versöhnlich, so daß eine ungarisch-kroatische Abordnung dem Monarchen versichern kann, nun seien alle Zwiespältigkeiten zwischen den beiden Reichshälften beseitigt. Anfang Oktober 1915 setzt Tisza ein neues gemeinsames Wappen mit der Inschrift: »Indivisibiliter ac inseparabiliter« durch, doch kann dies keineswegs darüber hinwegtäuschen, daß Ungarns Vormachtstellung in den wichtigen gesamtstaatlichen Fragen gesichert ist.
Der Kaiser ist über die wachsende Fahnenflucht tschechischer, ruthenischer und italienischer Soldaten tief verstimmt, hält sie aber nicht für politisch so bedeutsam, wie seine Umgebung dies glaubt. Die Siegesnachrichten machen den Einsamen fast wieder lebensfroh. Ein fühlbarer Trost ist für ihn das Bewußtsein, in seinem Großneffen Karl eine jugendfrische, ihm ganz und gar ergebene Stütze zu haben. Der Erzherzog-Thronfolger wird mit der allgemeinen Entlastung Franz Josephs betraut. Des Kaisers Meinung über den Erben seines Thrones wird in die Worte zusammengefaßt: »Ich schätze Karl sehr hoch. Er sagt mir aufrichtig seine Mei-

nung. Er versteht aber auch zu gehorchen, wenn ich bei meiner Ansicht bleibe[3].«

Um die Jahreswende 1915/16 greifen die Russen in der Bukowina an, erzielen aber keinen Raumgewinn. Im Süden könnten nunmehr Verstärkungen eingesetzt werden, aber die Deutschen sammeln ihre Kräfte für die Ausblutungsschlacht um die französische Festung Verdun. Conrad von Hötzendorf muß sich auf eine Offensive von der Hochfläche Folgaria-Lavarone gegen Bassano beschränken. Während die k. u. k. Armeen bis an die Linie Pasubio-Arsiero-Asiago-Monte Meletta vordringen, beginnt am 4. Juni ein großer Entlastungsangriff der Russen unter General Brussilow. Die österreichisch-ungarischen Truppen an der Südwestfront müssen auf eine verkürzte Linie zurückgenommen werden. Im Norden wird der Feind westlich von Luck zum Stehen gebracht. Bei Okna durchbrechen die Russen die k. u. k. 7. Armee, zwingen sie zur Preisgabe von Czernowitz und zur Räumung der Bukowina, aber schließlich glückt es dem zum Heeresgruppenkommandanten ernannten Erzherzog-Thronfolger Karl, westlich von Kolomea eine feste Front zu bilden. Die ungewöhnlich hohen Verluste der österreichisch-ungarischen Truppen — 187.000 Tote und Verwundete, 265.000 Gefangene — veranlassen das k. u. k. Armeeoberkommando, immer größere Unterstützungen vom deutschen Verbündeten anzusprechen. Die dadurch bedingte größere Abhängigkeit der k. u. k. Heeresleitung von den Deutschen äußert sich in der Unterstellung der Heeresgruppe Linsingen, die bisher dem k. u. k. Oberbefehl unterstanden hatte, und der 2. Armee unter Generalfeldmarschall von Hindenburg. Nur die Heeresgruppe des Thronfolgers verbleibt dem österreichisch-ungarischen Oberkommando uneingeschränkt, doch ist in Generalmajor von Seeckt dem Erzherzog ein deutscher Generalstabschef beigegeben.

Am Isonzo besetzen die Italiener den Görzer Brückenkopf und die Hochfläche von Doberdo. Im Norden müssen die österreichisch-ungarischen Truppen die Stochod-Schlinge, Brody und Stanislau aufgeben und von der Strypa an die Zlota Lipa zurückweichen.

Der Kaiser begrüßt Siege mit Freude und bewahrt, auch wenn Meldungen über Niederlagen eintreffen, sein ruhiges Gleichmaß.

[3] Tagebuch Erzherzogin Marie Valerie.

Aber die Sorge, daß der Krieg doch noch verloren werden könnte, weicht nicht aus seinen Gedanken. Als am 13. Jänner 1916 König Nikolaus von Montenegro um Frieden ansucht, meint Franz Joseph: »Auch ein alter Mann, sein Schicksal erfüllt mich mit aufrichtigem Bedauern. Heute dir, morgen mir!« Zum Durchbruch der Russen bei Luck im Juni urteilt der Monarch: »Diese Strategie verstehe ich nicht, sie ist mir zu kompliziert. Und es ist auch ein trauriger Trost, zu erkennen, daß es damit auch nicht klappt[4].«
In der Innenpolitik verschlechtert sich das Klima. Die Reichstreue der Tschechen wird immer brüchiger, und die Prozesse gegen die hochverräterischen tschechischen Politiker Dr. Kramář und Dr. Rašin sind nicht dazu angetan, den Heißspornen Angst einzujagen. Die beiden Angeklagten werden zum Tode durch den Strang verurteilt, aber die Strafe wird durch kaiserlichen Gnadenakt in lebenslänglichen Kerker umgewandelt. Die deutschsprachigen Politiker treten für den Ausbau der Lebensgemeinschaft Österreich-Ungarns mit Deutschland nach dem Kriege ein. Die Sozialdemokraten richten ihr Hauptaugenmerk auf die Wiederanknüpfung der internationalen Bande zwischen den sozialdemokratischen Parteien, um die politischen Vorbedingungen für einen Friedensschluß zu schaffen. Der italienische Irredentismus verflüchtigt sich nach der Emigration der meisten hochverräterischen Elemente aus Triest und dem Küstenlande in das benachbarte Königreich.
Der Kaiser denkt an eine durchgreifende Erneuerung der österreichischen Verfassung und beauftragt den Statthalter von Oberösterreich, Erasmus Freiherrn von Handel, ihm Vorschläge zu erstatten.
Inzwischen beginnen bei den Zentralmächten die Nahrungsmittel zu mangeln, und die Rohstoffe werden knapp. Die Verluste an kostbaren Menschenleben wachsen ins Unendliche. Den Gegnern der Mittelmächte hilft die ganze Welt, Österreich-Ungarn, Deutschland, Bulgarien und die Türkei sind auf sich selbst angewiesen. Ungarn, das der zisleithanischen Reichshälfte mit Nahrungsmitteln helfen könnte, sperrt sich ab, womit die Gefahren der dualistischen Regierung erschreckend sichtbar werden.
Am 27. August 1916 tritt Rumänien in den Krieg gegen die Mit-

[4] Margutti, Vom alten Kaiser, S. 441 und 445.

telmächte ein. Nun wird zur Sicherstellung der einheitlichen Oberleitung für die künftigen Operationen eine »Oberste Kriegsleitung« unter Hindenburg und seinem Generalstabschef Ludendorff geschaffen, wobei der deutsche Kaiser die oberste militärische Leitung der Zentralmächte und ihrer Verbündeten übernimmt. In einem auf Conrads Betreiben zustande gekommenen Zusatzabkommen zum Statut der Oberleitung übernimmt der deutsche Souverän die Verpflichtung, sich bei allen seinen Handlungen von dem Grundsatz leiten zu lassen, den Schutz und die Integrität der Gebiete der Donaumonarchie jenen des Deutschen Reiches gleichzusetzen. Wenn in Fällen, die diese Integrität betreffen, das k. u. k. Armeeoberkommando seine Zustimmung nicht zu geben vermag, muß Wilhelm II. im Einvernehmen mit Franz Joseph vorgehen.

Die Rumänen, die vorerst in Ungarn eingedrungen sind, werden aus Siebenbürgen geworfen und müssen in ihr eigenes Land zurückweichen. Zu gleicher Zeit toben drei aufeinanderfolgende Isonzoschlachten, in denen die Italiener wohl die k. u. k. Front auf der Hochfläche von Comen einzubeulen, nirgends aber durchzubrechen vermögen.

Um diese Zeit ist an den Monarchen eine schwere Sorge herangetreten. Um die Treue der Polen nicht aufs Spiel zu setzen, ist die Doppelmonarchie gezwungen, eine »austropolnische Lösung« der polnischen Autonomiewünsche zu befürworten und damit den russischen Versprechungen eines weitgehend selbständigen, durch Galizien und Posen vergrößerten Polen entgegenzutreten. Polen sollte der österreichischen Reichshälfte mit weitgehender Autonomie »subdualistisch« angeschlossen werden, und dafür war auch Graf Tisza gewonnen worden. Deutschland stellt sich jedoch gegen diesen Plan. Am 5. November 1916 wird ein Manifest der beiden Kaiser erlassen. Danach soll nach dem Krieg ein selbständiges, konstitutionelles Königreich Polen geschaffen werden, das Kongreßpolen zu umfassen hätte und politisch, militärisch wie wirtschaftlich an die Mittelmächte anzuschließen wäre. Von Österreich wird Galizien eine »Sonderstellung im Verbande Österreichs« verheißen. Aber die Hoffnung, daß sich daraufhin zahlreiche Polen zum Militärdienst für die Verbündeten melden würden, erfüllte sich nicht.

Alle diese Ereignisse aber werden von einem Geschehnis überragt,

das der österreichischen Innenpolitik neue Wege weist. Am 21. Oktober wird Karl Graf Stürgkh, während er im Wiener Hotel Meißl & Schadn speist, von Dr. Friedrich Adler, dem Sohne Viktor Adlers, erschossen. Der Attentäter will mit diesem Verzweiflungsakt die Regierung und die breiten Massen aufrütteln, um ihre Aufmerksamkeit der wachsenden Not an Lebenswichtigem und der Wiederherstellung demokratischer Verhältnisse zuzuwenden. In diesem Jahre ist die Getreideernte in der Monarchie auf die Hälfte des gewöhnlichen Ertrages gesunken, und die Österreicher hungern.
Die Nachricht von der Ermordung des Ministerpräsidenten wirkt auf den Kaiser niederschmetternd. An die Stelle des Getöteten beruft er den bewährten Kabinettschef Ernest von Koerber und überträgt ihm die Hauptaufgabe, in Österreich das verfassungsmäßige Leben wieder herzustellen.
Der Tod des Grafen Stürgkh mag dazu beigetragen haben, daß der Monarch um die Wende zum November körperlich rasch zu verfallen beginnt. Er wird sichtbar müde, und überdies stellt sich in den ersten Novembertagen wieder der quälende Husten ein. Noch ist die Arbeitsfähigkeit des greisen Monarchen nicht vermindert, aber die Gewichtsabnahme des Herrschers ängstigt den Leibarzt Hofrat von Kerzl. Am 9. November fühlt sich Franz Joseph sehr müde und fiebert. Die Umgebung des Kaisers beginnt für sein Leben zu fürchten. Das Ansinnen, Krankenschwestern zu seiner Pflege zu berufen, weist der Leidende zurück und sagt: »Meine drei Diener haben ihrem Kaiser, als er gesund war, treu gedient, sie sollen für ihn auch sorgen, wenn er krank ist.«
Aber am 11. November steigt das Fieber auf 38,4 Grad, der Patient fühlt sich sehr schwach und meint zu seinem Leibarzt: »Diesmal wird es wohl zu Ende gehen.« Als am nächsten Tage Erzherzog Karl nach seiner Bereisung der Front in Schäßburg eintrifft, meldet ihm der Hauptmann des Generalstabes Otrubay den Wortlaut eines soeben aus Wien eingetroffenen Funkspruchs: »Der Erste Obersthofmeister Fürst Montenuovo hält es für unerläßlich, daß Eure Kaiserliche Hoheit allerehestens nach Wien kommen. Der Zustand Seiner Majestät erfordert es.«
Erzherzog Karl ahnt den Ernst der Lage und fährt ohne Befehl des Allerhöchsten Kriegsherrn nach Wien.

Am 12. November scheint es dem Kaiser besserzugehen, das Fieber ist vergangen, Franz Joseph hat wieder Appetit, und so leuchtet ein Hoffnungsschimmer auf. Alles erwartet, daß es auch diesmal mit dem bloßen Schrecken vorübergehen werde.
Und die dem Kaiser noch gegebene Zeit rinnt durch das Stundenglas.

DIE LETZTEN LEBENSTAGE

1916

Der Monarch ist wieder so frisch, daß er den Prinzen Wilhelm von Hohenzollern empfangen kann. Aber am 15. November stellen sich unter Fieber Schmerzen im Rippenfell ein. Zwei Tage später ist die Temperatur auf 38,5 Grad gestiegen, doch der Herrscher erledigt Akten wie eh und je. Am Sonntag wird die heilige Messe im Schreibzimmer des Monarchen gelesen; der Kaiser kniet wiederholt auf seinem Betschemel nieder. Oberst Freiherr von Margutti, der Adjutant des Grafen Paar, der seinem Allerhöchsten Kriegsherrn die Post überbringt, findet den Kaiser ganz teilnahmslos. Der Oberst liest nur den gekürzten Polizeibericht vor, aber als er dann einen anderen Akt vornehmen will, sagt der Monarch: »Lassen Sie mir diese Papiere da, ich will das selber lesen.«
Am Abend halten Dr. Kerzl, Prof. Dr. Ortner, Fürst Montenuovo und Graf Paar ein Konsilium ab. Es wird ein entzündlicher Herd in der Lunge festgestellt und erklärt, daß von einer augenblicklichen Gefahr keine Rede sein könne.
Am 20. November ist Erzherzogin Marie Valerie bei ihrem Vater und hört von ihm, daß er sich sehr schlecht fühle. Trotzdem erlaubt der Kaiser seiner Tochter erst auf ihre inständigste Bitte, daß sie ihn nach dem Abendessen besuchen dürfe, denn vorher müsse er arbeiten.
Beim Vortrage des Obersten Margutti fällt es dem Monarchen schon schwer, die Feder zu ergreifen und einen Gnadenakt zu unterschreiben. An diesem Abend stimmt Professor Dr. Ortner

dem Sakramentsempfang des Herrschers für den nächsten Morgen zu. Die Nacht vom 20. auf den 21. November verläuft gut, aber am Morgen steht das Thermometer auf 38,1 Grad. Trotzdem arbeitet Franz Joseph schon seit halb vier an seinem Schreibtisch. Die Ärzte stellen jedoch fest, daß die Mattigkeit zugenommen habe, sprechen aber doch noch von einer Hoffnung auf Besserung. Als die Erzherzoginnen Marie Valerie und Elisabeth den Monarchen besuchen, unternimmt er zwar nicht mehr den Versuch aufzustehen, erscheint aber völlig frisch, ja sogar heiter. Nach ihnen ist Freiherr von Bolfras beim Kaiser und findet ihn erschöpft und eher etwas verwirrt.
Dann empfängt Franz Joseph den Hofburgpfarrer Prälat Dr. Seydl. Der Kaiser beichtet und kommuniziert vor seinem Schreibtisch sitzend in vollster geistiger Klarheit. Um halb zwölf erscheinen der Thronfolger und Erzherzogin Zita, verweilen bei dem hohen Kranken aber nur einige Minuten. Franz Joseph beklagt sich über sein Befinden, hofft aber auf baldige Genesung, denn er habe zum Kranksein keine Zeit.
Kurz nach dem Essen steigt das Fieber auf 39,5 Grad. Der Herrscher verbringt einige Zeit im Lehnstuhl, setzt sich dann aber doch wieder zum Schreibtisch, um laufende Geschäfte zu erledigen. Bald aber sinkt der Kopf des Kranken auf den rechten, dann auf den linken Arm, und die Feder fällt aus der Hand des dem Tode Geweihten. Der Kaiser legt das Haupt in die Hand und schläft ein.
Doch noch einmal behält die kräftige Natur des Monarchen die Oberhand. Um vier Uhr nachmittags rafft er sich wieder auf, arbeitet am Schreibtisch weiter und ordnet, nachdem der letzte Akt unterzeichnet ist, die Mappe, worauf er sie einsperrt.
Nach dem Sechs-Uhr-Diner darf Erzherzogin Marie Valerie das Arbeitszimmer ihres Vaters betreten. Der Kaiser sitzt, den Kopf zurückgelehnt, im gepolsterten Lehnstuhl, den Rock geöffnet, die Wangen vom Fieber dunkel gerötet, greisenhaft matt. Als sich die Tochter nach kurzem Gespräch verabschiedet, sagt ihr Vater: »... Ich habe meine Andacht verrichtet ...« Dann sucht er mühsam nach Worten. »... Der Burgpfarrer war da ... päpstlichen Segen gebracht ... und auch die Messe ...« »Die heilige Kommunion«, hilft Marie Valerie nach. Der Monarch nickt: »Ja, ja.« Die

Erzherzogin küßt dem Kaiser die fieberheiße Hand und wünscht ihm eine gute Nacht.

Nun muß der Monarch zu Bette gebracht werden. Er hat nicht mehr die Kraft niederzuknien und betet sitzend vor dem Betstuhl. Dann mahnen die Kammerdiener: »Majestät, jetzt wär' aber doch Zeit, sich niederzulegen!« »Ich habe noch viel zu arbeiten«, erwidert ihr Herr, läßt sich aber entkleiden. Die Ärzte stellen fest, daß sich die Entzündung in der Lunge ausgebreitet habe, das Herz aber noch verhältnismäßig kräftig sei.

Leibkammerdiener Ketterl fragt den Kaiser wie allabendlich: »Haben Eure Majestät noch Befehle?« worauf er wie sonst bestimmt und laut sagt: »Morgen früh um halb vier Uhr!«

Das Schlafzimmer des Herrschers füllt sich mit Menschen aus seiner nächsten familiären und dienstlichen Umgebung, ihnen voran Erzherzog Karl in Großadmiralsuniform. Franz Joseph erwacht und verlangt zu trinken. Da ihm niemand die Tasse Tee richtig zu reichen vermag, hebt Leibkammerdiener Ketterl das Kissen und flößt dem Kranken einige Tropfen ein. Lächelnd flüstert der Sterbende: »Warum geht's denn jetzt?« Ketterl fragt den Monarchen, ob er gut liege. »Ja, es ist gut«, antwortet Franz Joseph leise.

Nach einer Koffein-Injektion fällt der Herrscher in einen tiefen Schlaf. Und wieder regt sich in den Anwesenden die leise Hoffnung, daß doch noch alles wieder gut werden könne.

Um halb neun Uhr spendet der Hofburgpfarrer dem Kaiser die Letzte Ölung. Erzherzogin Marie Valerie hält ihrem Vater das Sterbekreuz an die Lippen und dann in die langsam erkaltende Hand, die sie in der ihren birgt. Die Atemzüge werden immer kürzer und leiser, dem einfachen eisernen Soldatenbett nähert sich der Tod. »Et lux perpetua luceat ei!« betet Prälat Dr. Seydl. Das Herz des Kaisers und Königs schlägt nicht mehr, das Herz, das einem großen und mächtigen Reiche gehört hatte. Es ist neun Uhr fünf Minuten am Abend des 21. November 1916.

Der Vorraum vor dem Schlafgemach des Toten füllt sich mit Menschen. Frau Katharina Schratt ist unter ihnen, und es will scheinen, als bliebe sie von den Anwesenden unbeachtet. Da tritt Karl — der Kaiser — auf sie zu, reicht ihr ritterlich den Arm und führt sie an das Sterbelager des Herrschers. Stumm legt sie zwei weiße Rosen auf die Brust des Verewigten.

Am 30. November bewegt sich ein langer Leichenzug vom äußeren Burgtor in großem Bogen über den Franz-Josephs-Kai durch die Rotenturmstraße zur Kathedrale von St. Stephan. Von dort folgen die Leidtragenden dem Galawagen zu Fuß in die Kapuzinergruft. Als erste schreiten der junge Kaiser und seine Gemahlin, zwischen den beiden der vierjährige Kronprinz Franz Joseph Otto, ein blondgelocktes, hübsches Kind.
Das Tor der Kapuzinergruft öffnet sich. Die Mönche nehmen, was an dem Herrscher sterblich war, in ihre treue Obhut. Dann schließt sich die Pforte der Gruft für immer über dem Kaiser von Österreich, König von Böhmen und Apostolischen König von Ungarn.
Die Kirchenglocken Wiens läuten, die Stadt selbst schweigt in bitterem Weh, mit ihr trauern die Völkerschaften des vielsprachigen Reiches. Gilt der dumpfe, eherne Klang des Grabgeläutes nur dem Verklärten, der zu seinen Vorfahren heimgefunden hat, oder auch der Monarchie, für die sein Herz schlug, bis es müde und still wurde?

AUSKLANG

Achtundsechzig Jahre lang war Franz Joseph I. Kaiser von Österreich, neunundzwanzig Jahre gekrönter Apostolischer König von Ungarn gewesen, als er seine gütigen Augen für immer schloß, zwei Jahre vor dem Zusammenbruch des Reiches, das er in seiner konstitutionellen Daseinsform geschaffen hatte. Über Nacht aus behüteter Kindheit zur kaiserlichen Macht, aber auch zu deren schweren Pflichten emporgehoben, waren dem jungen Herrscher Prüfungen und Heimsuchungen nicht erspart geblieben. Seine strafende Hand war, des Regierens noch ungewohnt, vorerst zu hart, sein Wille anfänglich nicht zielbewußt genug gewesen. Die österreichische Dämonie des Unvollendeten schien den Weg des noch unerfahrenen Monarchen in einen Abgrund, seinen Blick in die Befangenheit absoluter Regierungsgewalt verstricken zu wollen.
Der ausgleichende Einfluß seiner klugen Mutter und ein großes

Maß an innerer Hoheit wie früherwachtem Pflichtgefühl bewahrten den Jüngling davor, die Fehler, die seine Generale und Staatsmänner nicht vermieden hatten, in ihrer ganzen Tragweite auszukosten. Aus den Wirren der Revolution, aus dem Kampfe gegen den Aufruhr der Magyaren, aus dem Ringen nach einer Lösung in der Frage der italienischen Provinzen seines weiten Reiches reifte Franz Josephs Persönlichkeit an den opfervoll errungenen Erfahrungen.

Das Unglück von Königgrätz zerstörte jedwede Hoffnung auf das Wiederaufleben des historischen Gesamtkaisertums beim Hause Österreich. Ein neuer Reichsgedanke, der geistige Erbe des Prinzen Eugen, trat an die Stelle des nunmehr entblätterten Traumes von der Erneuerung des Heiligen Römischen Reiches Deutscher Nation unter schwarzgelber Führung. Die Wirklichkeit sah die Zweiteilung der habsburgischen Monarchie. Von dieser Stunde an war Franz Joseph nicht mehr nur Kaiser von Österreich, sondern in einem ganz anderen Sinne als früher auch Apostolischer König von Ungarn, Vollstrecker und Leidtragender der zweigespaltenen Regierungsform zugleich.

Die große Aufgabe der Donaumonarchie, ihre europäische Sendung sollte es sein, Mittler zwischen West und Ost, Nord und Süd, die geistige und kulturelle Vormacht für die erwachende Welt am östlichen Rande des Mittelmeers zu sein. Zugleich hatte die ehrwürdige Dynastie mit der ihr in tiefster Treue verbundenen bewaffneten Macht und einem vorbildlichen Beamtentum jene Kraft zu formen, von der die elf Völkerschaften des Reiches zusammengehalten und zu einträchtiger Gemeinsamkeit geführt würden.

Doch die Zeit und die Entwicklungen, die sich im Denken und Fühlen der Nationen vollzogen, standen der Verwirklichung dieser großen Planungen hindernd im Wege.

Ein nicht immer zielbewußtes und nur selten unbeirrbar geradliniges Handeln der Regierenden erschwerte die gestaltende Ordnung in den inneren Angelegenheiten des Völkerstaates, so wie sie nur zu oft die Freundschaft und das Wohlwollen mächtiger Nachbarn aufs Spiel setzte.

Indessen stärkte sich das nationale Selbstbewußtsein, wurde der Arbeiterstand durch neue, schwer errungene Rechte in seiner Lebenserhaltung gehoben und verblaßten die religiösen Bindungen.

Die Anziehungskraft der in den Nachbarstaaten der Donaumonarchie lebenden Slawen und Romanen auf die Gleichstämmigen im Habsburgerreiche wuchs, und die Deutschsprachigen in der »namenlosen Reichshälfte« sehnten sich zu einem beträchtlichen Teil nach dem Aufgehen in die große Lebensgemeinschaft mit ihren Stammesbrüdern im Reiche der Hohenzollern. Die Kräfte der Zusammenfassung von elf Völkern in ein in sich geschlossenes Ganzes lockerten sich, die Fliehkräfte siegten.
Nicht immer wurden ihnen von den richtigen Männern und zur rechten Zeit Einhalt geboten. Das starke, starre und selbstsüchtige Magyarentum gewann in unaufhaltbarem Vormarsch die Oberhand über das weniger herrische Wesen Zisleithaniens. Schritt für Schritt mußte den übersteigerten Forderungen einer magyarischen Oligarchie nachgegeben werden, um vom Ausgleich des Jahres 1867, der keiner war, zu retten, was noch gerettet werden konnte. Als auch die anderen Völker der Donaumonarchie das Verständnis für den Sinn des Gesamtreiches zu verlieren begannen, wurde es zum bescheidenen und trotzdem schwer erreichbaren Ziele aller Regierungskunst, das Gegebene zu bewahren, die inneren Spannungen zu besänftigen und die Segnungen des langen Friedens möglichst nutzbringend zu verwerten.
Diesem Grundsatz, der nur sehr beschränkt dem hehren Leitspruch des Monarchen, dem »Viribus unitis«, entsprach, wurde Franz Joseph, der Pflichtkaiser, in vollem Maße gerecht. Trotz aller innenpolitischen Unruhen, mitten im Wechselspiel der Weltpolitik, wuchsen in seinen Ländern Handel, Gewerbe und Industrie, entfalteten sich Kunst und Wissenschaft zu ungeahnter Blüte. Wiens Ruhm als Mittelpunkt alter Kultur und ehrwürdiger Überlieferungen, als Hort verfeinerter Lebenskunst und liebenswerter Geselligkeit strahlte in alle Welt aus.
In seiner unermüdlichen Arbeitskraft und in dem unerschütterlichen Pflichtbewußtsein, das ihn auszeichnete, war Franz Joseph ein Einsamer, dem das Leben versagte, was es weniger Hochgestellten gewährte. Die geliebte Gattin, die sich den strengen Regeln höfischen Lebens durch ihre vielen Reisen entzog, entfremdete sich ihrem eher nüchternen, wenn auch innerlich zärtlicher Fürsorge bedürftigen Gatten immer mehr. Daß Franz Joseph sie trotzdem unsäglich liebte und ihrem einzigartigen Charme ver-

fallen blieb, konnte über die Armut eines Lebens ohne die Geschlossenheit und Wärme der Familie nicht hinwegtäuschen. Der Sohn und Thronerbe des Kaisers hatte den irrlichternden Gedankenflug seiner mütterlichen Ahnen in sich aufgenommen, doch auch die Last ihrer seelischen Besonderheit. Nach einer Jugend, die manches Erfreuliche versprochen hatte, starb der in sich nie völlig Gereifte von eigener Hand, indem er ein ihm liebend ergebenes Wesen über die Brücke mitnahm, die ihn zum erlösenden Jenseits führte. Der Bruder, ein Romantiker und Freund der Poesie, ließ sich von falschen Freunden eine Märtyrerkrone in fremdem Lande auf das Haupt setzen. Er starb, schmählich verraten, in aufrechter Hoheit durch die Kugeln eines Pelotons von Rebellen. Die geliebteste Frau fand durch den Mordstahl eines politischen Fanatikers einen grausamen Tod. Der zum Erben des Thrones berufene Neffe vermochte nicht, seinem Allerhöchsten Herrn die Gewißheit gegenseitigen Verständnisses und voller Harmonie zu vermitteln. Er stand als erster Toter in den Verlustlisten eines alle Erdteile erschütternden Krieges.

Eine gnädige Vorsehung gab dem alternden Herrscher die Kraft, alle diese Schicksalsschläge mit dem Troste aus seiner Arbeitsfülle zu überwinden. Sein Leben spannte sich in einem großen Bogen über eine Zeitenwende, die das Schicksal seiner Generation war. Franz Josephs Kinderjahre sahen die erste Eisenbahn, der Jüngling erlebte den Triumphzug der Elektrizität, der Mann betrachtete mit skeptischem Blick den ersten Kraftwagen, und der Greis empfing den ersten Überflieger des Ärmelkanals, so wie er noch die Entwicklung des Funkwesens erlebte. Seine Liebe aber galt nicht der Technik, nicht der Musik oder der Literatur, sondern den Schönheiten der Natur und in ihr besonders der Jagd. Wie er das Weidwerk ausübte, wurde er zum Vorbild für alle, die diesem edlen einstigen Vorrechte der Herren huldigen. Im Rahmen seiner Pflichten aber galt ihm als die höchste, Soldat mit Leib und Seele zu sein. In ihrem Obersten Kriegsherrn sahen Offiziere und Mann den zu ihrer Führung Berufenen, dem sie nicht nur aus militärischer Notwendigkeit Treue und Gehorsam schworen. Wenn die Regimentsmusiken das einzigartige »Gott erhalte« spielten, dann wurden die Reihen starr, voll Stolz und Ehrfurcht, einem Großen und Ihrigen zu dienen, einem Ritter sonder Furcht und Tadel. Und wenn die k. u. k. Kriegsflaggen an die Gaffeln hochgingen, dann sahen die Schiffsbemannungen in ihnen nicht nur das Sinnbild ihres großen Vaterlandes, sondern auch des Fürsten, der dieses Reiches Höchster und Gesetz war. Nie war in der bewaffneten Macht mit ihren zerschossenen siegreichen Fahnen und Flaggen der Geist des Vaters Radetzky und Tegetthoffs erloschen, und er war so stark geblieben, weil ein Soldatenkaiser auch in den trübsten Zeiten das Panier der militärischen Ehren hochhielt.

Der Allmächtige ersparte es seinem getreuen Diener, das Ende der Monarchie zu erleben. Als er müde wurde in einer Zeit der schwersten Krise seines Reiches, schloß ein sanfter Tod die gütigen Augen, die es im Laufe eines langen Lebens gelernt hatten, den Dingen in gereifter Milde auf den Grund zu sehen.

In Franz Joseph war, was seinem Völkerstaate Leben und Schönheit verlieh. Als er starb, ging mit ihm eine Welt dahin, die ihren Sinn und ihre Melodie selbst im Unharmonischen nicht zuletzt aus der Persönlichkeit ihres Kaisers und Königs geschöpft hatte, aus der makellosen Hoheit eines Regierenden, der für sich den edelsten Ruhmestitel der Monarchie in Anspruch nehmen durfte. Denn er war bis zu seinem letzten Atemzuge wahrhaftig ein Herrscher von Gottes Gnaden.

Stammtafel

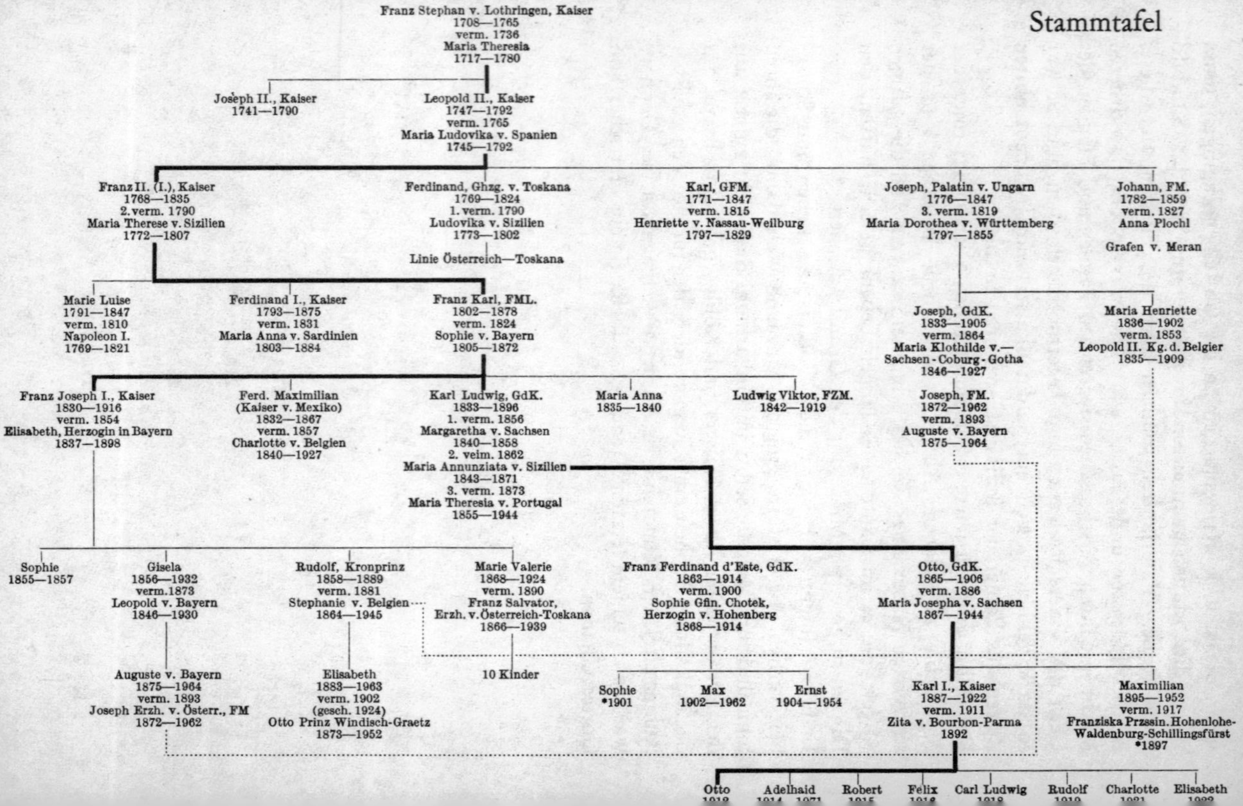
Franz Stephan v. Lothringen, Kaiser 1708—1765 verm. 1736 Maria Theresia 1717—1780
Joseph II., Kaiser 1741—1790
Leopold II., Kaiser 1747—1792 verm. 1765 Maria Ludovika v. Spanien 1745—1792
Franz II. (I.), Kaiser 1768—1835 2. verm. 1790 Maria Therese v. Sizilien 1772—1807
Ferdinand, Ghzg. v. Toskana 1769—1824 1. verm. 1790 Ludovika v. Sizilien 1773—1802
Linie Österreich—Toskana
Karl, GFM. 1771—1847 verm. 1815 Henriette v. Nassau-Weilburg 1797—1829
Joseph, Palatin v. Ungarn 1776—1847 3. verm. 1819 Maria Dorothea v. Württemberg 1797—1855
Johann, FM. 1782—1859 verm. 1827 Anna Plochl
Grafen v. Meran
Marie Luise 1791—1847 verm. 1810 Napoleon I. 1769—1821
Ferdinand I., Kaiser 1793—1875 verm. 1831 Maria Anna v. Sardinien 1803—1884
Franz Karl, FML. 1802—1878 verm. 1824 Sophie v. Bayern 1805—1872
Joseph, GdK. 1833—1905 verm. 1864 Maria Klothilde v.— Sachsen - Coburg - Gotha 1846—1927
Maria Henriette 1836—1902 verm. 1853 Leopold II. Kg. d. Belgier 1835—1909
Franz Joseph I., Kaiser 1830—1916 verm. 1854 Elisabeth, Herzogin in Bayern 1837—1898
Ferd. Maximilian (Kaiser v. Mexiko) 1832—1867 verm. 1857 Charlotte v. Belgien 1840—1927
Karl Ludwig, GdK. 1833—1896 1. verm. 1856 Margaretha v. Sachsen 1840—1858 2. veim. 1862 Maria Annunziata v. Sizilien 1843—1871 3. verm. 1873 Maria Theresia v. Portugal 1855—1944
Maria Anna 1835—1840
Ludwig Viktor, FZM. 1842—1919
Joseph, FM. 1872—1962 verm. 1893 Auguste v. Bayern 1875—1964
Sophie 1855—1857
Gisela 1856—1932 verm. 1873 Leopold v. Bayern 1846—1930
Rudolf, Kronprinz 1858—1889 verm. 1881 Stephanie v. Belgien 1864—1945
Marie Valerie 1868—1924 verm. 1890 Franz Salvator, Erzh. v. Österreich-Toskana 1866—1939
Franz Ferdinand d'Este, GdK. 1863—1914 verm. 1900 Sophie Gfin. Chotek, Herzogin v. Hohenberg 1868—1914
Otto, GdK. 1865—1906 verm. 1886 Maria Josepha v. Sachsen 1867—1944
Auguste v. Bayern 1875—1964 verm. 1893 Joseph Erzh. v. Österr., FM 1872—1962
Elisabeth 1883—1963 verm. 1902 (gesch. 1924) Otto Prinz Windisch-Graetz 1873—1952
10 Kinder
Sophie *1901
Max 1902—1962
Ernst 1904—1954
Karl I., Kaiser 1887—1922 verm. 1911 Zita v. Bourbon-Parma 1892
Maximilian 1895—1952 verm. 1917 Franziska Przssin. Hohenlohe-Waldenburg-Schillingsfürst *1897
Otto
Adelhaid
Robert
Felix
Carl Ludwig
Rudolf
Charlotte
Elisabeth

NAMENREGISTER

VERZEICHNIS DER ABBILDUNGEN

Franz Joseph in ungarischer Feldmarschall-Gala.
Lithographie (um 1867). Photo: Österreichische Nationalbibliothek.
Elisabeth im ungarischen Krönungsornat. Zeitgenössisches Gemälde, 1867.
Franz Joseph und Elisabeth. Gemälde von Emil v. Horlitzsch, 1869.
Photo: Österreichische Nationalbibliothek.
Franz Joseph und Elisabeth mit ihren Kindern
im Park des Schlosses Gödöllö. Lithographie von Vinzenz Katzler, 1871.
Photo: Österreichische Nationalbibliothek.
Die Schauspielerin Katharina Schratt im Jahre 1875.
Zeitgenössische Photographie.
Brautbild des Kronprinzen Rudolf und der Prinzessin Stephanie von
Belgien mit den Eltern, 1880. Photo: Österreichische Nationalbibliothek.
Das Arbeitszimmer des Kaisers in der Wiener Hofburg.
Photo: Österreichische Nationalbibliothek.
Eigenhändige Anweisung des Kaisers an den ungarischen
Ministerpräsidenten Koloman von Tisza, 1883.
Photo: Österreichische Nationalbibliothek.
Abschiedsbrief des Kronprinzen Rudolf an Stephanie, 1889.
Photo: Österreichische Nationalbibliothek.
Der Thronfolger Erzherzog Franz Ferdinand.
Ausschnitt aus einem Gemälde von J. A. Koppay v. Drétoma.
Photo: Heeresgeschichtliches Museum, Wien.
Der Kaiser an der französischen Riviera, 1894.
Photo: Österreichische Nationalbibliothek.
Kaiser Franz Joseph im Manöver. Gemälde von Julius v. Blaas, 1898.
Photo: Österreichische Nationalbibliothek.
Die Kaiservilla in Bad Ischl. Photo: Österreichische Nationalbibliothek.
Zar Nikolaus II. und Kaiser Franz Joseph in Mürzsteg, September 1903.
Photo: Österreichische Nationalbibliothek.
Vom Kaiser selbst ausgefüllter Anzeigezettel der Volkszählung
im Jahre 1900. Photo: Österreichische Nationalbibliothek.
Kaiser Franz Joseph im Jagdanzug, 1910.
Photo: Österreichische Nationalbibliothek.
Der Kaiser mit Erzherzog Otto.
Photo: Österreichische Nationalbibliothek.
Der alte Kaiser vor der Hofburg.
Photo: Österreichische Nationalbibliothek.
Der Kaiser an seinem Arbeitstisch in Schönbrunn, 1916.
Nach einem Gemälde von Franz Matsch.
Photo: Österreichische Nationalbibliothek.

QUELLENVERZEICHNIS

Hier sind nur jene Quellen angeführt, aus denen einzelne Stellen wörtlich entnommen oder die vom Verfasser vorwiegend benützt wurden.

Archive:

Archive des Affaires Étrangères, Paris.
Archiv des Herzogs von Calabrien, München.
Archiv des Grafen Karl Crenneville, Kleinhollenstein.
Archiv der Frau Elisabeth von Farkas, Felsöbábad.
Archiv des Fürsten Georg Festetics, Schloß Keszthely.
Archiv des Grafen Alexander Hübner, Wien.
Archiv des Ministeriums des Äußeren, Rom.
Archiv Windisch-Graetz, Dachau.
Kriegsarchiv Wien.
Nachlaß des Erzherzog-Thronfolgers Franz Ferdinand, Staats-Archiv, Wien.
Record Office, London.
Staats-Archiv, Wien.
Archiv der Gräfin Gertrud von Waldburg-Zeil, geborener Erzherzogin von Österreich, Schloß Syrgenstein.

Tagebücher:

Chronologisches Tagebuch der magyarischen Revolution, Wien 1851.
Tagebuch des Grafen Karl Crenneville.
Tagebuch der Gräfin Marie Festetics.
Tagebuch meiner und meiner lieben Frau Reise von Olmütz nach Prag (Kaiser Ferdinand), Prag.
Tagebuch des Botschafters Grafen Alexander von Hübner.
Tagebuch der Erzherzogin Marie Valerie.
Tagebuch der Erzherzogin Sophie.

Memoirenwerke:

Bardolff, Dr. Carl Frh. von, Soldat im alten Österreich. Jena 1939.
Conrad, Franz Graf von Hötzendorf, Aus meiner Dienstzeit 1906 bis 1918. Wien 1921.

Pollak, Heinrich, Dreißig Jahre aus dem Leben eines Journalisten. Wien 1894.
Denkwürdigkeiten des Generalfeldmarschalls Alfred Grafen von Waldersee, bearbeitet und herausgegeben von H. O. Meisner. Stuttgart-Berlin 1922.

Dokumentarische Werke:

Die große Politik der europäischen Kabinette. Berlin 1922.
Deutsche Dokumente zum Kriegsausbruch 1914, herausgegeben von Kautsky, Montgelas und Schücking. Berlin 1922.
Pribram, Francis, Die politischen Geheimverträge Österreich-Ungarns 1879—1914. Wien 1930.

Protokolle:

Ministerrats-(Ministerkonferenz-)Protokolle, 1830—1916.
Sitzung des ungarischen Repräsentantenhauses vom 7. Dezember 1848.

Briefsammlungen:

(nach dem Zeitpunkt ihres Gebrauches im Werke geordnet)

Briefwechsel der Erzherzogin Sophie mit ihrer Mutter. Wien, Staatsarchiv.
Sturmfeder, Luise Baronin von, Aja Seiner Majestät, Briefe aus den Jahren 1830—1840: Die Kindheit unseres Kaisers. Wien, o. J.
Briefe Franz Josephs an seine Mutter, herausgegeben von Franz Schnürer. München 1830.
Kaiser Wilhelm I. Weimarer Briefe. Berlin 1924.
Bismarcks Briefe an General Leopold von Gerlach, Berlin 1896.
Briefe des Staatskanzlers Fürsten Metternich-Winneburg an den österreichischen Minister des Äußeren Grafen Buol-Schauenstein aus den Jahren 1852—1859. München 1934.
Tegetthoffs Briefe an seine Freundin. Wien-Leipzig 1926.
Franz Joseph in seinen Briefen, herausgegeben von Otto Ernst. Wien 1924.
Briefe Kaiser Franz Josephs an Frau Katharina Schratt, herausgegeben von Jean de Bourgoing. Wien 1949.
Briefe zur deutschen Politik von 1848 bis 1918, herausgegeben von Paul Molisch. Wien-Leipzig 1934.

Aus dem Briefwechsel des Generalfeldmarschalls Alfred Grafen von Waldersee, herausgegeben von Otto Heinrich Meisner. Berlin und Leipzig 1928.

Sonstige Werke:

Benedikt, Heinrich, Monarchie der Gegensätze. Wien 1947.
Bethmann-Hollweg, Th. v., Betrachtungen zum Weltkrieg, Berlin 1921.
Berndt, Otto, Die Zahl im Kriege. Wien 1897.
Bibl, Viktor, Der Zerfall Österreichs, Wien-Berlin-Leipzig-München 1924.
ds., Ironie im Weltgeschehen. Wien, o. J.
ds., Von Revolution zu Revolution. Wien 1924.
Corti, Egon Caesar Conte, Elisabeth, die seltsame Frau. Graz-Salzburg-Wien 1934.
ds., Leben und Liebe Alexanders von Battenberg. Graz-Salzburg-Wien 1950.
ds., Mensch und Herrscher. Graz-Wien-Altötting 1952.
ds., Maximilian und Charlotte von Mexiko. Zürich-Wien 1924.
ds., Vom Kind zum Kaiser. Graz-Salzburg-Wien 1952.
ds., Unter Zaren und gekrönten Frauen. Salzburg 1936.
ds. und Sokol, Hans, Der alte Kaiser. Graz-Wien-Köln 1955.
Du Albon, Eugen Baron, Vom Kaiser. Wien 1909.
Eckhart, Franz, Die deutsche Frage und der Krimkrieg. Berlin 1931.
Engel-Janosi, Friedrich, Österreich und der Vatikan, Band I. Graz-Wien-Köln 1958.
Funder, Friedrich, Vom Gestern ins Heute. Wien 1952.
Glaise-Horstenau, Edmund von, Franz Josephs Weggefährte. Stuttgart 1922.
ds., Die Katastrophe. Zürich-Leipzig-Wien 1929.
Erényi, Gustav, Graf Stefan Tisza. Leipzig 1935.
Hantsch, Hugo, Die Geschichte Österreichs 1648—1918. Graz-Wien-Köln 1953.
Helfert, Joseph Alexander Freiherr von, Die Thronbesteigung des Kaisers Franz Joseph I. Prag 1872.
Heller, Eduard, Benedek und Benedek-Legenden. Wien 1937. (Erwiderung auf das Werk »Ich will Rechenschaft ablegen« von Karl Graf Lónyay.)

Kinsky-Wilczek, Elisabeth, Hans Wilczek erzählt seinen Enkeln Erinnerungen aus seinem Leben. Graz 1933.
Kiszling, Rudolf, Die Revolution im Kaisertum Österreich 1848 bis 1849. Wien 1948.
ds., Erzherzog Franz Ferdinand von Österreich-Este. Graz-Köln 1953.
ds., Österreich-Ungarns Anteil am Ersten Weltkrieg. Graz 1958.
Lónyay, Karl Graf, Ich will Rechenschaft ablegen. Wien 1937.
Lónyay, Fürstin von, Prinzessin Stephanie von Belgien: Ich sollte Kaiserin werden. Leipzig 1935.
Lorenz, Reinhold, Kaiser Karl und der Untergang der Donaumonarchie. Graz-Wien-Köln 1959.
Margutti, Albert Freiherr von, Vom alten Kaiser. Leipzig 1921.
Meyer, Arnold Oskar, Bismarck, der Mensch und Staatsmann. Stuttgart 1949.
Mitis, Oskar Freiherr von, Das Leben des Kronprinzen Rudolf. Leipzig 1928.
Müller, Paul, Feldmarschalleutnant Fürst Windisch-Graetz. Wien 1934.
Polzer-Hoditz, Graf, Kaiser Karl. Wien-Leipzig 1921.
Redlich, Josef, Kaiser Franz Joseph von Österreich. Berlin 1928.
Schneider, Josef, Kaiser Franz Joseph I. und sein Hof. Wien 1919.
Schnitzer, J., Franz Joseph und seine Zeit. Wien, München o. J.
Schöndorfer, Ulrich, Wilhelm von Tegetthoff. Wien 1958.
Seraphim H., Russische Porträts. Wien-Leipzig 1943.
Sokol, Hans, und Handel-Mazzetti, Peter, Tegetthoff, ein großer Österreicher. Linz 1952.
ds., Österreich-Ungarns Seekrieg 1914—1918. Zürich-Leipzig-Wien 1933.
Sosnosky, Th. v., Die Politik im Habsburgerreiche. Berlin 1912.
Srbik, Heinrich Ritter von, Aus Österreichs Vergangenheit. Salzburg 1949.
Steinitz, E., Erinnerungen an Franz Joseph I. Berlin 1930.
Szapáry, Marianne Gräfin, Karl Graf Grünne. Diss. Wien 1935.
Veltzé, Alois, Die Feuertaufe des Kaisers Franz Joseph I. bei Santa Lucia. In: »Österreichische Rundschau«, Band XV. 1908.
Wolf, Julius, Blut und Rasse des Hauses Habsburg-Lothringen. Zürich-Wien 1940.